# Studien- und Übungsbücher der Wirtschafts- und Sozialwissenschaften

Herausgegeben von
Dr. Heiko Burchert
und
Universitätsprofessor Dr. Thomas Hering

Bisher erschienene Werke:

*Arens-Fischer · Steinkamp,* Betriebswirtschaftslehre
*Berlemann,* Allgemeine Volkswirtschaftslehre
*Burchert · Hering,* Betriebliche Finanzwirtschaft
*Burchert · Hering · Rollberg,* Produktionswirtschaft
*Burchert · Hering · Rollberg,* Logistik
*Guba · Ostheimer,* PC-Praktikum
*Keuper,* Finanzmanagement
*Keuper,* Strategisches Management
*Koch,* Wirtschaftspolitik im Wandel

# Wirtschaftspolitik im Wandel

Herausgegeben
von
Univ.-Prof. Dr. Lambert T. Koch

R. Oldenbourg Verlag München Wien

**Die Deutsche Bibliothek – CIP-Einheitsaufnahme**

Wirtschaftspolitik im Wandel / hrsg. von Lambert T. Koch. – München ;
Wien : Oldenbourg, 2001
(Studien- und Übungsbücher der Wirtschafts- und
Sozialwissenschaften)
ISBN 3-486-25682-3


Rosenheimer Straße 145, D-81671 München
Telefon: (089) 45051-0
www.oldenbourg-verlag.de



Gedruckt auf säure- und chlorfreiem Papier
Gesamtherstellung: Druckhaus „Thomas Müntzer" GmbH, Bad Langensalza

ISBN 3-486-25682-3

# Inhaltsverzeichnis

# Einleitung
## Von der Logik wirtschaftspolitischen Wandels

*Lambert T. Koch**

## 1. Wandel als Konstante

Das vorliegende Lehrbuch unterscheidet sich besonders in zweierlei Hinsicht von anderen wirtschaftspolitischen Lehrbüchern. Eher ungewöhnlich erscheint es zum einen, so verschiedene Teilgebiete der Wirtschaftspolitik wie Arbeitsmarkt-, Entwicklungs-, Finanz-, Geld-, Gesundheits-, Handels-, Innovations-, Renten-, Umwelt- und Wettbewerbspolitik unter einem gemeinsamen Leitthema zu behandeln. Zum anderen bewegt man sich auch mit der Wahl des „Aufhängers" selbst, dem Wandel, jenseits der für Lehrbuchliteratur üblichen Themenstellungen. Und dies, obwohl das Phänomen des Wandels heute zu einem Modegegenstand im ökonomischen Kontext geworden ist. Die Diskussion um die Beschleunigung des allgegenwärtigen Strukturwandels – innerhalb von Organisationen, Regionen, Nationen und auf globaler Ebene – beherrscht die Massenmedien ebenso wie wissenschaftliche Foren. Längst hat man erkannt, dass aus diesem grenzenlosen Wandel tiefgreifende Veränderungen für das ökonomische und soziale Zusammenleben der Weltgesellschaft resultieren; scheinbar unaufhaltsam lässt er nationale, soziokulturelle und ökonomische Grenzen verschwimmen. Ehemals fremde Lebenswelten finden in noch nie da gewesener Intensität Eingang in unseren Alltag – vor allem über Medien, handelbare Güter und den direkten Kontakt zu Menschen anderer Kulturkreise. Die technikbedingte Internationalisierung unternehmerischen Handelns und marktlicher Interaktion erhöht den Einfluss globalen Geschehens auf individuelle Entscheidungen.

Diesem Prozess der Vernetzung, der sich in einer Vielzahl wechselseitiger Abhängigkeiten ausdrückt, kann sich ganz offensichtlich auch die Wirtschaftspolitik nicht entziehen. Spezifischer Gegenstand ihrer transnationalen Vernetzung, die sich in einem Spannungsfeld von Konkurrenz und Kooperation vollzieht, sind politische Interessen, Ziele, Instrumente und Träger. Während die Konkurrenz zwischen nationalen und regionalen Politiken den Wandel der eigenen Handlungsbedingungen eher beschleunigt, wirken Kooperationsbeziehungen tendenziell verlangsamend. Es gibt somit einen ähnlichen Zusammenhang, wie er im Wettbewerb zwischen Unternehmen beobachtbar ist. Sowohl der unternehmerische wie auch der politische Wettbewerb erhalten in dem skizzierten Spannungsfeld eine Dynamik, die Wandel gewissermaßen zur „Konstante" im Globalisierungsprozess werden lässt. Vor diesem Hintergrund erscheint das Thema des vorliegenden Buches in doppelter Weise erkenntnisleitend: Es wandelt sich das Objekt der Wirtschaftspolitik im Wettbewerb auf den Güter- und Faktormärkten, und es wandelt sich die Wirtschaftspolitik selbst, da sie

* Allen, die zum Gelingen dieses Lehrbuchs beigetragen haben, sei sehr herzlich gedankt! Dies gilt nicht nur für sämtliche Autoren und Gegenleser, sondern namentlich auch für Herrn Daniel Eissrich, Frau Michaela Funke, Herrn Wolfgang Kuhn sowie Frau Britta Zwiehoff, die an der formalen Ausgestaltung des Textes maßgeblich beteiligt waren.

sich aus unterschiedlichen Gründen ebenfalls zunehmend internationaler Konkurrenz ausgesetzt sieht.

## 2. Evolution politischer Aufgaben

In der eben skizzierten Entwicklung kommt es aber nicht nur zu einer Vernetzung und Internationalisierung ehemals nationaler Politiken, sondern auch zu einer Neudefinition angestammter Aufgabenbereiche. Die internationale Integration der Güter- und Faktormärkte sowie die Unternehmensglobalisierung führen dazu, dass ehedem rein binnenorientierte Politikbereiche heute die Richtung transnationaler Güter- und Faktorströme mit bestimmen. Im Wettbewerb der Standorte um zunehmend mobile Produktionsfaktoren sehen sich nationale Regierungen verstärkt gezwungen, ihre den Bürgern angebotenen Steuer-Leistungs-Pakete auf Konkurrenzfähigkeit zu überprüfen. Dazu gehört bisweilen auch eine prinzipielle Hinterfragung des staatlichen Aufgabenspektrums per se, die in eine völlige Neuordnung angestammter „Rechte und Pflichten" münden kann.

Das grundlegende Prinzip, das hinter dieser Entwicklung steht, ist evolutorischer Natur: In einer gewissen Analogie zu biologischen Prozessen führen auch im politischen Kontext veränderte Restriktionen zu innovativen Anpassungen der jeweiligen Selektionseinheit an die wahrgenommene Umwelt. Politischer Wandel bzw. Innovationen können aus dieser Perspektive als Antwort auf gesellschaftliche Problemverschiebungen verstanden werden. Dabei scheint zu gelten: Je umwälzender und rascher sich die Problemlagen ändern, desto intensiver ist auch der resultierende Handlungsdruck. Dass wir uns heute in einer Zeit erheblichen wirtschaftpolitischen Handlungsdrucks befinden, belegt nicht zuletzt die politische Realität in Deutschland, auf die der besondere Fokus dieses Lehrbuchs gerichtet ist: Steuerreform, Rentenreform, Gesundheitsreform, Arbeitsmarktreform, ökologische Umorientierung, Ausgabenbegrenzung – allenthalben begegnet einem der Versuch, tradierte Strukturen des ökonomischen und gesellschaftlichen Systems an veränderten Herausforderungen auszurichten. Auch die Parteienlandschaft bleibt von diesem Wandel nicht verschont. Die Erkenntnis, dass alte Überzeugungen und Rezepte möglicherweise nicht mehr im Stande sind, adäquate Lösungen zu generieren, bewirkt vielerorts die Aufgabe angestammter Modelle und Werte – mit unterschiedlichen Konsequenzen, bis hin zu einer gewissen politischen Orientierungslosigkeit.

## 3. Interdependenz von Zielen und Mitteln

Befasst man sich mit der Evolution wirtschaftspolitischer Teilbereiche im gerade behandelten Sinne, so stößt man schnell auf einen weiteren zentralen Aspekt des Wandels: Die bereits bei Walter Eucken zu findende Erkenntnis, dass Wirtschaftspolitiken einer prinzipiellen Interdependenz unterliegen, gewinnt im Zuge der Globalisierung noch an Bedeutung. Indem sich die Wirkungsradien politischen Handelns ausweiten, wächst gewissermaßen automatisch die Wahrscheinlichkeit ihrer Überlappung.

In den folgenden Kapiteln wird auch dieser letztgenannte Aspekt eine wichtige Rolle spielen, weshalb zunächst einige wenige Beispiele genügen sollen. So hat vor allem der tatsächliche oder vermeintliche Druck, unter dem heute die Finanzpolitik steht, Auswirkungen auf nahezu alle Politikbereiche. Das Diktat der vielzitierten Sparzwänge und knappen Kassen lässt immer neue Finanzierungsmodelle, etwa im renten- und gesundheitspolitischen Bereich, in das tagespolitische Rampenlicht rücken. Ein weiteres Dauerproblem stellt die Massenarbeitslosigkeit dar. Auch in diesem Kontext zeigt sich, dass viele wirtschaftspolitische Teilbereiche die Rahmendaten des Problems mit generieren. Dazu zählt etwa die Handelspolitik, die die Offenheit heimischer Märkte für ausländische Konkurrenz beeinflussen kann. Aber auch die Geldpolitik wird immer wieder genannt, wenn es um die Frage geht, wie wichtig zinsseitige Investitionsanreize für die Wachstumsdynamik und damit für den Arbeitsmarkt einer Volkswirtschaft sein können. Ein gutes Beispiel für die wachsende Interdependenz der Wirtschaftspolitiken bietet ebenso die Umweltpolitik. Sie ist als „Hebel“ einer strategischen Handelspolitik gleichermaßen in der Diskussion, wie im Zusammenhang mit der Verfolgung gesundheitspolitischer oder entwicklungspolitischer Zielsetzungen. Die Entwicklungspolitik selbst ist dabei vielleicht sogar der Politikbereich mit den meisten Anleihen in anderen politischen Disziplinen. Denn zur Förderung der nachholenden wirtschaftlichen Entwicklung von Volkswirtschaften gehört die Schaffung eines funktionierenden Wettbewerbsrahmens genauso wie eine tragfähige Geld- und Finanzpolitik, eine auf außenwirtschaftliche Öffnung ausgerichtete Handelspolitik sowie eine die strukturelle Anpassungsfähigkeit steigernde Innovationspolitik.

Damit sollten diese Beispiele nochmals unterstreichen, dass es sowohl aus analytischer wie auch aus didaktischer Perspektive sinnvoll erscheint, aktuelle Wirtschaftspolitische Inhalte so aufzubereiten und zusammenzubringen, wie es im Folgenden geschieht. Wenn dabei eine alphabetische Reihung der Politikbereiche gewählt wurde, soll dies lediglich zum Ausdruck bringen, dass sich keine anderen, inhaltlichen Ordnungskriterien finden lassen, ohne Gefahr zu laufen, eine möglicherweise irreführende Hierarchie zu suggerieren.

# Arbeitsmarktpolitik
Die Bundesrepublik Deutschland auf dem Weg zu mehr institutioneller Flexibilität?

*Hans Frambach*



## 1. Arbeitsmarktpolitik im Wandel – einführende Bemerkungen

Arbeitsmarktpolitik ist kein von anderen Wirtschaftspolitiken und Märkten isolierter Bereich, sondern in vielfältiger Weise mit diesen verknüpft. Die Übergänge zu anderen „Politiken" sind fließend. Arbeitsmarktpolitik drückt sich aus in einer Technologie- und Außenwirtschaftspolitik, einer Struktur- oder sektoralen Politik, sie steht in unmittelbarem Zusammenhang mit funktionierendem Wettbewerb und mit Stabilitätspolitik, und sie ist insbesondere im Licht der Sozialpolitik zu sehen, unter die sie neben Familien-, Wohnungs- Arbeitnehmerschutz- und Verteilungspolitik oder Politik der sozialen Sicherung oftmals subsumiert wird. Arbeitsmarktpolitik ist somit in ein komplexes System des wirtschaftlichen Handelns der verschiedenen Wirtschaftssubjekte und Organisationen eingebunden, und vergangen sind Zeiten, in denen sie im Rahmen der Sicherung von Vollbeschäftigung klar der Stabilitätspolitik zugeordnet wurde und unfreiwillig aus dem Arbeitsmarkt ausgeschiedene Arbeitnehmer ausschließlich in den Verantwortungsbereich der Sozialpolitik fielen. Weitgehend überwunden scheint auch die Argumentation entlang einseitig dogmatisch ausgerichteter Lager nachfrage- versus angebotsorientierter Politik bzw. der dahinter stehenden Theorieansätze keynesianischer versus neoklassischer Prägung.

Nunmehr findet sich die Diskussion des Arbeitsmarktes eingebettet in Schlagworte wie Globalisierung, Europäisierung, internationaler Wettbewerb, Flexibilisierung, Standort- und Kostenvorteile, Innovation, Informationszeitalter, Chancen neuer Technologien, Existenzgründung, „Bündnis für Arbeit" etc. Diesen Aufbruch, Tatkraft und Optimismus aussendenden Begriffen stehen aber Entwicklungen eines im langfristigen Trend zunehmenden Sockels der Arbeitslosigkeit und das Hysteresis-Phänomen entgegen, die den beunruhigenden Tatbestand indizieren, dass aufgrund bestimmter Ursachen angestiegene Arbeitslosigkeit nicht im gleichen Maße wieder zurückgeht, wie die Ursachen wegfallen. Auch stehen jenen Optimismus ausstrahlenden Begriffen solche mit Angst und Risiko aufgeladenen wie *Jobless growth* und *Working poor* gegenüber.

Mit *Jobless growth* ist das Faktum beschrieben, dass positives Wirtschaftswachstum nicht zwangsläufig mit einer Zunahme der Beschäftigtenzahl bzw. einem Abbau der Arbeitslosenzahl einhergehen muss, womit der über lange Jahre hinweg gültige Grundsatz eines positiven Zusammenhangs zwischen Wachstum und Beschäftigung an Überzeugungskraft eingebüßt hat und jenen Meinungsvertretern scheinbar Recht zugesprochen wird, die schon immer dem Vertrauen auf positive Beschäftigungswirkungen durch (quantitatives) Wirtschaftswachstum kritisch gegenübergestanden haben. Mit dem Schlagwort der *Working poor,* der „arbeitenden Armen“ (Beschäftigungszuwachs erkauft durch sinkende Löhne, sich verschlechternde Arbeitsbedingungen etc.), hat diese pessimistische Sichtweise einen Höhepunkt erfahren. Von Personen ist da die Rede, die drei oder mehr schlechtbezahlten Jobs nachgehen müssen, um überleben zu können, von unerträglichen Arbeitsbedingungen und „Lohndumping“, denen sich die Arbeitskräfte angesichts des Überangebotes ausgesetzt sehen – in etwa so findet sich das US-amerikanische Wirtschaftswunder der letzten Jahre als abschreckendes Beispiel beschrieben, und Pessimisten zeichnen ein solches Bild für die Zukunft des Arbeitsmarktes in der Bundesrepublik Deutschland. Wie zutreffend solche Beispiele auch im Einzelfall sein mögen, eine gewisse Relativierung ist notwendig: So entspricht der in den USA zwischen 1980 und 1995 erreichte Beschäftigtenzuwachs von 90,4 auf 117,2 Millionen einer Steigerung von ungefähr 30 v.H. Bei den meisten der zusätzlich entstandenen Arbeitsplätze handelt es sich um Vollzeitarbeitsplätze, von denen wiederum zwei Drittel Einkommen oberhalb des Median-Lohnes empfangen (SVR 1996 / 99, S. 32, 43; hier nach Franz 1997, S. 25 f.). Im gleichen Zeitraum nahm aber auch die in den USA ohnehin große Lohnspreizung weiter zu, so dass die Reallöhne von männlichen Beschäftigten im unteren Debil um gut 10 v.H. und die des Medianverdieners um über 5 v.H. sanken. Erst zuletzt ist ein Anstieg der Lohnsätze auch in den unteren Segmenten zu verzeichnen gewesen (Schuberth 1999, S. 104). Außerdem wies das in den USA erreichte Wachstum eine im Vergleich zu Europa höhere Wachstumsintensität auf (bei gleicher Wachstumsrate werden mehr Arbeitsplätze geschaffen), was auf die in den USA ungleich niedrigere Arbeitsproduktivität und ein schwächeres Produktivitätswachstum (zwischen 1980-1996 jahresdurchschnittlich unter 1 Prozent) zurückgeführt werden kann (Schuberth 1999, S. 101).

Wie lässt sich eine Arbeitsmarktpolitik angesichts solch widerstreitender Begriffe, Entwicklungen und Interpretationen einordnen? Benötigen wir eine Arbeitsmarktpolitik überhaupt noch oder sollten ihre Aufgaben an den Markt abgetreten werden? Was ist politisch begründet und was ist ökonomisch zu rechtfertigen? Was ist von Maßnahmen wie der Arbeitsflexibilisierung zu halten? Diese und ähnliche Fragen sollen im Folgenden beantwortet und gleichzeitig soll ein Überblick über Aufgaben, Funktionen und Probleme der Arbeitsmarktpolitik gegeben werden. Es versteht sich von selbst, dass hier nur ein problemorientierter und somit lückenhafter Einblick gegeben werden kann.

## 2. Was ist Arbeitsmarktpolitik, brauchen wir sie noch, und wer betreibt sie?

Die Frage, warum Arbeitsmarktpolitik notwendig ist, scheint angesichts anhaltend hoher Arbeitslosenzahlen und insbesondere im Licht hoher Langzeit- und Jugendarbeitslosigkeit unmittelbar beantwortet. Hohe Arbeitslosigkeit bedroht nicht nur direkt die von ihr Betroffenen, sie stellt für die Volkswirtschaft einen großen Wertverlust in Gestalt ungenutzten Humankapitals dar und birgt nicht zuletzt Gefahren für die Funktionsfähigkeit einer Gesellschaft. Moderne Gesellschaften bauen ökonomisch auf dem Prinzip der Erwerbsarbeit auf, was unter anderem nicht weniger beinhaltet als die Abhängigkeit des gesamten Systems der sozialen Sicherung vom Konzept der Erwerbsarbeit und damit von der Funktionsfähigkeit der Arbeitsmärkte.

Einige aktuelle Entwicklungen und Zahlen zeigen das hohe Gefahrenpotenzial an, das von dieser Dependenz ausgeht: Im Jahre 1999 war in der Bundesrepublik Deutschland jede siebte Erwerbsperson ohne einen regulären Arbeitsplatz, dies entspricht einer durchschnittlichen Arbeitslosenquote von 10,5 v.H. bei fast 4,1 Millionen Arbeitslosen; unter Hinzurechnung der verdeckten Arbeitslosigkeit kann von einer Gesamt-Arbeitslosenquote von fast 15 v.H. ausgegangen werden. Der Anteil der Langzeitarbeitslosen an der Zahl aller registrierten Arbeitslosen liegt unverändert bei etwa einem Drittel. Die Zahl der Jugendlichen unter 25 Jahren, die keiner Beschäftigung nachgingen, betrug 1999 im Jahresdurchschnitt 429.308, was einem Anteil von 10,5 v.H. an der Gesamtzahl der registrierten Arbeitlosen entspricht. Von diesen jugendlichen Arbeitslosen waren 101.181 jünger als 20 Jahre (gemessen an der Gesamtzahl der registrierten Arbeitslosen entspricht dies einem Anteil von 2,5 v.H.).

Hohe und langandauernde Arbeitslosigkeit verursacht nicht nur hohe Sozialausgaben und Anspruchsminderungen auf spätere Altersbezüge wegen Beitragsausfalls, sie bewirkt gleichzeitig gesamtwirtschaftliche Einkommenseinbußen und Rückgänge bei den öffentlichen Einnahmen. Auch derzeit herrscht Notstand in den öffentlichen Kassen. So gibt der Bund fast 22 v.H. seiner Steuereinnahmen für Schuldzinsen aus. Hinzu kommt die sich verschärfende Problematik in der Gesetzlichen Rentenversicherung, dass nämlich immer weniger Arbeitnehmer die steigenden Rentenzahlungen an die Älteren aufbringen müssen, und zwar auf einem Niveau, das die jetzigen Einzahler selber (unter Beibehaltung des Umlageverfahrens in der jetzigen Form) niemals erreichen werden. Über intergenerative Konflikte hinaus, sind vor allem Fehlanpassungen am Arbeitsmarkt die Folge.

Die kaum zu überschätzende Bedeutung funktionsfähiger Arbeitsmärkte für das Wohlergehen der hier Beschäftigten und ihrer Angehörigen, für die Funktionsweise des gesamten sozialen Sicherungssystem, ja für den Erfolg des Gesellschaftssystems schlechthin leitet unmittelbar zur Einsicht, den Erwerbsfähigen die bestmöglichen Bedingungen zur Verfügung zu stellen, unter denen sie ihre Arbeitskraft angesichts eines bestehenden Arbeitskräfteüberangebotes anbieten können. Für diese bestmöglichen (Rahmen-) Bedingungen hat die Arbeitsmarktpolitik Sorge zu tragen. Sie zielt somit auf die Ermöglichung eines fairen Wettbewerbs zwischen den am Arbeitsmarkt beteiligten Kräften und muss im Zuge dessen insbesondere sicherstellen, dass der einzelne Arbeitsanbieter keiner entwürdigenden Situation ausgesetzt ist.

Vor diesem Hintergrund kann Arbeitsmarktpolitik nun definiert werden „als die Gesamtheit der Maßnahmen, die das Ziel haben, den Arbeitsmarkt ... so zu beeinflussen, dass für alle Arbeitsfähigen und Arbeitswilligen eine ununterbrochene, ihren Neigungen und Fähigkeiten entsprechende Beschäftigung zu bestmöglichen Bedingungen, insbesondere in bezug auf das Arbeitsentgelt und die Arbeitszeit, gesichert wird. Die Notwendigkeit einer Arbeitsmarktpolitik ergibt sich aus der Tatsache, dass für die Existenz- und Arbeitsbedingungen der unter Arbeitsangebotszwang stehenden unselbständig Erwerbstätigen die gegebenen Bedingungen der marktmäßigen Verwertung der Arbeitskraft, nämlich Arbeitsmöglichkeiten, Arbeitszeit, Arbeitseinkommen und Arbeitsumweltverhältnisse, von ausschlaggebender Bedeutung sind.“ (Lampert 1998, S. 179)

Die Arbeitsmarktpolitik in der Bundesrepublik Deutschland wird von verschiedenen Organisationen und Institutionen getragen. Dem *Staat* (Gesetzgebungsorgane des Bundes und der Länder sowie die Bundesregierung und Landesregierungen innerhalb ihrer Zuständigkeiten) und den ihm angeschlossenen Organen obliegt vor allem die Ausgestaltung der Arbeitsmarktverfassung und die Arbeitsförderungspolitik. Die wesentlichen Rechtsgrundlagen bilden das Tarifvertragsgesetz (TVG), das dritte Buch des Sozialgesetzbuchs (SGB III; früher AFG bzw. Gesetz zur Reform des AFG, seit Anfang 1998 SGB III) sowie das Gesetz über Mindestarbeitsbedingungen. Dem Staat kommt zum einen die Aufgabe zu, den rechtlichen Rahmen zu stellen, innerhalb dessen die am Arbeitsmarkt auftretenden Subjekte und Verbände handeln können. Er ist dabei stark von einer sozialpolitischen Zielsetzung geleitet, wie etwa dem Schutz der Arbeitnehmer (Verbot von Kinderarbeit, Diskriminierungsverbote, Sicherheitsvorschriften am Arbeitsplatz etc.) oder der Aufrechterhaltung ausgeglichener Machtverhältnisse (z.B. das Recht der Gründung von Gewerkschaften und Arbeitgebervertretungen mit eigenen Verhandlungskompetenzen). Zum Zweiten wirkt der Staat auch aktiv auf die Arbeitsmärkte ein. Für die Bundesregierung ist das *Bundesministerium für Arbeit und Sozialordnung* (BMA) das federführende Organ. Von ebenfalls arbeitsmarktpolitischer Bedeutung sind die *Arbeitsministerien der einzelnen Bundesländer*, aber auch die *Wirtschaftsministerien*.

Die *Bundesanstalt für Arbeit* (BA) ist eine Selbstverwaltungskörperschaft des öffentlichen Rechts. Sie steht unter Rechtsaufsicht des BMA, nicht aber unter dessen fachlicher Weisungsbefugnis. Den ihr angeschlossenen *Arbeitsämtern* obliegt im Wesentlichen der Bereich der Arbeitsförderung. Die Arbeitsämter dienen letztlich der Eindämmung und Vermeidung persönlicher und sozialer Härten, die vor allem durch Erwerbslosigkeit oder andere gesellschaftlich nicht ohne weiteres hinzunehmende Situationen entstehen. Die sich unmittelbar auf dem Arbeitsmarkt gegenüberstehenden Träger der Arbeitsmarktpolitik sind die *Gewerkschaften* (einschließlich Betriebsräten und Mitbestimmung) und die *Arbeitgeberverbände*. Die Gewerkschaften repräsentieren die Arbeitnehmer, also diejenigen, die ihre Arbeitskraft auf dem Arbeitsmarkt anbieten. Die Arbeitgeber hingegen vertreten die Interessen der Unternehmen (Arbeitsnachfrager). Auf der rechtlichen Grundlage der Tarifautonomie und der Bestimmungen des TVG beeinflussen die Tarifparteien die Bewegungen von Angebot und Nachfrage auf den Arbeitsmärkten. *Tarifautonomie* und *Tarifverträge* sind Institutionen, mittels derer die Tarifpartner die (konkurrierenden) Interessen zum Ausgleich führen können, und zwar ohne den Einfluss Dritter, namentlich des Staates. Gegenstand der tarifvertraglichen Vereinbarungen ist das Aushandeln von Arbeitsvertragsbedingungen, die als Mindestarbeitsbedingungen für alle dem Vertrag unterliegenden Arbeitnehmer und Arbeitgeber bindend sind, und die Festlegung von Löhnen, Gehältern und Ausbildungsvergütungen. Darüber hinaus enthalten Tarifverträge eine Reihe von Regelungen, die den Inhalt von Arbeitsverträgen betreffen (Lohn- und Gehaltgruppen, Lohnformen, Zulagen, vermögenswirksame Leistungen, Nebentätigkeit, Rationalisierungsschutz, Haftungsbeschränkungen, Kurz- und Mehrarbeit, Arbeitszeit usw.).

Auch Organisationen wie die Arbeitsgerichte und die Zentralbank wirken direkt und indirekt auf das Geschehen am Arbeitsmarkt. Die Arbeitsgerichte beeinflussen die Arbeitsmarktpolitik durch ihre *Rechtsprechung*. Zu unterschätzen sind auch nicht die indirekten Auswirkungen geldpolitischer Aktivitäten der *Zentralbank* auf die Arbeitsmarktpolitik, da je nach beschäftigungsfördernden bzw. -hemmenden Wirkungen der betriebenen Geldpolitik die Arbeitsmärkte spürbar betroffen sein können.

Trotz der in der Definition von Arbeitsmarktpolitik angegebenen allgemeinen Zielsetzung, nämlich der Schaffung optimaler Beschäftigungsmöglichkeiten und Beschäftigungsbedingungen für die Arbeitsfähigen und Arbeitswilligen, ist allerdings festzustellen, dass die einzelnen Arbeitsmarktinstitutionen und Arbeitsmarktorganisationen durchaus unterschiedliche und oftmals auch sich widersprechende Ziele verfolgen, die Ausdruck der unterschiedlichen Interessenlagen sind. Den Gewerkschaften und Arbeitgeberverbänden als Arbeitnehmer- bzw. Arbeitgebervertretern geht es um die Interessen ihrer Mitglieder. Als Interessenvertreter der Arbeitnehmer betonen die Gewerkschaften neben der Forderung nach höheren Löhnen, kürzeren Arbeitszeiten und besseren Arbeitsbedingungen die soziale und gesellschaftliche Komponente der Arbeit, wobei gerade in jüngerer Zeit (etwa seit Ende der achtziger Jahre) kritische Stimmen zunehmen, dass sich die Gewerkschaftspolitik de facto gegen jene richte, die über keinen Arbeitsplatz verfügen. Die Arbeitgeberverbände haben vor allem die Wettbewerbsfähigkeit der ihnen angeschlossenen Unternehmen im Auge. In diesem Zusammenhang spielt die Verbesserung der Absatzlage, aber auch der Kostensituation eine entscheidende Rolle. Im Tarifstreit mit den Arbeitnehmervertretern ist das Interesse der Arbeitgeber auf eine möglichst günstige Kostenstruktur und hier vor allem darauf gerichtet, in Tarifstreitigkeiten Löhne und Lohnstückkosten möglichst niedrig auszuhandeln.

Innerhalb der Arbeitsmarktpolitik kann nach *Arbeitsmarktordungspolitik, Vollbeschäftigungspolitik* und *Arbeitsmarktausgleichspolitik* unterschieden werden (beispielsweise Kath 1985, S. 418-426; Lampert 1998, S. 179-205).

Die *Arbeitsmarktausgleichspolitik* soll in erster Linie daran mitwirken, die vorhandenen Arbeitsplätze mit den geeignetsten und leistungsfähigsten Arbeitskräften zu besetzen (optimale Allokation des Faktors Arbeit) und strukturelle Ungleichgewichte am Arbeitsmarkt zu verhindern bzw. bestehende Ungleichgewichte zu beseitigen. Daher ist der Maßnahmenkatalog der Arbeitsmarktausgleichspolitik speziell auf die Förderung von Markttransparenz, Informationsaustausch, Mobilitäts- und Qualifikationsförderung zugeschnitten (strukturell und friktionell bedingte Formen der Arbeitslosigkeit entziehen sich weitgehend dem Einfluss der Geld- und Fiskalpolitik). Konkret handelt es sich 1. um die Instrumente der Arbeitsvermittlung, der Arbeitsberatung und der Berufsberatung, 2. um die Instrumente der Mobilitäts- und Ausbildungsförderung, 3. um die Instrumente der Arbeitsplatzerhaltungs- und Arbeitsplatzbeschaffungspolitik (die wesentlichen Maßnahmen zur Arbeitsplatzerhaltung sind die Zahlung von Kurzarbeitergeld und die Maßnahmen zur Förderung der ganzjährigen Beschäftigung in der Bauwirtschaft; unter die Maßnahmen der Arbeitsplatzbeschaffung fallen Arbeitsbeschaffungsmaßnahmen [ABM], Vergabe von Zuschüssen, Darlehen etc.) und 4. um die Instrumente der problemgruppenorientierten Arbeitsmarktpolitik (Fördermaßnahmen zur beruflichen Aus- und Weiterbildung Behinderter und Schwerbeschädigter, zur Integration älterer Arbeitnehmer oder Jugendlicher ohne abgeschlossene Berufsausbildung, Eingliederungshilfen für Langzeitarbeitslose, Förderung von Strukturanpassungsmaßnahmen etc.) (Lampert 1998, S. 183).

Die zentrale Rechtsgrundlage für die Arbeitsmarktausgleichspolitik in der Bundesrepublik Deutschland bildet das Sozialgesetzbuch (SGB III - Arbeitsförderung); der Hauptträger ist die BA und die ihr nachgeordneten Organisationen.

Die Aufgaben der Bundesanstalt für Arbeit (§ 370 SGB III) werden detailliert in den Kapiteln 3-9 des SGB III ausgeführt und entsprechen in zusammengefasster Form in etwa den Aufgaben der Arbeitsförderung, wie sie im § 3 SGB III aufgezeigt sind. In der Hauptsache bestehen die Aufgaben der BA in 1. der Arbeitsberatung und Arbeitsvermittlung, 2. der Berufsberatung für Schulabgänger und Vermittlung von Ausbildungsplätzen, 3. dem Einzug der Beiträge zur Arbeitslosenversicherung und Auszahlung von Lohnersatzleistungen wie Arbeitslosengeld, Arbeitslosenhilfe, Kurzarbeiter- und Schlechtwettergeld, 4. der Gewährung finanzieller Hilfen zur Arbeitsaufnahme (Zuschüsse zu Bewerbungs- und Umzugskosten, Trennungsbeihilfen) sowie beruflichen Fortbildung und Umschulung, um die Anpassung an die technische Entwicklung zu erleichtern und die berufliche Mobilität zu fördern, 5. der Arbeits- und Berufsförderung Behinderter sowie anderer Bevölkerungsgruppen mit geminderten Chancen auf dem Arbeitsmarkt sowie älterer Arbeitnehmer und ehemaliger Strafgefangener, 6. der Durchführung von Arbeitsbeschaffungsmaßnahmen (ABM), 7. der Sammlung von Informationen und laufenden Berichterstattung über den Arbeitsmarkt sowie Arbeitsmarkt- und Berufsforschung und 8. der Mitwirkung bei anzeigepflichtigen Entlassungen nach dem Kündigungsschutzgesetz etc.

Die *Vollbeschäftigungspolitik* gehört zu den vorrangigsten wirtschaftspolitischen Zielen einer Gesellschaft und umfasst im groben die Instrumente der Finanz- und Geldpolitik, der Strukturpolitik sowie der Währungs- und Außenwirtschaftspolitik. In der Bundesrepublik Deutschland ist das Vollbeschäftigungsziel als „Sicherung eines hohen Beschäftigungsstandes“ im § 1 des „Gesetzes zur Förderung der Stabilität und des Wachstums der Wirtschaft“ („Stabilitätsgesetz“) und im § 1 Abs. 2 SGB

III festgeschrieben. War bis zur Reform des AFG im Jahre 1997 im § 1 AFG noch von der Erzielung eines „hohen Beschäftigungsstandes“ und einer „ständigen Verbesserung der Beschäftigungsstruktur“ die Rede, so geht es im § 1 Abs. 2 SGB III bescheidener zu: „Die Leistungen der Arbeitsförderung sind so einzusetzen, dass sie der beschäftigungspolitischen Zielsetzung der Sozial-, Wirtschafts- und Finanzpolitik der Bundesregierung entsprechen sowie der besonderen Verantwortung der Arbeitgeber für Beschäftigungsmöglichkeiten und der Arbeitnehmer für ihre eigenen beruflichen Möglichkeiten Rechnung tragen und die Erhaltung und Schaffung von wettbewerbsfähigen Arbeitsplätzen nicht gefährden.“

Während die Vollbeschäftigungspolitik in der Vergangenheit weitestgehend darauf ausgerichtet war, den konjunkturell bedingten Beschäftigungsproblemen entgegenzuwirken, also vor allem solchen Beschäftigungsdefiziten, die auf eine mangelnde gesamtwirtschaftliche Nachfrage zurückgeführt wurden, finden sich in der aktuellen Diskussion mit Begriffen wie dem der „sozialabgabeninduzierten Arbeitslosigkeit“ mehrende Anzeichen für konjunkturelle Störungen, die vielfach als Resultat überzogenen staatlichen Auftretens gedeutet werden. Starre Regelungen und zu hohe Anspruchslöhne (aufgrund zu großzügiger Regelungen bei der Gewährung von Arbeitslosengeld, Sozial- und Arbeitslosenhilfe) werden als Faktoren angeführt, die eine positive konjunkturelle Entwicklung bremsen und ein Erreichen des Vollbeschäftigungsziels verhindern. Als Folge solcher Argumentation wird das Augenmerk auf ordnungspolitische Reformen als unbedingte Voraussetzung einer erfolgreichen Vollbeschäftigungspolitik gerichtet und – so die aktuelle Meinung des Sachverständigenrates – eine angebotsorientierte Politik als der richtige Weg erachtet, der die notwendige Flexibilität und Mobilisierung der Marktkräfte in Richtung Vollbeschäftigung in Bewegung setzen kann (SVR 1999 / 2000, S. 9).

In der *Arbeitsmarktordnungspolitik* werden die Bedingungen festgelegt, unter denen die Erwerbsfähigen und Arbeitswilligen entsprechend ihrer Präferenzen ihre Arbeitskraft frei anbieten und die Unternehmen die Arbeit nach Gesichtspunkten der unternehmerischen Effizienz ebenso frei nachfragen können. In der Bundesrepublik Deutschland ist hier das Grundrecht auf freie Entfaltung der Persönlichkeit (Art. 2 GG) und unmittelbar das der freien Berufs- und Arbeitsplatzwahl (Art. 12 GG) angesprochen. Aus der historischen Einsicht der materiellen Unterlegenheit derjenigen, die ihren Lebensunterhalt zum überwiegenden Teil aus dem Verkauf ihrer Arbeitskraft ziehen müssen (Arbeitnehmer), im Vergleich zu jenen, denen Produktionserträge zufließen (Arbeitgeber), erwächst eine besondere Verantwortung des Staates, Bedingungen zu gewährleisten, die eine möglichst große Chancengleichheit zwischen den Marktseiten bewirken und für eine im Sinne der marktwirtschaftlichen Prinzipien angemessene Verteilung des Produktionsertrages auf die an der Produktion Beteiligten sorgen. Anders ausgedrückt, dem auf anderen Märkten wegen seiner positiven Allokationswirkungen bewährten Mechanismus der freien Preisbildung wird im Hinblick auf die Verteilungsfrage am Arbeitsmarkt kein wirklicher Lösungsbeitrag zugetraut. Die Arbeitsmarktordnung sieht vielmehr ein System der freien Preisbildung innerhalb eines Rahmens vor, in dem aufgrund organisierter Interessenbündelung Parteien mit gleichem Machtpotenzial einander gegenübertreten – das sind die Tarifparteien, also die Gewerkschaften und ihre Spitzenorganisationen auf der einen Seite und die Arbeitgebervereinigungen und ihre Spitzenorganisationen, bisweilen aber auch einzelne Arbeitgeber, andererseits. Dass die Tarifparteien unabhängig von Dritten, und insbesondere unabhängig vom Staat, Vereinbarungen treffen können, garantiert die in der Bundesrepublik Deutschland einschließlich des Arbeitskampfes als Grundrecht festgelegte *Tarifautonomie* (Art. 9 Abs. 3 GG).

Die staatliche Arbeitsmarktordnungspolitik steht vor dem Dilemma, dem Arbeitsmarkt die notwendigen Freiheits- und Flexibilitätsspielräume zur Verfügung stellen und sichern zu wollen, aber aufgrund bestehender Verpflichtungen, übernommener Verantwortungen usw. faktisch selbst stark in das Arbeitsmarktgeschehen involviert zu sein. Insbesondere verfolgt der Gesetzgeber einige Prinzipien, die ihm eine Öffnung des Arbeitsmarktes in Richtung „mehr Markt“ erschweren (hier nach Stobbe 1987, S. 342):

- Der Gesetz- und Verordnungsgeber hat sich eine Fürsorgepflicht gegenüber Arbeitnehmern auferlegt, die er in beträchtlichem Umfang an die Arbeitgeber delegiert;
- er überantwortet die Finanzierung eines Teils seiner Sozialpolitik den Unternehmen;
- er verwirklicht eine Regelungsdichte, in der sich Platz für Vorschriften findet, beginnend bei einfachsten Sicherheitsregelungen (etwa über die Anbringung von Lichtschaltern, die vermeidbare Zugluft) bis hin zum Recht des Arbeitnehmers, über die Aufgaben informiert zu werden, die sein Arbeitsplatz mit sich bringt;
- er wandelt von Unternehmen freiwillig gewährte zusätzliche Leistungen (die als Folge der Konkurrenz um Arbeitskräfte in guten Zeiten erbracht wurden) in gesetzlich garantierte Ansprüche der Arbeitnehmer um – Paradebeispiel ist die betriebliche Altersversorgung;
- er sieht (wie auch die Arbeitsgerichtsbarkeit) das Dauerarbeitsverhältnis als die anzustrebende Norm an und stattet die bestehenden Arbeitsverhältnisse daher mit einem wachsenden Bestandsschutz aus (als Ideal gilt das Beamtenverhältnis auf Lebenszeit).

Vor diesem Hintergrund scheint eine Veränderung der Arbeitsmarktordnung vor allem dahingehend reformbedürftig, Wettbewerbshemmnisse abzubauen und auch den Interessen der Arbeitslosen einen systematischen Stellenwert beim Wettbewerb um Arbeitsplätze einzuräumen.

## 3. Wie wird Arbeitslosigkeit abgebaut, wie entsteht Beschäftigung?

Die Vorschläge zum Abbau der Arbeitslosigkeit bzw. zur Schaffung zusätzlicher Arbeitsplätze sind mindestens so vielfältig wie kontrovers. Im Folgenden können nur einige Vorschläge behandelt werden. Es werden im Schwerpunkt jene der aktuellen arbeitsmarktpolitischen Diskussion in Betracht genommen.

Die aktuelle Diskussion der Arbeitsmärkte der Bundesrepublik Deutschland steht im Lichte sich verschärfender Wettbewerbsbedingungen und flexiblerer Märkte, denen sich Unternehmen angesichts der globalen Entwicklungen, zunehmenden internationalen Verflechtungen und schnellen Veränderungen der Wirtschaftsstrukturen ausgesetzt sehen. Von steigender Wachstumsdynamik, dem Erschließen neuer Wachstumspotenziale ist da die Rede; der Abbau staatlicher Regulierungsdichte wird ebenso wie die Aufstellung optimaler Rahmenbedingungen unternehmerischen Handelns gefordert; Subventionsabbau rufen die einen, und mehr Subvention die anderen; Öffnung der Löhne nach unten; Senkung der Lohnnebenkosten; Reduktion der Macht der Gewerkschaften; Vernunft der Tarifpartner bei Tarifverhandlungen; mehr Verantwortung des Staates; „Bündnis für Arbeit"; Stärkung der Kaufkraft durch Lohnerhöhungen und soziale Transfers; „jeder Jugendliche muss einen Ausbildungsplatz bekommen"; usw., dies sind nur einige Schlagworte und Phrasen, die auftauchen, wenn es um die Schaffung neuer Arbeitsplätze geht.

Was sind Lohnnebenkosten? 1. Arbeitgeberbeiträge zur Sozialversicherung. 2. Vergütung arbeitsfreier Tage (Urlaubsvergütung, Vergütung für Krankheitstage, für gesetzliche Feiertage und sonstige Ausfallzeiten). 3. Betriebliche Altersvorsorge (Gratifikationen wie Weihnachtsgeld, Gewinnbeteiligungen, Jubiläumsgeschenke, zusätzliche Monatsgehälter; Urlaubsgeld, vermögenswirksame Leistungen). 4. Übrige Lohnnebenkosten (Aufwendungen für berufliche Aus- und Weiterbildung, Verpflegungszuschüsse, Familien- und Wohnungszuschüsse, Auslösungen, Entlassungsentschädigungen, Sozialpläne, Beihilfen bei Krankheit etc.).

Zur genaueren Betrachtung der verschiedenen arbeitsmarktpolitischen Maßnahmen, die gegenwärtig zur Lösung der Beschäftigungskrise im Gespräch sind, empfiehlt sich eine Aufteilung in Maßnahmen, die allgemein der Förderung des Wirtschaftswachstums dienen (3.1.), die gezielt zur Lösung struktureller Probleme innerhalb einer aktiven Arbeitsmarktpolitik eingesetzt werden (3.2.), die die Flexibilität des Arbeitsmarktes durch den Abbau von Regulierungen und von Hemmnissen bei der Lohnbildung befördern sollen (3.3.) und schließlich die Maßnahme der Arbeitszeitflexibilisierung (3.4.). Mit dieser Aufteilung wird keinerlei Anspruch auf vollständige Erfassung arbeitsmarktpolitischer Maßnahmen erhoben. Oftmals sind die einzelnen Maßnahmen zwischen den verschiedenen Rubriken nicht eindeutig voneinander zu trennen, sie können sich in ihrer Wirkungsweise durchaus überschneiden. Gerade Maßnahmen, die auf ein Sinken der Löhne unterhalb der tarifvertraglichen Bestimmungen zielen, können nicht nur Wachstumseffekte durch sinkende Kosten und steigende Standortattraktivität auslösen, sie tragen gleichsam zur Flexibilisierung des Arbeitsmarktes bei.

Die Aufteilung erscheint dem Verfasser allerdings vorteilhaft für das Ziel, einen Überblick der gegenwärtig in der Bundesrepublik Deutschland praktizierten Arbeitsmarktpolitik zu vermitteln und in die verschiedenen Grundpositionen kritisch einzuführen.

## 3.1 Allgemeine Maßnahmen zur Förderung des Wirtschaftswachstums

Generelle Maßnahmen, die aktuell diskutiert werden, um über eine Stärkung der Wachstumskräfte eine Verbesserung am Arbeitsmarkt zu erreichen, lassen sich entlang der gegenwärtig drängenden Probleme unter den Rubriken *Finanzpolitik, Lohnpolitik, Geldpolitik* und *Rentenpolitik* erfassen.

In der *Finanzpolitik* werden nicht nur die finanziellen Grenzen der staatlichen Ausgabentätigkeit festgelegt, gleichzeitig werden auch wichtige ökonomische Einflussfaktoren wie Steuerbelastung der privaten Akteure, öffentliche Schuldenlast und Schuldendienst, Gewährung von Subventionen hinsichtlich ihrer Größenordnungen bestimmt. Im Rahmen des sogenannten „Zukunftsprogramms 2000" strebt die Bundesregierung eine Finanzpolitik an, in der die widerstreitenden Zielvorgaben einer nachhaltigen Haushaltskonsolidierung, einer Förderung von Wachstum und Beschäftigung und einer sozial gerechten Lastenverteilung bei den durchzuführenden Sparmaßnahmen in optimalen Einklang gebracht werden sollen. Einen eigenen Schwerpunkt bildet die Unternehmenssteuerreform, mit der beabsichtigt ist, insbesondere die kleinen und mittleren Unternehmen durch Senkung der Steuertarifsätze zu entlasten und somit die Investitionstätigkeit und den Beschäftigungsaufbau zu stärken.

Angesichts eines Schuldenbergs des Bundes von 1,5 Billionen Mark, für die jährlich 82 Milliarden Mark Zinsen gezahlt werden müssen (Anteil der Zinsausgaben am Bundeshaushalt von 22 v.H. in 1999; im Vergleich zu 13 v.H. in 1989), gilt eine Konsolidierungspolitik des Haushalts als vordringlich. Die hohe Verschuldung schränkt nicht nur das Handlungspotenzial des Staates ein und verzerrt die Zinsbildung am Kapitalmarkt, sie wird auch als ausgesprochen unsozial gegenüber zukünftigen Generationen eingestuft, da diese mit einem Schuldenberg belastet würden, für den sie nicht verantwortlich sind. Als gleichermaßen steuergerecht und wachstumsfördernd werden Maßnahmen wie die zweistufige Senkung des Eingangs- und des Spitzensteuersatzes auf 19,9 v.H. bzw. 48,5 v.H., die Anhebung des steuerlichen Grundfreibetrags auf 14.000 DM sowie die Erhöhung des Kindergeldes (in 1999 um je 30 Mark für das erste und zweite Kind, 2000 um weitere 20 Mark) von der Bundesregierung vorgestellt. Von vielen Wirtschaftsexperten wird dagegen und darüber hinausgehend ein massiver Abbau von Steuervergünstigungen bei den privaten Haushalten und bei den Unternehmen gefordert.

Die Unternehmenssteuerreform, die zum 1. Januar 2001 in Kraft treten soll und darauf ausgerichtet ist, die internationale Wettbewerbsfähigkeit zu stärken, gilt als ein wesentlicher Baustein der Steuerentlastungspolitik. Den Kern der Unternehmenssteuerreform bildet die Absenkung des Steuersatzes auf Unternehmensgewinne auf einheitlich 25 v.H. Um Unternehmen Anreize zu geben, erzielte Gewinne wieder im Unternehmen zu investieren, ist geplant, ausgeschüttete Gewinne höher als einbehaltene Gewinne zu besteuern. Allerdings ist hier z.B. die Frage aufgeworfen, ob thesaurierte Gewinne tatsächlich wieder im eigenen Unternehmen investiert werden und zu mehr Arbeitsplätzen führen; und selbst wenn sie wieder im eigenen Unternehmen investiert würden (Lock-in-Effekte), so wäre keineswegs sichergestellt, dass nicht eine effizientere Investitionsalternative hätte gefunden werden können.

Die *Lohnpolitik* zählt zu den stark kontrovers diskutierten Bereichen des Arbeitsmarktes. Die derzeitige Arbeitsmarktordnung sei nicht den modernen Erfordernissen der internationalen Wettbewerbswirtschaft angepasst; sie sei zu starr, überreguliert, nehme auf die Interessen der Arbeitslosen keine Rücksicht, und schließlich seien jüngste Lohnsteigerungen und -forderungen (3,2 v.H. Steigerung der Tarifverdienste je Stunde in 1999) nicht beschäftigungsorientiert – soweit häufig anzutreffende Vorwürfe. Verglichen mit Arbeitslosenquoten von 3,2 v.H. in den Niederlanden, 4,5 v.H. in Dänemark, 4,2 v.H. in den USA (Zahlen von 1999) sei eine Lohnpolitik, wie sie in der Bundesrepublik Deutschland angesichts einer Quote von 10,5 v.H. betrieben werde, im hohen Maße kritikwürdig (SVR 1999 / 2000, S. 272). Auf jeden Fall, so wird von der überwältigenden Mehrzahl der ökonomischen Fachkreise gefordert, sollte in Zeiten hoher Arbeitslosigkeit von den Tarifparteien eine Lohnpolitik betrieben werden, die sich weniger an den Lohnhöhen, als vielmehr an der Langfristigkeit der Beschäftigung orientiert; vor allem einfache Arbeit müsse billiger werden. Grundsätzlich wird eine Orientierung der Lohnsteigerungsraten an einem Niveau unterhalb des Produktivitätszuwachses empfohlen. Für den Fall hoher Arbeitslosigkeit ist somit auch der „Grundregel" widersprochen, dass Nominallohnanhebungen im Ausmaß des Produktivitätsfortschritts vorzunehmen sind, da hier von keinen zusätzlichen Beschäftigungswirkungen ausgegangen werden kann. Das Argument, demzufolge aufgrund hoher Lohnsteigerungen eine Erhöhung der Kaufkraft eintritt, von der positive Impulse für die Konjunktur ausgehen, und damit weitere Arbeitsplätze geschaffen werden, trifft nur bedingt zu, weil direkt nur Arbeitsplatzbesitzer von Lohnerhöhungen profitieren und letztere auch nur in anteiligem Umfang (in Höhe der Konsumquote) in wachstumsfördernden Konsum umgesetzt werden. Ferner sind die Effekte von Lohnerhöhungen auf den Export und die Nachfrage nach Investitionen zu berücksichtigen; beide werden durch höhere Lohnkosten negativ beeinflusst. Nicht zu unterschätzen sind auch die destabilisierenden Einflüsse auf die unternehmerischen Erwartungen.

Die derzeitige *Geldpolitik* steht im Zeichen der Europäischen Währungsunion. Gerade in der Anfangsphase der Europäischen Geldordnung wird die vordringliche Aufgabe eines Beitrags für beschäftigungsförderndes Wachstum darin gesehen, stabile monetäre Rahmenbedingungen, Glaubwürdigkeit und Planungssicherheit aufzubauen. Vor allem wegen der gegenwärtig vorherrschenden hohen Preisniveaustabilität und günstigen Finanzierungsbedingungen für Investitionen werden der Geldpolitik gute Noten bescheinigt, die richtigen Voraussetzungen für eine Zunahme von Wachstum und Beschäftigung geschaffen zu haben. Im Sinne der Planungssicherheit und eindeutigen Erwartungsbildung wird oftmals der Wunsch nach einem klaren Bekenntnis der Europäischen Zentralbank für eine Strategie der direkten Inflationssteuerung oder eine Geldmengenstrategie geäußert – zur Zeit wird eine Mischung von beiden praktiziert.

Die *Rentenpolitik* steht vor dem durch die demographische Entwicklung bedingten Dilemma, dass im Rahmen der im Umlageverfahren finanzierten Gesetzlichen Rentenversicherung immer weniger Beitragszahler immer mehr Rentenempfänger unterhalten müssen. Auf den Arbeitsmarkt ergeben sich negative Auswirkungen vor allem durch hohe Lohnnebenkosten und Sozialversicherungsbeiträge. Hohe Lohnnebenkosten senken die Investitionsbereitschaft der Unternehmen und dämpfen die Arbeitsnachfrage. Mit steigenden Sozialversicherungsbeiträgen werden Anreize gesetzt, verstärkt nicht-sozialversicherungspflichtigen Tätigkeiten nachzugehen. Die derzeitigen Versuche der Bundesregierung, etwa mittels der Ökosteuer die Beiträge zur Rentenversicherung zu senken und langfristig stabil zu halten, die Erhöhung der Renten zukünftig an den Steigerungen des Preisniveaus zu verankern oder auch die Zahl der Erwerbspersonen durch die „Rente mit 60" zu senken, versprechen auf den ersten Blick positive Auswirkungen auf den Arbeitsmarkt. Bei näherer Betrachtung müssen jedoch gegenteilige Effekte berücksichtigt werden. So können von den gestiegenen Lasten der Ökosteuer oder von der zusätzlichen Sozialabgabenlast zur Finanzierung der „Frühpensionäre" durchaus wachstums- und beschäftigungshemmende Impulse ausgehen.

Die hier skizzierten Maßnahmen zur Stärkung der Wachstumskräfte einer Ökonomie verdeutlichen, dass von *der* Arbeitsmarktpolitik nicht die Rede sein kann, sondern auf den Arbeitsmärkten verschiedene wirtschaftspolitische Bereiche und Maßnahmen ineinandergreifen und wirken. Da der Anteil der strukturellen Arbeitslosigkeit an der Gesamtzahl der Arbeitslosen in der Bundesrepublik Deutschland im Vergleich zu anderen Ländern mit mindestens zwei Dritteln als sehr hoch einzuschätzen ist, sind Maßnahmen, die in erster Linie auf eine Förderung der Konjunktur zielen, natürlich eher zur Beseitigung konjunkturell verursachter Beschäftigungsrückgänge denn zur Behebung struktureller Probleme geeignet. Dies lenkt den Fokus auf aktive Maßnahmen der Arbeitsmarktpolitik, obwohl diese in Zeiten knapper Haushalte in zunehmender Kritik stehen.

Wenngleich die hohe Verschuldung der öffentlichen Haushalte die Handlungsspielräume immer mehr einschränkt und eine durch steigende Kreditmittel finanzierte nachfrageorientierte Beschäftigungspolitik kaum noch legitimierbar und durchsetzbar scheint, finden sich dennoch Programme, mit denen Arbeitsplätze direkt und indirekt aus öffentlichen Mitteln finanziert werden. Von einigen der augenblicklich praktizierten Maßnahmen der aktiven Arbeitsmarktpolitik handelt der folgende Abschnitt.

### 3.2 Aktive arbeitsmarktpolitische Maßnahmen mit dem Schwerpunkt der Unterstützung von Problemgruppen

Im Bewusstsein darüber, dass der Begriff der aktiven Arbeitsmarktpolitik heutzutage mit durchaus verschiedenen Bedeutungen verwendet wird (von manchen mit nachfrageorientierter Wirtschaftspolitik schlechthin identifiziert, sehen andere in ihr alle Instrumente zur Bekämpfung der strukturellen Arbeitslosigkeit, und wieder andere setzen die aktive Arbeitsmarktpolitik gleich mit dem Instrumentarium der BA, etc.), verständigen wir uns – jenseits des Versuchs einer genaueren Bestimmung – darauf, zu den Instrumenten der aktiven Arbeitsmarktpolitik in erster Linie jene der Arbeitsmarktausgleichs- und Vollbeschäftigungspolitik zu zählen. Die Bundesregierung hat als ihren Beitrag zur „aktiven Arbeitsmarktpolitik" für den Haushalt 2000 ein Gesamtvolumen von 46 Milliarden Mark angegeben (die Gesamtausgaben der BA haben im Haushaltsjahr 1999 insgesamt über 101 Milliarden DM betragen, von denen knapp die Hälfte, 50,7 Milliarden, in Form von Arbeitslosen- und Insolvenzgeld und etwa 41,6 Milliarden für die aktive Arbeitsförderung verausgabt wurden) (BA 2000,

S. 88-90). Die meisten der aufgelegten Programme sind konkreten Schwerpunkten wie der Unterstützung von Problemgruppen des Arbeitsmarktes (z.B. Behinderte, Langzeitarbeitslose, arbeitslose Jugendliche) zugeordnet und werden über die BA und ihre Arbeitsämter abgewickelt. Je nach Programm und Maßnahme können die entsprechenden Mittel Arbeitnehmern (Überbrückungsgelder, Mobilitätshilfen usw.), Arbeitgebern (Eingliederungszuschüsse, Förderung der beruflichen Eingliederung Behinderter usf.) oder Maßnahmenträgern wie z.B. Jugendwohnheimen übertragen werden. Arbeitsbeschaffungsmaßnahmen, Maßnahmen der beruflichen Weiterbildung und Ausbildungsförderung, aber auch Arbeitsplatzsubventionen sind die diesbezüglich in der Öffentlichkeit momentan wohl am häufigsten anzutreffenden Stichworte.

Im Folgenden wird stellvertretend für die verschiedenen Problemgruppen am Arbeitsmarkt kurz auf die Langzeit- und die Jugendarbeitslosigkeit eingegangen.

Die *Langzeitarbeitslosigkeit* stellt eines der größten Probleme am Arbeitsmarkt dar, da ihr selbst in Zeiten konjunktureller Aufschwünge nicht beizukommen ist. Gerade angesichts der globalen Veränderungen der wirtschaftlichen Rahmenbedingungen für Arbeit und der Intensivierung von Kommunikation, Information, Handel und Kapitalverkehr hat sich die Situation der Langzeitarbeitslosen dramatisch verschlechtert (Baldwin 1994, S. 44; Zimmermann 1999, S. 14). Langzeitarbeitslosigkeit bedeutet nicht nur einen erheblichen Verlust des Produktionsfaktors Humankapital, sie ist auch als Zahlung von Arbeitslosengeld bzw. Sozialhilfe äußerst kostenträchtig, von den Problemen, die für die Betroffenen entstehen, und den gesellschaftlichen Folgen einmal ganz abgesehen.

Zur Bekämpfung der Langzeitarbeitslosigkeit wird vor allem auf Maßnahmen zur Integration der Langzeitarbeitslosen in den Arbeitsmarkt gesetzt. Dazu zählen Maßnahmen zur Qualifizierung, Umschulung und Vorbereitung des Wiedereinstiegs in das Berufsleben, Arbeitsbeschaffungsmaßnahmen etc. In einigen Modellen wird versucht, mit Hilfe öffentlicher Fördermittel, Unternehmen zur Beschäftigung der Arbeitslosen zu bewegen. Die Zahlung von Lohnsubventionen, die Arbeitgebern gewährt werden, wenn erwerbslose Personen eingestellt werden, ist ein solcher Versuch. Die Vorteile liegen auf der Hand: Die Unternehmen profitieren von geringeren Arbeitskosten, die je nach Modell in Form direkter Lohnzuschüsse oder durch volle oder teilweise Übernahme der Sozialversicherungsbeiträge entstehen, die Arbeitslosen erhalten Beschäftigung und ein Einkommen, das alternative Transferzahlungen (Arbeitslosengeld, Sozialhilfe usw.) weniger attraktiv macht, aber die Bereitschaft zur Arbeitsaufnahme erhöht. Bei der Bewertung solcher Vorschläge werden jedoch starke ökonomische Vorbehalte vorgebracht. Neben der Gefahr von Anreizverzerrungen (z.B. könnte sich die Arbeitsnachfrage verstärkt an den staatlichen Subventionen und weniger am Arbeitsmarkt orientieren) übernimmt der Staat mit solchen Maßnahmen nicht nur ein zusätzliches Aktivitätsfeld, das aufwendig organisiert werden muss, sondern auch aktive Verantwortung für Beschäftigte. Schließlich widersprechen Lohnsubventionen der Überzeugung, dass nur über Wettbewerbsdruck, also Marktpreise, vermittelte Arbeitsplätze einen langfristigen und stabilen Beschäftigungszuwachs generieren können.

Die *Jugendarbeitslosigkeit* ist ein anderer großer Problembereich des Arbeitsmarktes. Es wird als ein gesellschaftlich nicht hinzunehmender Zustand empfunden, wenn junge Menschen keine Ausbildungsmöglichkeit erhalten und somit innerhalb einer Erwerbsarbeitsgesellschaft faktisch ihrer Zukunftschancen beraubt sind (1999 betrug der Anteil der arbeitslosen Jugendlichen bis zu einem Alter von 25 Jahren an der Gesamtarbeitslosenzahl durchschnittlich 10,47 v.H.). So bedrückend Langzeit- und Jugendarbeitslosigkeit aus ökonomischer Sicht auch immer sein mögen, ihre Beseitigung ist in erster Linie ein gesellschaftlich bzw. politisch gesetztes Ziel. Von hier aus wird der Einsatz auch nachfrageorientierter Instrumente der Arbeitsmarktpolitik gerechtfertigt.

Zur Bekämpfung der Jugendarbeitslosigkeit hat die Bundesregierung einen Maßnahmenkatalog zur Verbesserung der Aus- und Weiterbildung vorgelegt, der unter anderem das „Sonderprogramm zum Abbau der Jugendarbeitslosigkeit" (JUMP) einschließt und einen inhaltlichen Schwerpunkt im Bereich der Informationswirtschaft aufweist. JUMP war das erste Ergebnis der Gespräche zum „Bündnis für Arbeit", das von allen Teilnehmern mit dem sogenannten Ausbildungskonsens („Jeder junge Mensch, der kann und will, wird ausgebildet") „besiegelt" wurde. JUMP wendet sich an Menschen bis zu einem Alter von 25 Jahren, die einen Ausbildungsplatz suchen bzw. nach der Ausbildung arbeitslos geworden sind. Finanziert wurde das Programm in 1999 und 2000 mit jeweils zwei Milliarden Mark jährlich. Seit Auflage des Programms, Januar 1999 bis Oktober 1999, wurde es, obwohl nur für 100.000 Jugendliche vorgesehen, von der doppelten Anzahl in Anspruch genommen. Von diesen etwa 200.000 Jugendlichen konnten 25.200 in den ersten Arbeitsmarkt integriert werden – unter anderem aufgrund der Gewährung von Lohnkostenzuschüssen bei der Einstellung arbeitsloser Jugendlicher. 7.050 zusätzliche betriebliche Ausbildungsplätze entstanden durch die Förderung lokaler und regionaler Projekte zur Ausschöpfung und Erhöhung des betrieblichen Lehrstellenangebotes bis September 1999. 27.800 Jugendliche begannen mit Hilfe des Sofortprogramms eine außerbetriebliche Ausbildung. An Arbeitsbeschaffungsmaßnahmen mit integrierten beruflichen Qualifizierungsmaßnahmen nahmen rund 34.800 Jugendliche teil. In das Trainingsprogramm für Jugendliche, die noch kurzfristig eine Ausbildungsstelle suchten, sind rund 20.500 Jugendliche eingetreten. 3.000 Jugendliche holten über das Sofortprogramm den Hauptschulabschluss nach.

Generelle Aussagen zum andauernden Erfolg solcher Maßnahmen der aktiven Arbeitsmarktpolitik sind zur Zeit nur schwer möglich und werden erst in der Zukunft ablesbar sein. Speziell zur Bewertung von Maßnahmen der aktiven Arbeitsmarkpolitik, die die Wiedereingliederung von Langzeitarbeitslosen in das Berufsleben und den Erfolg der Programme zur Bekämpfung der Jugendarbeitslosigkeit verfolgen, werden seit 1998 von der BA Eingliederungsbilanzen vorgelegt und eine Bestimmung der „Verbleibsquote" durchgeführt. Ergebnisse dieser Eingliederungsbilanzen wurden erstmalig im Herbst 1999 veröffentlicht. Das diesbezüglich verausgabte Fördervolumen der aktiven Arbeitsmarkpolitik (vor allem Mittel des Eingliederungstitels, Überbrückungsgeld und Strukturanpassungsmaßnahmen) belief sich auf knapp 30 Milliarden DM. Als ein Beispiel für eine „Verbleibsquote" konnte etwa ermittelt werden, dass bundesweit 66 v.H. der Absolventen einer beruflichen

Weiterbildung sechs Monate nach Ende der Maßnahme nicht arbeitslos waren (BA 2000, S. 13-14).

Während die Bundesregierung die Erfolge der von ihr durchgeführten und eingeleiteten Maßnahmen hervorhebt, reagieren weite Wirtschaftskreise eher nüchtern. Entgegen solcher von der Bundesregierung durchgeführter Maßnahmen der aktiven Arbeitsmarktpolitik, die sich vorwiegend der Instrumente der Arbeitsmarktausgleichs- und auch jener der Vollbeschäftigungspolitik bedienen, hält der Sachverständigenrat eine solche Politik für in weiten Teilen unangemessen, da an den Symptomen der Arbeitslosigkeit und nicht an ihren Ursachen angesetzt werde. So wird dem „Bündnis für Arbeit" beispielsweise vorgeworfen, Gefahr zu laufen, „sich in Formelkom- ˌ ˙omissen zu erschöpfen und gleichzeitig grundlegende Reformen zu hemmen." (SVR 1999 / 2000, S. 9 f.) Auch gehe das „Bündnis" auf korporatistische Ansätze zurück, die zur Lösung der drängenden Probleme auf dem Arbeitsmarkt schlechthin nicht in Frage kämen. Die eigentlichen Ursachen der seit Jahren anhaltenden hohen Arbeitslosigkeit seien zu hohe Arbeitskosten, zu starre Lohnrelationen und zu strikte Regulierungen, die durch eine Angebotspolitik vor dem Hintergrund ordnungspolitischer Reformen bekämpft werden müssten (SVR 1999 / 2000, S. 9). Gefordert wird an erster Stelle eine Arbeitsmarktordnungspolitik, die den wirtschaftlichen Akteuren mehr Flexibilität ermöglicht, die hierzu notwendigen Anreize vermittelt und auf diesem Wege zu mehr Markt und Stabilität führen soll. Wo die aktuelle Arbeitsmarktpolitik die Flexibilität des Arbeitsmarktes behindert und wo sie sie fördert, wird im folgenden Abschnitt (3.3.) anhand einiger Aspekte zum Abbau der Regulierungsdichte und der Flexibilität der Löhne aufgegriffen. Im Anschluss daran (Abschnitt 3.4.) werden einige Argumente des arbeitsmarktpolitischen „Dauerbrenners" Arbeitszeitflexibilisierung näher analysiert.

## 3.3 Erhöhung der Flexibilität des Arbeitsmarktes

Angesichts der anhaltend hohen Arbeitslosenzahlen in der Bundesrepublik Deutschland finden Forderungen nach einem Abbau verschiedenster Regulierungen am Arbeitsmarkt zunehmend Gehör. Im Vergleich zu Ländern wie den USA, die beachtliche Erfolge in der Senkung der Arbeitslosenzahlen aufweisen können, fällt deren weitaus geringere Regulierungsdichte des Arbeitsmarktes auf. In der Bundesrepublik wird von verschiedenen Seiten angemahnt, dass die Arbeitslosen als die eigentlich Betroffenen der Arbeitsmarktproblematik durch die Tarifvertragsparteien kaum repräsentiert werden und somit im „Verteilungsprozess" faktisch nicht einbezogen sind. Dieser Vorwurf richtet sich natürlich in erster Linie gegen die Arbeitnehmervertreter, die Gewerkschaften, denen insbesondere vorgehalten wird, mit ihrer Tarifvertragspolitik eine freie Lohnbildung (nach unten) zu verhindern und dadurch möglichen positiven Allokationseffekten am Arbeitsmarkt entgegenzuwirken. Darüber hinaus werden eine Reihe rechtlicher Regelungen für massive Erschwernisse des Zugangs der Arbeitslosen auf den Arbeitsmarkt verantwortlich gemacht. Genannt werden Regelungen zum Kündigungsschutz, Vorschriften, die es den Arbeitslosen versagen, eine Beschäftigung außerhalb der tarifvertraglichen Bestimmungen aufzunehmen (Allgemeinverbindlichkeit), und solche Vorschriften, die der Anpassung an betriebsspezifische Problemlösungen innerhalb bestehender Tarifverträge im Wege stehen (Günstigkeitsprinzip). So wird beispielsweise der Sinn des § 77 Absatz 3 BetrVG erheblich in Zweifel gezogen, vereinzelt wird sogar (SVR 1999 / 2000, S. 13, 293) seine Abschaffung gefordert (diese Vorschrift dient dem Schutz der Tarifautonomie, da festlegt wird, dass Arbeitsentgelte und sonstige Arbeitsbedingungen, die durch den Tarifvertrag geregelt sind oder üblicherweise geregelt werden, nicht Gegenstand einer Betriebsvereinbarung sein können, es sei denn, der Tarifvertrag erlaubt dies ausdrücklich).

Der Bundesregierung wird konkret vorgeworfen, insbesondere mit folgenden Maßnahmen den Flexibilisierungs- und Dezentralisierungsprozess am Arbeitsmarkt zu hemmen (SVR 1999 / 2000, S. 10, 272 f.):

- Entfristung der Gültigkeit des Arbeitnehmer-Entsendegesetzes für die Bauwirtschaft (der Bundesminister für Arbeit und Sozialordnung kann seit Januar 1999 Tarife per Rechtsverordnung für allgemeinverbindlich erklären, ohne ein Einvernehmen mit dem Tarifausschuss herstellen zu müssen – de facto folgt daraus eine Erhöhung der Mindestlöhne).
- Verschärfung des Kündigungsschutzes (Senkung des Schwellenwertes von zehn auf fünf Beschäftigte).
- Erhöhung der Lohnfortzahlung im Krankheitsfall auf wieder 100 v.H.
- Regelungen zum 630-Mark-Gesetz.
- Neue Abgrenzung der Scheinselbständigkeit durch das Gesetz zu Korrekturen in der Sozialversicherung und zur Sicherung der Arbeitnehmerrechte (Korrekturgesetz) seit Januar 1999, um der Umgehung der Abführung von Sozialversicherungsbeiträgen entgegenzuwirken.
- Stärkung der Position der Mitbestimmung der Arbeitnehmer angesichts neuer Unternehmensformen in der geplanten Änderung des Betriebsverfassungsgesetzes.
- Planung eines Klagerechts für die Tarifverbände (vom Tarifvertrag abweichende betriebliche Regelungen sollen eingeklagt werden können).

Die Kritikpunkte zielen insgesamt auf eine Änderung der Arbeitsmarktordnung, in der es nun nicht darum geht, die Tarifautonomie und das Tarifvertragsgesetz abzuschaffen, jedoch eine flexiblere Handhabung und Auslegung im Einzelfall zu gewährleisten. Die Zulassung von Ausnahmeregelungen und Flexibilitätsspielräumen, wie sie z.B. bei Einsteigerverträgen (sie ermöglichen die Einstellung von „Berufsanfängern“ zu Lohnsätzen unterhalb des Tariflohnes) oder Eingliederungsverträgen zur Integration Langzeitarbeitsloser in das Berufsleben vorliegen (§§ 229-234 SGB III), könnte bereits zu einer erheblichen Erleichterung beim Eintritt bzw. Wiedereintritt in das Erwerbsleben beitragen. Ein Vorschlag zur Flexibilisierung des Flächentarifvertrages besteht darin, eine Abweichung von den allgemeinen Regelungen etwa dann zuzulassen, wenn die Mehrheit der Beschäftigten, Betriebsrat und Unternehmensleitung dies wünschen – dazu wäre eine „Entschärfung“ des § 77 Abs. 3 BetrVG hilfreich. Gerade für die Problemgruppen Berufseinsteiger und Langzeitarbeitslose sollten niedrige Einstiegslöhne erlaubt sein, um die Aufnahme einer Erwerbstätigkeit zu erleichtern und das Entlassungsrisiko gerade für geringqualifizierte Beschäftigte zu senken. Speziell vor dem Hintergrund, dass die Lohnkosten gerade im Bereich der gering qualifizierten Arbeit in den vergangenen Jahren verhältnismäßig stark gestiegen sind, erhalten diese Argumente einer Lohndifferenzierung oder Lohnspreizung – vor allem in den unteren Einkommensbereichen – eine ganz besondere Gewichtung. Eine stärker am Marktmechanismus orientierte Lohnbildung würde sich in einer erhöhten Spreizung der Löhne zwischen gering- und hochqualifizierten, aber auch in einer größeren Differenzierung der Löhne innerhalb der einzelnen Berufsgruppen entlang der unterschiedlichen Angebot und Nachfrage beeinflussenden Faktoren ausdrücken. Ferner könnten die Löhne entlang regional- und sektorspezifischer Merkmale weiter differenziert werden.

Bezüglich der Beschäftigungsförderung im Niedriglohnsektor sind vermehrt Stimmen wahrzunehmen, die eine Absenkung der Sozialhilfeleistungen für Arbeitsfähige fordern. Als Folge der dadurch bewirkten Vergrößerung des Abstands von Sozialhilfesatz und Anspruchslohn (Lohn, zu dem der Einzelne bereit ist, seine Arbeitskraft am Arbeitsmarkt anzubieten) werden höhere Anreize zur Aufnahme einer Beschäftigung vermutet. Im Zuge weiterer Maßnahmen wird auch über Kürzungen bei der Arbeitslosenunterstützung (z.B. Zahlung von Arbeitslosengeld bis zu maximal einem Jahr) und über die Abschaffung der Arbeitslosenhilfe nachgedacht, es werden auch Veränderungen in der Behandlung von Kindern im Steuerrecht und Sozialhilfegesetz erwogen: So soll der im Vergleich zum Kindergeld höhere Kinderzuschuss laut Expertenmeinung oftmals dazu führen, dass es für kinderreiche Sozialhilfeempfänger nicht lohnenswert erscheint, überhaupt einer Beschäftigung nachzugehen. Andere Vorschläge, die Anreize zur Aufnahme einer Tätigkeit zu erhöhen, sehen vor, einen höheren Anteil des Arbeitseinkommens bei der Berechnung der Sozialhilfe zugrunde zu legen.

In der Bewertung solch „harter" Einschränkungen bei den Transferleistungen, aber auch bei den Forderungen nach genereller Lockerung der tarifvertraglichen Bestimmungen, sind gegenläufige Tendenzen zu berücksichtigen: So ist durchaus denkbar, dass als Folge dieser Maßnahmen lediglich höher entlohnte durch niedriger entlohnte und mithin qualifiziertere durch weniger qualifizierte Arbeitskräfte substituiert werden und negative Einkommenseffekte entstehen.

Schließlich steht die generelle Kritik an den Gewerkschaften im Raum, durch überzogene Lohnforderungen und insbesondere durch Verhinderung der Lohnentwicklungen nach unten, der für ein beschäftigungsförderndes Wachstum notwendigen Flexibilität am Arbeitsmarkt entgegenzustehen und somit die Wettbewerbsfähigkeit der deutschen Wirtschaft zu schwächen. Die vermeintliche Logik solcher Aussagen ist einfach: Mangelnde Wettbewerbsfähigkeit ist auf zu hohe Produktionskosten zurückzuführen und diese werden wiederum an zu hohen Lohnkosten festgemacht, an denen die Gewerkschaften schuld sind. Jedoch sind auch hohe Löhne das Ergebnis von Verhandlungen (Lohn als endogene Variable), um das die Vertreter der Arbeitsnachfrager und Arbeitsanbieter ringen. Es ist also die implizite Unterstellung einer einseitig dominierten Verhandlungsmacht der Gewerkschaften, die für beschäftigungshemmende überhöhte Lohnkosten verantwortlich gemacht wird.

Jenseits der Beantwortung der Frage, ob die Gewerkschaften tatsächlich über eine derartige Macht gegenüber den Arbeitgebern verfügen, sind durchaus andere mögliche Gründe für hohe Löhne nachvollziehbar. So können die Unternehmen selbst ein durchaus großes Interesse an der Zahlung hoher Löhne haben, um sich etwa einer hohen Leistungsbereitschaft oder der starken Anbindung der Arbeitnehmer an das Unternehmen zu versichern (siehe Effizienzlohntheorien). Preissteigerungen, wie sie als Folge exogener Schocks zu beobachten waren, können als eine mögliche Erklärung ebenfalls in Frage kommen.

Zweifellos erfordert eine Beschäftigungszunahme am bundesdeutschen Arbeitsmarkt ein höheres Maß an Flexibilität, und unbestritten bedarf es hierzu über eine konsequente staatliche Setzung der arbeitsmarktpolitischen Rahmenbedingungen hinausgehend der Einsicht und Unterstützung der Tarifvertragsparteien und sicherlich auch der Bereitschaft der Gewerkschaften, Lohnspreizungen im vermehrten Umfang zuzustimmen. Dem Ziel des Abbaus der Arbeitslosigkeit sollten sich alle Beteiligten – wenn auch aus durchaus unterschiedlichen Gründen – verpflichtet fühlen und sich um Einsicht sowohl in die ökonomischen Fakten wie auch in die Lage des jeweils anderen bemühen. Der gemeinsame Weg scheint der langfristig vielversprechendste, und in der grundsätzlichen Absicht und Anlage, einen solchen Weg zu beschreiten, kann ein wesentlicher, wenn nicht sogar der bedeutendste Beitrag des „Bündnisses für Arbeit" zur Lösung der Arbeitsmarktprobleme ausgemacht werden.

## 3.4 Arbeitszeitflexibilisierung als Maßnahme zur Beseitigung der Arbeitslosigkeit

Eine Sonderform der Arbeitszeitflexibilisierung ist die *Arbeitszeitverkürzung*, deren Diskussion eine nahezu 200jährige Tradition aufweist. Da der Arbeitszeitverkürzung nach allgemeiner Expertenmeinung kein wirklicher Beitrag zum Abbau der Arbeitslosigkeit zugetraut wird, sie aber dennoch immer wieder in der öffentlichen Diskussion auftaucht, wird sie nun einer kurzen Betrachtung unterzogen.

> Makroökonometrische Studien legen den Schluss nahe, dass Arbeitszeitverkürzung die besten Beschäftigungswirkungen dann erzielt, wenn sie ohne Lohnausgleich durchgeführt wird und die durch sie erzielten staatlichen Mehreinnahmen zur Senkung der Steuern und Lohnnebenkosten verwendet werden. Aufgrund erheblicher beschäftigungshemmender Effekte (z.B. Wachstumsrückgänge und Preisniveausteigerungen) wird empfohlen, die Arbeitsmarktverkürzung nur innerhalb einer umfassenderen beschäftigungspolitischen Strategie als eine den Strukturwandel flankierende Maßnahme einzusetzen (hier nach der Studie von Barth / Zika 1996, S. 187-190, 200).

Bezogen auf das Ziel des Abbaus von Massenarbeitslosigkeit besteht das Kernargument der Arbeitszeitverkürzung in der Möglichkeit, ein *gegebenes* Arbeitsvolumen auf *mehrere* potenzielle Arbeitnehmer zu verteilen. Ein großer Teil des durch Arbeitszeitverkürzung freigesetzten Arbeitsvolumens könnte der Schaffung neuer Arbeitsplätze dienen. In diesem Sinne würde eine Aufteilung der Arbeit zwischen Beschäftigten und Arbeitslosen stattfinden und ein aktiver Beitrag der Beschäftigen zum Abbau der Arbeitslosigkeit geleistet werden. Warum aber wird Arbeitszeitverkürzung bzw. die Forderung, das in einer Volkswirtschaft insgesamt erbrachte Arbeitsvolumen auf eine größere Zahl von Erwerbspersonen zu verteilen, als Mittel des Abbaus der Arbeitslosigkeit von den meisten Wirtschaftsexperten abgelehnt? (Beispielsweise Neumann 1984; Ott 1979)

- Durch Arbeitszeitverkürzung wird keine zusätzliche Arbeit geschaffen, sondern lediglich eine bestimmte Menge an Arbeit auf eine größere Zahl von Arbeitskräften verteilt.
- Eine generelle Arbeitszeitverkürzung würde einen breiten Konsens unter den beteiligten Gruppen voraussetzen; dies aber ist höchst unwahrscheinlich: Viele der beschäftigten Arbeitnehmer sind nicht bereit, Teile ihrer Arbeit abzugeben.
- Die Verteilung der Gesamtarbeitszeit auf mehrere „Köpfe" lässt wesentliche Strukturmerkmale der Arbeitslosigkeit außer acht. So nützt es dem Arbeitslosen in einer bestimmten Region wenig, wenn an einem anderen Ort die Arbeitszeit verkürzt wird und er nicht in der Lage oder willens ist umzuziehen (regionale Arbeitslosigkeit); dem Akademiker hilft es wenig, wenn durch Arbeitszeitverkürzung eine Beschäftigungsmöglichkeit für einen Industriearbeiter entsteht (sektorale Arbeitslosigkeit). Analog kann auch für die Arbeitslosigkeit entsprechend der Merkmale Alter oder Stellung im Beruf argumentiert werden.
- Im Unternehmen kann es technische oder organisatorische Gründe dafür geben, eine bestimmte Zahl von „Vollarbeitskräften" einer höheren Zahl von Arbeitskräften mit verkürzter Arbeitszeit gegenüber vorzuziehen. Eine erzwungene Kürzung der Arbeitszeit würde die Flexibilität der Unternehmen einschränken.
- Für den Arbeitgeber kann es sich als kostenintensiv herausstellen, das gleiche Arbeitsvolumen durch mehr als durch weniger Arbeitskräfte in Anspruch zu nehmen, dann nämlich, wenn die Lohnnebenkosten, die pro Arbeitnehmer aufzuwenden sind, mit zunehmender Stundenzahl (des Arbeitnehmers) abnehmen, sich also *nicht* proportional (oder gar progressiv) zur erbrachten Stundenzahl verhalten.
- Eine faktische Rationierung der Arbeitszeit bei teilweisem Lohnausgleich würde eine Kostenbelastung mit negativen Auswirkungen auf die Wettbewerbsfähigkeit und weitere Beschäftigungsmöglichkeiten darstellen.
- Arbeitszeitverkürzung dergestalt, dass älteren Beschäftigten angeboten wird, vorzeitig in den Ruhestand zu treten, um so mehr Beschäftigungsmöglichkeiten für Jüngere zu schaffen, führt zu einer Verschiebung der Kosten der Arbeitslosigkeit auf die Alterssicherung.

Während das Votum gegen eine Arbeitszeitverkürzung als Mittel zur Bekämpfung der Arbeitslosigkeit relativ eindeutig ausfällt, erfolgt die Bewertung der *Arbeitszeitflexibilisierung* weitaus differenzierter, was letztlich auf die unterschiedlichen Zielsetzungen der Akteure des Arbeitsmarktes zurückgeführt werden kann. So verstehen die Gewerkschaften unter flexiblen Arbeitszeiten jegliche Veränderung der Lage der Arbeitszeit, die Arbeitgeberseite in erster Linie die Auflösung bestehender Arbeitszeitregelungen (*Hörning / Gerhard / Michailow* 1990, S. 44). Entsprechend unterschiedlich sind die Erwartungen, die an die Flexibilisierung der Arbeitszeit gerichtet sind: Aus Arbeitnehmersicht sollte die Arbeitszeitflexibilisierung mit einer erhöhten Wahrnehmung von Freizeitinteressen und einer Steigerung der Zeitsouveränität einhergehen, die eine verbesserte Koordinierung der verschiedenen Lebensbereiche wie Familie und Beruf ermöglicht. Die Arbeitgeberseite erhofft sich von der Flexibilisierung der Arbeitszeit eine effizientere Ausnutzung des Produktionsfaktors Kapital und eine genauere Orientierung der Produkte und Dienstleistungen an den Kundenbedürfnissen. Arbeitszeitflexibilisierung aus Arbeitgebersicht schließt auch ein, Personalkosten angesichts einer schwachen Ertragslage „unproblematisch" reduzieren zu können. Aus Sicht der Unternehmen werden Flexibilisierungsmaßnahmen somit aus Produktivitäts- bzw. Kostenerwägungen begrüßt. Sie stellen in gewissem Umfang ein Mittel dar, speziell die Lohnnebenkosten zu senken.

Gerade angesichts der Gründe, aus denen die Arbeitgeber eine Arbeitszeitflexibilisierung befürworten, sind es die Arbeitnehmer und ihre Repräsentanten, die die schwerwiegendsten Bedenken gegenüber der Arbeitszeitflexibilisierung hegen. Tragen Unternehmer in einem gewissen Umfang das alleinige Risiko für Störungen im betrieblichen Ablauf oder für Nachfrageschwankungen (beispielsweise werden in konjunkturellen Schwächephasen Arbeitskräfte vielfach auch dann voll bezahlt, wenn sie nicht im vollen Umfang eingesetzt sind), kann mit zunehmender Flexibilisierung dieses Risiko einfacher an die Belegschaft weitergegeben werden. Ebenso stehen die Arbeitgeber bislang in der weitestgehenden Pflicht, „Fehlzeiten" (Krankheiten, Hochzeiten usw.) als Arbeitszeit bezahlen zu müssen. Die Abwälzung der Risiken infolge zunehmender Arbeitszeitflexibilisierung entspricht der sich ausbreitenden Tendenz, dass Unternehmer nur noch die effektive Arbeitszeit, also die Arbeit, die sich an den betrieblichen Anforderungen orientiert, vergüten (Klenner 1997, S. 264). Die Gewerkschaften befürchten zudem eine Untergrabung der gewerkschaftlichen Solidarität und eine Stärkung der Position der Unternehmen. Eine weitere mit der Arbeitszeitflexibilisierung einhergehende Gefahr wird in der Ausweitung sogenannter unsozialer Arbeitszeiten (Überstunden, Wochenendarbeit etc.) vermutet, durch die der Arbeitgeber ungünstige Arbeitszeiten auch ohne nähere Begründung und ohne Zustimmung der Betriebsräte einfordern könne. Damit würden unsoziale Arbeitszeiten zunehmend als normale Arbeitszeit institutionalisiert und kaum mehr extra vergütet. Folglich entsteht aufgrund der Arbeitszeitflexibilisierung ein unternehmerischer Zugriff auf jene Freizeiten, die bisher als Arbeitszeitstandards geschützt waren (Beck 1986, S. 253-256; Bosch 1996, S. 423 f.; Hinrichs 1992, S. 314-322). Unter der Annahme, dass der Normalarbeitszeitstandard einen Baustein der sozialen Marktwirtschaft darstellt, wurden sogar schon Gefahren für die Funktionsfähigkeit des Arbeitsmarktes als Folge einer Arbeitszeitflexibilisierung befürchtet, denn der Normalarbeitszeitstandard, also die allgemeine Festlegung der Dauer der täglichen Arbeitszeit, an der sich alle Marktteilnehmer mehr oder minder hatten orientieren können, habe gewährleistet, dass die Preisbildung des Produktionsfaktors

Arbeit dem Marktmechanismus überhaupt überlassen werden konnte (Wiesenthal / Offe / Hinrichs / Engfer 1984, S. 211-213, 217).

Aus Unternehmersicht würde die Flexibilisierung der Arbeitszeit zur flexibleren Handhabung des Produktionsfaktors Arbeit und zur Senkung der Kosten und damit zur Steigerung der Wettbewerbsfähigkeit beitragen. Zweifellos würde die Arbeitszeitflexibilisierung auch von einigen Arbeitnehmergruppen begrüßt, wie etwa solchen, die vorwiegend in Teilzeit arbeiten wollen. Eine konsequente Durchführung der Arbeitszeitflexibilisierung dürfte jedoch auf großen Widerstand der Gewerkschaften stoßen, deren Dilemma offenkundig darin besteht, dass sie die Forderungen der eigenen Mitglieder nach mehr Flexibilisierung nicht ignorieren können, gleichzeitig jedoch die Gefahr der Beeinträchtigung zentraler Interessen und Machtmittel sehen.

## **Weiterführende Literatur** (zitierte Quellen siehe Anhang)

*Bean, C. R.* (1994), European Unemployment, Journal of Economic Literature 32 (2), S. 573-619.

*Berthold, N. / R. Hank* (1999), Bündnis für Arbeit: Korporatismus statt Wettbewerb, Tübingen.

*Franz, W.* (1997), Wettbewerbsfähige Beschäftigung schaffen statt Arbeitslosigkeit umverteilen, Gütersloh.

*Franz, W.* (1999), Arbeitsmarktökonomik, Berlin usw.

*Keller, B.* (1999), Einführung in die Arbeitspolitik: Arbeitsbeziehungen und Arbeitsmarkt in sozialwissenschaftlicher Perspektive, München/Wien.

*Lampert, H.* (1998), Lehrbuch der Sozialpolitik, Berlin usw.

*Neumann, M.* (1984), Arbeitszeitverkürzung gegen Arbeitslosigkeit?, Berlin.

*Sachverständigenrat* (2000), Jahresgutachten 1999 / 2000: Wirtschaftspolitik unter Reformdruck.

*Schuberth, K.* (1999), Arbeitsmarkt- und Beschäftigungspolitik: Eine Einführung, Bayreuth.

*Wiesenthal, H. et al.* (1984), Arbeitszeitflexibilisierung und gewerkschaftliche Interessenvertretung. Regelungsprobleme und Risiken individualisierter Arbeitszeiten, in: C. Offe (Hrsg.), „Arbeitsgesellschaft“: Strukturprobleme und Zukunftsperspektiven, Frankfurt/M./New York, S. 205-226.

*Zerche, J. / W. Schönig / D. Klingenberger* (2000), Arbeitsmarktpolitik und -theorie: Lehrbuch zu empirischen, institutionellen und theoretischen Grundfragen der Arbeitsökonomik, München usw.

**Verständnisfragen** (Lösungen siehe Anhang)

**Frage 1:**

Häufig wird der Arbeitsmarktpolitik vorgeworfen, die Arbeitslosen im Wettbewerb um die verfügbaren Arbeitsplätze zu behindern, indem sie der Möglichkeit beraubt werden, ihre Arbeitskraft zu Wettbewerbspreisen anzubieten. Welche Argumentation verbirgt sich hinter dieser Position, und ist sie zutreffend?

**Frage 2:**

Von der Einführung des Euro und der Herstellung eines Europäischen Währungsraumes erhoffen sich die Regierungen der Mitgliedsländer u.a. einen Beitrag zur Stärkung des europäischen Binnenmarktes und einen zunehmenden Wettbewerbs- und Innovationsdruck, und zwar mit positiven Auswirkungen auf das Wirtschaftswachstum und den Arbeitsmarkt, der Mitte 1999 noch knapp 16 Millionen Arbeitslose registrierte. Was kann von der Einführung des Europäisches Währungsraumes in puncto Abbau der Arbeitslosigkeit wirklich erwartet werden, sind große Hoffnungen berechtigt, welches sind die wesentlichen Argumente für und wider?

# Entwicklungspolitik
Von der Ressourcenorientierung zur Errichtung marktwirtschaftlicher Rahmenbedingungen

*Uwe Mummert*



## 1 Einleitung – Ziele und Träger der Entwicklungspolitik

Die Entwicklungspolitik unterscheidet sich von den anderen in diesem Band diskutierten Wirtschaftspolitiken in vielfältiger Hinsicht. Dies beginnt bereits damit, dass ihr Gegenstand „die Entwicklung" ein diffuser Begriff ist und daher auch viele unterschiedliche Definitionen existieren (für einen Überblick siehe Lachmann 1994, S. 14 ff.; Nohlen / Nuscheler 1993, S. 31-75; Wagner 1997, S. 1 ff.). Im Allgemeinen bezeichnet der Begriff Entwicklung einen umfassenden Prozess des strukturellen Wandels von Wirtschaft und Gesellschaft, innerhalb dessen das allgemeine Wohlstandsniveau einer Gesellschaft steigt. Entwicklung darf zwar nicht mit wirtschaftlichem Wachstum gleichgesetzt werden, gleichwohl ist wirtschaftliches Wachstum eine notwendige Voraussetzung dafür.

Unterentwicklung ist in diesem Verständnis stets ein relativer Begriff. Entwicklungsländer sind die Länder, deren wirtschaftliches Leistungsniveau sich signifikant unter dem allgemeinen Mittelwert befindet. Die geringere wirtschaftliche Leistungskraft schlägt sich in deutlichen Unterschieden der sozialen Lebenswelt nieder. Unter Entwicklungspolitik wird die Gesamtheit aller Maßnahmen verstanden, die auf die Überwindung ökonomischer Rückständigkeit i.S. eines niedrigen Realeinkommens pro Kopf der Bevölkerung und weit verbreiteter Armut, gekennzeichnet durch eine niedrige Lebenserwartung, hohem Analphabetentum und niedriger Einschulungsrate, ausgerichtet sind (Bender 1998, S. 522).

Werden diese Maßnahmen von staatlichen Einrichtungen in den Entwicklungsländern ergriffen, sind sie Teil der nationalen Wirtschaftspolitik (Wagner 1997, S. 7 ff.). Es finden sich aber vielfältige externe nationale oder internationale, private oder staatliche Organisationen, die sich dem Ziel verpflichtet sehen, den Entwicklungsprozess in den Entwicklungsländern voranzutreiben. Im Allgemeinen wird der Begriff „Entwicklungspolitik" auf Maßnahmen angewendet, die von externen staatlichen (z.B. das deutsche Bundesministerium für wirtschaftliche Entwicklung und Zusammenarbeit) oder internationalen Trägern (z.B. die Weltbankgruppe) durchgeführt werden. Eine weitere Eigenart der Entwicklungspolitik besteht somit darin, dass ihre Träger und ihre Empfänger meistens unterschiedliche Adressen haben.

Die Maßnahmen der Entwicklungspolitik können finanzieller, technischer oder personeller Art sein. Bei der personellen Unterstützung werden Fachkräfte in den Entwicklungsländern ausgebildet oder externe Fachkräfte mit entsprechendem Know How nationalen Organisationen (z.B. staatliche Verwaltungen, Firmen, die Infrastrukturprojekte ausführen) für eine bestimmte Dauer zur Seite gestellt. Technische Unterstützung umfasst die Vermittlung technischer, wirtschaftlicher und organisatorischer Kenntnisse und Fähigkeiten, wobei es hier vorrangig um den Realkapital- und Informationstransfer geht. Als finanzielle Maßnahmen zur Förderung der Entwicklung in anderen Staaten kommen unter anderem Finanzierungszuschüsse in Frage. Eine vergleichsweise höhere Bedeutung nimmt jedoch die Kreditvergabe ein. Die entwicklungspolitisch intendierte finanzielle Förderung spiegelt sich hier zum einen in der Vergabe von Krediten zu vergünstigten Konditionen wider. Zum anderen werden häufig auch Kredite an Staaten vergeben, die sich aufgrund mangelnder Kreditwürdigkeit nicht mehr auf den internationalen Kapitalmärkten refinanzieren können.

Wie ausgeführt, besteht das Ziel jeder entwicklungspolitischen Maßnahme darin, die allgemeinen Lebensumstände in Entwicklungsländern zu verbessern. Dieses Ziel kann jedoch grundsätzlich über zwei verschiedene Arten entwicklungspolitischer Maßnahmen erreicht werden: Erstens kann versucht werden, über Veränderungen der ökonomischen Rahmenbedingungen, wie z.B. Schaffung von Bildungseinrichtungen, Infrastrukturmaßnahmen oder rechtliche und politische Reformen, die Handlungsmöglichkeiten für jeden einzelnen zu verbessern. Inwieweit diese verbesserten Rahmenbedingungen tatsächlich zu einer Anhebung der allgemeinen Lebensqualität führen, hängt von den individuellen Reaktionen auf das veränderte Angebot ab. Das

Ziel verbesserter Lebensumstände soll folglich *indirekt*, über das Zusammenspiel aus Handlungsumgebung und Handlungsentscheidung erreicht werden. Aufgrund der Komplexität der Transmissionsmechanismen ist aber die Zielerreichung nicht garantiert. Anders sieht es hingegen bei der zweiten Art entwicklungspolitischer Maßnahmen aus: Interventionen zur unmittelbaren Armutsbekämpfung beispielsweise nehmen im Vergleich zur ersteren Form eine Art „Abkürzung", weil sie *direkt* auf eine Anhebung der individuellen Lebensumstände abzielen. Ein direkter Ressourcentransfer erzielt zwar im Allgemeinen die gewünschten unmittelbaren Effekte, d.h. die Menschen verhungern nicht, aber da die Rahmenbedingungen unverändert bleiben, ändert sich an den Entwicklungsperspektiven des einzelnen kaum etwas.

Gegenstand dieses Beitrages sind im wesentlichen entwicklungspolitische Maßnahmen, die darauf gerichtet sind, die wirtschaftliche Entwicklung in den Entwicklungsländern über eine Veränderung der ökonomischen Rahmenbedingungen zu begünstigen. Entwicklungspolitik und nationale Wirtschaftspolitik sind in diesem Zusammenhang eng miteinander verflochten. Eine nähere Analyse der entwicklungspolitischen Ansätze, die auf eine direkte Veränderung der Lebensumstände abzielen, erfolgt nicht.

Entwicklungspolitik basiert auf der Grundannahme, dass es möglich ist, durch wirtschaftspolitische Interventionen den Entwicklungsprozess zu beschleunigen (diese Annahme ist nicht unumstritten, siehe z.B. Bauer 1991, S. 38-55). Eine rationale Wirtschaftspolitik setzt Informationen darüber voraus, 1. wie die tatsächliche Situation ist und wie sie sich ohne wirtschaftspolitische Intervention entwickeln wird, 2. welche Zielsituation anzustreben ist und schließlich 3. mit welchen Mitteln dieses Ziel am besten erreicht werden kann (Giersch 1961 / 1991, S. 22 ff.; für eine kognitionstheoretische Analyse, der mit einer solchen Herangehensweise verbundenen Probleme siehe Koch 1998). Auf die Probleme, die bereits hinsichtlich einer eindeutigen Zieldefinition bestehen, wurde schon hingewiesen. Nicht weniger problematisch gestaltet sich auch die Suche nach den Ursachen von Unterentwicklung und – daraus abgeleitet – ihrer „Therapie", bei der diejenigen entwicklungspolitischen Maßnahmen (im Allgemeinen als Entwicklungsstrategien bezeichnet) zum Einsatz kommen sollen, die den größten Zielerreichungsgrad versprechen.

Gesellschaftliche Prozesse sind komplexe Phänomene, bei denen es kaum möglich ist, alle relevanten Faktoren und ihre Wechselwirkungen miteinander zu identifizieren. Entsprechend haben sich die Auffassungen über die Gewichtung verschiedener Ursachen der relativen Unterentwicklung im Laufe der Zeit immer wieder verändert. Diese Veränderungen resultierten aus dem Wandel des jeweiligen wirtschaftlichen und sozialen Umfelds genauso wie aus dem wissenschaftlichen Fortschritt in der ökonomischen Forschung. Entsprechend befanden und befinden sich auch die entwicklungspolitischen Inhalte in einem permanenten Wandel. Aus diesem Grund erfolgt im nächsten Abschnitt zunächst ein kursorischer Überblick über die Grundzüge entwicklungspolitischer Konzeptionen der letzten fünfzig Jahre. Vorläufiger Endpunkt dieser Entwicklung der Entwicklungspolitik ist ein weit verbreiteter Konsens, dass Entwicklungsdefizite wesentlich auf fehlende marktwirtschaftliche Rahmenbedingungen zurückgeführt werden können. Entwicklungspolitik sollte daher primär darauf gerichtet sein, die für Marktwirtschaften notwendigen Rahmenbedingungen in den Entwicklungsländern zu schaffen. Aufgrund zahlreicher Probleme, die im dritten Abschnitt am Beispiel der konditionalen Kreditvergabe diskutiert werden, sind der Errichtung marktwirtschaftlicher Rahmenbedingungen mithilfe der Entwicklungspolitik jedoch deutliche Grenzen gesetzt. Ob und in welchem Umfang es in Zukunft gelingen könnte, diese Grenzen zu überwinden, wird abschließend im vierten Abschnitt diskutiert.

## 2. Entwicklungspolitik im Wandel

### 2.1 Therapie eines Marktversagens auf nationaler Ebene

Die entwicklungsökonomische Diskussion der unmittelbaren Nachkriegszeit war – genauso wie die allgemeine wirtschaftspolitische Diskussion – durch ein grundlegendes Misstrauen in die marktliche Selbstorganisation geprägt. Die Große Depression hatte ihre Spuren in den Köpfen hinterlassen und auch die Ökonomien der westlichen Alliierten hatten während des Zweiten Weltkrieges in großem Maße staatlichen Eingriffen unterlegen. Keynesianische Vorstellungen erlebten ihre Blütezeit. Gleichzeitig konnte die Sowjetunion mit ihrer staatlich kontrollierten Wirtschaft beachtliche Entwicklungsfortschritte aufweisen. Entsprechend bestand ein großer Glaube in die Möglichkeit, mit staatlichem Dirigismus auch die Wirtschaftssysteme der Entwicklungsländer steuern und korrigieren zu können.

Angeregt durch die positiven Erfahrungen im Nachkriegseuropa mit der Marshallplanhilfe, die die damals vorherrschenden wachstumstheoretischen Theorien zu untermauern schien, setzte sich zudem die Vorstellung durch, dass Unterentwicklung im wesentlichen ein Investitionsproblem sei. Vor diesem Hintergrund sah man die Entwicklungsländer in sich selbst verstärkenden Teufelskreisläufen gefangen. Eine wesentliche Ursache für die Armut der Entwicklungsländer – so die verbreitete Ansicht – war deren Armut bzw. Kapitalknappheit. Einerseits führten niedrige Pro-Kopf-Einkommen dazu, dass für Investitionen nicht ausreichende Ersparnisse gebildet wurden, so dass der Kapitalstock und die Arbeitsproduktivität niedrig blieben und damit geringe Pro-Kopf-Einkommen perpetuierten (z.B. Myrdal 1959). Andererseits resultierten die niedrigen Einkommen in einer zu geringen gesamtwirtschaftlichen Nachfrage, so dass die Unternehmen aufgrund entsprechend geringer Gewinnerwartungen, wenn überhaupt, nur in geringem Maße investierten, was wiederum niedrige Produktivität und damit niedrige Einkommen nach sich zog (z.B. Singer 1949; Nurkse 1953). Eine zusätzliche Belastung stellte das hohe Bevölkerungswachstum dar, dass die Pro-Kopf-Einkommen kaum anwachsen ließ (Leibenstein 1957; Nelson 1956).

Diese Fixierung auf die in Entwicklungsländern vorherrschende Investitionslücke war begleitet von der weit verbreiteten Einschätzung eines in den Entwicklungsländern *per se* fehlenden marktwirtschaftlichen Unternehmertums (Röpke 1953; Hirschman 1958, S. 25; Singer 1964, S. 58). Hierfür wurde zum einen das Fehlen eines intrinsischen Bedürfnisses nach Leistung („Need for Achievement") in unterentwickelten Ländern verantwortlich gemacht (McClelland 1961, S. 46 ff.). Zum anderen wurden in den traditionellen gesellschaftlichen Normen starke soziale Zwänge gesehen, die einer Ausbreitung von Innovationen entgegen stünden (Hagen 1962, S. 176 f.; ähnlich auch Hoselitz 1957, S. 37 ff.). Entsprechend ging man häufig davon aus, dass private Akteure und insbesondere Kleinbauern ökonomisch irrational handelten. Hinzu kamen Ansätze, die zusätzlich in der Existenz von Unteilbarkeiten und Externalitäten Hindernisse im Entwicklungspfad sahen (Rosenstein-Rodan 1943; Nurkse 1953). Investitionen in einzelne Unternehmen und damit in die Handlungsfähigkeit privater Akteure erschienen daher auch aus diesem Grund nicht ausreichend, um ein selbst tragendes Wachstum zu generieren. Die Herausbildung einer „kritischen Masse" schien das Gebot der Stunde zu sein.

All diesen Vorstellungen ist somit gemein, dass sie von einem Marktversagen als Ursache für Unterentwicklung ausgehen. Der attestierte Teufelskreis konnte in dieser Sichtweise nur durch einen massiven Kapitaltransfer von außen aufgebrochen werden. Das Schließen der Investitionslücke hatte angesichts der vermeintlich fehlenden Unternehmerkultur in den Entwicklungsländern durch die staatliche Hand zu erfolgen. Die entwicklungspolitische Schlussfolgerung war daher, mithilfe ausländischen Kapitals den industriellen Wirtschaftszweig samt der hierfür notwendigen Infrastruktur unter staatlicher Federführung aufzubauen. So sollte die „Industrialisierung" im Rahmen von zentralen Entwicklungsplänen von oben exekutiert werden. Mithilfe dieser „Therapie" erhoffte man sich einen massiven Schub („Big Push") in der Wirtschaft, der zu einem sich selbst tragenden Wachstum („balanced growth") führte.

## 2.2 Therapie eines Marktversagens auf internationaler Ebene

Die bisherigen entwicklungspolitischen Maßnahmen basieren auf einer Ursachenanalyse, die sich allein auf nationale Faktoren beschränkt. Parallel zur Erkenntnis, dass Unterentwicklung durch Ressourcenknappheit und einem sich selbstverstärkenden Prozess *im Lande* entsteht, war zusätzlich in den vierziger und fünfziger Jahren die Sichtweise, dass der *internationale* Handel der wirtschaftlichen Entwicklung der Entwicklungsländer nicht zuträglich sei, weit verbreitet.

Vor allem die im Jahr 1950 veröffentlichten Arbeiten von Raúl Prebisch und Hans W. Singer prägten die Entwicklungspolitik der Folgejahre. Kernelement dieser Arbeiten war die These von der säkularen Verschlechterung der Terms of Trade der Entwicklungsländer (Prebisch 1950; Singer 1950). Hiernach wirkt sich die Spezialisierung auf die Primärgüterproduktion im internationalen Handel für die Entwicklungsländer langfristig nachteilig aus, obwohl der Tausch von Primärgütern gegen Industriegüter der Industrieländer den komparativen Kostenvorteilen entsprach. Da mit steigendem Einkommen in den Industrieländern der Konsumanteil für Primärgüter sinkt (sog. Engelsches Gesetz) und aufgrund technologischen Fortschritts Ressourcen aus den Entwicklungsländern effizienter genutzt werden, wächst in den Industrieländer die Importnachfrage nach diesen Produkten unterproportional im Verhältnis zum Sozialprodukt. Gleichzeitig steigt aber in den Entwicklungsländern im Zuge der Entwicklung die Nachfrage nach Industriegüterimporten. Entsprechend bestehen zwischen Entwicklungsländern und Industrieländern Unterschiede in der Einkommens- und Preiselastizität der Nachfrage nach Importen. Während in den Industrieländern die Einkommenselastizität der Nachfrage nach Primärgütern gering ist, ist sie in den Entwicklungsländern für Industriegüterimporte hoch. Umgekehrt ist in den Industrieländern die Preiselastizität der Nachfrage nach Primärgütern hoch und in den Entwicklungsländern nach Industriegüterimporten gering. Dies führt dazu, dass langfristig (also säkular) die Exportpreise der Entwicklungsländer im Verhältnis zu den Importpreisen für Industriegüter sinken. Diese Entwicklung – so die These – wird zusätzlich dadurch begünstigt, dass auch in den Entwicklungsländern die Produktivität steigt, die Dekolonisation eine Vielzahl von Staaten hervorgebracht hat, die sich mit gleichen Produkten am internationalen Handel beteiligen und Produktivitätsentwicklungen in den Industrieländern, aufgrund starker Arbeitnehmervertretungen nicht in Preissenkungen resultieren. In der Konsequenz verringern sich die Deviseneinnahmen der Entwicklungsländer während sich gleichzeitig die für die Entwicklung benötigten Kapitalgüterimporte verteuern. Die Diagnose einer unheilbringenden internationalen Verflechtung erscheint auf der Basis dieser Überlegungen zwingend zu sein.

Die hieraus abgeleitete Therapie lautete Importsubstitution. Eine Importsubstitutionspolitik bestand im Allgemeinen aus drei Säulen: Dem Schutz von inländischen Unternehmen vor ausländischer Konkurrenz, einer massiven staatlichen Industriepolitik, die mit der Verstaatlichung von vorhandenen Schlüsselindustrien bzw. deren Aufbau einher ging, sowie Anreizen für Direktinvestitionen von ausländischen Unternehmen. Die bisherigen Importe sollten so durch im Inland produzierte Güter substituiert werden und im Schutz der Handelsbarrieren sollten neue, zunächst wohlbehütete Industrien heranwachsen (die sogenannten „infant industries"). Da Prebish von 1948 bis 1963 Generalsekretär der „United Nations Economic Commission for Latin America" war, prägte diese Form von Entwicklungspolitik den lateinamerikanischen Raum entscheidend. Aber auch viele afrikanische und asiatische Staaten verfolgten ähnliche Entwicklungsstrategien.

## 2.3 Entwicklungspolitik in der Krise

Die Diagnose eines „Marktversagens auf ganzer Linie“, d.h. sowohl im nationalen als auch im internationalen Kontext, brachte eine Entwicklungspolitik hervor, die in massiver Industriepolitik, tiefgreifenden Eingriffen in den internationalen Währungszusammenhang sowie einer Abschottung vom Weltmarkt die einzige Möglichkeit sah, die Lebensumstände in Entwicklungsländern zu verbessern. Und in der Tat verzeichneten die Entwicklungsländer in den fünfziger und sechziger Jahren zunächst ein starkes wirtschaftliches Wachstum. Dies war allerdings nicht allein auf nationale Faktoren zurückzuführen, sondern auch auf die allgemein günstige weltwirtschaftliche Lage. Mit der Verschlechterung der weltwirtschaftlichen Situation in Folge der zwei Ölkrisen der siebziger Jahren änderte sich aber das Bild. Schon in den sechziger Jahren verzeichneten einige Länder vergleichsweise hohe Inflationsraten, hohe Zahlungsbilanzdefizite und folglich einen deutlichen Mangel an Devisen (Krueger 1993, S. 15 ff.). Vor allem aber zeigte sich immer mehr, dass sich die Wettbewerbsfähigkeit der hinter den Zollmauern behüteten nationalen Industrien kaum verbesserte. Sie blieben entgegen den ursprünglich gehegten entwicklungspolitischen Erwartungen von den hohen staatlichen Subventionen abhängig. Im Ergebnis bildete sich eine eigene, unheilvolle Abwärtsspirale: Hohe Staatsausgaben und Subventionen bei gleichzeitigem mangelhaften Output der vermeintlichen Schlüsselindustrien sowie angespannter weltwirtschaftlicher Rahmenbedingungen führten in der Folge zu hohen öffentlichen Defiziten. Nicht selten suchten die Regierungen, diese Finanzknappheit über die Geldpresse zu lösen, was den Wirkungskreislauf aus Inflation, Zahlungsbilanzdefizit und Devisenmangel nur noch zusätzlich anheizte. In vielen Fällen begünstigte auch der umfangreiche staatliche Interventionismus einen korrupten Staat.

Ende der siebziger und während der achtziger Jahre ergab sich daher für immer mehr Entwicklungsländer eine verheerende wirtschaftliche Situation: hohe Inflationsraten, sinkende Realeinkommen, chronische Zahlungsbilanzprobleme, erschöpfte Devisenreserven, hohe Arbeitslosigkeit, hohe öffentliche Defizite und eine hohe Auslandsverschuldung prägten das Bild. Gleichzeitig kam es zu einer allgemeinen weltwirtschaftlichen Rezession und einem Rückgang der internationalen Kreditvergabe durch kommerzielle Banken. In dieser Situation vermochten insbesondere die lateinamerikanischen Staaten nicht mehr, ihre Schuldenleistungen abzuführen. 1982 erklärte Mexiko seine Zahlungsunfähigkeit. In der Folge mussten immer mehr vor allem lateinamerikanische Staaten ihren Offenbarungseid leisten; es kam zur sogenannten Schuldenkrise.

Allerdings wurden nicht alle Entwicklungsländer gleichermaßen durch die verschlechterten weltwirtschaftlichen Bedingungen in ihrer Entwicklung zurückgeworfen. Einige ostasiatische Staaten waren durchaus in der Lage, die Rückschläge vergleichsweise gut wegzustecken. Es waren im Allgemeinen diejenigen Staaten (Taiwan, Hong Kong, Korea, Singapur), die schon in den sechziger Jahren wieder die

Importsubstitutionspolitik zurückgefahren hatten und statt dessen neben weniger staatlicher Kontrolle vor allem stärker auf die Exportproduktion setzten. Während diese Staaten noch Mitte der sechziger Jahre zu den ärmsten Ländern Asiens gehörten, verzeichneten sie 1990 einen Lebensstandard, der im asiatischen Raum nur von Japan übertroffen wurde. Und selbst in der durch Verschuldung und Rezession geprägten frühen achtziger Jahre waren ihre Wachstumseinbrüche vergleichsweise gering.

## 2.4 Neuorientierung in der Entwicklungspolitik

Folglich drängte sich die Schlussfolgerung auf, dass eine Importsubstitutionspolitik anstatt Entwicklung voranzutreiben eher das Gegenteil bewirkt. Mit der allgemeinen Renaissance neoklassisch geprägter Wirtschaftspolitik in den Industrieländern, die mit Margaret Thatcher 1979 in Großbritannien und Ronald Reagan 1980 in den USA Einzug erhielt, schlug das tiefsitzende Misstrauen in die Selbstorganisationsfähigkeit marktwirtschaftlicher Systeme mancherorts sogar in eine „Markteuphorie" um. Die wirtschaftspolitischen Erfolge konnten sich jedoch sehen lassen und erstreckten sich nicht allein auf Industrieländer. Neben den asiatischen Staaten hatten zuvor bereits Chile (1973) und Argentinien (1976) mit entsprechenden Reformprogrammen beachtliche Erfolge erzielt. Vor diesem Hintergrund kam es Ende der siebziger und während der achtziger Jahren zur wohl grundlegendsten Neuorientierung der Entwicklungspolitik. Es setzte sich zunehmend die Ansicht durch, dass die Ursachen für die Unterentwicklung weniger in einem prinzipiellen Marktversagen in den Entwicklungsländern liegt und es auch den Akteuren dort nicht an ökonomischer Rationalität mangelt, sondern vielmehr darin, dass der marktlichen Selbstorganisation nicht genug Entfaltungsmöglichkeiten gegeben wird. Die schlechte wirtschaftliche Anpassungsfähigkeit der Entwicklungsländer angesichts der weltwirtschaftlichen Rezession wurde auf die in Folge von interventionistischen Entwicklungsprogrammen – insbesondere im Kontext von Importsubstitutionsstrategien – entstandenen sklerotischen Strukturen zurückgeführt. Durch Preisfixierungen, Handelsbeschränkungen, hohe Subventionsleistungen mit korrespondierenden öffentlichen Defiziten, monopolistischen oder oligopolistischen Marktstrukturen mit ineffizienten Staatsunternehmen waren Rahmenbedingungen geschaffen worden, die es dem einzelnen kaum mehr ermöglichten, Vorteile aus Arbeitsteilung und Spezialisierung zu realisieren.

Als neue Leitlinien der Entwicklungspolitik kristallisierten sich insbesondere bei den internationalen Organisationen die Entwicklungsstrategien der „Stabilisierung" und „Strukturanpassung" heraus. Während mit der Stabilisierung vorwiegend eine Verbesserung der makroökonomischen Rahmenbedingungen durch Inflationsbekämpfung, Abbau des staatlichen Defizits und einer stabilitätsorientierten Geldpolitik angestrebt wurde, richtete sich die Strategie der Strukturanpassung vor allem auf eine Beseitigung mikroökonomischer Hindernisse, die einer effizienten Allokation entgegenstehen. Zu den typischen Maßnahmen gehören hier z.B. die Liberalisierung des

Außenhandels, Abschaffung von Preiskontrollen, Deregulierung der inländischen Märkte, Privatisierung von Staatsunternehmen und Reform des Steuersystems mit Senkung der Steuerbelastung. All diese Maßnahmen wurden nach etwas mehr als zehn Jahren Anwendung nachträglich unter dem Begriff des „Washington Consensus" zusammengefasst (Williamson 1990, S. 8 ff.).

Als sich nun mit Beginn der neunziger Jahre das Transformationsproblem als spezifisches Entwicklungsproblem hinzu gesellte, wurden in den Transformationsländern zunächst ähnliche Therapien wie in den Entwicklungsländern angesetzt. Lediglich der Umfang der Entwicklungsmaßnahmen schien bei Transformationsländern höher zu sein. Es zeigte sich aber zunehmend, dass die Maßnahmen der Stabilisierung zwar geeignete Handlungsinstrumente waren, um die unmittelbare wirtschaftliche Krise zu überwinden, zur Errichtung stabiler marktwirtschaftlicher Rahmenbedingungen reichten die bloßen Maßnahmen zur Strukturanpassung jedoch nicht aus. Was in vielen Entwicklungsländern genauso wie in den neuen Transformationsökonomien fehlte, waren schon die grundlegenden rechtlichen Rahmenbedingungen, die Voraussetzungen für funktionierende marktwirtschaftliche Systeme sind (Bruno 1994, S. 46; World Bank 1996, S. 143). Dass selbst zunächst relativ erfolgreiche Entwicklungsländer von diesem Problem wieder eingeholt wurden, zeigte die Asienkrise von 1997 / 98 (Baer / Miles / Moran 1999).

Auch deutete sich an, dass eine reine Haushaltskonsolidierung zwar eine notwendige Maßnahme zur Krisenbekämpfung darstellte, sich das Zurückfahren des staatlichen Engagements auf einen Minimalstaat allerdings häufig als wenig zweckdienlich erwies. Der naive Glaube an die Selbstorganisationskräfte marktwirtschaftlicher Systeme musste um eine ordnungsökonomische Dimension ergänzt werden: Eine stabile Wirtschaft erfordert einen Staat, der in der Lage ist, eine rationale Wirtschaftspolitik zu betreiben. Damit erhält der einzelne genügend Freiheiten, die eigenen Fähigkeiten gewinnbringend einzusetzen. Gleichzeitig muss dieser Staat im Falle von Marktversagen oder auch aus sozialpolitischen Gründen bereit und in der Lage sein, zu intervenieren (diese ordnungsökonomische Fragestellung wird seit Mitte der neunziger Jahre unter dem Begriff „Good Governance" auch seitens der Weltbank diskutiert) (World Bank 1997).

## 2.5 Die Bedeutung marktwirtschaftlicher Rahmenbedingungen für die Entwicklungspolitik

Ein zentraler Schlüssel zur Entwicklung ist neben einer stabilitätsorientierten Wirtschaftspolitik in der Existenz der für Marktwirtschaften notwendigen rechtlichen Voraussetzungen sowie eines funktionsfähigen Staates zu sehen. Diese Voraussetzungen werden aber, wie im folgenden kurz dargelegt wird, in vielen Entwicklungsländern nicht erfüllt.

Damit es überhaupt zu marktlichem Tausch kommt, müssen die Akteure eine bestimmte Handlungsumgebung vorfinden: Sie müssen darauf vertrauen können, dass andere ihr Eigentum beachten (absolute Verfügungsrechte) und eingegangene Transaktionsverpflichtungen erfüllen (relative Verfügungsrechte) (Richter / Furubotn 1996). Entsprechend setzen Marktwirtschaften ein Privatrecht voraus, dass die Verletzung von Eigentum und die Nichterfüllung von Verträgen untersagt. Gleichzeitig muss der einzelne das Recht haben, über sein wirtschaftliches Handeln prinzipiell frei entscheiden zu können. Durch diese drei Elemente prinzipielle Handlungsfreiheit, Haftung für Folgen des eigenen Handelns und Schutz des privaten Eigentums bzw. Durchsetzbarkeit von Forderungen werden marktwirtschaftliche Systeme konstituiert (Streit 1991, S. 49 ff.).

Darüber hinaus sind entsprechende verwaltungsrechtliche Voraussetzungen notwendig, durch die die privatrechtlich gewährten Handlungsmöglichkeiten tatsächlich auch effektiv wahrgenommen werden können. Damit staatliches Recht wirksam sein kann, ist zusätzlich eine adäquate Justizinfrastruktur (Ermittlungsbehörden, Richter, Anwälte etc.) notwendig, die dieses Recht anwendet oder durch- bzw. umsetzt. Prohibitiv hohe Kosten der Nutzung gerichtlicher oder polizeilicher Organe oder gar ihr teilweises Fehlen können eine de jure bestehende Rechtstaatlichkeit aushebeln.

Hinzu kommt auch, dass der Staat neben den für eine Marktwirtschaft notwendigen Rechtsnormen nur in möglichst geringem Maße diskretionär über zusätzliche Rechtsnormen, Verwaltungsakte oder bürokratische Willkür in das Marktgeschehen eingreifen sollte. Je komplizierter und undurchsichtiger ein Rechtssystem ist, desto mehr Kosten müssen die Akteure aufwenden, um das Recht im Zuge ihrer wirtschaftlichen Aktivitäten zu nutzen. Problematisch sind auch solche staatlichen Eingriffe, die die freie Preisbildung und den Wettbewerb auf den Märkten einschränken. Im ersten Fall kann es zu Fehlallokationen kommen, im zweiten Fall wird die Bereitschaft der Akteure deutlich gedämpft, wirtschaftlich tätig zu werden.

Schließlich muss der einzelne auch auf eine gewisse Stabilität und Konstanz der rechtlichen Rahmenbedingungen vertrauen können, um die für langfristig orientierte Investitionen notwendige Erwartungssicherheit zu haben.

In vielen Entwicklungsländern bestehen nun, wie erwähnt, gravierende Mängel hinsichtlich der für marktwirtschaftliche Systeme notwendigen Rechtsinhalte, der Qualität ihrer Durchsetzung und ihrer Stabilität:

Das staatliche Recht vieler Entwicklungsländer erfüllt die skizzierten Voraussetzungen nur in ungenügendem Maße (bspw. Johnson / Holmes / Kirkpatrick 1999; Gwartney / Lawson 2000). Die wirtschaftliche Freiheit ist stark eingeschränkt und private Verfügungsrechte sind nur unzureichend geschützt. Hinzu kommen korrupte Verwaltungen, die willkürliche Verwaltungsmaßnahmen vornehmen, ebenso wie eine Justiz, die nicht die Rechte aller Bürger gegenüber staatlicher oder privater Willkür durchzusetzen vermag (bspw. Borner 1992; Mbaku 1996; Brunetti / Kisunko /

Weder 1997). So konnten z.B. 1993 und 1994 in Russland nur etwa die Hälfte der Gerichtsurteile überhaupt vollstreckt werden. In Vietnam betrug der Anteil sogar weniger als vierzig Prozent (World Bank 1996, S. 93).

Im Ergebnis müssen nicht nur rechtsstaatliche Defizite festgestellt werden. Auch ein Übermaß an komplizierten und undurchsichtigen Regulierungen und Auflagen erschweren zusätzlich wirtschaftliches Handeln. Für eine offizielle Unternehmensgründung Mitte der achtziger Jahre mussten bspw. in Peru die bürokratischen Hürden von drei verschiedenen Regierungseinrichtungen überwunden werden, was etwa 43 Tage Zeit in Anspruch nahm und Kosten in Höhe des fünfzehnfachen des Existenzlohnniveaus verursachte (De Soto 1989, S. 143). In Kenia waren dazu sogar dreißig Genehmigungen und drei Jahre Zeit erforderlich (Himbara 1994, S. 72). Darüber hinaus bestehen in vielen Entwicklungsländern erhebliche Behinderungen wettbewerblicher Marktprozesse in Form von Preisbindungen, Monopolpositionen und Staatsunternehmen (Holden / Rajapatirna 1995, S. 50 ff.). Schließlich führt die allgemeine politischen Instabilität in vielen Entwicklungsländern infolge politischer Machtkämpfe und häufig wechselnder Regierungen zu weiteren Beeinträchtigungen wirtschaftlichen Handelns (Borner / Brunetti / Weder 1995; Brunetti / Kisunko / Weder 1997).

Insgesamt weisen somit die für ökonomisches Handeln relevanten institutionellen Rahmenbedingungen in vielen Entwicklungsländern grundlegende Defizite auf, die einer wirtschaftlichen Entwicklung entgegenstehen. Es besteht folglich ein hoher Bedarf, entwicklungspolitische Maßnahmen zur Errichtung marktwirtschaftlicher Rahmenbedingungen einzusetzen.

Der kursorische Überblick über die Entwicklungspolitik der letzten fünfzig Jahre hat gezeigt, dass ein deutlicher Wandel in der Entwicklungspolitik von der reinen Ressourcenorientierung hin zur Beachtung der für marktwirtschaftliche Systeme notwendigen rechtlichen und staatlichen Rahmenbedingungen stattgefunden hat. Der mechanistische Ansatz der fünfziger Jahre, der im wesentlichen eine Schließung der Investitionslücke in Entwicklungsländern durch staatliche Aktivitäten beinhaltete, ist einer differenzierteren Diagnose mit entsprechend komplexeren Therapievorschlägen gewichen (Meier 1995, S. 63). Unumstritten ist, dass der Mangel an Kapital ebenso wie die unzureichende Bildung in Entwicklungsländern auch heute noch ein wichtiger Hemmschuh für Entwicklung darstellt. Dennoch hat sich, verstärkt durch die teilweise sehr „schmerzhaften" Erfahrungen mit der Importsubstitutionspolitik und ihr anverwandter Entwicklungsstrategien, die Erkenntnis durchgesetzt, dass eine Kapitalzufuhr von außen wirkungslos bleibt, solange wenigstens nicht in Grundzügen marktwirtschaftliche Strukturen existieren. Bildlich gesehen, macht es keinen Sinn, auf einem unfruchtbaren Boden zu säen.

## 3. Probleme der Entwicklungspolitik am Beispiel der konditionalen Kreditvergabe

Das zentrale Problem früherer Entwicklungspolitik lag darin, den Mangel an Ressourcen in Entwicklungsländern mit einem Ressourcentransfer verringern zu wollen, ohne aber oftmals die geeigneten Grundlagen im Zielland vorzufinden, die zur eigenständigen Wohlstandsgenerierung im Lande notwendig wären. Vor diesem Hintergrund verlagerte sich der Schwerpunkt der Entwicklungspolitik seit Beginn der achtziger Jahren in deutlichem Maße von der Finanzierung von Investitionen in die Unterstützung von marktorientierten Reformen. Aber nicht nur die Stoßrichtung entwicklungspolitischer Maßnahmen veränderte sich, sondern auch die Art und Weise der Durchführung. Die Konditionalität hielt Einzug in die Entwicklungspolitik.

Heute erfolgt ein großer Teil von entwicklungspolitischen Programmen nur unter der Erfüllung konkreter Bedingungen. Diese können politischer Natur sein (Demokratie, Einhaltung der Menschenrechte), wie sie z.B. neben anderen Bedingungen vom deutschen Bundesministerium für wirtschaftliche Zusammenarbeit und Entwicklung (Bundesministerium für wirtschaftliche Zusammenarbeit und Entwicklung 1998) oder auch der Europäischen Union gefordert werden. Erhebliche wirtschaftliche Auflagen sind vor allem mit den Strukturanpassungskrediten oder -faszilitäten der Weltbank und des Internationalen Währungsfonds verbunden. Um diese Kredite zu erhalten, müssen die jeweiligen Empfängerstaaten zusichern, wirtschaftspolitische Reformen durchzuführen.

### 3.1 Eine vertragstheoretische Analyse der konditionalen Entwicklungspolitik

Die konditionale Entwicklungspolitik kann analytisch als eine Art Transaktion interpretiert werden: Industrieländer bzw. internationale Organisationen bieten ein Produkt – z.B. einen Kredit – an, das zu vergleichbaren Konditionen nicht am internationalen Kapitalmarkt erhältlich wäre. Trotz dieses Subventionselementes muss dieses Angebot nicht zwangsläufig selbstlos sein: Durch die zunehmende internationale Verflechtung können wirtschaftliche und politische Krisen in Entwicklungsländern deutliche negative Externalitäten für Industrieländer zur Folge haben. Eine Internalisierung über den Marktmechanismus ist daher auch im Interesse der Anbieter. Um die Erfolgswahrscheinlichkeit einer Internalisierung zu erhöhen, werden die Konditionen des Kreditangebots, wie bereits ausgeführt, an die Reformierung der rechtlichen und wirtschaftspolitischen Rahmenbedingungen geknüpft.

Ebenso wie die traditionelle Wirtschaftspolitik basierten auch entwicklungspolitische Konzeptionen lange Zeit auf der Annahme benevolenter Regierungen, d.h. man ging davon aus, dass die jeweiligen Regierungen entsprechend dem Gemeinwohl der Gesellschaft handeln würden. Die Implementation von wirtschaftspolitischen Empfehlungen wurde aus diesem Grund von der volkswirtschaftlichen Analyse ausgeschlossen. Mit der sogenannten Neuen Politischen Ökonomik oder auch Public Choice Analyse wurde der ökonomische Erklärungsansatz auf das Verhalten von Politikern und Vertretern der staatlichen Bürokratie ausgedehnt und die Bestimmungsgründe ihres Handelns untersucht. Dabei wurde deutlich, dass die Verfolgung des Eigennutzes durch diese Akteure keineswegs zu für die Gesellschaft als ganzes vorteilhaften Handlungen führen muss. Mit obiger Transaktionsanalogie ist nun der Vorteil verbunden, eben jene aus dem eigeninteressierten Handeln politischer Akteure resultierenden Implementationsprobleme einer konditionalen Kreditvergabe besser benennen zu können.

Transaktionen weisen im Allgemeinen Informationsasymmetrien vor und nach Vertragsabschluss auf. Wenn für die Transaktionspartner vor einem Vertragsabschluss nicht alle Eigenschaften des der jeweiligen Transaktion zugrundeliegenden Gutes erkennbar sind, kann es zu einer *adversen Selektion* kommen (Akerlof 1970). Da der Käufer des Gutes seine Qualität nicht korrekt einschätzen kann, erhält der Verkäufer die Chance, auch minderwertige Güter zu verkaufen. Diese Strategie führt langfristig zu einer Verdrängung der höherwertigen Güter im Markt. Informationsasymmetrien, die nach Vertragsabschluss bestehen, bergen die Gefahr in sich, dass die Vertragsparteien nicht die vereinbarte Vertragsmoral zeigen (*moral hazard*). Dies kann dann möglich sein, wenn nach dem Vertragsabschluss das Handeln des Vertragspartners nicht genau beobachtbar ist (*hidden action*) oder die Bedingungen, unter denen der andere handelt, unbekannt sind (*hidden information*) (Hart / Holmström 1987, S. 75 ff.; Laffont / Tirole 1993, S. 1 ff.). Aus dieser asymmetrischen Informationsverteilung resultiert die Gefahr, dass sich der jeweilige Transaktionspartner opportunistisch verhält: Er sucht sein Eigeninteresse listig dadurch zu verfolgen, dass er Informationen unvollständig weitergibt oder sogar vorsätzlich versucht „irrezuführen, zu verzerren, verbergen, verschleiern oder sonstwie zu verwirren“ (Williamson 1985 / 1990, S. 54). Diese durch Transaktionen hervorgerufene Abhängigkeitsverhältnisse werden auch als „Prinzipal-Agent-Beziehungen“ bezeichnet. Eine Prinzipal-Agent-Beziehung liegt dann vor, wenn jemand (der Agent) im Auftrag eines anderen (dem Prinzipal) handelt. Im Fall von Transaktionen besteht daher eine beidseitige Prinzipal-Agent-Beziehung.

### *3.1.1 Kontrollprobleme der Geberländer bzw. -organisationen*

Im Fall der konditionalen Entwicklungspolitik sind die Möglichkeiten ungleich verteilt, die Vertragserfüllung des Gegenübers zu kontrollieren. Während sich die Empfänger von entwicklungspolitischen Leistungen leicht einen Überblick verschaffen können, ob sie die zugesagten Kredite zu den vereinbarten Konditionen erhalten haben, können die Geberländer die Erfüllung der vereinbarten Auflagen wesentlich schwieriger überprüfen. Viele Informationen (bspw. Notenbankstatistiken, Volkswirtschaftliche Gesamtrechnungen) sind nur in minderer Qualität vorhanden bzw. überhaupt nicht erhältlich. Andere sind eher weicher Natur (bspw. Rechtssicherheit, Dauer von Verwaltungsakten, Korruptionsneigung etc.), und daher schwer zu erfassen. Hinzu kommt, dass die Kontrolle der Geberländer oder multinationalen Organisationen auf Informationen basiert, die von der eigentlich zu kontrollierenden Regierung des Empfängerlandes i.d.R. zuvor selbst übermittelt wurden. Durch eine verzerrte oder bewusst falsche Informationsweitergabe könnten folglich unliebsame Kontrollen schon im Ansatz vereitelt werden. Können die Anbieter jedoch nicht zwischen reformwilligen und reformunwilligen Nachfragern unterscheiden, sehen sie sich dem Problem einer adversen Selektion gegenüber: Unter diesen Bedingungen gelangen auch reformunwillige Länder – solange sie nach außen pro forma Reformmaßnahmen „simulieren" – in den Genuss der Förderung (Collier et al. 1997).

### *3.1.2 Grundlegende Anreizprobleme auf Seiten des Empfängerlandes*

Nun stellt sich die grundsätzliche Frage, wann überhaupt Regierungen bereit sein werden, wirtschaftspolitische Auflagen zu erfüllen. Hierzu müssen diejenigen Bedingungen herausgearbeitet werden, unter denen ein opportunistisches Verhalten der Nachfrager wahrscheinlich bzw. unwahrscheinlich ist. Generell gilt, dass die Regierungen in Entwicklungsländern nur dann bereit sein werden, die wirtschaftspolitischen Auflagen zu erfüllen, wenn die Vorteile, die für sie daraus entstehen, die möglichen Nachteile überwiegen. Entsprechend ist es sinnvoll, die Restriktionen, unter denen sie handeln, näher zu betrachten.

Zunächst mögen die Maßnahmen einen *direkten* negativen Effekt auf die Einkommensposition der Regierenden selbst haben oder auch ihre politischen Einflussmöglichkeiten stark beschneiden. Häufig sind die staatlich subventionierten und protegierten Industrien zugleich im Eigentum der Regierenden. Zusätzlich bedeuten Maßnahmen, wie Steuersenkungen, Reduzierung der öffentlichen Haushalte oder Privatisierung von Staatsunternehmen, i.d.R. einen politischen Machtverlust für die jeweilige Regierung.

Ebenso bedeutsam sind die *indirekten* Wirkungen von Reformen auf den Nutzen der Regierenden. Die sind dann zu erwarten, wenn Reformprogramme für andere gesellschaftliche Gruppen negative Auswirkungen haben, so dass diese der Regierung ihre politische Unterstützung entziehen. Wie im folgenden gezeigt wird, sind diese indirekten Effekte für marktorientierte Reformen in jedem Fall zu erwarten.

### *3.1.3 Das soziale Dilemma marktwirtschaftlicher Systeme als Ursache der Anreizprobleme*

Ursächlich für die genannten Anreizprobleme ist, dass marktwirtschaftliche Systeme einem sozialen Dilemma unterliegen (Vanberg / Buchanan 1988): Marktwirtschaftliche Spielregeln sind mit Blick auf die gesamte Gesellschaft grundsätzlich vorteilhaft. Wettbewerb verhindert Monopolpreise und begünstigt Innovationen. Einzelne Individuen und Gruppen können sich aber noch besser stellen, wenn ihnen vom Staat Ausnahmen von diesen Spielregeln gewährt werden. Beispiele hierfür sind Ausnahmen vom Kartellverbot, Subventionen oder Handelsbarrieren für ausländische Konkurrenzprodukte. Die Begünstigten solcher staatlichen Eingriffe in die Marktprozesse können dadurch Einkommen erzielen, die sie unter marktlichen Wettbewerbsbedingungen nicht erzielen würden. Diese zusätzlichen Einkommen werden als Renten bezeichnet. Entsprechend wird das Bemühen, den Staat dazu zu bewegen, durch Ausnahmeregeln solche Renten zu erzeugen, als Rentensuche („Rent seeking") bezeichnet. Während die Empfänger dieser Renten im Allgemeinen eine klar abgrenzbare Gruppe darstellen, verteilen sich die Nachteile in Form eines tendenziell höheren Preisniveaus, einer verschlechterten Ressourcenallokation und einem geringeren Druck zur Innovation auf die gesamte Gesellschaft. Die unmittelbaren Kosten, die für den einzelnen damit verbunden sind, sind gering und häufig auch nicht direkt zuzuordnen. Entsprechend artikuliert sich die Nachfrage nach Renten stärker als die Nachfrage nach der Nichtgewährung von Renten.

Gleichzeitig bedürfen die Regierenden einer politischen Unterstützung. In vielen Entwicklungsländern bestehen autokratische Systeme. Das heißt, dass die Regierung einer Gesellschaft besteht aus einer Gruppe von Entscheidungsträgern, die keinen rechtlichen Beschränkungen unterworfen sind (siehe grundlegend Olson 1991; Olson 1993). Gesetz ist, was beschlossen wird. Die sich hieraus ergebenden guten Ausbeutungsbedingungen bieten Gegnern einen hohen Anreiz, durch einen Sturz der Regierung selbst die Herrschaftsposition einzunehmen (Brough / Kimenyi 1986, S. 40 ff.). Daher sind auch autokratische Herrscher darauf angewiesen, ihre Position durch ein Machtbündnis mit anderen Interessengruppen, bspw. dem Militär, abzusichern (Apolte 1995). Als Gegenleistung werden die die Regierung unterstützenden Gruppen mit entsprechenden Renten versorgt, die über vielfältige staatliche Eingriffe (bspw. Lizenzen, Zölle, Preisregulierungen, Enteignungen) generiert werden können. Da sich die wirtschaftspolitischen Auflagen von Kreditprogrammen i.d.R. auf die Beseitigung gerade dieser zur Machterhaltung der Regierung wesentlichen Marktinterventionen beziehen, wird ein zentraler Grund für die mangelnde Bereitschaft der Empfängerregierung, Auflagen tatsächlich umzusetzen, offensichtlich: Die Vertragserfüllung würde den Machterhalt gefährden.

Inwieweit der Staat dieser Rentensuche nachgibt, wird durch die dem politischen Willensbildungsprozess zugrundeliegenden Regeln bestimmt. Rechtsstaatlich verankerte Demokratien lassen den politischen Akteuren hier zwar einen geringeren Spielraum, ihre Machtposition durch die Gewährung von Privilegien auf Kosten der Allgemeinheit zu erhöhen, gleichwohl sind die Regierungen auch in rechtsstaatlich verankerten Demokratien den Verlockungen von Interessengruppen ausgesetzt. Gelingt es diesen, ihre Klientel medienwirksam einzusetzen, kann sich dies deutlich auf die Wiederwahlchancen einer Regierung auswirken.

### *3.1.4 Hindernisse für die Implementierung marktorientierter Reformvorhaben aufgrund von Agency-Problemen*

Marktorientierte Reformprogramme treffen somit zwangsläufig bislang priviligierte gesellschaftliche Gruppen, die sich entsprechend dagegen wehren werden. So haben weder Eigentümer noch Beschäftigte der staatlich protegierten Unternehmen ein Interesse daran, dass Subventionen zurückgeführt oder Zutrittsschranken zu den von ihnen besetzten Märkten beseitigt werden. Sie werden daher versuchen, auf die Regierungen entsprechend einzuwirken, um die Reformen zu verhindern. Hinzu kommt noch, dass die gesamte Bevölkerung unter den unmittelbaren, kurzfristigen Wirkungen der Strukturanpassungsmaßnahmen zu leiden hat. So führt die Abwertung der

Währung und die Aufhebung von Preisfixierungen im Allgemeinen zu einem deutlichen Preisanstieg. Entsprechend lassen sich die Massen für Proteste gegen die Reformen im Allgemeinen leicht mobilisieren. Gibt die Regierung diesem Druck nicht nach, geht sie damit ein politisches Risiko ein. So führten z.B. in Ghana die drastischen Preissteigerungen von importierten Konsumgütern als Folge der Abwertung der nationalen Währung sogar zu einem Militärputsch (Thomas / Grindle 1990).

Folglich werden Reformen nur dann langfristig Bestand haben, wenn sie durch das Gros der wirtschaftlichen Akteure unterstützt werden (Williamson 1994, S. 20-21). Es ist mithin notwendig, dass sich die große Masse der Verlierer des Rent–Seeking Prozesses gegen die Partikularinteressen mobilisieren lässt. Diese Situation tritt am ehesten ein, wenn infolge der zunehmenden Verkrustung rechtlicher Strukturen letztlich jeder unter den miserablen ökonomischen Rahmenbedingungen leidet. Das heißt, dass selbst für die bis dahin profitierenden Gruppen der Nutzen aus einer Veränderung des Status quo überwiegt. Aber selbst wenn prinzipiell alle Gruppen in einer Gesellschaft Reformen wünschen, ist ihre Realisierung nicht selbstverständlich. Hierzu müssen sich die betroffenen Gruppen auch auf die Verteilung der Kosten einigen können (Alesina / Drazen 1991, Labán / Sturzenegger 1994). Angesichts einer in Entwicklungsländern oftmals anzutreffenden gesellschaftlichen Fragmentierung ist eine derartige Verhandlungslösung in vielen Fällen nur schwierig zu realisieren.

Ein weiteres Hindernis für eine vertragsgemäße Umsetzung von Auflagen besteht dahingehend, dass marktorientierte Reformen häufig zunächst mit negativen Folgen verbunden sind, während sich die positiven Auswirkungen erst langfristig bemerkbar machen. So hat sich z.B. in Lateinamerika unmittelbar nach dem Beginn von Reformen die Einkommensposition des Großteils der Bevölkerung im Allgemeinen zunächst verschlechtert (Vilas 1997, S. 21 ff.). Wenn eine Regierung unsicher ist, ob sie zu dem späteren Zeitpunkt, an dem sie die Früchte der Reformanstrengungen in Form von Popularitätsgewinnen ernten könnte, überhaupt noch an der Macht ist, bestehen für diese geringere Anreize, die Reform durchzuführen. Die in vielen Entwicklungsländern zu beobachtende politische Instabilität dürfte folglich in vielen Fällen eine Durchführung von Reformen verhindern (Persson / Svensson 1989, Svensson 1998).

Folglich ist eher von einer mangelnden Bereitschaft der Regierungen in Entwicklungsländern auszugehen, die Auflagen in Gestalt von marktorientierten Reformen gemäß ihrer Zusagen tatsächlich zu erfüllen. Gleichzeitig haben sie bei der Nichterfüllung ihrer Zusagen kaum nennenswerte Konsequenzen zu erwarten (Killick 1996, S. 223 ff.). Eine Fälligkeitsstellung des Kreditvertrages wäre erstens nur um den Preis einer Gefährdung der Tilgung der bereits gewährten Kredite möglich. Hinzu kommt, dass trotz einer Vertragsverletzung seitens der Empfängerregierungen die Maßnahmen häufig aufgrund anderer, nicht-entwicklungspolitisch motivierte Überlegungen fortgeführt werden: Aus bürokratietheoretischer Sicht ist es erstens wahrscheinlich, dass die Mitarbeiter der Geberorganisationen ein größeres Interesse daran haben, Kredite zu vergeben als zu streichen, da häufig sowohl Gehalt als auch berufliche Karriere vom Ausmaß der von ihnen vergebenen und verwalteten Kredite abhängen. Zweitens spielen bei der Kreditgewährung häufig politische Ziele eine gewichtige Rolle (siehe auch Lachmann 1999, S. 10 ff.). So zeigen Untersuchungen, dass die bilaterale Entwicklungspolitik stärker durch politische Allianzen und frühere Kolonialbeziehungen bestimmt wird, als durch die Marktorientierung der Wirtschaftspolitik oder das Ausmaß demokratischer Willensbildung in den jeweiligen Empfängerländern (Alesina / Dollar 2000; World Bank 1998, S. 16). Die Nichterfüllung der vereinbarten Bedingungen zieht somit in vielen Fällen keine negativen Folgen nach sich. So hat z.B. Sambia von 1966 bis 1993 achtzehn Anpassungskredite erhalten, während sich die Qualität der Wirtschaftspolitik kontinuierlich verschlechterte. Ähnlich erhielt Kenia insgesamt fünfmal in Folge von der Weltbank gegen das Versprechen, überfällige landwirtschaftliche Reformen durchzuführen, finanzielle Unterstützung. In allen Fällen wurden die Reformen entweder gar nicht implementiert oder nach kurzer Zeit wieder zurückgenommen (World Bank 1998, S. 51). Viele Geber präsentieren sich mithin als „zahnlose Tiger". Entsprechend lässt sich auch empirisch nicht feststellen, dass Staaten mit marktorientierter Wirtschaftspolitik und Reformen signifikant mehr entwicklungspolitische Leistungen erhalten (Burnside / Dollar 1997).

### *3.1.5 Weitere Implementierungsprobleme aufgrund von Agency-Problemen in der Regierung des Empfängerlandes*

Bislang wurde bei der Analyse möglicher Implementierungsprobleme konditionaler Entwicklungspolitik implizit unterstellt, die Regierung des Empfängerlandes trete als ein einzelner Akteur auf. Diese Annahme soll nun aufgehoben werden, denn aus Sicht der ökonomischen Theorie der Bürokratie müssen die Eigeninteressen der Mitglieder der staatlichem Organisationen nicht zwingend mit denen der Regierung übereinstimmen (Tullock 1965; Downs 1967 / 94; Niskanen 1971). Das bedeutet, dass auch die Regierungen mit vielfältigen Kontrollproblemen konfrontiert sind.

In Bezug auf die öffentlichen Verwaltungen existieren erhebliche Informationsasymmetrien, da öffentliche Verwaltungen im allgemein über einen erheblichen diskretionären Entscheidungsspielraum verfügen. Hieraus folgt, dass selbst wenn Politiker bereit sein sollten, sich über die Partikularinteressen einzelner Gruppen hinwegzusetzen, oder die Entscheidung für marktorientierte Reformen von den wichtigsten Interessengruppen unterstützt wird, diese Reformen in ihrer Ausführung dennoch an divergierenden Interessen innerhalb der Exekutive scheitern können.

Während die unmittelbaren prozesspolitischen Eingriffe zur Stabilisierung und Strukturanpassung noch vergleichsweise gut kontrollierbar sind, steigt die Komplexität deutlich in Bezug auf ordnungspolitische Reformen, die effektive Gesetzesänderungen oder Organisationsänderungen erfordern. Marktorientierte Reformen, die auf die unmittelbare Stabilisierung der Ökonomie gerichtet sind, erfordern zwar häufig politischen Mut, da sie hohe politische Risiken in sich bergen können. Sind jedoch ersteinmal die notwendigen Entscheidungen getroffen, lassen sich vom technischen Standpunkt her Maßnahmen wie Budgetkürzungen, Preis- und Handelsliberalisierung oder Deregulierung der Märkte vergleichsweise einfach realisieren. Gesetze und Vorschriften werden außer Kraft gesetzt und staatliche Agenturen aufgelöst. Zur Durchführung dieser Maßnahmen bedarf es eines vergleichsweise kleinen Personenkreises. Komplexer wird die Aufgabe bereits mit Blick auf Maßnahmen der Restrukturierung. Nochmals komplexer ist die Aufgabe, wenn es um die Gestaltung adäquater rechtlicher Rahmenbedingungen und den Aufbau einer funktionsfähigen staatlichen Verwaltung, einer unabhängigen Justiz, eines Bildungs- oder Gesundheitssystems geht. In diesen Fällen ist ein großer Teil der staatlichen Bürokratie einzubinden. Hinzu kommt, dass die Wirkungen dieser Maßnahmen im Allgemeinen noch länger auf sich warten lassen und sich auch schwerer zuordnen lassen als z.B. Stabilisierungsmaßnahmen, die sich vergleichsweise schnell in einer verringerten Inflationsrate ausdrücken (Graham / Naím 1998).

Die allgemeine Rückführung des in Entwicklungsländern tendenziell hohen Staatsanteils mittels Deregulierung, Privatisierung und einer Reorganisation staatlicher Verwaltungen im Rahmen der Kreditauflagen hat für viele der Beschäftigten der öffentlichen Verwaltungen den Verlust von Privilegien, Einflussmöglichkeiten und vor allem Einkommen zur Folge. Dass diese daher die Informations- und Kontrollprobleme ihrer Vorgesetzten, den politischen Entscheidungsträgern, ausnutzen, um die Reformvorhaben zu vereiteln, erscheint nur logisch.

Weiterhin ist allerdings auch damit zu rechnen, dass private Akteure statt auf die politischen Entscheidungsträger auf die Bürokratie als exekutives Organ einwirken, um die für sie negativen Wirkungen der Reformvorhaben abzuwenden. Reformen mögen so zwar auf dem Papier erfolgen, faktisch aber keine Veränderungen nach sich ziehen. Die Einflussnahme unzufriedener Bürger kann zum einen über Bestechung erfolgen. In vielen Entwicklungsländern ist die Korruption in der staatlichen Bürokratie besonders hoch (Lambsdorff 1998). Die staatlichen Gehälter liegen häufig deutlich unter dem, was qualifizierte Akteure als ausgebildete Fachkräfte in der privaten Wirtschaft erzielen können. Wenn wie z.B. in Nairobi die staatlichen Gehälter für Universitätsabsolventen nur ein Fünftel dessen betragen, was diese bei privaten, internationalen Beratungsunternehmen verdienen können, werden für den Staatsdienst nur die übrig bleiben, die willens sind, den kraft des öffentlichen Amtes bestehenden Machtvorsprung für zusätzliche Zahlungen in die private Tasche zu nutzen. Der Gehaltsunterschied führt mithin dazu, dass allein solche Akteure in die staatliche Bürokratie eintreten, die auch bereit sind, Bestechungen anzunehmen (Rose-Ackermann 1998, S. 49). Auch in dieser Hinsicht besteht somit die Gefahr einer adversen Selektion.

Eine andere wesentliche Rolle der Einflussnahme auf das Handeln der Bürokratie (allerdings auch der Regierung) spielen soziale Sanktionen. Der Einfluss der unmittelbaren sozialen Gruppe, die i.d.R. über Blutsbande, Stammeszugehörigkeit oder Ethnie definiert ist, ist in vielen Entwicklungsländern sehr groß. In diesem Gruppen existieren häufig soziale Normen, die den Schutz der Gruppe über alles stellen, was angesichts der unsicheren Rahmenbedingungen auch individuell rational ist. Führen marktorientierte Reformen nun zu negativen Auswirkungen für die Mitglieder der eigenen Gruppe, kann die Ausführung dieser Reform im Konflikt zu den sozialen Normen der Gruppe stehen. Der Bürokrat wird in diesen Fällen nicht aufgrund pekuniärer Erwägungen die Reformmaßnahmen boykottieren, sondern aufgrund seiner Überzeugung oder aufgrund des sozialen Drucks, dem er andernfalls von den Mitgliedern seiner Gruppe ausgesetzt wäre (Mummert 2000).

Insgesamt sehen sich somit selbst reformwillige Regierungen mit unzähligen Hindernissen hinsichtlich der effektiven Durchführung ihrer Reformvorhaben konfrontiert.

## 3.2 Erfahrungen mit der konditionalen Entwicklungspolitik

Diese theoretisch abgeleiteten Argumente finden in der empirischen Erfahrung ihre Entsprechung. Insgesamt hat sich gezeigt, dass die Konditionalität von Entwicklungspolitik allenfalls bedingt die Realisierung von marktorientierten Reformen begünstigen kann.

Mosley et al. konstatieren, dass in ihrer Stichprobe der Kreditvergabe mit Auflagen zur strukturellen Anpassung der Weltbank nur 54 % der vereinbarten Bedingungen erfüllt wurden bei gleichzeitig sehr hoher Varianz (Mosley / Harrigan / Toye 1991, S. 54). Auch konnte in einer Weltbankstudie kein systematische Zusammenhang zwischen Variationen der Kreditvergabe und Politikveränderung in Afrika zwischen 1981 bis 1991 festgestellt werden (World Bank 1994, S. 216). Und in einer weiteren Studie der Weltbank über die Erfolgsfaktoren von kreditunterstützten Reformen sind von 182 konditionalen Krediten immerhin 65 (36 %) fehl geschlagen. Die Studie von Burnside und Dollar (1997) belegt erneut, dass die mit der konditionalen Entwicklungspolitik angestrebte Verknüpfung von Entwicklungsförderung und Wirtschaftspolitik zumindest für die Periode von 1970 bis 1993 nicht systematisch nachgewiesen werden kann.

Auch zeigt sich, dass die Zusagen bei komplexeren Reformen weniger eingehalten wurden als bei Reformprojekten, die sich auf eine Veränderung der Preis- oder Wechselkurspolitik bezogen (Leandro / Schafer / Frontini 1999, S. 287).

Entsprechend fällt das Fazit entweder moderat („aid has affected the policies of the recipients a little, but not as much as the Bank hoped“, Mosley / Harrigan / Toye 1991, S. 299) oder verheerend aus („conditionality has failed“, Collier et al. 1997, S. 57). Nicht die konditionale Entwicklungspolitik schafft die Grundlage für erfolgreiche Reformen, sondern vielmehr die bereits bestehenden politisch-ökonomischen Faktoren in den Staaten. Empirisch zeigt sich, dass der Erfolg von Reformprogrammen kaum von außen beeinflusst werden kann: In der Vergangenheit waren marktorientierte Reformen vor allem dann erfolgreich, wenn die Regierung vergleichsweise neu im Amt sowie demokratisch legitimiert und die Gesellschaft nicht in hohem Maße ethnisch gespalten war (Dollar / Svensson 1998).

## 4. Entwicklungspolitik im Zeitalter der Globalisierung

Der zentrale Engpassfaktor wirtschaftlicher Entwicklung besteht in vielen Entwicklungsländern in den rechtlichen, staatlichen und wirtschaftspolitischen Rahmenbedingungen. Es hat sich gezeigt, dass Reformen, die darauf gerichtet sind, diese Defizite zu beseitigen, kaum über eine konditionale Entwicklungspolitik erkauft werden können. Hierfür sind die Kontrollprobleme zu groß, denen sich die Anbieter entsprechender Entwicklungsprogramme gegenüber sehen. Eine konditionale Entwicklungspolitik, die die Errichtung marktwirtschaftlicher Rahmenbedingungen zum Ziel hat, kann nur dann erfolgreich sein, wenn in den Empfängerländern schon vor Reformbeginn ein weit verbreiteter Konsens über die notwendigen Reformvorhaben besteht. Ist dies nicht der Fall, sind die Programme zum scheitern verurteilt. Sie führen im Allgemeinen nur zu einer Steigerung der Einkommen der jeweils regierenden Machtgruppen.

Entwicklungspolitik sollte sich somit auf die Fälle konzentrieren, in denen marktorientierte Reformen eine Erfolgswahrscheinlichkeit haben. In diesen Fällen kann die Konditionalität reformbereiten Regierungen ihre Aufgabe erleichtern: Wie oben diskutiert, führen marktorientierte Reformen häufig zunächst durch ein Tal der Tränen. Mit einer Verpflichtung gegenüber internationalen Geberorganisationen im Rahmen konditionaler Entwicklungspolitik können sich die Regierungen gegenüber dem heimischen politischem Druck zur Rücknahme der Reform zumindest teilweise immunisieren. Zusätzlich kann die Verpflichtungserklärung internationalen privaten Investoren die Reformbereitschaft signalisieren und damit möglicherweise ausländische Direktinvestitionen anziehen, die den Weg zur wirtschaftlichen Erholung verkürzen können (Collier et al. 1997, S. 1400 f.) Hierbei ist allerdings zu berücksichtigen, dass das Signal auch anders aufgefasst werden kann. Die Aufnahme von Strukturanpassungskrediten kann nämlich gleichzeitig auch als Hinweis auf eine bevorstehende wirtschaftliche Krise gedeutet werden (Rodrik 1996). Welche Signalinterpretation überwiegt, hängt nicht zuletzt von der jeweiligen wirtschaftlichen und auch politischen Situation sowie ihrer Einschätzung durch die international tätigen Investoren ab.

Wird in den „pathologischen" Fällen aufgrund von ethischen Erwägungen das Einfrieren entwicklungspolitischer Unterstützung abgelehnt, ist es vergleichsweise effizienter statt indirekte Maßnahmen der Entwicklungspolitik einzusetzen, zu direkten Maßnahmen überzugehen. Das heißt, entwicklungspolitische Maßnahmen sollten sich in diesen Fällen auf die direkte Verbesserung der Lebenssituation der Armen konzentrieren (Collier / Dollar 1999).

Die unmittelbare Armutsbekämpfung wird auch seit einigen Jahren wieder stärker in der Entwicklungspolitik berücksichtigt. Bereits Ende der sechziger und Anfang der siebziger Jahre gab es unter der Bezeichnung „basic human needs approach“ eine stärkere Betonung entwicklungspolitischer Maßnahmen, die direkt darauf gerichtet sind, die Lebenssituation der Armen zu verbessern. Mit dem Aufstieg der Strukturanpassung zur zentralen entwicklungspolitischen Strategie geriet die Armutsbekämpfung allerdings zwischenzeitlich in den Hintergrund. In dem Maße, in dem aber deutlich wurde, dass die „verlorene Dekade“ der achtziger Jahre vor allem für die Armen in lateinamerikanischen und afrikanischen Entwicklungsländer hohe soziale Kosten mit sich brachte, gewann die unmittelbare Armutsbekämpfung wieder an Bedeutung (World Bank 1990).

Ende der neunziger Jahre weisen empirische Untersuchungen zunehmend darauf hin, dass eine extrem ungleiche Einkommensverteilung das wirtschaftliche Wachstum negativ beeinflussen kann (Bruno et al. 1997). Entsprechend gibt es unter der Bezeichnung „pro-poor-growth“ neue Bemühungen vor allem seitens der Weltbank, der unmittelbaren Armutsbekämpfung in der Entwicklungspolitik noch mehr Gewicht zu verleihen (World Bank 2000). Hierbei darf aber nicht übersehen werden, dass auch die direkten Maßnahmen der Armutsbekämpfung allenfalls einen begrenzten Wirkungsgrad haben (Wolff 1995). Auch ist zu berücksichtigen, dass Armutsbekämpfung dadurch, dass sie die negativen Wirkungen einer ausbeuterischen nationalen Wirtschaftspolitik abmildert, wiederum indirekt den Reaktionsspielraum der politischen Entscheidungsträger erhöht. Die Wahrscheinlichkeit von massiven Protesten aus der armen Bevölkerung verringert sich, wenn ihre größte Not ersteinmal gelindert ist. Manche politischen Entscheidungsträger geben die externe Hilfe sogar gegenüber ihren Wählern als ihre Leistungen aus; so z.B. Präsident Fujimori im peruanischen Präsidentenwahlkampf im Sommer 2000.

Aber auch unabhängig von ethischen Erwägungen ist nicht zu erwarten, dass selbst in den wenig Hoffnung versprechenden Fällen entwicklungspolitische Maßnahmen gänzlich eingestellt würden. Wie ausgeführt, geht es häufig weniger um entwicklungspolitische als um realpolitische Zielsetzungen. Zwar hat mit dem Ende des „Kalten Krieges“ der politische Einfluss auf die Entwicklungspolitik nachgelassen. Gleichzeitig aber brachte die Zeit nach dem Zweiten Weltkrieg einen immensen Prozess zunehmender internationaler wirtschaftlicher Verflechtung mit sich. Dieser Prozess der Globalisierung hat zur Folge, dass nationale Prozesse in den Entwicklungsländern in stärkerem Maße negative externe Effekte für die entwickelten Staaten nach sich ziehen können. Wirtschaftliche Krisen machen häufig nicht mehr an den nationalen Grenzen halt, sondern können sich infolge der Verflechtung auch auf die Wirtschaft weiterer, zunächst unbeteiligter Staaten negativ auswirken. Die Asienkrise von 1998, entstanden durch Wirtschaftskrisen in bis dato als vorbildlich geltenden Entwicklungsländern, ist hierfür ein Beispiel. Negative Externalitäten gehen ebenso auch von den ärmeren Entwicklungsländern aus: Neben einer zunehmenden weltwirtschaftlichen Liberalisierung sind es vor allem die drastisch gesunkenen Transport- und Kommunikationskosten, die den Globalisierungsprozess entfacht haben. Damit sind aber auch die Möglichkeiten der Menschen in den Entwicklungsländern zur Abwanderung deutlich gestiegen. Solange die Bevölkerungen und Regierungen der Industrieländer nicht bereit sind, eine Einwanderung dieser Bevölkerungsgruppen zuzulassen, werden ihre Regierungen daran interessiert sein, durch entwicklungspolitische Maßnahmen den Migrationsdruck zu verringern.

Durch den Globalisierungsprozess sind aber auch die Opportunitätskosten der Beibehaltung des Status Quo für Entwicklungsländer mit fehlenden oder mangelhaften marktwirtschaftlichen Strukturen deutlich gestiegen. Denn auch die Entwicklungsländer können von der Globalisierung profitieren, indem sie die Chance ergreifen, komparative Kostenvorteile auf internationaler Ebene zu realisieren. Damit internationales Kapital und Wissen attrahiert und im Lande vermehrt werden kann, sind allerdings adäquate marktwirtschaftliche Rahmenbedingungen notwendig. Empirische Untersuchungen zeigen, dass im Unterschied zur staatlichen Entwicklungspolitik ausländische Direktinvestitionen sehr deutlich auf Veränderungen der rechtlichen und wirtschaftspolitischen Rahmenbedingungen reagieren (Alesina / Dollar 2000, S. 56). In diesem Zusammenhang ergeben sich auch neue entwicklungspolitische Ansatzmöglichkeiten. So kann z.B. die Verknüpfung von entwicklungspolitischen Zielsetzungen mit den privatwirtschaftlichen Interessen von Unternehmen im Rahmen sogenannter „Public Private Partnerships" eine interessante Möglichkeit darstellen, um durch eine sinnvolle Kombination von privaten Direktinvestitionen und entwicklungspolitischen Maßnahmen die Entwicklung in Entwicklungsländern voranzutreiben.

Interessanterweise tauchen zu Beginn des 21. Jahrhunderts in der entwicklungspolitischen Diskussion wieder Aspekte auf, die schon in der unmittelbaren Zeit nach dem Zweiten Weltkrieg eine zentrale Bedeutung hatten. Vor dem Hintergrund neuer wachstumstheoretischer, institutionenökonomischer und evolutionsökonomischer Ansätze haben Phänomene wie Externalitäten, Unteilbarkeiten und Skalenerträge wieder den Blick auf das Problem kritischer Massen für Entwicklungsprozesse gelenkt. Gleichzeitig ist das Humankapital als eine wesentliche Variable wieder in den Vordergrund gerückt. All diese Aspekte wurden schon in der frühen entwicklungsökonomischen Diskussion thematisiert. Im Unterschied dazu ist aber die Einsicht gewachsen, dass es sich bei Wirtschafts- und Gesellschaftssystemen um komplexe Phänomene handelt. Selbst wenn die Rahmenbedingungen in den Entwicklungsländern denen der Industrieländer angepasst werden könnten, müssten daraus nicht ähnliche Entwicklungspfade resultieren. Entwicklungsprozesse sind offen und die Steuerungsmöglichkeiten – dies zeigt die Erfahrung – relativ gering.

## **Weiterführende Literatur** (zitierte Quellen siehe Anhang)

*Borner, S. / M. Paldam* (1998) (Hrsg.), The Political Dimension of Economic Growth, Houndmills.

*Campos J. E. / H. Root* (1996), The Key to the Asian Miracle, Washington D.C:.

*Cassen, R..* (1990), Entwicklungszusammenarbeit, Bern / Stuttgart.

*Cypher, J. M. / J. L. Dietz* (1997), The Process of Economic Development, London / New York.

*Gwin, C. / J. M. Nelson* (1997), Perspectives on Aid and Development, Baltimore.

*Lachmann, W.* (1999), Entwicklungspolitik, Band 1-4, München, Wien.

*Martens, B. et al.* (2000), The Institutional Economics of Foreign Aid, Cambridge.

*Meier, G. M.* (1995), Leading Issues in Economic Development, New York.

*Rodrik, D.* (1996), Understanding economic policy reform, Journal of Economic Literature 34, S. 9-41.

*World Bank* (1998), Assessing aid: what works, what does not, and why, World Bank Policy Research Report, Oxford.

## **Verständnisfragen** (Lösungen siehe Anhang)

**Frage 1:**

Nennen Sie Gründe für das Scheitern der Importsubstitutionspolitik.

**Frage 2:**

Als Mitarbeiter der Weltbank sind Sie für die Kredite an Kenia zuständig. Zur Reform des Landwirtschaftssektors beantragt die kenianische Regierung einen sektoralen Anpassungskredit in Höhe von 1 Mio. US $.

(a) Worauf werden Sie bei der Überprüfung des Kreditantrages achten?

(b) Welche Entscheidung werden Sie Ihrem Abteilungsleiter empfehlen? Begründen Sie Ihre Wahl.

# Finanzpolitik

Allokative und politische Effizienz durch internationale Steuerkonkurrenz?

*Christian Müller**



## 1. Staaten im fiskalischen Wettbewerb

In der Politik ist in den letzten Jahren viel vom „Standort Deutschland" die Rede gewesen, dessen Angebotsbedingungen im internationalen Wettbewerb es zu verbessern gelte. Wesentlicher Auslöser für den Wettbewerb der wirtschaftlichen und politischen Systeme in der Europäischen Union waren die Ankündigung und die Vollendung des Binnenmarkts zum 1. Januar 1993, mit der alle Schranken für den grenzüberschreitenden Verkehr von Gütern (Waren und Dienstleistungen), Arbeit und Kapital fielen.

In einem solchen Regelrahmen vollzieht sich ein Standortwettbewerb auf zwei Ebenen: Zum einen stehen die Unternehmen im Wettbewerb auf den Güter- oder Faktormärkten. Nicht nur Waren sind in hohem Maße mobil; auch die Standortgebundenheit von Dienstleistungen nimmt ständig ab, im Bereich von Banken und Versicherungen ebenso wie auch, etwa durch den UMTS-Mobilfunk-Standard, im Telekommunikationssektor. Zum anderen drängt die zunehmende Globalisierung und internationale Verflechtung auch die Regierungen immer mehr in einen fiskalischen Wettbewerb mit öffentlichen Gütern und Steuersystemen um mobile Produktionsfaktoren, also vor allem um Kapital, aber auch – wie erst die jüngste Diskussion um die deutsche „Greencard" für Computerspezialisten wieder zeigte – um hochqualifizierte Arbeitsanbieter. Nicht anders als Unternehmen müssen sich Regierungen daher zunehmend bemühen, jene wirtschaftlichen Aktivitäten anzuziehen, welche ihre Budgetrestriktionen lockern, und den Zustrom jener Bedürftigen zu vermeiden,

* Für zahlreiche wertvolle Anmerkungen zu einer früheren Fassung des Manuskripts danke ich Thomas Apolte, Andreas Freytag, Lambert Koch und Manfred Tietzel.

die eine Belastung für die nationalen Haushalte darstellen würden. Eine rein nationalstaatliche Finanzpolitik hat in einem solchen Politikumfeld ausgedient. Die zunehmende Mobilität der Produktionsfaktoren macht die einzelstaatliche Wirtschaftspolitik selbst zu einem Gegenstand des Wettbewerbs, die damit ihren bisherigen monopolistischen Charakter gegenüber „ihren" Einwohnern verliert (Kerber 1998a, S. 255).

In der Literatur findet sich eine Vielzahl von Bezeichnungen für diese Form des Wettbewerbs auf Regierungsebene: Neben dem Standortwettbewerb spricht man auch vom Wettbewerb der Regionen oder der Jurisdiktionen, vom Systemwettbewerb oder auch vom institutionellen Wettbewerb. In eher finanzwissenschaftlichen Zusammenhängen ist vor allem vom Steuer- oder fiskalischen Wettbewerb die Rede. Der Begriff des Steuerwettbewerbs ist allerdings etwas ungenau, da in aller Regel nicht allein der Wettbewerb mit einnahmeseitigen Politikparametern der staatlichen Budgets gemeint ist. Zutreffender ist der weniger gebräuchliche Begriff des fiskalischen Wettbewerbs, worunter der Versuch von Regierungen verstanden wird, mobile Produktionsfaktoren sowohl mit der Leistungs- als auch mit der Einnahmenseite des Staatshaushalts – also mit allen Handlungsparametern der Finanzpolitik – zu attrahieren (Feld 2000a, S. 20).

An der Bewertung dieses fiskalischen Wettbewerbs scheiden sich die Geister: Auf der einen Seite versuchen die Wettbewerbsbefürworter, mit ihrer Forderung nach einer Systemkonkurrenz die positiven Wirkungen wettbewerblichen Handelns von der Ebene des Güterangebots der Unternehmen auf jene des Regierungshandelns zu übertragen. Vom fiskalischen Wettbewerb verspricht man sich vor alle zwei Vorteile (z.B. McLure 1986, S. 345; Apolte 1999, S. 5; Vanberg 2000, S. 106): Erstens wird erwartet, dass der Wettbewerb die Situation der Einwohner der betroffenen Staaten direkt verbessert, indem diese die Möglichkeit haben, zwischen Gebietskörperschaften zu wählen und sich für jene zu entscheiden, die solche Bündel öffentlicher Leistungen anbieten, die ihnen am besten entsprechen. Wie die „unsichtbare Hand" des Marktes die Eigeninteressen der Marktteilnehmer auf ein gesellschaftlich wünschenswertes Gesamtergebnis hin koordiniert, so beschert nach dieser Auffassung der fiskalische Wettbewerb auf Regierungsebene den Bürger-Souveränen optimale Kombinationen von Kollektivgütern und Steuerpreisen in ihren jeweiligen Ländern. Darüber hinaus zwingt die Steuerkonkurrenz die Regierungen, immer neue Politikmodelle zu erfinden und gegebenenfalls Handlungsalternativen zu imitieren, die sich in anderen Ländern als erfolgreich erwiesen haben. Nicht anders als der Wettbewerb auf Güter- und Faktormärkten ist der Wettbewerb der Gebietskörperschaften ein innovatives „Entdeckungsverfahren" (Hayek 1969), ein Prozess des parallelen Experimentierens mit wechselseitigem Lernen, in dem neue und bessere Wirtschaftspolitiken kreiert und verbreitet werden (Kerber 1998a, S. 257).

Zweitens erhofft man sich vom fiskalischen Wettbewerb, dass die Migrationsströme zwischen alternativen Gebietskörperschaften – vielleicht sogar schon die Drohung damit – die Politiker veranlasst, ihre Politik näher an den Präferenzen der Bürger auszurichten, die Verschwendung von Steuergeldern zu vermeiden und auf politische Renten zu verzichten. Diese Hoffnung beruht auf der insbesondere von der ökonomischen Public-Choice-Theorie genährten Ansicht, dass periodisch abgehaltene Wahlen in demokratischen Gemeinwesen keine hinreichende Gewähr dagegen bieten, dass Politiker die ihnen auf Zeit verliehene diskretionäre Macht zur Verfolgung ihrer egoistischen Eigeninteressen missbrauchen. Konstitutionelle Vorkehrungen können bestehende Wahlbeschränkungen zum Teil ergänzen, zum Teil aber auch vollständig ersetzen (siehe z.B. Brennan / Buchanan 1988, S. 6 und 11). Ein föderales System, das die Regierungen unterschiedlicher Gebietskörperschaften zueinander in Wettbewerb versetzt, verleiht – in der Terminologie Albert Hirschmans (1974) – den Bürgern neben der Möglichkeit, durch Beteiligung am politischen Prozess in Wahlen, politischen Parteien oder Demonstrationen „Widerspruch" zu äußern, die zusätzliche Alternative der „Abwanderung". Wie im Markt für Konsumgüter, auf dem die Individuen einfach den Anbieter wechseln können, wenn ihnen ein Produkt nicht den erhofften Nutzen stiftet, können unter einem Regime des fiskalischen Wettbewerbs die Bürger eines Landes, dessen Politik ihnen nicht gefällt, sich in ihrer Rolle als Arbeits- oder Kapitalanbieter dem Geltungsbereich dieser Politik einfach entziehen (für eine empirische Bestätigung der teilweisen Substituierbarkeit von „Abwanderung" und „Widerspruch" im Steuerwettbewerb siehe Feld 1997).

Dieser positiven Sicht eines wettbewerblichen Angebots von öffentlichen Gütern und Sozialleistungen setzen die Wettbewerbsskeptiker die These eines Versagens des fiskalischen Wettbewerbs entgegen. Diese These fußt auf einem allokations- und einem distributionspolitischen Argument: Allokationspolitisch wird argumentiert, fiskalischer Wettbewerb von Staaten bestehe in „ruinöser" Konkurrenz – einem „Race to the bottom" – um mobiles Kapital und hochqualifizierte Arbeitskräfte, die zu einer Erosion der Staatseinnahmen und infolgedessen zu einer Unterversorgung mit öffentlichen Gütern und Sozialleistungen führe. Zum einen werde der mobile Produktionsfaktor Kapital zunehmend unbesteuerbar, weil er sich im internationalen Steuerwettbewerb dem Zugriff des Fiskus leicht entziehen könne; die Kapitalsteuersätze werden – so die Vorhersage – ceteris paribus gegen null streben. Zum anderen entzögen sich auch hochqualifizierte Arbeitnehmer – der i.d.R. mobile Teil des Produktionsfaktors Arbeit – der auf Einkommensumverteilung zielenden Steuerpolitik.

Distributionspolitisch argumentieren die Wettbewerbsskeptiker, wenn sie auf die Leidtragenden der von ihnen prognostizierten Entwicklung verweisen: Immobile Produktionsfaktoren, vor allem geringqualifizierte Arbeitnehmer und der Faktor Boden, müssen die Steuerausfälle tragen, was im Falle der Arbeitsanbieter zu einer steigenden Grenzbelastung und folglich ceteris paribus zu einer höheren Arbeitslosigkeit oder niedrigeren Nettolöhnen führte. Dabei brauchte, so wird betont, diese Tendenz nur marginal wirksam zu sein.

Regierungen, argumentieren die Gegner eines fiskalischen Wettbewerbs, bieten eine Vielzahl ökonomischer Aktivitäten an, die von privaten Anbietern nicht oder in nicht ausreichendem Maße bereitgestellt werden würden. Dieses Versagen der Gütermärkte habe der Staat zu korrigieren. Setze man diese Staaten nun wieder einem fiskalischen Wettbewerb untereinander aus, so werde gleichsam durch die Hintertür der Markt wiedereingeführt, was ein wohlfahrtsoptimales Gleichgewicht verhindere (H.-W. Sinn 1997).

In der Auseinandersetzung um Sein und Werden der Europäischen Union prallen diese beiden Auffassungen unversöhnlich aufeinander: Die Wettbewerbsskeptiker plädieren tendenziell für zentralistische Lösungen und treten für eine weitreichende Harmonisierung von Rechtsregeln oder Steuern oder eine zentrale Bündelung der betreffenden Kompetenzen ein. Dieser Ansatz findet sich auch im Rechtsrahmen der Europäischen Union. Der EG-Vertrag sieht eine Harmonisierung von Umsatz- und anderen Verbrauchsteuern vor, soweit dies für die Errichtung und das Funktionieren des Binnenmarktes erforderlich ist (Art. 99 EGV). Mit der Einheitlichen Europäischen Akte von 1986 zur Vollendung des gemeinsamen Marktes wurde die Harmonisierung bis zur Festlegung von Mindeststeuersätzen vorangetrieben. Im Bereich der direkten Steuern strebt man vor allem eine Harmonisierung der Unternehmens- und Zinssteuern an, die aus Art. 100 EGV abgeleitet wird, wonach solche Rechts- und Verwaltungsvorschriften anzugleichen sind, die unmittelbare Auswirkungen auf die Errichtung oder das Funktionieren des Binnenmarktes haben.

Gerade dieses Harmonisierungsstreben betrachten die Befürworter des fiskalischen Wettbewerbs aber als den Versuch eigennütziger Politiker, sich durch Kartellierung und Monopolisierung dem Wettbewerbsdruck zu entziehen und ihre Machtposition gegenüber Wählern und Steuerzahlern zu festigen (z.B. Blankart 2000). Erst recht stellen sich die Protagonisten eines europäischen Wettbewerbsföderalismus allen Bestrebungen nach einer zentralen Unionsregierung entgegen. Vielmehr favorisieren sie eine gegenseitige Anerkennung von Rechtsregeln durch die Mitgliedsstaaten der EU, wie sie der Europäische Gerichtshof in seiner berühmten *Cassis-de-Dijon*-Rechtsprechung verfügte. Einige Wettbewerbsbefürworter erwägen sogar die Möglichkeit eines übergeordneten institutionellen Rahmens im Sinne einer formalen Ordnung für den Wettbewerb der Jurisdiktionen, deren Einhaltung von einer politischen Kartellbehörde oder einer anderen politisch unabhängigen Institution zu überwachen wäre (z.B. Kerber 1998b, 2000; Vaubel 1999; Windisch 1999, S. 163 ff.; Vanberg 2000, S. 104 ff.).

Welche von beiden Seiten hat nun recht? Einfache Antworten auf diese Frage gibt die Theorie des fiskalischen Föderalismus nicht (neuere Überblicke geben Dowding / John / Biggs 1994; Inman / Rubinfeld 1996; Feld / Kirchgässner 1998; Apolte 1999; Oates 1999; Blankart / Borck 2000), die sich mit der Frage beschäftigt, auf welcher staatlichen Ebene welche Staatsaufgabe sinnvollerweise anzusiedeln ist. Die in der Literatur anzutreffenden Antworten differenzieren danach, ob der Staat im Bereich von Allokation, Distribution oder Stabilisierung tätig wird. In Bezug auf die Stabilisierungsaufgabe öffentlicher Entscheidungsträger – soweit man diese überhaupt zu befürworten vermag – scheint klar zu sein, dass dies nur eine zentralstaatliche Aufgabe sein kann (Oates 1968, S. 38 f.; 1999, S. 1121). Dezentrale Stabilisierungspolitik könnte in einer Föderation allein über die Finanzpolitik erfolgen, während die Geldpolitik von einer zentralen Institution – etwa von der nationalen Notenbank – durchgeführt würde. In einer kleinen Jurisdiktion mit hoher Kapitalmobilität und einer hohem Importquote würden zur Stabilisierung eingesetzte Staatsausgaben aus dieser Region abfließen; die Wirkungen fiskalischer Expansionen müssten weitgehend verpuffen, wodurch die gesamtwirtschaftliche Stabilisierung aus

Sicht aller Gebietskörperschaften den Charakter eines Kollektivguts hat. Allenfalls ein zentrales Angebot von Stabilisierungspolitik könnte daher sinnvoll sein.

Ähnlich eindeutig fällt traditionell das Urteil gegen dezentrale Redistributionspolitiken aus (Oates 1968, 45 ff.; 1999, S. 1121; H.-W. Sinn 1997, S. 258 ff.). Legte nämlich eine lokale Regierung im Alleingang ein großzügiges Wohlfahrtsprogramm auf, so hätte dies bei hoher Mobilität der Wirtschaftssubjekte zur Folge, dass Wirtschaftsflüchtlinge aus Gebietskörperschaften mit geringerem Redistributionsniveau ins Land strömten, während die Wohlhabenden in Regionen mit niedrigeren Umverteilungssteuern abwanderten. Im Grenzfall wird sich jede Besteuerung zu Umverteilungszwecken verbieten. Entsprechend erscheint auch eine zentrale Bereitstellung von Umverteilungsaktivitäten als unumgänglich (siehe aber kritisch hierzu Feld / Kirchgässner 1995; Feld 2000b).

Die folgenden Ausführungen werden sich allein auf die Allokationsfunktion der öffentlichen Haushalte beziehen, deren dezentrale Erfüllung in ihren Wirkungen weniger eindeutig zu sein scheint. Dabei wird die fiskalische Konkurrenz mit direkten Steuern im Vordergrund stehen, wobei ich mich wiederum häufig auf den Fall der Kapitalbesteuerung beschränken werde. Alle hier verwendeten Argumente gelten aber analog auch für die Besteuerung eines anderen vollkommen mobilen Faktors, etwa hochqualifizierter Arbeit. In Abschnitt 2. werden zunächst die Effizienzthese von Tiebout und ihre Geltungsbedingungen erörtert, bevor in Abschnitt 3. die These des Wettbewerbsversagens diskutiert wird. Abschnitt 4. relativiert diese These durch Konfrontation ihrer Annahmen mit widersprechenden theoretischen oder empirischen Ergebnissen. Der Aufsatz schließt mit einer Zusammenfassung und Gesamtschau der Ergebnisse.

## 2. Fiskalischer Wettbewerb und Effizienz

### 2.1 Das Effizienztheorem von Tiebout

Die ökonomische Theorie des Föderalismus und des fiskalischen Wettbewerbs zwischen Gebietskörperschaften nahm ihren Ursprung mit einem Aufsatz von Tiebout (1956), in dem dieser unter anderem die These von Samuelson (1954) zu entkräften suchte, dass reine öffentliche Güter effizient nur auf einer zentralstaatlichen Ebene bereitgestellt werden könnten. Wegen der Nichtrivalität dieser Güter im Konsum, so hatte Samuelson argumentiert, hätten ihre Nutznießer keinen Anreiz, ihre wahre Zahlungsbereitschaft für die empfangenen Staatsleistungen zu offenbaren, so dass die Erhebung von Äquivalenzsteuern oder Nutzergebühren unmöglich sei, welche eine effiziente Marktlösung approximieren könnten. Dieser Behauptung der Ineffizienz einer dezentralen Bereitstellung öffentlicher Güter stellte Tiebout ein Effizienztheorem entgegen: Unter bestimmten Voraussetzungen, vor allem bei vollständiger Mobilität aller Individuen, ist die dezentrale Bereitstellung öffentlicher Güter allokationseffizient.

Wenn in verschiedenen Gebietskörperschaften unterschiedliche Güterbündel angeboten werden, so Tiebout, dann werden die Individuen sich diejenige Gemeinde als Wohnort aussuchen, welche ihnen eine aus ihrer Sicht optimale Kombination von

Steuerbelastung und öffentlich angebotenen Gütern bietet. Am Ende dieses Anpassungsprozesses kann sich deshalb kein Bürger-Souverän mehr durch einen Umzug besserstellen: das Gleichgewicht ist paretooptimal. Das zentrale Problem in Samuelsons Ansatz, dass die Steuerzahler aufgrund der Nichtrivalität des staatlichen Güterangebotes einen strategischen Anreiz haben, ihre wahre Wertschätzung für öffentliche Güter zu verschleiern, ist hier offenbar gelöst: Der fiskalische Wettbewerb führt, nicht anders als Wettbewerb auf einem Güter- oder Faktormarkt, zu einer vollständigen Offenbarung aller Präferenzen und der damit verbundenen Zahlungsbereitschaften. Nachfolgende Autoren betonten, dass durch einen solchen Wettbewerb zugleich jene Politiker unter Druck gesetzt werden, die öffentliche Güter zu überhöhten Kosten anbieten und damit Steuergelder verschwenden. Die stillschweigende „Abstimmung mit den Füßen" ist im Extremfall somit auch ein vollständiges Substitut zu politischen Wahlen als Instrumenten der Präferenzoffenbarung und Politikerkontrolle: „Abwanderung" tritt an die Stelle von „Widerspruch". Beide Ziele des fiskalischen Wettbewerbs – eine stärkere Orientierung der Politik an den Präferenzen der Bürger und eine Kontrolle der Regierungen – sind erreicht.

Tiebout (1956, S. 419) selbst verschweigt nicht, dass es sich hierbei um ein „extremes Modell" handelt. Es gilt unter folgenden restriktiven Annahmen:
- Die Individuen sind vollkommen mobil und ziehen in diejenige Gemeinde um, die ihre Präferenzen am besten befriedigt.
- Die Individuen sind vollkommen informiert über das öffentliche Güterangebot und die Steuern in allen Gebietskörperschaften.
- Die Individuen können zwischen einer Vielzahl von Gebietskörperschaften wählen.
- Die Individuen beziehen ausschließlich Dividendeneinkommen.
- Zwischen den Gebietskörperschaften gibt es weder positive noch negative Externalitäten.
- Die Kosten der Bereitstellung öffentlicher Güter pro Kopf der Bevölkerung bilden in jeder Gebietskörperschaft eine U-förmige Funktion der Anzahl der Einwohner, was zur Folge hat, dass für jede Jurisdiktion eine optimale Größe existiert, vergleichbar der optimalen Betriebsgröße aus der Theorie der Firma.
- Die Gemeinden ziehen so lange Migranten an, bis die optimale Größe einer Gebietskörperschaft im Minimum der Durchschnittskosten erreicht ist. Ist es überschritten, versuchen sie das Gegenteil. Gemeinden im Optimum streben danach, ihre Bevölkerung konstant zu halten.

Es war McGuire (1974), der erkannte, dass Tiebouts Modell einer effizienten dezentralen Bereitstellung von Staatsleistungen – sog. lokalen öffentlichen Gütern – wesentliche Gemeinsamkeiten mit Buchanans (1965) ökonomischer Theorie der Clubs (Überblicke geben Sandler und Tschirhart 1980, 1997 oder Apolte 1995) aufweist, in deren Terminologie Tiebouts Problem seitdem meist analysiert wird. Ein „Clubgut" ist eines, um dessen Konsum die Nutzer zunächst nicht rivalisieren, bis ab einer bestimmten Anzahl von Clubmitgliedern Überfüllungskosten auftreten. In einen Kegel- oder Sportclub tritt man ein, gerade weil man seine Freizeit gemeinsam mit

Freunden und Bekannten verbringen möchte; erst wenn die Mitgliederzahl unüberschaubar groß wird und man sich gegenseitig nicht mehr kennt, beginnen die Mitglieder um den Konsum des Guts zu rivalisieren. Ganz wie in Tiebouts Gebietskörperschaften gibt es bei Clubgütern im Allgemeinen optimale Mitgliederzahlen, die kleiner sind als die Gesamtpopulation. Dies unterscheidet die Clubgüter Buchanans und die lokalen öffentlichen Güter Tiebouts von Samuelsons reinen öffentlichen Gütern: Aufgrund ihrer Nichtrivalität ist bei reinen öffentlichen Gütern die Mitgliedschaft aller Nutzer optimal.

## 2.2 Das Referenzmodell

Die Funktionsweise des Tiebout–Mechanismus soll nun (in Anlehnung an McGuire 1974) auf einfache Weise formal veranschaulicht werden. Um ein Referenzmodell zu haben, unterstellen wir zunächst den Fall einer Gebietskörperschaft, in der alle $i = 1, \ldots, M$ Einwohner immobil sind und identische Präferenzen, Einkommen und daher auch Nachfragekurven nach lokalen öffentlichen Gütern haben. Es gebe nur zwei Güter, ein von einer lokalen Gebietskörperschaft bereitgestelltes Gut $X$ und ein privates (rivales) Gut $W$. Alle Einwohner – Personen an den Grenzen wie solche im Zentrum der Jurisdiktion – ziehen den gleichen Nutzen aus dem öffentlich angebotenen Gut. Die Nutzenfunktion eines einzigen Individuums, die repräsentativ für alle $M$ Einwohner der Föderation ist, lautet:

$$(1) \qquad U = U(X,W).$$

Die Budgetbeschränkung eines jeden Individuums ist:

$$(2) \qquad B = W + \frac{C(X,N)}{N} \qquad \text{mit} \qquad C(X,N) = qX + c(N).$$

Der Preis des privaten Guts ist zur Vereinfachung auf eins normiert, so dass $W$ die Ausgaben des Haushalts für dieses Gut bezeichnet. $C = C(X,N)$ – mit $X$ als für alle Bewohner der Gebietskörperschaft gleichen Bereitstellungsniveau des lokalen öffentlichen Guts und $N$ als Bevölkerung oder Umfang der Jurisdiktion – bezeichnet die Kosten des öffentlichen Guts: $qX$ steht für die Kosten der *Bereitstellung* des öffentlich angebotenen Guts, die aus dem Bereitstellungsniveau $X$ multipliziert mit dem Anschaffungspreis $q$ des Guts bestehen. $c(N)$ sind die Kosten der *Nutzung* des öffentlich bereitgestellten Guts. Steigen diese Nutzungskosten mit dem Umfang $N$ der Jurisdiktion, $c_N = \partial C/\partial N > 0$, so ist die Zuwanderung von Personen mit positiven marginalen Überfüllungskosten verbunden; es liegt Rivalität im Konsum des Guts vor. Das öffentlich angebotene Gut ist damit entweder ein rein privates (vollkommen rivales) oder ein teilrivales Clubgut. Steht das Gut indessen allen $M$ Einwohnern der Föderation ohne mengen- oder qualitätsmäßige Verluste gleichermaßen zur Verfügung ($c_N = \partial C/\partial N = 0$), so handelt es sich um ein reines öffentliches Gut im Sinne von Samuelson. Es wird angenommen, dass das von der Gebietskörperschaft angebotene Gut $X$ mit einer Kopfsteuer $C(X,N)/N$ finanziert wird, die von jedem Einwohner erhoben wird.

Jede wohlfahrtsmaximierende lokale Regierung maximiert den Nutzen des repräsentativen Individuums unter der Nebenbedingung seiner Budgetbeschränkung. Die Lagrange-Funktion $Z$ (mit $\lambda$ = Lagrange-Multiplikator) lautet:

$$(3) \qquad Z = U(X,W) + \lambda[B - W - \frac{qX}{N} - \frac{c(N)}{N}].$$

Durch Ableitung von (3) nach $N$, $X$ und $W$ erhält man die notwendigen Bedingungen für ein Maximum von $Z$, wobei hier und im Folgenden tiefgestellte Indizes Ableitungen bezeichnen:

$$(4) \qquad \frac{qX + c}{N} = c_N;$$

$$(5) \qquad \frac{U_X}{q} N = \lambda;$$

$$(6) \qquad U_W = \lambda.$$

Gleichung (4) beinhaltet die *Mitgliedschaftsbedingung* (zu diesem Begriff Blankart / Borck 2000, S. 13) für jede Gebietskörperschaft. Auf der linken Seite stehen die Durchschnittskosten $C(X,N)/N$ des öffentlich bereitgestellten Guts, auf der rechten Seite die marginalen Überfüllungskosten $c_N$. Nach der Mitgliedschaftsbedingung nimmt also jede Jurisdiktion im Optimum genau so viele Individuen auf, dass die Durchschnittskosten pro Person den Grenzkosten der Aufnahme eines zusätzlichen Individuums entsprechen. Der Kostenanteil $C(X,N)/N$ eines Individuums entspricht dann genau jenen marginalen Überfüllungskosten $c_N$, die es der Gebietskörperschaft, in der es lebt, auferlegt. In diesem Fall sind die Kosten pro Kopf in der Gebietskörperschaft minimal.

Ist das von der Gebietskörperschaft bereitgestellte Gut ein reines Kollektivgut, so fallen die Durchschnittskosten für alle Bereitstellungsniveaus von $X$. Die optimale Größe der Gebietskörperschaft umfasst dann alle $M$ Einwohner der Föderation. Handelt es sich demgegenüber um ein rein privates Gut, so steigen die Durchschnittskosten mit $N$. Die optimale Clubgröße ist dann $N = 1$, und es gibt $M$ gleich große Gebietskörperschaften. Im Falle konstanter Durchschnitts- und Grenzkosten ist die optimale Größe der Gebietskörperschaft unbestimmt. Bei einer Gesamtpopulation von $M$ Personen und einer optimalen Größe $N$ der Gebietskörperschaft, ist die optimale Anzahl von Gebietskörperschaften $M/N$ (wobei diese als geradzahlig unterstellt wird).

Gleichungen (5) und (6) implizieren:

(7) $$\frac{U_X}{U_W}N = q.$$

Auf der linken Seite stehen die gesamten Grenzkosten des öffentlichen Guts, die sich zusammensetzen aus der für alle Individuen gleichen Grenzrate der Substitution des öffentlichen gegen das private Gut (d.h. dem Grenznutzen des öffentlichen Guts ausgedrückt in Einheiten des privaten Guts) multipliziert mit der Anzahl $N$ der Einwohner der Gebietskörperschaft. Auf der rechten Seite steht der Anschaffungspreis $q$ des lokal bereitgestellten Guts $X$, der den Grenzkosten der Bereitstellung von $X$ entspricht ($q = C_x$). Damit beinhaltet Gleichung (7) für jede der $M/N$ Gebietskörperschaften die *Samuelson-Bedingung* der optimalen Bereitstellung öffentlicher Güter (Samuelson 1954), nach der das Bereitstellungsniveau öffentlicher Güter so lange zu steigern ist, bis die gesamten Grenznutzen (die Summe der Grenzraten der Substitution des öffentlichen gegen das private Gut) genau den Grenzkosten der Bereitstellung des öffentlichen Guts entsprechen.

## 2.3 Fiskalischer Wettbewerb mit rivalen Gütern

Im Folgenden ist zu prüfen, ob und inwieweit der fiskalische Wettbewerb der Gebietskörperschaften diesen Effizienzbedingungen genügen kann. Bewley (1981) hat darauf hingewiesen, dass die oben angeführten Tiebout-Bedingungen eines effizienten Wettbewerbs von Gebietskörperschaften letztlich nicht auf ein konkurrierendes Angebot reiner öffentlicher Güter hinauslaufen, sondern auf die öffentliche Bereitstellung rein privater Güter, um welche die Nutzer vollkommen rivalisieren. Im fiskalischen Wettbewerb um öffentlich angebotene rein private Güter ist die optimale Clubgröße $N = 1$. Die Samuelson-Bedingung (7) reduziert sich damit zu:

(8) $$\frac{U_X}{U_W} = q.$$

Da der Preis des privaten Guts auf eins normiert ist, steht auf der rechten Seite das Verhältnis der Preise des öffentlichen und des privaten Guts. Damit aber ist (8) nichts anderes als die aus der mikroökonomischen Haushaltstheorie bekannte Bedingung für ein Konsumoptimum des Haushalts im Falle zweier privater Güter, wonach die Grenzrate der Substitution zwischen beiden Gütern der ökonomischen Substitutionsrate – also dem Verhältnis der Preise – beider Güter gleich sein muss (siehe z.B. Varian 1994, S. 100 f.). In einem graphischen $W$-$X$-Diagramm tangiert in diesem Fall die höchste erreichbare Indifferenzkurve (mit der Steigung $U_X/U_W$) die Budgetgerade (mit der Steigung $q$).

Fiskalischer Wettbewerb um rein private Güter führt dazu, dass jeder Haushalt genau sein Konsumoptimum erreicht. Um dies zu zeigen, wird nun davon ausgegangen, dass in allen (als weiterhin identisch unterstellten) Gebietskörperschaften ein Teil der Produktionsfaktoren – nämlich Kapital ($K$) – vollständig mobil ist. Der andere Teil der Produktionsfaktoren – Arbeit ($A$) – sei demgegenüber international vollständig immobil und werde unelastisch angeboten. Der Lohnsatz beträgt $w$. Ohne Einschränkung der Allgemeinheit wird angenommen, dass Arbeitsanbieter keine Kapitaleinkünfte beziehen. Von der Existenz weiterer Produktionsfaktoren wird abstrahiert. Das betrachtete Land ist klein. Auf dem internationalen Kapitalmarkt ist es Preisnehmer und hat die Kapitalverzinsung vor Steuern, $z$, als Datum zu akzeptieren. Aufgrund von fehlender internationaler Harmonisierung der Wirtschaftspolitiken sind die einzigen verfügbaren Einnahmequellen des Staates eine Lohnsteuer mit dem Steuersatz $T$ und eine Kapitalsteuer mit dem Steuersatz $t$, die nach dem Quellenprinzip erhoben wird, d.h. die Kapitaleinkommen werden dort besteuert, wo sie erwirtschaftet werden, unabhängig davon, wo der Eigentümer der Produktionsfaktoren seinen Wohnsitz hat. Die Bedingung für einen ausgeglichenen Haushalt der Gebietskörperschaft ist:

(9) $$qX(K+A) = tK + TA \qquad \text{oder} \qquad TA = qX(K+A) - tK.$$

Der Ausdruck $tK + TA$ bezeichnet das Steueraufkommen. Da das öffentlich angebotene Gut $X$ vollkommen rival ist, muss für jeden Nachfrager eine eigene Einheit zum Preis $q$ bereitgestellt werden. Die gesamten Staatsausgaben ergeben sich also durch Multiplikation der Kosten für die Bereitstellung des Guts, $qX$, mit der Anzahl der Nutzungseinheiten dieses Guts in der Gebietskörperschaft, $(K + A)$ (Apolte 1999, S. 70).

Der Gewinn $G$ der Unternehmen ergibt sich als Saldo aus gesamter Produktion $Y$ abzüglich der Kosten für die Produktionsfaktoren Kapital und Arbeit:

(10) $$G = Y(K,A) - (z+t)K - (w+T)A.$$

Die Unternehmen wählen den Kapitaleinsatz so, dass ihr Gewinn maximiert wird. Die notwendige Bedingung für ein Gewinnmaximum ergibt sich durch partielle Ableitung von (10) nach $K$:

(11) $$Y_K = z + t.$$

Dies ist die sog. Kapital-Arbitrage-Bedingung, nach welcher der Faktor $K$ bis zu jenem Punkt investiert wird, an dem das Grenzprodukt des Kapitals $Y_K$ der Summe aus Zins $z$ und Kapitalsteuersatz $t$ entspricht.

Die wohlfahrtsmaximierende Regierung jeder Gebietskörperschaft maximiert das Einkommen $R$ ihrer immobilen Einwohner, hier also jenes der Arbeitsanbieter (ähnlich H.-W. Sinn 1997, S. 251):

(12) $$R = Y(K,A) - Y_K K - TA.$$

Das Einkommen $R$ besteht aus dem Arbeitseinkommen – also dem Saldo aus gesamter Produktion $Y$ und den Kosten für den mit seinem Grenzprodukt entlohnten Faktor Kapital $Y_K K$ – abzüglich der von den Arbeitsanbietern zu entrichtenden Lohnsteuer $TA$. Durch Einsetzen von (9) und (11) in (12) erhält man:

(13) $R = Y(K,A) - zK - qX(K + A)$.

Da der Faktor Arbeit vollkommen unelastisch angeboten wird, haben die Regierungen durch Variationen des Lohnsteuersatzes $T$ auf das Arbeitsangebot keinen Einfluss. Über die Variation der Kapitalsteuer können sie jedoch Einfluss auf den mobilen Produktionsfaktor $K$ nehmen. Die notwendige Bedingung für einen Kapitaleinsatz, der das Einkommen $R$ der immobilen Einwohner maximiert, ergibt sich daher durch Ableiten von (13) nach $K$:

(14) $Y_K = z + qX$.

Durch Gleichsetzen von (11) und (14) erhält man den effizienten Kapitalsteuersatz $t$ (ebenso Apolte 1999, S. 70, für ein etwas anderes Modell):

(15) $t = qX$.

Jede zuwandernde Kapitaleinheit zahlt genau die Kosten der von ihr genutzten Einheiten des öffentlich bereitgestellten rivalen Guts selbst. Die Kapitalsteuer $t$ entspricht also einer reinen Äquivalenzsteuer. Ein staatliches und ein privates Angebot wären hier somit gleichwertig. Ein *Race to the bottom*, also ein Wettbewerb, der den Kapitalsteuersatz auf null herunterkonkurriert und damit in einer Unterversorgung mit dem Gut resultiert, ist nicht zu befürchten. Ein fiskalischer Wettbewerb mit öffentlich bereitgestellten vollkommen rivalen Gütern ist effizient.

An der Effizienz des fiskalischen Wettbewerbs um öffentlich bereitgestellte rivale Konsumgüter ändert sich auch dann nichts, wenn man den lokalen Regierungen nicht rein wohlfahrtsmaximierende Ziele unterstellt. Wie Berglas (1976; 1981) und Berglas / Pines (1980) allgemein für Clubs sowie Bewley (1981) im Kontext fiskalischen Wettbewerbs zeigen, gilt dieses Ergebnis auch dann, wenn sich alle lokalen Regierungen als „Leviathane“ verhalten, die nicht die Wohlfahrt ihrer Bürger, sondern wie gewinnmaximierende Unternehmen ihr Steueraufkommen abzüglich der Bereitstellungskosten des öffentlichen Guts maximieren (siehe auch Apolte 1995, S. 615; Blankart / Borck 2000, S. 14; zur Leviathan-Annahme siehe ausführlicher Abschnitt 4.2.).

## 3. Die These eines Wettbewerbsversagens

Ein effizienter fiskalischer Wettbewerb, so wurde soeben gezeigt, ist möglich, wenn die öffentlich angebotenen Leistungen rivale Konsumgüter sind, die ebensogut privat bereitstellt werden könnten. Lässt sich dieses Ergebnis aber für den Fall reiner (nichtrivaler) öffentlicher Güter im Sinne von Samuelson verallgemeinern, um den es Tiebout in seinem Modell ursprünglich gegangen war? Versuche, die Grenzen des Tiebout-Wettbewerbs aufzuzeigen, haben seit den 70er Jahren zu einer Fülle von Modellanalysen geführt, in denen verschiedene Annahmen des Originalaufsatzes aufgehoben oder hinzugefügt und die Effizienzeigenschaften und die Existenz von

Gleichgewichten des Wanderungsprozesses zwischen verschiedenen Gebietskörperschaften untersucht wurden. Die Ergebnisse dieser überwiegend neoklassisch-wohlfahrtsökonomischen Modellanalysen waren im Allgemeinen negativ: Je nach Modelltyp kamen sie zu dem Schluss, dass in einem fiskalischen Wettbewerb entweder kein Wohlfahrtsoptimum oder kein Gleichgewicht zustande komme (siehe z.B. Buchanan / Goetz 1972; Bewley 1981; Berglas 1984; Stiglitz 1986; Wilson 1986; Zodrow / Mieszkowski 1986; Wildasin 1989; Inman / Rubinfeld 1996; H.-W. Sinn 1997; Apolte 1999).

Ein reines öffentliches Gut im Sinne von Samuelson ist dadurch definiert, dass die Nutzer um seinen Konsum nicht rivalisieren. Ein zusätzlicher Konsument verursacht keine Überfüllungskosten für bereits anwesende Konsumenten. Nichtrivalität im Konsum eines Guts bedeutet, dass, im Gegensatz etwa zu rein privaten Gütern, *steigende* Skalenerträge in der Nutzung – nicht notwendig aber auch steigende Skalenerträge in der Produktion (Brueckner 1981, S. 47) – dieses Guts vorliegen. Im fiskalischen Wettbewerb, so lautet das zentrale Argument der Wettbewerbsskeptiker, würden diese Güter zu Preisen in Höhe der Grenzkosten ihrer Nutzung angeboten. In diesem Fall aber wären die durchschnittlichen Nutzungskosten nicht gedeckt, und es entstünde ein Defizit, das zu einer Unterversorgung mit öffentlichen Leistungen oder sogar dazu führen kann, dass öffentliche Güter dezentral überhaupt nicht angeboten werden würden. Folglich, so schließt man ganz in der Tradition Samuelsons, kommt als einzige Lösung eine zentrale Bereitstellung durch die oberste Regierungsebene einer Föderation in Frage.

Betrachten wir noch einmal das in Abschnitt 2.3. verwendete Modell. Dabei wollen wir (mit H.-W. Sinn 1997) nun unterstellen, dass das öffentlich bereitgestellte Gut $X$ ein reines öffentliches oder ein Clubgut ist, das nicht direkt konsumiert wird, sondern als Inputfaktor in eine Produktionsfunktion eingeht, deren Argumente neben dem Kapital $K$ und der Arbeit $A$ auch der öffentliche Input $X$ ist (Apolte 1999, S. 45 f.):

(16) $$Y = Y(K,A,X).$$

Zu denken wäre etwa an ein Infrastrukturgut wie eine öffentliche Autobahn unterhalb ihrer Kapazitätsgrenze. Handelt es sich bei $X$ um ein reines öffentliches Gut im Sinne von Samuelson, dessen Nutzung auch durch noch so viele zusätzliche Einheiten Arbeit und Kapital nicht beeinträchtigt wird, so weist eine solche Produktionsfunktion stets steigende Skalenerträge auf. Angenommen, $Y$ sei linear-homogen bezüglich der Faktoren Arbeit und Kapital. Dann erfordert eine Produktionsausweitung um den Faktor $\mu$ eine Ausdehnung des Einsatzes von Arbeit und Kapital um eben diesen Faktor $\mu$. $X$ muss wegen seiner Nichtrivalität nicht ausgedehnt werden. Sind die Einsatzmengen der Faktoren $A = \mu A_0$, $K = \mu K_0$ und $X = X_0$, lässt sich also für (16) schreiben

(17) $$Y = Y(\mu K_0, \mu A_0, X) = A = \mu^k Y(K_0, A_0, X)$$

mit $k = 1$. Wird hingegen der öffentliche Input $X$ um den Faktor $\mu$ ausgedehnt, so erhöht sich die Produktion um einen Faktor, der größer ist als $\mu$. Der Homogenitätsgrad ist hier $k > 1$, und das aus der mikroökonomischen Theorie bekannte „Ausschöpfungstheorem“ gilt nicht mehr.

Da das öffentliche Angebot bei reinen Kollektivgütern völlig und bei Clubgütern mit Einschränkungen allen Individuen zugleich zur Verfügung steht, muss nicht mehr für jeden zusätzlichen Nachfrager eine zusätzliche Einheit des Guts produziert werden. Die Budgetbeschränkung für einen ausgeglichenen Haushalt einer Gebietskörperschaft ist, anders als in Gleichung (9), daher nun:

(18) $qX = tK + TA$ oder $TA = qX - tK.$

Wie zuvor wird eine wohlwollende lokale Regierung unterstellt. Gerade hier, wo der Nachweis geführt wird, dass der fiskalische Wettbewerb versagt, entfaltet diese unrealistische Annahme ihre höchste argumentative Kraft in der Form eines *A-fortiori*-Arguments: Wenn es selbst unter den Modellbedingungen eines idealen fiskalischen Wettbewerbs nicht einmal wohlwollenden lokalen „Diktatoren“ gelingt, Effizienz zu erreichen, so wird dies am allerwenigsten von realen und weniger benevolenten Regierungen zu erwarten sein.

Die wohlfahrtsorientierte Regierung maximiert wiederum das Einkommen $R$ des immobilen Faktors in der betrachteten Gebietskörperschaft:

(19) $R = Y(K,A) - Y_K K - TA - c(K,X).$

Im Unterschied zu (12) berücksichtigt die Regierung als zusätzlichen Subtrahenden eine Funktion $c = c(K,X)$ der Überfüllungskosten (mit $c_K \geq 0$, $c_X < 0$, $c_{XX} > 0$), welche die Rivalität des angebotenen Guts reflektiert. Ist das dezentral bereitgestellte Gut ein reines öffentliches Gut im Sinne von Samuelson ohne jede Rivalität in seiner Nutzung, so ist $c_K = 0$. Andernfalls ($c_K > 0$) liegt ein Clubgut mit zumindest teilweiser Rivalität vor. Zusätzlich ins Land strömendes Kapital überfüllt dieses teilrivale Konsumgut, was zu entsprechenden Nutzeneinbußen für die übrigen Kapitaleinheiten führt.

Die Unternehmen indes, von denen jedes nur einen kleinen Teil des gesamten Kapitals einer Gebietskörperschaft investiert, berücksichtigen die von ihnen selbst verursachten Überfüllungskosten, die eine reine negative Externalität darstellen, nicht. Die Bedingung für einen gewinnmaximierenden Kapitaleinsatz bleibt daher (11): $Y_K = z + t$. Setzt man die Beschränkungen (11) und (18) in (19) ein, so erhält man:

(20) $R = Y(K,A) - zK - qX - c(X,K).$

Die lokale Regierung maximiert (20) durch Ableiten nach den beiden von ihr zu kontrollierenden Variablen $X$ und $K$. Als notwendige Bedingungen für ein Einkommensmaximum der immobilen Einwohner erhält man (H.-W. Sinn 1997, S. 252):

(21) $-c_X = q;$

(22) $Y_K = z + c_K$.

Nach Gleichung (21) führt eine Erhöhung des Bereitstellungsniveaus von $X$ um eine Einheit zu einer Verringerung der Überfüllungskosten um $c_X$, was die „Zahlungsbereitschaft" der Kapitalanbieter für das öffentliche Gut entsprechend ansteigen lässt. Die Summe dieser marginalen Zahlungsbereitschaften steht damit auf der linken, die Grenzkosten für die Bereitstellung des öffentlichen Guts auf der rechten Seite von (21). Damit ist Gleichung (21) wiederum nur eine andere Schreibweise für die Samuelson-Regel einer optimalen Bereitstellung eines öffentlichen Guts.

Gleichung (22) stellt das Grenzprodukt des Kapitals seinen Grenzkosten gegenüber, bestehend aus dem Zins und den marginalen Überfüllungskosten. Setzt man (22) und (11) gleich, so ergibt sich der wohlfahrtsmaximierende Satz der Quellensteuer auf Kapitaleinkommen:

(23) $t = c_K$.

Der effiziente Steuersatz, den eine wohlwollende Regierung wählen würde, entspricht nach (23) genau den marginalen Überfüllungskosten (H.-W. Sinn 1997, S. 252; im Ergebnis ebenso Wellisch 1995, S. 44 f.). Die optimale Kapitalsteuer ist damit eine Äquivalenzsteuer. Vom Typ des zu finanzierenden Guts und dem Ausmaß von dessen Rivalität in der Nutzung hängt ab, wie hoch die Steuer im Optimum ist. Ist $X$ ein reines öffentliches Gut ohne jede Form von Rivalität in der Nutzung ($c_K = 0$), so gilt entsprechend: $t = 0$. Dieses Ergebnis, das in der Literatur aus einer Vielzahl zum Teil recht unterschiedlicher Modelle hergeleitet wurde (siehe z.B. Gordon 1986, S. 1095; H.-W. Sinn 1997, S. 252; Nechyba 1997, S. 368; Apolte 1999, S. 32; Huber 1999, S. 452; Fuest / Huber 1999, S. 10), bildet den Kern des *Race-to-the-bottom*-Arguments: Solange ein immobiler Produktionsfaktor zur Verfügung steht, ist es im fiskalischen Wettbewerb mit nichtrivalen öffentlichen Gütern stets optimal, auf jede Besteuerung mobilen Kapitals zu verzichten, da sich das Kapital einer Quellensteuer durch Flucht in eine andere Gebietskörperschaft entziehen kann. Bei vollkommener Nichtrivalität des öffentlichen Guts müssen die im Steuerwettbewerb stehenden Jurisdiktionen keine (Überfüllungs-)Grenzkosten kalkulieren, wenn eine zusätzliche Kapitaleinheit ins Land strömt. Im Werben um zusätzliches Kapital werden sich die Gebietskörperschaften daher so lange mit Steuersenkungen gegenseitig unterbieten, bis der Steuersatz auf mobiles Kapital null ist. Im Gleichgewicht finanziert der immobile Produktionsfaktor, im obigen Modell der Faktor Arbeit, die Bereitstellung des öffentlichen Guts ganz allein.

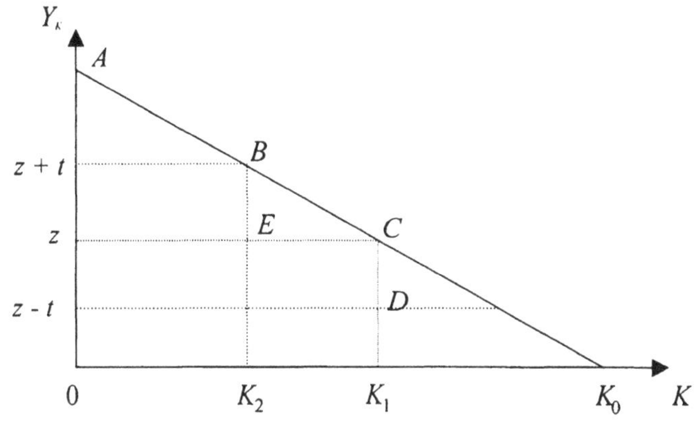


*Abbildung 1: Wirkung einer Kapitalsteuer*

Bedeutet das soeben erzielte Ergebnis, dass aus einer Kapitalsteuer – allgemeiner: aus einer Steuer auf irgendeinen mobilen Produktionsfaktor – niemals ein positives Steueraufkommen fließt, so dass es notwendig zu einem Zusammenbruch der Finanzierung öffentlicher Güter kommt? Dies ist nicht der Fall. Solange es mindestens einen immobilen Produktionsfaktor gibt, lässt sich nicht nur dieser, sondern auch der mobile Faktor besteuern, obgleich dies nach (23) ineffizient wäre. In der Abbildung (siehe z.B. H.-W. Sinn 1994, S. 98) sind auf der Abszisse die Einheiten des investierten Kapitals und auf der Ordinate die Grenzproduktivität des Kapitals abgetragen. Vor Einführung der Quellensteuer auf Kapitaleinkommen, im Gleichgewicht $C$, sind im Inland $K_1$ Kapitaleinheiten investiert. Das Kapital wird mit dem Weltmarktzins $z$ genau in Höhe seiner Grenzproduktivität entlohnt. Das Inlandsprodukt entspricht der Fläche $0K_1CA$. Davon entfällt die Fläche $0K_1Cz$ oder $z{\cdot}K_1$ auf das Zinseinkommen der Kapitaleigner; der übrige Teil des Inlandsprodukts $zCA$ entspricht dem Lohneinkommen des Faktors Arbeit. Wird nun eine Kapitalsteuer mit dem Steuersatz $t$ eingeführt, so steigen die Faktorkosten für eine inländische Unternehmung auf $z+t$. Damit erhöht sich die Grenzproduktivität des Kapitals entlang der $Y_K$-Kurve, bis die neue gewinnmaximierende Kapital-Arbitrage-Bedingung $Y_K = z+t$ (siehe oben Gleichung (11)) erfüllt ist. Genau diesen Anstieg der Grenzproduktivität des Kapitals kann die einzelne Jurisdiktion besteuern (für eine formale Herleitung dieses Anstiegs siehe Zodrow / Mieskowski 1986, S. 359 f.). Das gesamte Inlandsprodukt sinkt auf die Fläche $0K_2BA$.

Wie man leicht sieht, wird als Reaktion auf eine Kapitalbesteuerung nicht das gesamte inländische Kapital ins Ausland fließen: Im neuen Gleichgewicht (Punkt $B$) sind noch $K_2$ Kapitaleinheiten im Inland investiert. Die Investoren erhalten nun $0K_2B(z+t)$ oder $(z+t){\cdot}K_2$ als Verzinsung für das im Inland investierte Kapital $K_2$. Das ins Ausland abgeflossene Kapital $(K_1\text{-}K_2)$ erhält dort eine Verzinsung in Höhe von $K_2K_1CE$. Das Steueraufkommen beträgt die Fläche $(z+t)BEz$ oder $t{\cdot}K_2$. Die Kapitalsteuer liegt jedoch nicht im Interesse des immobilen Faktors Arbeit, da sein

Einkommen auf das Dreieck $(z+t)BA$ schrumpft. Sein Einkommensverlust beträgt $zCB(z+t)$. Nur die immobilen Arbeitsanbieter, nicht aber die Kapitaleigner, tragen das Steueraufkommen $(z+t)BEz$. Zwar wird das Steueraufkommen über die Bereitstellung öffentlicher Güter an den immobilen Faktor zurückverteilt. Seine Einkommenseinbuße übersteigt das Steueraufkommen jedoch um den Betrag *BCE*, der ihm absolut verloren geht. Das Dreieck *BCE* – die durch die Quellensteuer auf Kapitaleinkommen verursachte sog. *Zusatzlast* (*Excess burden*; zu diesem Begriff allgemein siehe Homburg 2000) – ist zugleich ein Maß für die Ineffizienz der Kapitalbesteuerung. *BCE* bezeichnet jenen Betrag, in dessen Höhe Welteinkommen infolge der inländischen Kapitalsteuer vernichtet wurde.

Mit jeder Senkung des Quellensteuersatzes *t*, ausgehend von $(z+t)$, steigt das Einkommen des immobilen Faktors, und die Ineffizienz der Kapitalbesteuerung verringert sich. Erst bei $t = 0$ werden das Arbeitseinkommen maximal und die Zusatzlast null. Ein Aufkommen aus der Kapitalsteuer fällt nicht mehr an. Die vollen Kosten der Bereitstellung des öffentlichen Inputguts für das mobile Kapital, $(z+t)BEz$ werden nun durch Steuern auf den immobilen Faktor aufgebracht.

Eine konzertierte Anhebung der Kapitalsteuersätze in der Föderation wäre in dieser Situation wohlfahrtserhöhend. Sind in allen Gebietskörperschaften die Steuersätze gleich hoch, so hat inländisches Kapital keinen Anreiz mehr abzuwandern. Der Steuersatz *t* verringert die Grenzproduktivität des Kapitals auf $(z-t)$. Das Inlandsprodukt bleibt unverändert $0K_1CA$. Das Steueraufkommen $zCD(z-t)$ wird allein von den Kapitalanbietern getragen. Da die Besteuerung nur einen Einkommens-, aber keinen Substitutionseffekt auslöst, fällt eine Zusatzlast der Besteuerung nicht an.

Wie verhält es sich aber, wenn das bereitgestellte Gut *X* ein Clubgut ist, bei dem zumindest teilweise Rivalität im Konsum auftritt? In diesem Fall steigen die Kosten für die Bereitstellung öffentlicher Faktoren mit einer Neuansiedlung an, ohne dass Unternehmen bei der Standortwahl diesen Effekt berücksichtigen werden. Da Unternehmen bei ihren Entscheidungen aber die steuerliche Belastung berücksichtigen, wird der externe Effekt der Standortwahl des Unternehmens durch Wahl eines positiven Steuersatzes *t* gemäß (23) internalisiert, der genau den marginalen Überfüllungskosten $c_K$ entspricht. Die effiziente Besteuerung mobilen Kapitals ist also eine spezielle Variante der mikroökonomischen Grenzkosten-Preis-Regel (Wellisch 1995, S. 45).

Reicht dieser Steuersatz jedoch aus, um die Bereitstellungskosten des Clubguts zu finanzieren? Funktioniert, mit anderen Worten, der Steuerwettbewerb wenigstens im Bereich teilrivaler öffentlicher Leistungen? Dies ist nur dann der Fall, wenn die Überfüllungskostenfunktion keine steigenden Skalenerträge aufweist, die Skalenelastizität von $c = c(K,X)$ also nicht größer als eins ist. Dies kann man sich durch folgende Überlegung klarmachen: Angenommen, die Einsatzmengen der Produktionsfaktoren *K* und *X* werden um einen einheitlichen Faktor $\mu > 1$ erhöht. Unter Berücksichtigung dieser Niveauvariation lassen sich die Überfüllungskosten auch schreiben als

(24) $$c = c(\mu K_0, \mu X_0),$$

wobei $K_0$ und $X_0$ Einsatzmengen der Produktionsfaktoren $K$ und $X$ sind, bei denen gerade eine Mengeneinheit des Produkts hergestellt wird. Bei steigenden Skalenerträgen von $c$ ist die Skalenelastizität $\varepsilon_{c,\mu}$ größer als eins (z.B. Stobbe 1992, S. 187):

$$(25) \qquad \varepsilon_{c,\mu} = \frac{dc}{d\mu}\frac{\mu}{c} = \frac{\text{marginaler Skalenertrag}}{\text{durchschnittlicher Skalenertrag}} > 1.$$

Nimmt man vereinfachend an, dass $K_0 = X_0 = 1$, so gilt $K = X = \mu$. Setzt man dies in (25) ein und berücksichtigt, dass im Optimum gemäß (23) die marginalen Überfüllungskosten gleich dem Steuersatz sind, ergibt sich nach Umformung:

$$(26) \qquad \frac{c}{K} = \frac{c}{X} > c_K = c_X = t.$$

Die durchschnittlichen Überfüllungskosten sind also für alle Einsatzmengen der Produktionsfaktoren höher als die marginalen Überfüllungskosten und der wohlfahrtsmaximierende Steuersatz. Weisen die Überfüllungskosten steigende Skalenerträge auf, so entsteht für jede Nutzungseinheit ein Budgetdefizit. Verdoppelt man etwa sowohl den Kapitaleinsatz $K$ als auch das Bereitstellungsniveau des Clubguts $X$, so verringern sich die Überfüllungskosten. Die Funktion $c = c(K,X)$ ist in diesem Fall subadditiv, d.h. eine Bereitstellung durch ein einzige Gebietskörperschaft ist kostengünstiger als durch mehrere Gebietskörperschaften, und es entsteht ein natürliches Monopol. Die optimale Clubgröße umfasst (mindestens) die gesamte Föderation (im Ergebnis ebenso Apolte 1999, S. 63-66).

Hierin liegt das Dilemma des Steuerwettbewerbs aus wohlfahrtsökonomischer Sicht: Ein Angebot von reinen öffentlichen oder von Clubgütern im Wettbewerb der Gebietskörperschaften ist nur dann nicht ruinös, wenn die Überfüllungskosten keine steigenden Skalenerträge aufweisen ($\varepsilon_{c,\alpha} \leq 1$). In diesem Fall aber liegt überhaupt kein Marktversagen vor. Weil die durchschnittlichen nicht über den marginalen Überfüllungskosten liegen, könnten die Güter könnten ebenso gut privat bereitgestellt werden (wie Berglas 1976, 1981 und Berglas / Pines 1980 zeigen). Steuerwettbewerb ist, auf den Punkt gebracht, nur in jenen Fällen gut, in denen ein Staatseingriff schlecht ist, und umgekehrt (H.-W. Sinn 1997, S. 270).

## 4. Vom Wettbewerbs- zum Zentralisierungsversagen?

Fiskalischer Wettbewerb der Gebietskörperschaften, so ergab die voranstehende theoretische Analyse, erweist sich gerade in jenen Fällen als ineffizient, in denen er nach Tiebout eigentlich besonders vorteilhaft sein soll: bei der Bereitstellung reiner (nichtrivaler) öffentlicher Güter. Eine optimale Bereitstellung öffentlicher Güter nach Maßgabe der Samuelson-Regel durch lokale öffentliche Anbieter, so lautet die starke Schlussfolgerung der Wettbewerbsskeptiker, ist unmöglich. Ist also, wie die Wettbewerbsskeptiker glauben, eine internationale Koordinierung oder Harmonisierung der direkten Steuern tatsächlich unumgänglich? Die nachfolgende Diskussion zentraler Annahmen der Theorie des Wettbewerbsversagens soll aufzeigen, dass dieser Schluss voreilig wäre.

### 4.1 Die Nichtrivalitätsannahme

Dass die vorgestellte These vom Versagen des fiskalischen Wettbewerbs bei der Bereitstellung reiner öffentlicher Güter ohne jede Nutzungsrivalität nicht von der Hand zu weisen ist, bestreiten auch viele Befürworter eines fiskalischen Wettbewerbs nicht (z.B. McLure 1986, S. 343). Fraglich ist indes die empirische Relevanz dieser These. Zentral für das Argument des Wettbewerbsversagens ist, dass öffentlich angebotene Güter von beliebig vielen Personen genutzt werden können, ohne die Nutzungseinheiten aller übrigen Nutzer einzuschränken. Selbst bei den Standardbeispielen, die meist für öffentliche Güter angeführt werden, treten aber ab einer bestimmten Nutzungsintensität im Allgemeinen Überfüllungskosten auf.

Ein gern gewähltes Beispiel für reine öffentliche Güter sind Autobahnen, die nachts tatsächlich als völlig nichtrivale Güter erscheinen mögen. Im Berufsverkehr jedoch wird alltäglich die Kapazitätsgrenze überschritten, und sie verwandeln sich in ein Allmendegut, für welches das Ausschlussprinzip zwar nicht angewendet wird, aber Rivalität im Konsum herrscht (zu Allmendegütern allgemein siehe Müller / Tietzel 1998). Jeder, der zu diesen Überlastzeiten eine Autobahn befährt, bürdet anderen potentiellen Konsumenten einen Nutzungsverzicht auf. Dieser Nutzungsverzicht ist um so größer, je mehr Kapital in Form von Direktinvestitionen ins Land strömt. Staus auf der Autobahn infolge des Absatzes von im Inland produzierten Produkten sind eine Form marginaler Überfüllungskosten des Kapitals, wie sie im obigen Modell unterstellt wurden. Auf lange Frist kann der Verkehr sogar kollabieren, indem der Nichtausschluss auf Autobahnen zusätzlichen Verkehr induziert, da jeder Spediteur ceteris paribus einen Anreiz hat, von der teuren Nutzung des Schienenverkehrs auf die vermeintlich kostenlose Autobahnnutzung umzusteigen. Überdies ist der Nutzen eines Autobahnsystems räumlich begrenzt. Bewohner einer Region, durch welche eine Autobahn führt, profitieren von ihr in viel stärkerem Maße als Bewohner anderer Gegenden (oder sie leiden viel stärker unter ihrem Lärm und ihren Abgasen).

Auch das Kollektivgut Rechtsstaat ist nicht frei von jeder Nutzungsrivalität. Die Arbeitskapazität von Polizisten, Richtern und Staatsanwälten ist begrenzt. Soll eine bestehende Rechtsordnung durch mehr Bürger als bisher genutzt werden, so ist dies mit positiven Grenzkosten der Nutzung verbunden. Erst die deutsche Wiedervereinigung zeigte, dass ein gegebener Rechtsstaat seine Leistungen nicht ohne marginale Überfüllungskosten für 17 Millionen zusätzliche Bürger anbieten kann. Teure Transfers von Know How und Kosten durch die Ansammlung zusätzlichen Humankapitals fallen an.

Und selbst die Nutzung des Kollektivguts Verteidigung – in Lehrbüchern *das* Paradebeispiel für ein reines öffentliches Gut – ist nicht in allen Aspekten völlig unabhängig von der Bevölkerungsgröße. Vor ein paar Jahren schlug Frankreich vor, Deutschland mit unter seinen atomaren Schutzschirm zu bringen; die zu verteidigende Bevölkerung hätte sich auf diese Weise mehr als verdoppelt. Hätten die Deutschen dieses Angebot angenommen (und würden sie selbst mit ihren Steuern zur Finanzierung dieses Guts beitragen), so wären die französischen Verteidigungsausgaben ceteris paribus zwar pro Kopf gesunken; insoweit also bestünde hier Nichtrivalität in der Nutzung von Verteidigung. Marginale Überfüllungskosten wären ceteris paribus jedoch angefallen, wenn Frankreich ein Drittland mit seinen bestehenden Bodentruppen hätte verteidigen wollen.

Zumindest auf europäischer Ebene dürfte es wohl nur wenige öffentlich bereitgestellte Güter geben, deren Nutzung so nichtrival ist, dass sich jede nationale Bereitstellung verbietet und nur ein Angebot auf der supranationalen europäischen Ebene in Frage kommt. Plausiblerweise ist zu erwarten, dass es meist eine kritische Nutzerzahl oder Kapitalintensität gibt, oberhalb derer die marginalen Überfüllungskosten positiv werden. Empirische Untersuchungen für die USA und die Schweiz ergaben, dass nicht nur auf lokaler Ebene viele öffentliche Leistungen den Charakter (teil-) rivaler Güter haben (Borcherding / Deacon 1972; Bergstrom / Goodman 1973; Pommerehne / Frey 1976; siehe allerdings Brueckner 1981, der steigende Skalenerträge von Feuerwehrleistungen ermittelt). Selbst auf der nationalen Ebene werden fast ausschließlich Güter mit Rivalität in der Nutzung alloziert, und der Öffentlichkeitsgrad der nationalen Gesetzgebung hat seit den 60er Jahren des letzten Jahrhunderts ständig abgenommen (Holcombe / Sobel 1995).

## 4.2 Die Staatsannahme

Ein weiteres Argument der Wettbewerbsbefürworter bestreitet die dem obigen Modell zugrunde liegende Annahme einer wohlfahrtsmaximierenden Regierung. Öffentliche Aufgabenträger verhalten sich nicht als uneigennützige Sachwalter der Wohlfahrt ihrer Bürger. Vielmehr haben sie häufig monopolistische Spielräume, innerhalb derer sie in ihren öffentlichen Ämtern auch eigennützige Ziele verfolgen. Regierungen bieten nicht allein reine öffentliche Güter nach Maßgabe der Samuelson-Regel an, sondern sie bedienen ihre jeweilige Klientel mit öffentlich finanzierten und bereitgestellten Gütern, obwohl diese nur einem Teil der Bürger – oft nur ganz wenigen von ihnen – Nutzen stiften. Staaten gelten daher als zu groß, ineffizient geführt und ohne wirksame Kontrolle durch die Wähler. Theoretisch versucht man häufig, eigennütziges Verhalten von Regierungen durch die Einführung der (extremen) „Leviathan"-Annahme in die Modelle des Steuerwettbewerbs zu approximieren (z.B. Epple / Zelenitz 1981; Oates / Schwab 1988; Sinn 1992; Edwards / Keen 1996; Homburg 2000, S. 286 ff.; Apolte 1999, S. 75 ff.; für einen Überblick siehe Windisch 1999, S. 159 ff.). Nach dem biblischen Ungeheuer „Leviathan" (Ijob 3,8; Psalmen 74,14; Jesaja 27,1) benannte im 17. Jahrhundert Thomas Hobbes den unbeschränkten absolutistischen Staat. Die Sichtweise eines unbeschränkten Steuerstaats als Leviathan wurde von Brennan und Buchanan (1988) geprägt, die unterstellen, dass politische Wahlen ein praktisch unwirksames Mittel zur Beschränkung der Macht von Politikern sind. Aufgrund ihrer Monopolstellung verfolgen die politischen Entscheidungsträger ausschließlich eigennützige Ziele und versuchen, bei ge-

gebenem öffentlichen Angebot das Steueraufkommen – den Saldo aus Steuereinnahmen und Staatsausgaben – zu maximieren.

In einer „Zähmung“ des Leviathan und damit einer Steigerung der politischen Effizienz der Gemeinwesen sehen viele Wettbewerbsbefürworter daher die Hauptaufgabe einer Steuerkonkurrenz (z.B. Windisch 1999, S. 169). Verfolgt eine Regierung eigennützige Ziele, so die Überlegung, können sich die Faktoren Arbeit und Kapital einer Besteuerung durch Abwanderung entziehen. Ceteris paribus wird Steuerkonkurrenz der Gebietskörperschaften daher die Effizienz der öffentlichen Aufgabenerfüllung erhöhen. Eine Steuerkooperation oder -harmonisierung würde demgegenüber die Wohlfahrt reduzieren, da sie der zentralen Regierungsebene die fiskalische Ausbeutung der Steuerzahler noch erleichterte (Brennan und Buchanan 1988, S. 212 ff.).

Empirische Untersuchungen scheinen die Leviathan-Hypothese zu stützen, dass die Steuerlast der Bürger im fiskalischen Wettbewerb niedriger ist als unter steuerlicher Zentralisierung (Blankart 2000). Nach dem Zweiten Weltkrieg verfügte etwa die Bundesrepublik Deutschland zunächst über eine wettbewerbsfreundliche Finanzverfassung, die aufgrund der grundgesetzlichen Bestimmung, dass eine Ländersteuer durch Entscheidung der Bundesebene auf den Bund übergeht, allmählich eine zunehmende Zentralisierung erfuhr. 1950 fielen 61,2 Prozent aller Steuern in die Bundeskompetenz, 1995 waren es 93 Prozent. Die Schweiz verfügte demgegenüber die ganze Zeit über eine kompetitive Steuerverfassung; der Anteil der Bundessteuern ging im gleichen Zeitraum von 60,1 Prozent auf 47,4 Prozent zurück. Entsprechend unterschiedlich war die Entwicklung der Steuerbelastung in beiden Ländern. Im Jahr 1950 war Deutschlands Steuerniveau mit 16,4 Prozent des Bruttosozialprodukts noch etwas niedriger als in der Schweiz mit 17,8 Prozent. Viereinhalb Jahrzehnte später war es genau umgekehrt: Deutschlands Steuerniveau war mit 23,6 Prozent des Bruttosozialprodukts erheblich höher als jenes in der Schweiz (19,8 Prozent). Der Unterschied wird noch krasser, wenn man die Staatsverschuldung – d.h. in die Zukunft verschobene Steuern – mitberücksichtigt. Deutschlands Verschuldung stieg zwischen 1950 und 1995 von 18,9 auf 57,9 Prozent des Bruttosozialprodukts, während der schweizerische Schuldenstand von 53,8 auf 45,2 Prozent des Bruttosozialprodukts sank (Blankart 2000, S. 31). Steuerwettbewerb, so legen diese Zahlen nahe, zügelt den fiskalischen Hunger des Leviathan.

Auch einige theoretische Modelle deuten darauf hin, dass unter bestimmten Umständen fiskalischer Wettbewerb einer steuerlichen Zentralisierung vorzuziehen ist. Nach Edwards und Keen (1996) sind Regierungen weder unbeschränkte Leviathane noch wohlwollende Diktatoren. Die öffentlichen Aufgabenträger maximieren Zielfunktionen, welche nicht nur ihre eigenen Interessen als Argument enthalten, sondern auch die Wohlfahrt der Bürger ihrer Gebietskörperschaft. Wie von den Wettbewerbsbefürwortern angenommen, kann in diesem Fall eine steuerliche Zentralisierung die gesamtwirtschaftliche Wohlfahrt auch verringern. Diese Wohlfahrtsverluste sind um so wahrscheinlicher, je geringer die marginale Zusatzlast des Steuersystems in der Situation ohne Steuerkoordination und je höher nach Maßgabe der Zielfunktionen der Politiker die Grenzneigung der Regierungen zur Verschwendung ist.

In einer Modellerweiterung von Fuest (2000) erhöht eine koordinierte Steuererhöhung zwar stets das Niveau öffentlich bereitgestellter Güter, aber zugleich steigen auch die Kosten, die aus dem Auftreten von Politikerverhalten resultieren, das nicht den Bürgerpräferenzen entspricht. Ob Steuerwettbewerb die Wohlfahrt des repräsentativen Bürgers senkt oder erhöht, steht a priori nicht fest, sondern ist abhängig von der Verteilung der Macht innerhalb des öffentlichen Sektors zwischen den Bürokraten, die auf Bürgerpräferenzen keine Rücksicht nehmen müssen, und wiederwahlabhängigen Politikern. Dominieren die Bürokraten den politischen Entscheidungsprozess, so reduzieren abgestimmte Steuererhöhungen stets die Wohlfahrt der Volkswirtschaft.

Gleichwohl sollten die Segnungen der Steuerkonkurrenz auch nicht überschätzt werden. Steigerungen der politischen Effizienz durch fiskalischen Wettbewerb hängen nämlich insbesondere von der sehr restriktiven Voraussetzung ab, dass den fiskalisch ausbeuterischen Staaten neben der mobilen nicht auch eine immobile Steuerbasis zur Verfügung steht. Apolte (2000) zeigt, dass Leviathan-Regierungen so lange immobile statt mobile Faktoren besteuern und sich damit dem fiskalischen Wettbewerb entziehen werden, wie sie die zu wählende Steuer frei wählen können. Nur dann, wenn es den Leviathanen – etwa aufgrund einer konstitutionellen Beschränkung – nicht möglich ist, immobile Faktoren zu besteuern, ergibt sich ein Nash-Gleichgewicht mit positiven Steuersätzen auf mobile Faktoren, in dem allerdings nur unter bestimmten Bedingungen das Steueraufkommen hinreicht, um die Kosten der Bereitstellung öffentlicher Güter zu decken.

Solange es mindestens einen immobilen Produktionsfaktor – Boden oder geringqualifizierte Arbeitnehmer – gibt, der im Interesse der Regierungen besteuert werden kann, ist auch nach Epple und Zelenitz (1981) der Wettbewerb mehrerer Leviathane nicht hinreichend, um die Monopolmacht der Regierungen vollkommen einzuschränken. Die Regierungen werden dann stets mehr Steuern erheben, als zur Finanzierung der öffentlichen Güter erforderlich sind. Je größer die Anzahl der konkurrierenden Gebietskörperschaften ist, desto stärker beschränkt der Steuerwettbewerb zwar die Möglichkeit der Leviathane, das Steueraufkommen zu maximieren; vollständig lässt sich ihre Monopolmacht hierdurch jedoch nicht begrenzen. Wettbewerb zwischen Leviathan-Regierungen, so schließen die Autoren, ist damit wesentlich verschieden vom Wettbewerb zwischen Unternehmungen. Politische Effizienz in dem Sinne, dass alle Nichtleistungseinkommen von Anbietern abgeschmolzen werden, ist nicht zu erwarten. „Abwanderungen" sind kein vollkommenes Substitut für „Widerspruch"; Wahlen werden durch Tiebout-Wettbewerb nicht überflüssig.

Zusammenfassend lässt sich aus den theoretischen Analysen, die mit der Annahme eigennütziger Regierungen arbeiten, zum jetzigen Stand noch kein eindeutiges Ergebnis ablesen, ob und inwieweit die Hoffnung der Wettbewerbsbefürworter berechtigt ist, dass im fiskalischen Wettbewerb die politische Effizienz steigen werde. Manche Untersuchungen weisen sogar in die umgekehrte Richtung. So zeigt etwa Rauscher (1996), dass der Monopolgrad einer Leviathan-Regierung – d.h. der Überschuss der Steuereinnahmen über die Ausgaben für öffentlich bereitgestellte Produktionsfaktoren in Relation zu den Aufwendungen für die öffentlich bereitgestellten Faktoren – im Steuerwettbewerb sogar noch zunehmen kann.

### 4.3 Die Mobilitätsannahme

Die These vom Versagen des fiskalischen Wettbewerbs beruht auf der Annahme, dass die Mobilität des wandernden Faktors vollkommen sei. In der Realität ist diese Prämisse jedoch kaum erfüllt. Selbst in der Europäischen Union, wo Wanderungsschranken weitgehend abgebaut wurden, ist die Arbeitsmobilität nach wie vor relativ gering. Zwar gibt es empirische Studien, die belegen, dass es in der Realität tatsächlich einen Steuerwettbewerb um Arbeitnehmer gibt. Für die Schweiz etwa, deren föderalistische Struktur als Modellfall für die Europäische Union dargestellt wird, finden Kirchgässner und Pommerehne (1996) sowie Feld (2000a) empirische Evidenz für die Annahme, dass Bezieher hoher Einkommen sich eher in einem Kanton oder einer Stadt mit niedriger Steuerbelastung niederlassen und Bezieher niedriger Einkommen eher dort, wo Besserverdienende höher besteuert werden und höhere Sozialtransfers gezahlt werden. Gleichwohl ist die Mobilität so niedrig, dass es keineswegs zu einem Zusammenbruch der Versorgung mit öffentlichen Gütern kommt. Hier manifestiert sich ein wesentlicher Unterschied des Wettbewerbs zwischen Gebietskörperschaften einerseits und dem Wettbewerb auf Gütermärkten andererseits: Wechselt ein unzufriedener Kunde im Gütermarkt den Anbieter, so sind die Abwanderungskosten meist vernachlässigbar gering. Entscheidet hingegen ein Bürger sich zur Wahl einer anderen Gebietskörperschaft, so nimmt er hohe Wanderungskosten in Kauf (Kerber / Vanberg 1995, S. 45). Es scheint, dass sich die Menschen mit ihren Regionen identifizieren und selbst kleine Föderationen oft regional so unterschiedlich sind, dass Humankapital, wenn es die Grenze einer Gebietskörperschaft überschreitet, teilweise wertlos wird.

Stärker als für den Faktor Arbeit, sind in der Europäischen Union die Bedingungen für eine hohe Mobilität von Kapital erfüllt. Kapitalverkehrskontrollen sind abgeschafft. Empirische Untersuchungen zeigen jedoch, dass Kapital bis heute bei weitem nicht den Mobilitätsgrad aufweist, der in ökonomischen Modellen üblicherweise unterstellt wird (Feldstein / Horioka 1980). In kleinen offenen Volkswirtschaften sollte man erwarten, dass Ersparnisbildung und Investition einander kaum entsprechen, weil Kapital überall auf der Welt investiert wird. Aus dem Modell in Abschnitt 3. müsste man zudem schließen, dass es weltweit keinerlei Besteuerung von Kapital gibt. Beides aber ist in der Realität nicht der Fall. Dies gilt nicht nur für Realkapital, das – ist es einmal investiert – von da an immobil wird (Siebert / Koop 1993, S. 17). Auch individuelle Portfolios sind stark auf inländische Anlagen spezialisiert und nicht, wie man erwarten könnte, in hohem Maße international diversifiziert (Adler / Dumas 1983; French / Poterba 1990). Eine Erklärung hierfür kann sein, dass für einzelne Länder die Annahme kleiner Volkswirtschaften nicht zutrifft und sie aufgrund ihrer bloßen Größe Kapital attrahieren oder aufgrund ihrer Marktmacht in der Lage sind, den Weltmarktzins in eine gewünschte Richtung zu beeinflussen. Andere Erklärungen machen hohe Transaktionskosten beim Kauf ausländischer Anlagen oder das Wechselkursrisiko für die geringe Kapitalmobilität verantwortlich. Schließlich haben ausländische Investoren auch einen Informationsnachteil gegenüber inländischen Kapitalanbietern; sie riskieren daher, beim Erwerb von Unternehmungen zu hohe Preise zu bezahlen; auch sind sie weniger in der Lage, die Käufernachfrage nach ihren Produkten vorherzusagen (einen Überblick über Erklärungen geringer Kapitalmobilität geben Gordon und Bovenberg 1996).

Gleichwohl trifft offenbar die Modellvorhersage zu, dass – weil Kapital mobiler ist als Arbeit – sich die Traglast der Besteuerung tendenziell vom Kapital auf die Arbeit verlagert. So hat es in den letzten drei Jahrzehnten in den OECD-Ländern eine Verschiebung im Anteil der einzelnen Steuern am Steueraufkommen gegeben. Arbeit trägt immer mehr zur Finanzierung der öffentlichen Haushalte bei und ist in der Europäischen Union, wo der Steuerwettbewerb ein günstigeres institutionelles Umfeld findet als anderswo, sogar zur wichtigsten Besteuerungsbasis geworden. Im Rest der OECD hingegen ist die Hauptquelle der öffentlichen Finanzierung nach wie vor die Besteuerung von Kapitaleinkünften und Unternehmensgewinnen. Innerhalb der EU lässt sich seit Beginn der 80er Jahre überdies beobachten, dass die effektiven Steuersätze auf die mobileren Steuerbemessungsgrundlagen Kapital und Unternehmensgewinne rückläufig sind, während die Steuersätze auf Arbeitseinkommen immer noch steigen, wenngleich sich der Anstieg auch verlangsamt hat (Bergmann 1999). Realer Steuerwettbewerb scheint damit allenfalls ein Verteilungsproblem zwischen den beiden Faktoren zu begründen. Aufgrund der empirisch ermittelten niedrigen Mobilität von Arbeit und Kapital ist es jedoch sehr unwahrscheinlich, dass Steuerwettbewerb in der Europäischen Union die in den theoretischen Modellen vorhergesagten desaströsen Wirkungen hätte.

## 4.4 Die Annahme der Vollbeschäftigung

Die Wettbewerbsbefürworter problematisieren neuerdings auch die (implizite) Annahme in der Theorie des Wettbewerbsversagens, dass alle Produktionsfaktoren vollbeschäftigt sind. Seit den frühen siebziger Jahren des vergangenen Jahrhunderts waren die europäischen Volkswirtschaften jedoch in zunehmendem Maße durch steigende Arbeitslosigkeit gekennzeichnet. Wenig spricht dafür, dass sich hieran in den nächsten Jahren entscheidendes ändern wird. Soll die Steuertheorie einen Anhaltspunkt für die Gestaltung des europäischen Einigungsprozesses bieten, so ist dieser Tatsache Rechnung zu tragen.

Geht man nicht von wettbewerblichen Arbeitsmärkten aus, sondern unterstellt realistischerweise, dass die Entlohnung der Arbeitsanbieter in Verhandlungen zwischen Gewerkschaften und Arbeitgebern festgelegt werden, so versagt der Wettbewerb nicht mehr uneingeschränkt. Koordinierte Erhöhungen der Kapitalsteuer auf föderaler Ebene können dann, anders als im Standardmodell, die Wohlfahrt reduzieren. Ein solcher Wohlfahrtsverlust tritt immer auf, wenn die Regierungen in korporatistisch organisierten Arbeitsmärkten die Tarifautonomie zu respektieren und infolgedessen den von den Gewerkschaften durchgesetzten Lohnsatz als Datum zu akzeptieren haben. Fuest und Huber (1999) zeigen, dass in diesem Fall im Steuerwettbewerb jedes Land Kapital im Gleichgewicht unter Effizienzaspekten zu *hoch* besteuert. Einigen sich die im Wettbewerb befindlichen Staaten in dieser Situation auf eine koordinierte Anhebung der Kapitalsteuern, wird die Wohlfahrt eines jeden Landes abermals gesenkt.

### 4.5 Die Annahme einer vollkommenen Heilbarkeit des Wettbewerbsversagens

Selbst wenn alle expliziten Annahmen des wohlfahrtsökonomischen Modells des Steuerwettbewerbs in der Realität erfüllt wären, so wäre die Diagnose eines Versagens des fiskalischen Wettbewerbs höchstens eine notwendige Bedingung für eine weitreichende steuerliche Kooperation oder Harmonisierung im Bereich der direkten Besteuerung. Eine hinreichende Rechtfertigung für diese Maßnahmen könnte jedoch erst der Nachweis erbringen, dass eine Zentralisierung den wettbewerblichen Defekt tatsächlich zu heilen in der Lage wäre. Implizit unterstellen die Steuerwettbewerbsmodelle, dass die Probleme der fiskalischen Konkurrenz durch ein abgestimmtes Verhalten der im Wettbewerb befindlichen Länder völlig problemlos behoben werden können. Neben einem möglichen Versagen der Steuerkonkurrenz besteht in der Realität jedoch auch die Möglichkeit eines „Zentralisierungsversagens".

a) Um den Wettbewerb mit Kapitaleinkommensteuern auszuschalten, wird vorgeschlagen, dass die Gebietskörperschaften in gegenseitiger Abstimmung die Besteuerung vom Quellen- auf das Wohnsitzprinzip umstellen. Internationale Unterschiede in der Kapitalbesteuerung beeinflussen dann, so die Überlegung, die Standortwahl der Anleger nicht, da die anfallenden Kapitaleinkünfte nur mit den Steuern des Landes belegt werden, in dem der Investor wohnt. Während das Quellenprinzip – nach Maßgabe der Kapital-Arbitrage-Bedingung (11) – zu einer internationalen Angleichung der Grenzproduktivitäten *nach* Steuern führt, wird nach dem Wohnsitzprinzip die Grenzproduktivität des Kapitals *vor* Steuern angeglichen (Frenkel / Razin / Sadka 1991, S. 22 ff.). Die Kapitalmobilität beschränkt daher die Handlungsspielräume der Politiker unter dem Wohnsitzprinzip nur unwesentlich. Nur durch eine Verlegung seines Wohnsitzes ins Ausland könnte ein Anleger der inländischen Kapitalbesteuerung ausweichen (Fuest 1995a, S. 18).

In der Praxis stößt das Wohnsitzprinzip jedoch auf erhebliche Probleme (Fuest 1995a, S. 21 f. und S. 69 f.):

- Zum einen ist dieser Besteuerungsgrundsatz mangels Kontrollierbarkeit ausländischer Kapitaleinkünfte durch den inländischen Fiskus nur sehr schwer durchzusetzen. Da hierdurch der Hinterziehung von Steuern Tür und Tor geöffnet wird, wird das Ziel, den Faktor Kapital stärker als im fiskalischen Wettbewerb zu Besteuerungszwecken heranzuziehen, möglicherweise grob verfehlt.

- Zum anderen setzt eine Angleichung der Grenzproduktivitäten vor Steuern, wie sie durch das Wohnsitzprinzip angestrebt wird, unter anderem voraus, dass die steuerlichen Abschreibungen nicht höher sind als die ökonomischen Abschreibungen. Steuerabschreibungen wirken ansonsten wie eine Subvention auf den Kapitaleinsatz, die um so höher ausfällt, je höher der Kapitalsteuersatz am jeweiligen Anlageort ist. Hierdurch können die effektiven Kapitalkosten verringert und die Kapitalallokation verzerrt werden. Eine Orientierung am Wohnsitzprinzip wäre also keine hinreichende Bedingung für eine effiziente Kapitalallokation (H.-W. Sinn 1990, S. 497 ff.; Fuest 1995a, S. 69 f.). Um diese Verzerrungen zu vermeiden, müssten daher zusätzlich zur Einführung des Wohnsitzprinzips die steuerlichen Bemessungsgrundlagen harmonisiert werden.
- Schließlich wird das Wohnsitzprinzip nur dann zu einer wirksamen Kapitalbesteuerung beitragen können, wenn es nicht lediglich innerhalb einer Föderation wie Europa, sondern weltweit durchgesetzt wird, da ansonsten Allokationsverzerrungen aufgrund der Steuerkonkurrenz durch Drittstaaten möglich blieben. Eine globale Einigung auf das Wohnsitzprinzip ist aber kaum zu erwarten. Käme sie aber überhaupt zustande, so wäre sie aufgrund der zugrundeliegenden Gefangenendilemmastruktur außerdem höchst instabil: Jeder Staat hätte einen individuellen Anreiz, aus der Übereinkunft auszuscheren, um, beispielsweise durch offensichtlich laxe Durchsetzung etwaiger Einkommensmeldepflichten, Kapital ins eigene Land zu locken.

b) Um die negativen Auswirkungen des Wohnsitzprinzips zu vermeiden, könnten die Mitgliedsländer der Föderation auch die Quellenbesteuerung von Kapitaleinkommen harmonisieren. Werden nämlich sowohl Steuersätze als auch Bemessungsgrundlagen angeglichen, wirkt eine Quellensteuer auf Kapital nicht verzerrend. Aber auch dieser Vorschlag ist nicht ohne Probleme:

- Die Wanderung von Kapital wird nämlich nicht nur durch die Einnahmenseite des Budgets beeinflusst, sondern durch ein ganzes Bündel staatlicher Aktivitäten. Die öffentlichen Ausgaben für die Bereitstellung öffentlicher Güter oder die Gewährung von Subventionen, die ebenfalls ein wesentlicher Standortfaktor sein können, werden vernachlässigt. In das wohlfahrtsökonomische Modell gehen die öffentlichen Ausgaben aber nur indirekt – über die Budgetrestriktion des Staates – ein. Eine reine Harmonisierung von Quellensteuern dürfte den fiskalischen Wettbewerb um mobiles Kapital daher lediglich auf die Ausgabenseite des öffentlichen Budgets verlagern und den Einsatz weniger effizienter Instrumente motivieren. Fuest (1995b) zeigt, dass in einer Föderation mit einem fixen Kapitalstock, in der Regierungen die freie Wahl zwischen produktiven öffentlichen Ausgaben haben, eine koordinierte Anhebung der Kapitalsteuern nicht mehr, wie im obigen Modell, in jedem Fall wohlfahrtserhöhend ist. Musgrave und Musgrave (1990, S. 65, Fußnote 3) tragen dieser Tatsache zwar dadurch Rechnung, dass sie eine Harmonisierung nicht nur der effektiven Steuersätze fordern, sondern die Angleichung von fiskalischen Residuen, also der Salden aus Steuerbelastungen auf der einen Seite und der Begünstigungen durch öffentliche Leistungen auf der anderen. Dies setzte jedoch letztlich voraus, dass neben Steuern und Bemessungsgrundlagen auch die öffentlichen Leistungen für Unternehmen in allen betroffenen Ländern angeglichen werden. Es ist aber kaum möglich, präzise zu quantifizieren, inwieweit die Ausgabenseite des staatlichen Budgets die Grenzproduktivität privaten Kapitals an einem Standort beeinflusst (Fuest 1995a, S. 71 ff.).

- Es ist nicht einmal sicher, ob Steuerharmonisierung überhaupt zu einer Verringerung von Verzerrungen der internationalen Kapitalallokation führt. So ist fraglich, ob einheitliche Steuervorschriften tatsächlich zu einer einheitlichen Anwendung dieser Gesetze führen würden. Es kommt hinzu, dass alle nationalen Steuersysteme in Europa innerhalb des jeweiligen Landes die Kapitalallokation zwischen Rechts- und Finanzierungsformen und häufig auch zwischen Sektoren und Regionen verzerren. Eine europaweite Harmonisierung dieser Verzerrungen könnte die Wohlfahrtsverluste durch steuerinduzierte Verzerrungen sogar noch erhöhen (Fuest 1995a, S. 76).

Neben diesen Einwänden gegen die gängigen Vorschläge zu einer internationalen Steuerkooperation sollte nicht übersehen werden, dass auch im Falle einer erfolgten Zentralisierung die öffentlichen Aufgabenträger nicht die marginalen Zahlungsbereitschaften ihrer Bürger für öffentliche Güter kennen. Wenn auch der fiskalische Wettbewerb nicht zu einer Bereitstellung reiner öffentlicher Güter nach der Samuelson-Regel führt und damit Tiebouts Effizienzbehauptung nicht einlösen kann, so lässt sich diese Feststellung nicht zum Argument für die Kooperationslösung wenden. Denn auch im Falle einer steuerlichen Zentralisierung käme eine effiziente Bereitstellung dieser Güter nach der Samuelson-Regel höchstens zufällig zustande. Da auch in diesem Fall ein Referenzmodell fehlt, das angibt, wie hoch denn das nötige Steueraufkommen sein soll, das zentral zu erheben ist, besteht die Gefahr, dass die Zentralisierungslösung den Politikern einen Freibrief zu einer Besteuerung bis an die Konfiskationsgrenze in die Hand gibt. Brennans und Buchanans (1988) negative Utopie eines unbeschränkten Leviathan-Staates könnte hierdurch Realität werden.

Es ergibt sich daher der Eindruck, dass – nicht anders als die Standard-Theorie des Marktversagens à la Samuelson und Musgrave – auch die Theorie des Steuerwettbewerbsversagens einen „Nirwana-Ansatz“ (zu diesem Begriff Demsetz 1969) darstellt, der das Versagen einer realen Institution an einer nicht erreichbaren, idealisierten Referenzsituation – hier: einer vollkommenen Heilung des Wettbewerbsversagens durch Steuerzentralisierung – misst. Wählt man demgegenüber einen vergleichenden Institutionenansatz und konfrontiert den jeweiligen Status quo nur mit real existierenden oder realisierbaren Alternativen, so kann sich auch die Zentralisierung im Vergleich zum Steuerwettbewerb als die weniger effiziente Lösung erweisen.

## 5. Schluss

Die zunehmende Globalisierung und Internationalisierung der Güter- und Faktormärkte setzt nicht nur die Unternehmen, sondern auch die nationalen Finanzpolitiken einem zunehmenden Anpassungs- und Flexibilisierungsdruck aus. Dieser Wettbewerbsdruck, so behauptet die wohlfahrtsökonomische Theorie des Steuerwettbewerbs, wird dazu führen, dass – bei Existenz mindestens eines immobilen Produktionsfaktors (geringqualifizierte Arbeit oder Boden) – ein mobiler Produktionsfaktor (Kapital oder höherqualifizierte Arbeit) nur in der Höhe seiner marginalen Überfüllungskosten zur Finanzierung öffentlicher Ausgaben herangezogen wird. Im Extremfall völlig nichtrivaler reiner öffentlicher Güter ist der wohlfahrtsmaximierende Steuersatz auf den mobilen Faktor daher null; eine Besteuerung von Kapital wird unmöglich, und es kommt zu einer Unterversorgung mit öffentlichen Gütern. Aus diesem Grund fordern die Wettbewerbsskeptiker etwa für die Europäische Union eine steuerliche Koordinierung oder Harmonisierung nicht nur der indirekten, sondern auch der direkten Besteuerung.

Das Modellergebnis entspricht jedoch offensichtlich nicht der Realität. In der Wirklichkeit kennen wir sehr wohl Kapital- und Unternehmenssteuern, die zudem oft eine nicht unbeträchtliche Höhe aufweisen. Wie gezeigt, ist das Modellresultat bei Verwendung realistischerer Annahmen über das Staatsverhalten, die Mobilität und den Beschäftigungsgrad von Produktionsfaktoren zu relativieren. Auch erscheint die Relevanz von Gütern mit steigenden Skalenerträgen, bei denen allein der fiskalische Wettbewerb versagt, gering. Überdies misst die wohlfahrtsökonomische Theorie des Wettbewerbsversagens die internationale Steuerkonkurrenz an einer Referenzsituation, die allenfalls im theoretischen „Nirwana“, nicht aber in der Realität einzulösen sein dürfte. Selbst ein überzeugender Nachweis eines Wettbewerbsversagens und damit der *Notwendigkeit* einer Korrektur begründet keineswegs die *Fähigkeit* von Regierungen, diesen Mangel zu heilen. An dieser Fähigkeit der beteiligten Staaten bestehen, wie gezeigt, aber erhebliche Zweifel. Eine steuerliche Koordinierung oder Harmonisierung direkter Steuern, die darauf abzielt, den fiskalischen Wettbewerb innerhalb der Europäischen Union auszuschalten, lässt sich – jedenfalls zum gegenwärtigen Zeitpunkt – vor dem Hintergrund der voranstehenden Diskussion nicht rechtfertigen.

Dass ein fiskalischer Wettbewerb zu einem ruinösen *Race to the bottom* führt, ist nach der obigen Analyse derzeit nicht wahrscheinlich. In einer sich ständig wandelnden Welt könnte sich dies indes schnell ändern. So ist nicht auszuschließen, dass auch die nationalen Finanzpolitiken künftig in immer stärkerem Maße in den Globalisierungssog geraten. Die sich in rasantem Tempo ausbreitenden Kommunikations- und Austauschtechniken dürften zunehmend nicht mehr nur großen, sondern auch kleineren und mittelständischen Unternehmen erlauben, ausländische Nachfrager vor Ort zu bedienen und Diversifizierungsvorteile zu realisieren. Im Zeitalter der Informationstechnologien könnte die Mobilität der Produktionsfaktoren – vor allem jene des Geldkapitals – weiter wachsen (Koch 1999) und schon bald eine Neubewertung des wirtschaftspolitischen Handlungsbedarfs nötig machen.

Andererseits ist auch davor zu warnen, die Segnungen der fiskalischen Konkurrenz zu überschätzen. Die empirische Evidenz einer Steigerung der politischen Effizienz durch fiskalischen Wettbewerb von Gebietskörperschaften ist bisher äußerst dünn. Auch eine allgemeingültige Theorie, die schlüssig darlegte, wie und in welchem Ausmaß fiskalischer Wettbewerb wohlfahrtssteigernd wirkt, existiert bislang nicht. Die vorhandenen theoretischen Analysen lassen jedenfalls nicht (eindeutig) darauf schließen, dass von internationaler Steuerkonkurrenz eine erhebliche „Zähmung" der regionalen Leviathane zu erwarten wäre. Dies gilt um so mehr, als die Befürworter eines fiskalischen Wettbewerbs selbst damit argumentieren, dass Produktionsfaktoren in der Realität eher immobil und die von den Wettbewerbsskeptikern vorhergesagten desaströsen Konsequenzen der Steuerkonkurrenz darum nicht zu erwarten seien. Mit diesem Argument räumt man nämlich zugleich ein, dass die Intensität des fiskalischen Wettbewerbs relativ gering sein dürfte. Enorme Effizienzsteigerungen wird man also auch aus diesem Grunde nicht erwarten dürfen.

Einen wesentlichen Vorteil weist der kompetitive Integrationsansatz gegenüber der finanzpolitischen Zentralisierung jedoch in jedem Fall auf: Selbst bei geringer Mobilität läßt eine bloße dezentrale und unkoordinierte Bereitstellung nationaler Finanzpolitiken Wohlfahrtsgewinne zumindest insofern erwarten, als die Parallelität des Angebots Regierungen nicht nur die Möglichkeit bietet, innovative Problemlösungsansätze zu erproben, sondern auch Modelle zu imitieren, die sich in anderen Ländern als erfolgreich erwiesen haben. Eine finanzpolitische Koordinierung und Zentralisierung hingegen würde diese Alternativenvielfalt einebnen.

Als Wettbewerbsbefürworter mag man geneigt sein, selbst der These vom Versagen des Steuerwettbewerbs bei der Bereitstellung von reinen öffentlichen Gütern eine positive Nachricht zu entnehmen: Sogar unter den idealisierten Modellannahmen versagt der Steuerwettbewerb *nicht*, soweit die Gebietskörperschaften Güter anbieten, deren Überfüllungskosten keine steigenden Skalenerträge aufweisen ($\varepsilon_{c,\alpha} \leq 1$). Auch in diesem Fall aber wäre Steuerwettbewerb allenfalls eine zweitbeste Alternative: Soweit die bereitzustellenden Güter in ihrer Nutzung positive Skalenerträge aufweisen, wäre stets eine zentrale, nicht wettbewerbliche Bereitstellung und Finanzierung erforderlich; soweit hingegen ein dezentrales Angebot effizient sein könnte, wäre eine Privatisierung dieser Güter möglich und unter Effizienzgesichtspunkten auch vorzuziehen. Die Bemühungen einiger Konkurrenzbefürworter, die Funktionsfähigkeit des fiskalischen Wettbewerbs mittels einer formalen Wettbewerbsordnung analog den Verfassungen der Güter- oder Faktormärkte abzusichern, erscheinen vor diesem Hintergrund wenig realistisch. Sollten die entscheidungsberechtigten Politiker nämlich überhaupt bereit sein, ihre eigenen Handlungsspielräume durch Zustimmung zu einer Wettbewerbsordnung zu beschränken, so bestünde der effizienztheoretisch sauberere Weg in der Festlegung einer Finanzverfassung, welche ein öffentliches Angebot privater oder Clubgüter untersagt oder zumindest eine strikt äquivalenzorientierte Finanzierung über nutzungsabhängige Steuern oder Gebühren erzwingt.

**Weiterführende Literatur** (zitierte Quellen siehe Anhang)

*Apolte, T.* (1999), Die ökonomische Konstitution eines föderalen Systems: Dezentrale Wirtschaftspolitik zwischen Kooperation und institutionellem Wettbewerb, Tübingen.

*Blankart, C. B. / R. Borck* (2000), Local Public Finance, Humboldt Universität Berlin, Discussion Paper No. 154.

*Feld, L. P.* (2000a), Steuerwettbewerb und seine Auswirkungen auf Allokation und Distribution: Ein Überblick und eine empirische Analyse für die Schweiz, Tübingen.

*Homburg, S.* (2000), Allgemeine Steuerlehre, München.

*Oates, W. E.* (1999), An Essay on Fiscal Federalism, Journal of Economic Literature 378, S. 1120-1149.

*Sinn, H.-W.* (1997), The selection principle and market failure in systems competition, Journal of Public Economics 66, S. 247-274.

*Tiebout, C. M.* (1956), A Pure Theory of Lacal Expenditures, Journal of Political Economy 64, S. 416-424.

*Wellisch, D.* (1995), Dezentrale Finanzpolitik bei hoher Mobilität, Tübingen.

**Verständnisfragen** (Lösungen siehe Anhang)

**Frage 1:**

In der politischen Diskussion wird häufig behauptet, dass ein Steuerwettbewerb der Staaten innerhalb der Europäischen Union zu einem „Race to the bottom“ führen würde. Analysieren Sie die Stichhaltigkeit dieser These.

**Frage 2:**

Erläutern Sie anhand einer Graphik, inwiefern es in einer offenen Volkswirtschaft im Interesse eines immobilen Produktionsfaktors sein kann, dass nur er selbst, nicht aber ein mobiler Produktionsfaktor durch Steuern zur Finanzierung reiner öffentlicher Güter herangezogen wird.

**Frage 3:**

Ist die Diagnose eines Versagens des fiskalischen Wettbewerbs in einer Föderation eine hinreichende Rechtfertigung für eine kooperative Bestimmung von Steuersätzen durch die dezentralen Regierungen? Begründen Sie Ihre Auffassung.

# Geldpolitik
Stabilität als Leitziel*

*Wolfgang Modery*



## 1. Einleitende Bemerkungen

Am 1. Januar 1999 trat die dritte und letzte Stufe der Europäischen Wirtschafts- und Währungsunion (WWU) in Kraft. Zu diesem Stichtag haben 11 Mitgliedstaaten der Europäischen Union (EU) ihre nationalen Währungen durch eine neue Gemeinschaftswährung – den *Euro* – ersetzt und ihre staatliche Hoheit auf dem Gebiet des Geldwesens auf eine unabhängige supranationale Institution – die *Europäische Zentralbank (EZB)* – übertragen (die 11 Mitgliedstaaten sind Belgien, Deutschland, Finnland, Frankreich, Irland, Italien, Luxemburg, Niederlande, Österreich, Portugal und Spanien. Als zwölftes Mitgliedsland wird Griechenland am 1. Januar 2001 der Wäh-

* Die nachfolgenden Ausführungen spiegeln die Auffassung des Verfassers und nicht notwendigerweise die der Europäischen Zentralbank wider. Besonderer Dank gilt Herrn Dr. Bernhard Manzke, Deutsche Bundesbank, und einem anonymen Kollegen für eine kritische Durchsicht des Manuskripts und hilfreiche Anmerkungen.

rungsunion beitreten und den Euro einführen. Seither verantworten die Beschlussorgane der EZB – der EZB-Rat und das Direktorium – die einheitliche Geldpolitik für einen Wirtschafts- und Währungsraum (nachfolgend als *Euroraum* bezeichnet), der – gemessen an Einwohnerzahl, wirtschaftlicher Leistungskraft und Offenheitsgrad – mit dem der USA vergleichbar ist. Die EZB und die nationalen Zentralbanken (NZBen) der Mitgliedstaaten, die den Euro eingeführt haben, bilden das geldpolitisch relevante „System der Zentralbanken" – das sogenannte *Eurosystem*. Dieser währungspolitische Regimewechsel in Europa hat weitreichende Konsequenzen für Wirtschaft und Politik. Es ist das erste Mal in der Geschichte, dass unabhängige Staaten ihre Währungen abgeschafft und auf ihre Souveränität in einem Kernbereich nationaler Wirtschaftspolitik verzichtet haben. Die Übertragung der geldpolitischen Kompetenzen von der nationalen auf die supranationale Ebene ist um so bemerkenswerter, als die durchschnittliche Jahresinflationsrate der Mitgliedstaaten der Währungsunion kurz vor ihrem Start historisch niedrig bei 1,5% lag und damit Preisniveaustabilität praktisch erreicht war. Es bestand also nicht die Notwendigkeit, eine instabile Geldordnung durch eine neue, stabilere zu ersetzen (Angeloni et al. 1999). Im Gegenteil, ein hoher Grad an *Preisniveaustabilität* war eine *conditio sine qua non* für die Teilnahme an der Währungsunion.

Ungeachtet dieser günstigen monetären Startbedingungen für die Währungsunion ist das Eurosystem in besonderer Weise gefordert. Als neue Zentralbank in einem vollständig neuen Umfeld steht die EZB der schwierigen Aufgabe gegenüber, die strukturellen Eigenheiten des Euroraums und die sich rasch verändernden Wirkungsmechanismen der *einheitlichen* Geldpolitik richtig abzuschätzen. Verhaltensbedingte und strukturelle Veränderungen insbesondere auf den Finanzmärkten, die sich derzeit infolge der Einführung des Euro beschleunigt vollziehen, beeinflussen die monetären Beziehungen im Euroraum. So haben etwa die rasche Integration der nationalen Geldmärkte zu einem einzigen Markt für kurzfristige Liquidität, das kräftige Wachstum des Markts für auf Euro lautende private Anleihen (*corporate bonds*) und der intensivere Bankenwettbewerb das Umfeld der Geldpolitik erheblich verändert. Diese und andere für die monetäre Analyse relevante Entwicklungen, und hierzu zählen auch mögliche Veränderungen im Konsumverhalten und das Zusammenspiel der Geldpolitik mit anderen Teilbereichen der Wirtschaftspolitik, sind von der EZB in Rechnung zu stellen.

Vor allem aber steht die noch junge EZB vor der Aufgabe, ihre eigene geldpolitische Reputation aufzubauen und das Publikum von ihrem Stabilitätswillen nachhaltig zu überzeugen. Ein zügiger Reputationsaufbau ist eine elementare Voraussetzung für die dauerhafte Funktionsfähigkeit der WWU. Dabei können sich die geldpolitischen Entscheidungsträger nicht einfach auf die anti-inflationäre Reputation ihrer Vorgängerinstitutionen, die NZBen im Eurosystem, verlassen, die in vielen Fällen über Jahre hinweg Versuche der politischen Einflussnahme auf die Geldpolitik erfolgreich abgewehrt haben (zu möglichen Konfliktfeldern und deren Bedeutung für die Bundesbankpolitik siehe Neumann 1998, 320-334). Das Vertrauen der Produzenten und

Verbraucher, Investoren und Sparer in die neue Währung wird um so ausgeprägter und dauerhafter sein, je überzeugender die EZB ihren Stabilitätsauftrag erfüllt und ihre Politik der interessierten Öffentlichkeit systematisch erklärt. *Schließlich ist nur eine klare, glaubwürdige und transparente Geldpolitik auch eine wirksame Geldpolitik.*

Die Eckpfeiler der neuen europäischen Geldverfassung tragen diesen Überlegungen in vielfältiger Weise Rechnung. Gemäß dem Vertrag zur Gründung der Europäischen Gemeinschaft (nachfolgend als *EG-Vertrag* bezeichnet) ist es das *vorrangige Ziel des Eurosystems, Preisniveaustabilität zu gewährleisten*, mit anderen Worten den Binnenwert der europäischen Einheitswährung im Zeitablauf kaufkraftstabil zu halten. Damit die EZB dieses Ziel möglichst ungehindert verfolgen kann, sind wichtige institutionelle Vorkehrungen getroffen worden. So ist das Eurosystem mit einem *hohen Grad an Unabhängigkeit* ausgestattet. Daneben trägt der später durch den *Stabilitäts- und Wachstumspakt* ergänzte Maastricht-Vertrag, der eine auf Dauer tragfähige öffentliche Haushaltslage in den Mitgliedsländern des Euroraums postuliert, dem Umstand Rechnung, dass die einheitliche Geldpolitik nicht in einem politischen Vakuum agiert, sondern ihre Durchschlagskraft auch entscheidend davon abhängt, dass ihre Glaubwürdigkeit durch eine stabilitätsorientierte Finanz- und Lohnpolitik auf nationaler Ebene adäquat flankiert wird.

Ziel des vorliegenden Beitrags ist es, den neuen geldpolitischen Rahmen in Europa verständlich zu machen und die einheitliche Geldpolitik der EZB zu erläutern. Zu diesem Zweck werden in *Kapitel 2* einige grundlegende Zusammenhänge diskutiert. Zunächst wird gezeigt, warum ein in der mittleren Frist stabiles Preisniveau ökonomisch wünschenswert ist und auch eine wichtige sozialpolitische Aufgabe übernimmt. Anschließend wird den Fragen nachgegangen, warum Regierungen trotz dieser empirisch gesicherten Erkenntnis in vielen Fällen dazu bereit sind, Inflation in Kauf zu nehmen, und wie man diesen Anreiz minimieren kann. Aufbauend auf diesen Überlegungen befasst sich *Kapitel 3* mit den allgemeinen Anforderungen an die Geldpolitik, während sich *Kapitel 4* dem institutionellen Rahmen des Eurosystems und der Geldpolitik der EZB widmet. *Kapitel 5* schließt mit einem Fazit. Die möglichen Auswirkungen der internationalen Verwendung des Euro auf die Geldpolitik bleiben ausgeblendet (hierzu ausführlich EZB 1999a).

## 2. Einige Grundüberlegungen zur Geldpolitik

### 2.1 Warum ist ein dauerhaft stabiles Preisniveau ökonomisch sinnvoll?

Wie bereits hervorgehoben, ist es das vertraglich verankerte und vorrangige Ziel des Eurosystems, Preisniveaustabilität im Euroraum zu gewährleisten. Diese Zielformulierung basiert auf der Überzeugung, dass eine konsequente und glaubwürdige Sicherung der Preisniveaustabilität der beste und auf Dauer einzige Beitrag ist, den die Geldpolitik leisten kann, um längerfristig ein wachstums- und beschäftigungsfreundliches Umfeld im Euroraum zu schaffen (Issing 2000a; EZB 1999b). Die prominente Stellung des Ziels der Preisniveaustabilität im EG-Vertrag ergibt sich in erster Linie aus seiner Bedeutung für die Funktionsfähigkeit der Märkte. Damit wird anerkannt, dass neben Privateigentum und freiem Wettbewerb eine stabile Geldordnung zu den Grundpfeilern marktwirtschaftlich orientierter Volkswirtschaften zählt. Bereits *Walter Eucken* hat den *Primat der Währungspolitik* gegenüber anderen Teilbereichen der Wirtschaftspolitik betont (Eucken 1975). Ein dauerhaft stabiles Preisniveau ist aus dieser ordoliberalen Sicht ein konstitutiver Bestandteil einer funktionsfähigen Wettbewerbsordnung. Durch Preisniveaustabilität kann die Wirksamkeit der auf nationaler Ebene ergriffenen Maßnahmen zur Erhöhung der gesamtwirtschaftlichen Anpassungskapazität erheblich gesteigert werden (EZB 1999b). Ohne stabiles Geld treffen Produzenten und Konsumenten, Investoren und Sparer ineffiziente Entscheidungen mit der Folge, dass die Produktivkräfte der Wirtschaft in die falsche Verwendung gelenkt werden und das Wachstumspotenzial nicht voll ausgeschöpft wird. Daneben erfüllt ein dauerhaft stabiles Preisniveau aber auch eine wichtige sozialpolitische Funktion. Unerwünschte Verteilungswirkungen der Inflation werden vermieden. Wirtschaftlich schwache gesellschaftliche Bevölkerungsgruppen, die sich in aller Regel nur unzureichend gegen Inflation schützen können, werden nicht zusätzlich belastet. Vor diesem Hintergrund lässt sich das Ziel der Preisniveaustabilität auch *verantwortungsethisch* begründen: Regierungen, die Inflation zulassen und damit nicht nur einen effizienten Ressourceneinsatz verhindern, sondern auch eine unerwünschte Umverteilung zwischen gesellschaftlichen Gruppen in Kauf nehmen, werden ihrer Verantwortung für die Bürger nicht gerecht (Neumann 1998).

Um die Vorteile der Preisniveaustabilität zu veranschaulichen, wird im Folgenden auf die mit Inflation in vielfältiger Weise verbundenen *allokativen und distributiven Fehlentwicklungen* im Einzelnen eingegangen (ausführlich hierzu siehe Issing 1998, Kapitel VII, und ders. 2000b; Edey 1994; Sachs / Larrain 1993, Kapitel 11.3; Garfinkel 1989). Inflation wird allgemein definiert als der anhaltende Anstieg des allgemeinen Preisniveaus, durch den der Geldwert und damit die Kaufkraft des Geldes sinken. Zur Inflationsmessung dient in der Regel ein Preisindex für einen bestimmten Warenkorb und dessen Veränderung im Zeitablauf. Dabei signalisiert nicht jede Preisniveauänderung zwangsläufig auch eine inflationäre Entwicklung. Die damit verbundenen Schwierigkeiten für die Geldpolitik werden in Kapitel 3.2 näher erläutert. Üblicherweise wird zwischen *antizipierter* und *nicht-antizipierter Inflation* unterschieden.

Bei *vollständig antizipierter Inflation* wird unterstellt, dass die Wirtschaftsakteure „richtige“ Inflationserwartungen bilden und diese in ihren Wirtschaftsplänen – wie Kreditverträgen und Lohnvereinbarungen – auch durchsetzen. In diesem Fall stimmt die erwartete Inflationsrate mit der künftigen überein. Die Wirtschaftsakteure haben eine sichere Kalkulationsgrundlage, da keine Unsicherheit über die künftige Preisentwicklung besteht. So werden etwa Kreditnehmer und Kreditgeber, die beide am Realzins interessiert sind, die in ihren Kreditverträgen vereinbarten Nominalzinsen entsprechend ihren Inflationserwartungen nach oben anpassen. Gleiches gilt für eine entsprechende Anpassung der Löhne, Mieten etc. an die erwartete Inflationsrate. Dieses „sichere" Umfeld bedeutet nun aber nicht, dass eine antizipierte Inflation frei von wohlfahrtsmindernden Effekten wäre. Die Inflation wirkt in diesem Fall wie eine Steuer, die den Realwert der Kassenhaltung reduziert. Der inflationsinduzierte Anstieg der Nominalzinsen erhöht die Opportunitätskosten der unverzinslichen Kassenhaltung, was die Wirtschaftsakteure dazu veranlasst, ihre periodendurchschnittliche Kassenhaltung auf ein gesamtwirtschaftlich suboptimales Niveau zu reduzieren siehe hierzu den von Baumol / Tobin (1989) entwickelten Ansatz zur Bestimmung der optimalen Kassenhaltung zu Transaktionszwecken). Dadurch entstehen zusätzliche Transaktionskosten, sog. „*shoe leather costs*", da die Beteiligten nun häufiger zur Bank gehen müssen, um sich Geld für Transaktionszwecke zu besorgen. Darüber hinaus werden Käufe möglicherweise zeitlich vorgezogen, um anstehenden Preiserhöhungen auszuweichen, und die Akteure führen immer kompliziertere Finanztransaktionen durch, um ihre reale Kassenhaltung zu minimieren. Schließlich entstehen Kosten durch die Notwendigkeit fortlaufender Preisanpassung, sog. „*menu costs*". Das Warenangebot muss neu ausgezeichnet, Preislisten neu gedruckt und Automaten neu eingestellt werden, wenn sich das nominale Preisniveau dauerhaft verändert. Auch wenn diese Kostenarten im Zuge der zunehmenden Verbreitung von e-money und e-commerce an Bedeutung verlieren dürften, werden in einem inflationären Umfeld auch weiterhin Ressourcen in dieser Tätigkeit gebunden bleiben. Realkasse wird aber nicht nur zu Transaktionszwecken gehalten, sondern möglicherweise auch um ein bestimmtes Konsumniveau im Zeitablauf aufrechtzuerhalten (Issing 2000b; Imrohoroglu, 1992). Dabei wird unterstellt, dass einzelne Arbeitnehmer nicht immer Arbeit finden oder aber arbeitslos werden können und daher mit dem temporären Ausfall ihres Arbeitseinkommens rechnen müssen. Zwingt nun Inflation zu einer geringeren Realkasse, kann das gewünschte Konsumniveau in Zeiten fehlenden oder geringeren Arbeitseinkommens nicht aufrecht erhalten werden.

Zusätzlich kann eine antizipierte Inflation die ohnehin bestehenden Verzerrungseffekte des Steuer- und Sozialsystems auf Konsum-, Spar- und Investitionsentscheidungen der Wirtschaftsakteure verstärken und eine reale Einkommensumverteilung von den Privaten zugunsten des Staates bewirken (Issing 2000b). Als Beispiel für verzerrende Wirkungen auf das wirtschaftliche Verhalten kann die Besteuerung von Scheingewinnen angeführt werden. In diesem Fall wird das Eigenkapital übermäßig belastet, während das Fremdkapital neutral behandelt wird. Bei Inflation liegen die Wiederbeschaffungskosten über den Anschaffungskosten. Können Abschreibungen auf das Anlagevermögen nur zu Anschaffungskosten vorgenommen werden, kommt es zu einer Besteuerung von Scheingewinnen, d.h. es wird auch der Teil des ausgewiesenen Gewinns besteuert, der zum Inflationsausgleich aufgewandt werden muss. Gewinne sind demnach erst „echte" Gewinne, wenn die höheren Preise der Ersatzbeschaffung in Rechnung gestellt wurden. Der Realwert der Abschreibung wird also durch Inflation gemindert mit negativen Folgen für die Investitionsneigung. Ein weiteres Beispiel ist die steuerliche Abzugsfähigkeit von Schuldzinsen bei Unternehmen. In diesem Fall erhöht ein inflationsinduzierter Nominalzinsanstieg die Steuerabzugsmöglichkeit – selbst bei konstantem Realzins – mit der möglichen Folge, dass wegen der geringeren Attraktivität der Finanzierung über Eigenkapital die Bereitschaft des Unternehmers steigt, sich zu verschulden.

Zudem ergeben sich aus der Existenz von Steuern unerwünschte Verteilungswirkungen der Inflation, die daraus resultieren, dass der Staat nicht zwischen Real- und Nominaleinkommen unterscheidet. Bedeutendstes Beispiel hierfür ist die *„kalte Progression“* bei der Einkommensteuer, sog. *„bracket creep effect“*. (Feldstein 1995; Sibert / Weinert 1989). In dem Maße, in dem das Nominaleinkommen entsprechend der erwarteten Inflationsrate nach oben angepasst wird, wachsen die Steuerbürger in höhere – nominal unveränderte – Progressionsstufen hinein mit der Folge wachsender Grenzsteuersätze. Bei gleichbleibendem Realeinkommen vor Steuern steigt dadurch die reale Gesamtsteuerlast. Das verfügbare Einkommen sinkt und die privaten Einkommensbezieher stellen sich durch die reale Einkommensumverteilung zugunsten des Staates schlechter. Darüber hinaus steigt der Anreiz, durch unproduktive Umgehungsversuche der Steuerlast auszuweichen. Mit einem inflationsbereinigten Steuersystem könnten die beschriebenen negativen Effekte vermieden werden. Allerdings ist zu erwarten, dass die politisch Verantwortlichen ein nur geringes Interesse daran haben, das Steuersystem entsprechend zu korrigieren. Schließlich ist es der Staat, der von der inflationsinduzierten Einkommensumverteilung profitiert.

Beim Vorliegen *nicht-antizipierter Inflation* verstärken sich die genannten negativen Wirkungen um ein Vielfaches. Weitere Fehlentwicklungen kommen hinzu. Die gesamtwirtschaftlichen Fehlallokationen verschärfen sich, wenn die Inflation starken Schwankungen unterliegt und sich dadurch der nicht-antizipierbare Teil der künftigen Preisentwicklung erhöht (EZB 1999b; Issing 2000b). Empirische Studien belegen, dass hohe Inflationsraten mit starken Schwankungen der Inflationsrate und des Preisniveaus verbunden sind. In diesem „unsicheren“ Umfeld verlieren die Preise auf den Güter- und Faktormärkten ihre elementare Signal- und Lenkungsfunktion, wodurch die Transparenz und Informationseffizienz des relativen Preismechanismus vermindert werden. Da die Wirtschaftsakteure nicht eindeutig zwischen Änderungen der *Preisrelationen*, die über die Entwicklung der realwirtschaftlichen Knappheitsverhältnisse informieren, und Änderungen des *allgemeinen Preisniveaus* unterscheiden können, kommt es zu individuellen Fehldispositionen und gesamtwirtschaftlichen Fehlallokationen. Steigt etwa in einem inflationären Umfeld der Einzelpreis für ein bestimmtes Produkt, so kann der Unternehmer daraus nicht zwangsläufig ableiten, dass die Nachfrage speziell nach diesem Produkt gestiegen ist und der Preisanstieg auf günstigere Preisrelationen beruht. Aber nur in diesem Fall erschiene es ratsam, die Produktion an die veränderten Konsumentenwünsche anzupassen und zusätzliche Investitionen zu tätigen. Handelt es sich hingegen um einen allgemeinen Preisanstieg bei unveränderten Relativpreisen, dann rentieren sich zusätzliche Investitionen nicht. Trifft der Unternehmer die falsche Entscheidung, Produktionsausweitung bei allgemeinem Preisanstieg oder keine Produktionsanpassung trotz veränderter Preisrelationen, werden reale Ressourcen verschwendet.

Höhere Unsicherheiten über die langfristige Preisentwicklung bedeuten aber auch eine höhere Ungewissheit über die reale Ertragsrate langlaufender Finanzaktiva. Folglich werden die Kapitalanleger eine (höhere) *Inflationsrisikoprämie* fordern und damit die langfristigen Zinsen in die Höhe treiben. Es kommt zu Verzerrungen des Realzinses (EZB 1999b und c). Die höheren Kosten der Investitionsfinanzierung wirken sich negativ auf das Investitions- und Wachstumsklima aus. Vor allem Anlageinvestitionen, die sich oftmals erst nach Jahren rentieren, dürften auf die lange Bank geschoben werden. In dem beschriebenen inflationären Umfeld werden die betroffenen Marktakteure zusätzliche Anstrengungen unternehmen, um sich gegen Inflationsrisiken abzusichern (Issing 1998 und 2000). Als Folge werden Vertragslaufzeiten gekürzt und Vertragsverhandlungen häufiger durchgeführt, wodurch reale Ressourcen verschwendet werden. Zudem kann zum Schutz vor Inflation die Nachfrage nach realen Vermögenswerten steigen, während die Nachfrage nach Finanzaktiva sinkt. Im Extremfall einer Hyperinflation ist eine „Flucht ins Betongold" wahrscheinlich, wodurch die Funktionsfähigkeit der Finanzmärkte unterminiert wird.

Neben diesen allokativen Effekten führen unerwartete Änderungen des Preisniveaus aber auch zu einer *willkürlichen Einkommens- und Vermögensumverteilung* zwischen einzelnen Gruppen der Gesellschaft, zwischen Gläubiger und Schuldner, Arbeitgeber und Arbeitnehmer und – wie bereits erwähnt – zwischen Privaten und Staat. Eine solche Umverteilung in großem Stil kann nicht nur den sozialen Zusammenhalt und die politische Stabilität eines Landes gefährden, sondern darüber hinaus auch Rechtsregeln außer Kraft setzen, falls die Betroffenen sich in der Ausübung ihrer Eigentumsrechte eingeschränkt fühlen. Die Vermögensumverteilung manifestiert sich vor allem zwischen Gläubigern und Schuldnern. Haben etwa Kreditnehmer und Kreditgeber einen Kreditvertrag über eine bestimmte Laufzeit mit einem bestimmten Nominalzins vereinbart, der sich zu gleichen Teilen aus dem Realzins und der erwarteten Inflationsrate zusammensetzt, dann findet bei einer unerwartet hohen Inflationsrate eine Vermögensumverteilung vom Gläubiger zum Schuldner statt. Der Schuldner hat letztlich keinen Realzins zu zahlen. Auf der anderen Seite erhält der Gläubiger im günstigsten Fall für seine Bereitschaft, einen Kredit zu gewähren, gerade noch einen Inflationsausgleich. Der dargestellte Zusammenhang lässt sich ohne Weiteres auf andere Geber-Nehmer-Verhältnisse und die Gesamtwirtschaft übertragen.

Historische Daten und empirische Studien scheinen die These zu belegen, wonach die oben angesprochenen allokativen Verzerrungswirkungen hoher Inflationsraten nicht vernachlässigbar sind bzw. Preisniveaustabilität langfristig positiv auf das Produktions- und Beschäftigungswachstum wirkt und Volkswirtschaften mit niedrigeren Inflationsraten schneller wachsen als solche mit hohen Preissteigerungsraten (Barro 1996 und 1997; Gosh / Phillips 1998). Untersuchungen für die USA und ausgewählte Länder des Euroraums sind zudem zu dem Ergebnis gekommen, dass Inflation die verzerrenden Wirkungen eines nicht-allokationsneutralen Steuer- und Sozialsystems erheblich verstärkt. Selbst bei vollständig antizipierter Inflation könnten über eine

Senkung der Inflationsrate um zwei Prozentpunkte die durch die Interaktion von Inflation und Besteuerung induzierten Wohlfahrtskosten in den Vereinigten Staaten um ca. 1% des BIP gesenkt werden (Feldstein 1999). Zu ähnlichen Ergebnissen kommen Studien für Deutschland (Toedter / Ziebarth 1999) und Spanien (Dolado et al. 1999).

## 2.2 Warum neigen Regierungen zu Inflation?

Die Erfahrung hat nun aber gezeigt, dass Regierungen trotz der unbestreitbaren Vorteile eines dauerhaft stabilen Preisniveaus immer wieder versucht sein können, andere wirtschaftspolitische Ziele, wie etwa einen möglichst hohen Beschäftigungsgrad oder einen ausgeglichenen Staatshaushalt, über eine Lockerung der geldpolitischen Zügel zu erreichen und dabei Inflation in Kauf zu nehmen. Zwar ist anerkannt, dass in der langen Frist kein stabiler „trade off" zwischen Inflation und Wirtschaftswachstum oder Beschäftigung existiert, der sich wirtschaftspolitisch in systematischer Weise ausnutzen ließe. Mit anderen Worten ist die langfristige *Phillips-Kurve* eine Vertikale über der Abszisse. Kurzfristig hingegen scheint sich ein solcher Zusammenhang bisweilen bestätigen zu lassen. In diesem Fall haben die monetären Instanzen – Regierungen und Zentralbanken, sofern sie an Weisungen der Regierung gebunden sind – einen Anreiz, mit Hilfe einer expansiven Geldpolitik zumindest temporär die Arbeitslosigkeit zu senken. Der Inflationsbias der Regierung lässt sich damit erklären, dass für die politischen Entscheidungsträger ein Anreiz besteht, über Inflation ihre Wiederwahlchance und damit ihren eigenen Nutzen zu erhöhen. Im einfachen Modell des politischen Konjunkturzyklus wird davon ausgegangen, dass die Wähler kurzsichtig sind und sich vor allem am augenblicklichen Zustand der Wirtschaft ausrichten, während sich die Politiker eigennutzorientiert verhalten und das Ziel der Stimmenmaximierung verfolgen (grundlegend hierzu Nordhaus 1975). Da die Vorteile der Inflation in Form niedrigerer Arbeitslosigkeit kurzfristiger Natur sind und in der Regel vor der nächsten Wahl anfallen, während die Nachteile erst längerfristig wahrgenommen werden, ist es für die Politiker rational, durch eine über die Erwartungen hinausgehende Inflation die Beschäftigung zu steigern.

Wirtschaftspolitisch pikant wird die Situation, wenn die Arbeitslosigkeit in einem Land überwiegend struktureller Natur und nicht konjunkturell bedingt ist. Ausgangspunkt der folgenden Überlegungen ist das Konzept der *natürlichen Arbeitslosenquote*. Sie stellt eine Untergrenze dar, unter die man die tatsächliche Arbeitslosenrate mittels geldpolitischer Aktivitäten nicht senken kann, ohne nicht gleichzeitig fortwährend steigende Inflationsraten in Kauf zu nehmen. Die natürliche Arbeitslosenrate spiegelt die Höhe der strukturellen Arbeitslosigkeit wider und wird üblicherweise mit der *NAIRU (Non-Accelerating Inflation Rate of Unemployment)* gleichgesetzt. Für die Höhe der natürlichen Arbeitslosenrate sind vor allem Unvollkommenheiten auf den Arbeitsmärkten, aber auch auf den Güter- und Kapitalmärkten verantwortlich, die sich unter anderem aufgrund institutioneller Rigiditäten im Steuer- und Sozialsystem und / oder lohnpolitischen Fehlverhaltens der Tarifpartner ergeben. Ist die Arbeitslosigkeit überwiegend struktureller Natur, sind die Verantwortlichen gefordert, die diagnostizierten Unvollkommenheiten und Fehlentwicklungen insbesondere auf den Arbeitsmärkten ursachenadäquat anzugehen und über verbesserte Rahmenbedingungen die Effizienz der Arbeitsmärkte und des Lohnbildungsprozesses zu erhöhen. Dies erfordert unter anderem, institutionelle Hemmnisse abzubauen, flexiblere Löhne und Lohnstrukturen zu fördern, die Arbeitsmobilität zu erhöhen und die in einigen europäischen Wohlfahrtsstaaten existierende „institutionelle Verflechtungsfalle" (Berthold 2000) aufzubrechen (ausführlich hierzu Kapitel 1 dieses Bandes, im Kontext der Währungsunion siehe auch Berthold / Fehn 2000).

Es ist nun aber nicht unrealistisch anzunehmen, dass Regierungen in vielen Fällen weder willens noch fähig sind, solche weittragenden Reformen entschieden und zügig durchzusetzen. Das Anreiz- und Durchsetzungsproblem besteht darin, dass die reformbedingten Anpassungslasten in der regierungspolitisch relevanten Frist (Legislaturperiode) die Wirtschaftsakteure (Wähler) spürbar treffen, während sich der Reformerfolg in Form eines sukzessiven Abbaus der Arbeitslosigkeit erst zu einem wesentlich späteren Zeitpunkt einstellt. Damit ist aber mit erheblichem politischen Widerstand der von den Reformen zunächst negativ betroffenen Akteure und deren Interessenvertretungen gegen eine zügige Umsetzung der angekündigten Reformen zu rechnen, ohne dass ein Gegengewicht durch die später Begünstigten besteht. Wenn die ökonomisch sinnvolle aber unpopuläre Lösung im politischen Prozess nicht durchsetzbar ist, dürften die Regierungen versucht sein, den kurzfristig gültigen „trade off" der Phillips-Kurve zu ihrem Vorteil auszunutzen (Cukierman 1992, S. 27 ff.).

Im einfachsten Fall lässt sich der „trade off" zwischen Preisniveaustabilität und Vollbeschäftigung mit Rigiditäten im Lohn- und Preisbildungsprozess erklären, die zur Folge haben, dass sich Nominallöhne und Preise nur zeitlich verzögert an veränderte Datenlagen anpassen (Mankiw / Ball 1994). Ausgangspunkt ist eine Situation, in der Arbeitslosigkeit in Höhe der natürlichen Arbeitslosenrate und Preisniveaustabilität herrscht. Die Arbeitnehmer gehen in ihren Tarifverträgen von Preisniveaustabilität aus, so dass der vereinbarte Nominallohn gleich dem Reallohn ist. Diesen Umstand kann die Regierung nutzen, um über eine lockere Geldpolitik die monetäre Gesamtnachfrage zu erhöhen. Die Güterpreise steigen, während infolge der starren Nominallöhne die Reallöhne sinken. Folglich weiten die Unternehmungen ihre Produktion aus und stellen mehr Arbeitskräfte ein. Allerdings werden die Arbeitnehmer diese Entwicklung nach und nach erkennen und in der nächsten Lohnrunde einen Inflationsausgleich durchsetzen. Sie werden die Nominallöhne entsprechend dem realisierten Preisanstieg nach oben korrigieren. Der positive Beschäftigungseffekt wird also in dem Maße neutralisiert, in dem der Reallohn steigt. Am Ende steht die Arbeitslosigkeit wieder bei ihrem Ausgangspunkt, während die Inflationsrate positiv ist.

Sind die Regierungen nun weiterhin versucht, die Arbeitslosigkeit über eine expansive Geldpolitik zu senken, so reicht es in der zweiten Runde nicht mehr aus, die Preissteigerungsrate der Vorperiode beizubehalten, da diese bereits in den neu vereinbarten Nominallöhnen enthalten ist. Die Inflationsrate der Folgeperiode muss höher sein als in der Vorperiode, um einen positiven Beschäftigungseffekt in gleichem Umfang herbeizuführen. Aber auch dieser Effekt bleibt nicht von langer Dauer und wird in der nächsten Lohnrunde korrigiert. Sollen die Beschäftigungseffekte erhalten bleiben, so ist die Regierung gezwungen, die Inflationsraten immer höher zu treiben. Der Prozess wird dort enden, wo die Regierung keinen Anreiz mehr hat, einen zusätzlichen Beschäftigungseffekt über eine höhere Inflationsrate zu „erkaufen", wenn also – technisch gesprochen – die Grenzkosten zusätzlicher Inflation ihrem Grenzertrag in Form der temporären Schaffung zusätzlicher Arbeitsnachfrage entsprechen.

Es ist nun aber wenig wahrscheinlich, dass das „Spiel" zwischen Regierung und Privatsektor ein iterativer Prozess mit adaptiver Erwartungsbildung in der eben dargestellten Form ist. Bilden die privaten Wirtschaftsakteure *rationale Erwartungen*, dann werden sie das Verhalten der Regierung antizipieren und entsprechende Inflationsraten in ihren vereinbarten Nominallöhnen berücksichtigen. In diesem Fall wird unterstellt, dass die Wirtschaftsakteure keine systematischen Fehler machen und daher auch nicht systematisch getäuscht werden können. Die Analyse des *Glaubwürdigkeitsproblems der Geldpolitik*, das sich aus der Zeitinkonsistenz optimaler geldpolitischer Entscheidungen ableitet, hat gezeigt, dass die Regierung eine in ihren Augen unerwünscht hohe Arbeitslosigkeit nur über eine *Überraschungsinflation* reduzieren kann (grundlegend hierzu Kydland / Prescott 1977; Barro / Gordon 1983a / b; Levine / Pearlman 1994; einen guten Überblick geben Blackburn / Christensen 1989). In diesem Zusammenhang wird unterstellt, dass die Regierung einen Anreiz hat, eine am Ziel der Preisniveaustabilität ausgerichtete Geldpolitik *ex ante* anzukündigen, von dieser Ankündigung aber *ex post* abzuweichen und andere wirtschaftspolitische Ziele zu verfolgen, sobald die Privaten ihre Erwartungen gebildet und ihre Verträge geschlossen haben. Mit diesem Verhalten kann die Regierung kurzfristige positive Beschäftigungseffekte realisieren. Aber selbst unter der günstigen Annahme, dass sich die Regierung nicht in der vermuteten Form verhält und tatsächlich bestrebt ist, das Preisniveau in der mittleren Frist stabil zu halten, kann es allein deshalb zu inflationären Tendenzen kommen, weil die Privaten davon ausgehen, dass die Regierung einen solchen Anreiz hat, sie zu täuschen. Langfristig gelingt es der Regierung nicht, die tatsächliche Arbeitslosenrate unter die natürliche zu senken. Im Gegenteil, eine expansive Geldpolitik führt langfristig zu nominalen Lohn- und Preissteigerungen, nicht aber zu Produktions- und Beschäftigungsgewinnen. Die Erfahrung mit der Stagflation – dem gleichzeitigen Auftreten von Inflation und Arbeitslosigkeit – in den siebziger Jahren ist ein illustratives Beispiel für dieses Ergebnis.

Es sei nun angenommen, dass die Regierung eines Landes mit hoher Inflation ankündigt, ihren bisherigen expansiven geldpolitischen Kurs zu verlassen und auf eine Politik der *Disinflation* (Rückgang der Preissteigerungs*rate*) umzuschwenken. In diesem Fall impliziert die Existenz der kurzfristigen Phillips-Kurve temporäre Produktions- und Beschäftigungsverluste. Es entstehen gesamtwirtschaftliche Anpassungskosten, weil die aktuellen Tarif- und Kreditverträge nicht sofort an die neue Datenlage angepasst werden können, sondern erst nach dem Ablauf der Vertragslaufzeit neue Konditionen festgelegt werden können. Die Anpassungskosten sind um so geringer, je schneller die Inflationserwartungen nach unten angepasst werden. Erst in dem Maße, in dem die Wirtschaftsakteure dem neuen Kurs der Regierung trauen und für die Zukunft die Beibehaltung der angekündigten Stabilitätspolitik erwarten, werden sich ihre Inflationserwartungen auf niedrigem Niveau stabilisieren. Haben die Privaten hingegen Zweifel bezüglich der geänderten Regierungspräferenzen, dann werden sie ihre Inflationserwartungen nicht sofort im erforderlichen Umfang korrigieren. Die Folge ist eine temporäre „Stabilisierungsrezession" mit gesamtwirtschaftlichen Kosten. Diese Kosten der Disinflation finden in der sog. *„sacrifice ratio"* ihren Ausdruck. Die "sacrifice ratio" setzt die akkumulierten Produktionsverluste während der Disinflationsperiode zur Veränderung des Inflationstrends in Beziehung und zeigt an, um wieviel Prozent die gesamtwirtschaftliche Produktion im Periodendurchschnitt sinkt, wenn es gelingt die Inflationsrate dauerhaft um ein Prozent zu reduzieren. (Baltensperger / Kugler 2000; Ball / Mankiw 1994).

## 2.3 Können Regeln helfen, das Glaubwürdigkeitsproblem der Geldpolitik zu lösen?

Aus den bisherigen Überlegungen im Kontext der Diskussion über die Phillips-Kurve resultiert die Forderung, über *anreizkompatible Mechanismen* das beschriebene Fehlverhalten der Regierung zu bändigen. Durch eine stärkere Regelbindung der Geldpolitik, so wird argumentiert, kann die inflationäre Schlagseite einer Volkswirtschaft ohne zeitliche Verzögerung reduziert oder im besten Fall sogar beseitigt werden. Dabei reichen die Vorschläge von einer rigiden monetären Regel mit Verfassungsrang (sog. „k-percent rule" von Friedman 1970) über komplexe und rechnerisch aufwendige Feed-back-Regeln für zinspolitische Entscheidungen (McCallum 1987; Taylor 1993) bis hin zur Berufung eines konservativen und politisch unabhängigen Zentralbankers (Rogoff 1985; Lohmann 1992).

Eine *starre Regelbindung* dürfte sicherlich optimal sein, um die Glaubwürdigkeit der Geldpolitik dauerhaft zu sichern und der Inflationsanfälligkeit der Regierung entgegenzuwirken. Allerdings kann es mit einer solchen Regel nicht gelingen, ausreichend flexibel auf nicht vorhersehbare gesamtwirtschaftliche Schocks zu reagieren (Garfinkel / Oh 1993; Lohmann 1992; Flood / Isard 1989). Durch gestiegene Produktionsschwankungen entstehen gesamtwirtschaftliche Nettowohlfahrtsverluste, die um so größer ausfallen, je größer der eingetretene Schock ist. Bei derartigen Datenänderungen reicht es nicht aus, die Geldpolitik an die Einhaltung einer bestimmten Regel zu binden, die zwar für eine bestimmte Struktur der Wirtschaft optimal ist, aber nicht mehr gilt, sobald struktureller Wandel die wirtschaftlichen Bedingungen verändert. Folglich entsteht ein „trade off" zwischen Flexibilität und Glaubwürdigkeit der Geldpolitik.

In diesem Fall wäre eine *flexible und zustandsabhängige* Regel die überlegene Alternative. Dadurch würde die Regierung glaubwürdig auf einen stabilitätsorientierten Kurs festgelegt, von dem sie dann abweichen kann, wenn *ex ante* festgelegte Datenänderungen eintreten. Eine solche Ex-ante-Regelbindung ist aber nur dann durchführbar, wenn schon heute alle möglichen zukünftigen Ereignisse hinreichend spezifiziert werden können, die eine bestimmte geldpolitische Reaktion rechtfertigen. Die Befolgung einer solchen zwangsläufig komplexen Regel ist in der Praxis aber kaum möglich. Auch ist die Einhaltung zustandsabhängiger Regeln nur äußerst schwer zu kontrollieren, was den politischen Akteuren einen zusätzlichen Handlungsspielraum eröffnet, den sie diskretionär und zur Steigerung ihrer Popularität nutzen können.

Ein weiterer Vorschlag zur optimalen Regelbindung der Geldpolitik in einem Umfeld, in dem Schocks auftreten, basiert auf der Idee, dass die Regierung ihre geldpolitische Verantwortung auf eine *konservative und unabhängige Zentralbank* überträgt, die dem Ziel der Preisniveaustabilität relativ zum Ziel der Produktionsstabilisierung ein höheres Gewicht beimisst als die delegierende Regierung (Lohmann 1992). Dieser Ansatz interpretiert die strategische Interaktion zwischen Regierung und Zentralbank als eine Beziehung zwischen Prinzipal (Regierung) und Agent (Notenbank). Für die konservative Zentralbank sind monetär alimentierte Beschäftigungseffekte oder Staatsausgaben nur insoweit akzeptabel, als sie das Ziel der Preisniveaustabilität nicht gefährden. Dabei wird unterstellt, dass entsprechend den Präferenzen des konservativen Zentralbankers die gleichgewichtige Inflationsrate niedriger ist, wohingegen die Outputvariabilität zunimmt (Rogoff 1985). Die damit verbundenen realen Kosten sind um so höher, je größer der Schock ausfällt. Aus diesem Grund behält sich die Regierung vor, bei außerordentlichen gesamtwirtschaftlichen Störungen – wie Finanzkrisen oder Ölpreisschocks – die Geldpolitik der nur teilweise mit Unabhängigkeit ausgestatteten Zentralbank zu überstimmen, um zu hohe Produktionsverluste zu vermeiden. Allerdings berücksichtigt die Regierung in ihrer Verlustfunktion ihr optionales Vetorecht als weiteren Kostenfaktor. Dabei hängen die Kosten, die mit der Ausübung des Vetorechts verbunden sind, entscheidend von den institutionellen Rahmenbedingungen der Zentralbank, den stabilitätspolitischen Präferenzen der Bevölkerung und den Abstimmungsregeln innerhalb der Regierung ab. Dadurch kann es der Regierung erschwert werden, den einmal ernannten Zentralbanker zu überstimmen oder aber die bestehende Notenbankverfassung zu ändern.

Konkrete Vorschläge in diese Richtung, in denen zwischen Regierung und Notenbank ein Prinzipal-Agent-Verhältnis besteht, konzentrieren sich auf optimale Verträge zwischen Regierung und Notenbank (Walsh 1995). Optimal sind solche Verträge dann, wenn sie helfen, Abweichungen vom angekündigten und selbst auferlegten Ziel der Geldpolitik adäquat zu sanktionieren und dadurch den Disziplinierungseffekt einer Vertragslösung zu erhöhen. Dabei besteht das Hauptproblem solcher Verträge wie bei allen Verträgen in einer nicht vollkommenen Welt in den Kosten, die damit in konkreten, oft nicht vorhersehbaren Situationen verbunden sind. Die optimale Ausgestaltung eines solchen Vertrags hängt wiederum entscheidend davon ab, wie variabel die "Stabilitätskultur" in einem Land ist und wie groß die zu erwartenden Konflikte zwischen Zentralbank und Regierung sind.

Empirische Studien belegen eindrucksvoll einen negativen Zusammenhang zwischen Inflationsentwicklung und dem Grad der Unabhängigkeit der Zentralbank (grundlegend Alesina / Summers 1993): Je unabhängiger die Zentralbank, um so niedriger die Inflation. Dahinter steht die Idee, dass eine unabhängige Zentralbank am besten in der Lage ist, über eine konsequente Verfolgung des Ziels der Preisniveaustabilität eine niedrige und stabile Preissteigerungsrate zu erzielen. In diesem Zusammenhang wird oftmals kritisiert, dass der Grad an Unabhängigkeit mit der Höhe der „sacrifice ratio" positiv korreliert ist und die tatsächlichen Kosten der Disinflation die mit einer niedrigeren Inflationsrate verbundenen Erträge übersteigen. Jüngere Studien stellen die Eindeutigkeit dieses Zusammenhangs indes in Frage (Baltensperger / Kugler 2000). Aber selbst wenn die mit einer unabhängigen und auf das Ziel der Preisniveaustabilität ausgerichteten Geldpolitik verbundenen temporären Produktions- und Beschäftigungseinbußen auftreten, muss dies unter gesamtwirtschaftlichen Gesichtspunkten nicht negativ sein. Zum einen ist zu erwarten, dass die Produktionsverluste durch den Nutzen einer Politik dauerhaft stabiler Preise mehr als ausgeglichen werden. Zum anderen dürften temporäre Beschäftigungsverluste helfen, andere wirtschaftspolitische Teilbereiche, insbesondere die Lohnpolitik, zu disziplinieren.

## 3. Allgemeine Anforderungen an eine effektive Geldpolitik

### 3.1 Institutionelle Voraussetzungen

Vor dem Hintergrund der obigen Ausführungen lassen sich die Anforderungen ableiten, die eine effektive und auf das Ziel der Preisniveaustabilität orientierte Geldpolitik zu erfüllen hat. Zu den erforderlichen Rahmenbedingungen zählt die institutionelle Absicherung durch ein System flexibler Wechselkurse. Eine eindeutige Verpflichtung der Zentralbank auf das Ziel der Preisniveaustabilität ist bei offenen Güter- und Faktormärkten nur bei weitgehend flexiblen Wechselkursen möglich. Die Erfahrungen mit Systemen nominell fester Wechselkurse für fortgeschrittene Volkswirtschaften mit hoher Integration in die Weltwirtschaft haben gezeigt, dass die Binnenwertstabilität der Währung nicht notwendigerweise gewährleistet wird, wenn die festgelegte Parität um jeden Preis verteidigt werden muss. Bei Verfolgung eines Wechselkursziels ist die Geldmenge endogen bestimmt. Die Zentralbank kann nur über Interventionen am Devisenmarkt *re*-agieren, nicht aber eine autonome Geldpolitik durchführen. Insofern ist eine am Wechselkursziel orientierte Geldpolitik dem Diktat des außenwirtschaftlichen Gleichgewichts unterworfen. Ein Blick auf die empirische Evidenz zeigt, dass in einer Welt mit weitgehend unbeschränktem Kapitalverkehr und hoher Kapitalmobilität nominell feste Wechselkurse und eine autonome Geldpolitik nur unter ganz bestimmten Bedingungen miteinander vereinbar sind. In wirtschaftlich turbulenten Zeiten oder bei fehlendem konjunkturellen Gleichlauf und differierenden politischen Präferenzen in den beteiligten Ländern zeigen sich Systeme nominell fester Wechselkurse inhärent instabil (zu den vielfältigen Ursachen siehe Obstfeld 1994; Anderson 1994). Der währungspolitische Zielkonflikt zwischen Preisniveaustabilität und Wechselkursstabilität tritt offen zu Tage. Dieser Konflikt entsteht grundsätzlich immer dann, wenn die politischen Entscheidungsträger mehrere Ziele simultan verfolgen als ihnen voneinander unabhängige Instrumente zur Verfügung stehen.

Neben der außenwirtschaftlichen Absicherung durch flexible Wechselkurse spielt ein hoher Grad an Unabhängigkeit der Zentralbank von politischer Einflussnahme eine zentrale Rolle, um eine glaubwürdige Geldpolitik zu verfolgen. Wie bereits dargelegt, steigt anderenfalls das Risiko, dass kurzfristigen Schwankungen in der Wirtschaftstätigkeit eines Landes und / oder eine kurzsichtige Wirtschaftspolitik der Regierungen die Sicherung des Geldwerts durch eine „Politik des billigen Geldes" gefährden. Nur eine unabhängige Zentralbank schützt davor, von den politischen Entscheidungsträgern gezwungen zu werden, staatliche Ausgabenprogramme und steigende Haushaltsdefizite monetär zu alimentieren. Daneben ist eine personelle Unabhängigkeit der Mitglieder wichtig, um weitgehend losgelöst von eigenen Interessen geldpolitische Entscheidungen treffen zu können. Nur bei einem hohen Grad an Unabhängigkeit werden die an dem Erhalt von Preisniveaustabilität interessierten Wirtschaftsakteure davon ausgehen können, dass die Zentralbank nicht zu stabilitätswidrigen Zwecken wirtschaftspolitisch missbraucht werden kann. Schließlich muss eine auf Preisniveaustabilität verpflichtete Zentralbank vom Gesetzgeber mit den notwendigen geldpolitischen Instrumenten ausgestattet werden, um ihre geldpolitische Aufgabe erfüllen zu können.

Ein hoher Grad an Unabhängigkeit erfordert aber auch ein hohes Maß an *Transparenz* und *Rechenschaftspflicht* der Zentralbank gegenüber Märkten und Öffentlichkeit (zu möglichen Ansatzpunkten und Mittel zur Schaffung von Transparenz in der Geldpolitik siehe auch Bundesbank 2000). Unter ökonomischen Aspekten kann eine höhere Transparenz die Fähigkeit der Finanzmarktakteure verbessern, das künftige geldpolitische Verhalten der Zentralbank richtig abzuschätzen. Richtig antizipierte Zinsänderungen können helfen, die „time lags" der Geldpolitik zu verkürzen und die Wirtschaft zu stabilisieren. Zudem empfiehlt sich in repräsentativen Demokratien, dass eine vom Gesetzgeber mit hoher Autorität und Unabhängigkeit ausgestattete Zentralbank quasi im Gegenzug dafür sorgt, die Öffentlichkeit und die gewählten Repräsentanten über ihre Entscheidungen und Aktivitäten ausreichend zu informieren. Mit einem solchen offenen Verhalten wird der Vorwurf mangelnder demokratischer Legitimation einer unabhängigen Zentralbank (Demokratiedefizit) entkräftet (Blinder 2000).

Schließlich ist hervorzuheben, dass Geldpolitik nicht in einem politischen Vakuum agiert und nicht die alleinige Verantwortung für die dauerhafte Sicherung der Preisniveaustabilität in einem Land tragen kann. Auch die anderen wirtschaftspolitischen Politikbereiche müssen ihren Stabilitätsbeitrag leisten. Von daher hängt die Wirksamkeit der Geldpolitik entscheidend davon ab, ob und inwieweit etwa die Finanz-, Lohn- und Beschäftigungspolitik ihrer Verantwortung für die Schaffung eines stabilen gesamtwirtschaftlichen Umfelds gerecht werden. Von daher muss die Geldpolitik einer auf Preisniveaustabilität verpflichteten Zentralbank adäquat flankiert werden durch eine (i) *solide Finanzpolitik*, die Wachstum und Beschäftigung der Wirtschaft fördert, (ii) eine *reformfreudige Arbeitsmarkt- und Beschäftigungspolitik*, die bestehende Rigiditäten auf den Arbeitsmärkten aufbricht und die damit verbundenen negativen Rückwirkungen auf Staatshaushalt und Rentenversicherung minimiert, und (iii) eine am *Produktivitätsfortschritt orientierte Lohnpolitik*, die flexible Löhne und Lohnstrukturen sowie eine höhere Arbeitsmobilität erlaubt (siehe hierzu ausführlich Kapitel 1, 3 und 8 in diesem Band). Bei Fehlverhalten anderer Politikbereiche hingegen ist Preisniveaustabilität nur zu sehr hohen volkswirtschaftlichen Kosten erreichbar (wie etwa Staatsbankrott, anhaltende Rezession etc.).

## 3.2 Wahl der geldpolitischen Strategie

Da Zentralbanken das Preisniveau nicht direkt steuern können und die Kenntnis sowohl über die Zuverlässigkeit der Indikatoren als auch über die verschiedenen Übertragungswege geldpolitischer Impulse auf Realwirtschaft und Preisniveau unvollständig ist, kommt der richtigen Strategiewahl eine elementare Bedeutung für die Transparenz und Glaubwürdigkeit der Geldpolitik zu. Im Allgemeinen ist eine geldpolitische Strategie definiert als ein Verfahren, das von der Zentralbank festgelegt und über einen längeren Zeitraum hinweg angewandt wird, um basierend auf einer systematischen und umfassenden Analyse relevanter Wirtschaftsindikatoren regelmäßig und transparent über den zielorientierten Einsatz der verfügbaren geldpolitischen Instrumente zu entscheiden. Eine sorgfältig ausgewählte Strategie verleiht nicht nur dem internen Prozess der Meinungsbildung und Entscheidungsfindung eine klare Struktur, sondern trägt auch entscheidend dazu bei, die Öffentlichkeit von der Stabilitätsorientierung der Zentralbank zu überzeugen. Gleichzeitig sollte die zu wählende Strategie geeignet sein, die Existenz langer und variabler Wirkungsverzögerungen der Geldpolitik („time lags") zu berücksichtigen. Empirische Analysen zeigen, dass mehrere Jahre vergehen können, bis eine geldpolitische Maßnahme auf die Preisentwicklung durchschlägt. Zusätzlich zu diesen Wirkungsverzögerungen beeinflussen reale Schocks (z.B. Ölpreisschub, Produktivitätsschock) und verhaltensbedingte und strukturelle Veränderungen in der Wirtschaft und auf den Finanzmärkten die monetären Bedingungen. Alle diese Faktoren erschweren das Urteil über Ausmaß und Zeitpunkt von Zinsentscheidungen. Aus diesem Grund sollte eine geldpolitische Strategie mittelfristig angelegt und vorausschauend konzipiert sein.

Dies erfordert zunächst, das Ziel der Preisniveaustabilität zu operationalisieren. Eine quantitative Zieldefinition gibt der Öffentlichkeit ein Messinstrument an die Hand, mit dessen Hilfe sie leicht feststellen kann, ob Preisniveaustabilität vorliegt oder aber Zielabweichungen zu beobachten sind, wobei nicht jede Zielabweichung eine Preisauftriebstendenz wider spiegeln muss, da das Preisniveau durch kurzfristige Einflüsse, die nicht von der Geldpolitik zu vertreten sind, verzerrt werden kann. Ein einmaliger und nicht monetär verursachter Preisniveauanstieg kann etwa durch eine einmalige Anhebung der Mehrwertsteuersätze, eine temporäre Verteuerung importierter Rohstoffe oder eine Erhöhung administrierter Preise und Gebühren ausgelöst werden. Faktoren wie diese können zu einem vorübergehenden Preisanstieg führen, signalisieren per se aber keinen geldpolitischen Handlungsbedarf. Ob und inwieweit ein einmaliger Preisschub inflationär wirkt, hängt neben der Möglichkeit zur Steuerüberwälzung auf die Endverbraucher vor allem von der Ausgangslage der Volkswirtschaft ab. Wird etwa die Mehrwertsteuer in Zeiten einer hohen Kapazitätsauslastung der Wirtschaft, hoher gesamtwirtschaftlicher Nachfrage und zunehmenden Spannungen auf dem Arbeitsmarkt erhöht, dürfte sich die Steuererhöhung relativ schnell in höheren Preisen niederschlagen (Erstrundeneffekt). Höhere Preise können ihrerseits zu höheren Lohnforderungen führen und somit einen Inflationsprozess anstoßen oder verstärken. In diesem Fall ist die Geldpolitik gefordert, die aus einem einmaligen Preisniveauanstieg möglicherweise resultierenden Zweitrundeneffekte zu verhindern (EZB 1999e und 2000c). Durch eine mittelfristige Ausrichtung der Geldpolitik können sich vorübergehende Abweichungen des aktuellen Preisindex von der Definition von Preisniveaustabilität nicht dauerhaft manifestieren. Dadurch trägt die Geldpolitik entscheidend dazu bei, über einen die wirtschaftliche Entwicklung verstetigenden Effekt die Inflationserwartungen auf niedrigem Niveau zu stabilisieren.

Bei ihrer Strategiewahl kann die Zentralbank versuchen, das Endziel der Geldpolitik direkt anzusteuern oder auf ein zweistufiges Verfahren zurückzugreifen, indem sie zur Erreichung des Endziels ein monetäres Zwischenziel verfolgt. In diesem Fall wird nicht direkt das Preisniveau, sondern eine monetäre Variable, die in enger Beziehung zum Preisniveau steht, anvisiert. Die erfolgreiche Verfolgung eines Zwischenziels setzt voraus, dass zwischen Endzielvariable und Zwischenzielvariable eine dauerhaft stabile Beziehung besteht und die Zentralbank in der Lage ist, die gewählte Zwischenzielvariable auch tatsächlich zu kontrollieren. Darüber hinaus muss die Zwischenzielvariable auch Indikatorqualitäten besitzen und relativ schnell verlässliche Rückschlüsse über die Wirkung der Geldpolitik geben. Da es heute weitgehend unstrittig ist, dass Inflation letztlich ein monetäres Phänomen ist und ein dauerhafter Anstieg des allgemeinen Preisniveaus ohne eine übermäßige Ausweitung der Geldmenge nicht möglich ist, bietet sich die Entwicklung der Geldmenge als gleichsam natürliches Zwischenziel der Geldpolitik an. Bei der Verfolgung eines Geldmengenziels kündigt die Zentralbank das Wachstum der Geldmenge für einen bestimmten Zeitraum an und verpflichtet sich, dieses Wachstum in stabilitätspolitisch vertretbaren Grenzen zu halten. Unerwartete Abweichungen vom angekündigten Geldmengenziel signalisieren in der Regel einen geldpolitischen Handlungsbedarf, sofern sie nicht glaubwürdig auf bestimmte (temporäre) Sonderfaktoren zurückgeführt werden können.

Der Vorteil eines zweistufigen Verfahrens liegt darin, dass der Zusammenhang zwischen geldpolitischen Entscheidungen und Zwischenziel besser bekannt und leichter zu kontrollieren ist als der zwischen geldpolitischen Entscheidungen und Endziel. Allerdings können Strukturbrüche in der Geldnachfrage und damit verbundene Schwankungen in der Umlaufgeschwindigkeit des Geldes (definiert als Relation von nominellem Einkommen zur Geldmenge) die Verwendung eines Zwischenziels erschweren oder unmöglich machen. In den vergangenen Jahren haben Finanzinnovationen und andere Entwicklungen an den Finanzmärkten zu Strukturbrüchen geführt mit der Folge, dass traditionelle monetäre Beziehungen instabil wurden. Aus diesem Grund sind immer mehr Zentralbanken dazu übergegangen, das Endziel direkt anzusteuern.

Bei der direkten Verfolgung eines Inflationsziels richtet die Zentralbank ihre Zinspolitik an einer Vielzahl relevanter Indikatoren aus, um dadurch das Risiko der geldpolitischen Fehlsteuerung zu minimieren. Eine solche Strategie ist aber zwangsläufig komplexer als eine zweistufige Strategie, was die Transparenz der Geldpolitik erschwert. Die Frage nach der geldpolitischen Strategie lässt sich aber nur unter Berücksichtigung der jeweils gegebenen Rahmenbedingungen des für die Geldpolitik relevanten Währungsraums formulieren (zu den beiden klassischen Konzepten der Geldmengensteuerung und direkten Inflationssteuerung siehe Angeloni et al. 1999, zu unterschiedlichen Strategien in den Ländern des Euroraums vor ihrem Beitritt zur Währungsunion siehe Bundesbank 1998).

## 3.3 Instrumente der Geldpolitik

Mit ihren geldpolitischen Entscheidungen will die Zentralbank das Verhalten der Wirtschaftsakteure beeinflussen und mittelfristig in eine bestimmte Richtung lenken. Der Ansatzpunkt für die Geldpolitik ist der Geldmarkt und damit Geldmenge und Kreditgewährung, Marktzinssätze und Bankenliquidität. Über Veränderungen der Geldmarktzinsen und der Bankenliquidität kann die Zentralbank indirekt das Kreditangebotsverhalten der Banken und die Geld- und Kreditnachfrage der Wirtschaft steuern. Im Allgemeinen wirken sich Veränderungen am Geldmarkt zunächst auf die Finanzmärkte aus, was sich in veränderten Marktzinsen, Vermögenspreisen, Wechselkursen und Einlagen- und Kreditkonditionen niederschlägt. Diese Veränderungen im monetären Bereich wirken dann auf das Ausgabeverhalten der privaten Nichtbanken und – in Abhängigkeit von der Anpassungsflexibilität der Volkswirtschaft und den gegebenen Wirtschafts- und Finanzstrukturen – auf das allgemeine Preisniveau. Daneben können geldpolitische Impulse aber auch direkt die Inflationserwartungen und Preisentscheidungen der Marktakteure beeinflussen. Der Geldmarkt im engeren Sinne ist definiert als der Handel von Zentralbankguthaben unter Banken und bietet der Zentralbank als „Monopolanbieter“ von Zentralbankgeld die Möglichkeit, die Refinanzierungskonditionen der Banken zu beeinflussen und letztlich die Geldmenge zu kontrollieren.

Als Instrumente stehen grundsätzlich marktkonforme und nicht-marktkonforme Instrumente zur Verfügung. Seit Mitte der achtziger Jahre sind die Zentralbanken fortgeschrittener Volkswirtschaften zunehmend auf eine marktorientierte Umsetzung der Geldpolitik eingeschwenkt, in denen die zins- und liquiditätspolitischen Entscheidungen überwiegend über Offenmarktoperationen erfolgen (einen Überblick über Unterschiede und Ähnlichkeiten im Instrumenteneinsatz ausgewählter Länder gibt Borio 1997). Daher wird im Folgenden auf nicht-marktkonforme Instrumente wie Kreditplafondierung oder administrative Zinsbindungen, die mit zunehmend integrierten internationalen Finanzmärkten ihre Wirkung weitgehend verloren haben, nicht näher eingegangen. Die heute existierenden Instrumente lassen sich im Wesentlichen in drei Gruppen einteilen: Offenmarktoperationen, dauerhafte Fazilitäten und Mindestreserve.

*3.3.1 Offenmarktpolitik*

Das heute wohl bedeutendste Instrument zur Durchführung der Geldpolitik sind Offenmarktoperationen, d.h. An- und Verkauf von Wertpapieren durch eine Zentralbank auf eigene Rechnung. Diese Operationen dienen der gezielten Steuerung der kurzfristigen Zinssätze und der Liquidität am Geldmarkt. Im Gegensatz zu anderen geldpolitischen Instrumenten stehen Offenmarktoperationen in vielen Fällen einem breiten Spektrum von Geschäftspartnern – Banken und Nichtbanken – zur Angebotsabgabe offen. Dabei können sie entweder als „Outright"-Geschäfte definitiv oder aber über befristete Transaktionen in Form von sogenannten Pensionsgeschäften (Offenmarktgeschäft mit Rückkaufsvereinbarung) durchgeführt werden. Pensionsgeschäfte finden üblicherweise in regelmäßigen Abständen statt und haben eine bestimmte Laufzeit. Nach Art der Durchführung der Offenmarktgeschäfte kann man zwischen einem *Mengentender mit Festzins*, bei dem die beteiligten Geschäftspartner den Geldbetrag bieten, für den sie zum vorgegebenen Zinssatz abzuschließen wünschen, oder einem *Zinstender*, bei dem die Geschäftspartner ein Angebot sowohl über den Betrag als auch den Zinssatz abgeben, wählen (EZB 2000c; Manna et al. 2000; Issing 1996, 95 ff.).

Der Mengentender bietet sich vor allem dann an, wenn eine Zentralbank ein klares geldpolitische Signal setzen will. In diesem Fall kann sie dem Markt direkt zeigen, welchen Zinssatz sie für angemessen hält. Bei dieser Art der Ausschreibung geben die beteiligten Geschäftspartner ihre Gebote ab und nennen die Beträge, für die sie Wertpapiere zum festgesetzten Zins an die Zentralbank kaufen oder verkaufen möchten. Da die Summe aller gebotenen Beträge über dem Zuteilungsvolumen, das den liquiditätspolitischen Vorstellungen der Zentralbank entspricht, liegen kann, werden alle eingegangenen Einzelgebote unter Anwendung einer Repartierungsquote zugeteilt. Bedingt durch den Anreiz zur risikolosen Abgabe hoher Gebote kann die Zentralbank beim Mengentender mit einem Überbietungsproblem konfrontiert werden mit der Folge unerwünscht niedriger Repartierungen.

Beim marktnäheren Zinstender hingegen geben die Geschäftspartner neben der Menge auch den Zinssatz an, zu dem sie Wertpapiere an die Zentralbank verkaufen möchten. Die Zentralbank tritt hierbei als Preisnehmer auf. Dabei erfolgt die Zuteilung entweder nach dem *„holländischen" Verfahren* – zu einem einheitlichen Satz – oder nach dem *„amerikanischen" Verfahren* – zu den individuellen Bietungssätzen der Geschäftspartner. Bei der Zuteilung werden alle Gebote über dem einheitlichen Zinssatz oder über dem niedrigsten noch zum Zuge kommenden (marginalen) Satz voll berücksichtigt, während die Gebote zu diesen Sätzen gegebenenfalls repartiert werden. Beim Zinstender ist es der Zentralbank nur noch begrenzt möglich, ein klares geldpolitisches Signal zu setzen. Die Ankündigung eines Mindestbietungssatzes könnte diese Signalfunktion begrenzt übernehmen und den Geschäftspartnern eine gewisse Orientierung geben. Weil das amerikanische Auktionsverfahren die Geschäftspartner dazu anhält, vorsichtig zu kalkulieren, dürfte der durchschnittliche Zuteilungszins nicht wesentlich über diesem Mindestzins liegen.

### *3.3.2 Ständige Kredit- und Einlagenfazilitäten*

Darüber hinaus bieten viele Zentralbanken den Kreditinstituten ständige Fazilitäten an, um über die jederzeitige Liquiditätsbereitstellung (Kreditfazilitäten) oder Liquiditätsabschöpfung (Einlagenfazilität) das reibungslose Funktionieren des Geldmarkts zu gewährleisten. Die bilateralen Geschäfte zwischen Zentralbank und Kreditinstituten können auf Anfrage eines Kreditinstituts abgeschlossen werden. Maßgeblich sind die von der Zentralbank festgelegten Konditionen. Traditionell ist es für Kreditinstitute im Zuge ihres Kreditschöpfungsprozesses von zentraler Bedeutung, sich bei der Zentralbank refinanzieren, d.h. auf Zentralbankgeldkredit zurückgreifen zu können (ausführlich hierzu vgl. Issing 1996, S. 75-87, 149 ff.). Da die von der Zentralbank festgelegten Zinssätze meistens unter dem Marktzins liegen, wird diese Art der Refinanzierung häufig dauerhaft in Anspruch genommen. Die Zentralbank legt die Refinanzierungsbedingungen fest, wobei vor allem die Zinssätze als Aktionsparameter fungieren. Daneben können die Refinanzierungsmöglichkeiten der Kreditinstitute auch quantitativ (Refinanzierungskontingente) und qualitativ (Festlegung der Bedingungen für das refinanzierungsfähige Material) begrenzt werden. Eine Senkung der Refinanzierungssätze oder eine Lockerung der quantitativen und qualitativen Refinanzierungsbedingungen bewirkt ceteris paribus einen expansiven geldpolitischen Effekt mit der Folge eines Anstiegs der gesamtwirtschaftlichen Nachfrage. Umgekehrt kann die Nachfrage durch eine restriktive Refinanzierungspolitik eingeschränkt werden. Auf der anderen Seite bietet die Einlagenfazilität den Banken die Möglichkeit, überschüssige Liquidität jederzeit zinsbringend bei der Zentralbank anzulegen. Die Verwaltung der ständigen Fazilitäten obliegt der Zentralbank.

### *3.3.3 Mindestreservepolitik*

Schließlich kann der Gesetzgeber der Zentralbank das Recht einräumen, Banken zur Haltung von Mindestreserven zu verpflichten. Unter Mindestreserven versteht man den Bestand an bestimmten Aktiva, die von Banken mindestens gehalten werden müssen. Zu diesem Zweck erlässt die Zentralbank Mindestreservebestimmungen.

Maßgeblich für die Mindestreservepflicht ist in der Regel der von der Zentralbank festgelegte Mindestreservesatz auf Verbindlichkeiten der Kreditinstitute gegenüber dem Nichtbankensektor. Dabei können die Mindestreservesätze nach unterschiedlichen Kriterien gestaffelt sein, etwa nach Art, Höhe und Herkunft der reservepflichtigen Verbindlichkeiten. Die Mindestreserven sind als unverzinsliche oder verzinsliche Guthaben bei der Zentralbank zu halten.

Ein Mindestreservesystem kann im Wesentlichen drei Aufgaben erfüllen. *Erstens* kann es zur Stabilisierung der Geldmarktsätze beitragen, zumal dann, wenn eine Erfüllung auf durchschnittlicher Basis über eine längere Periode vorgesehen ist. *Zweitens* trägt es dazu bei, einen ausreichenden und stabilen Bedarf der Banken an Zentralbankguthaben zu schaffen und somit eine strukturelle Liquiditätsknappheit am Markt herbeizuführen bzw. zu vergrößern. Dadurch wird die Zentralbank besser in die Lage versetzt, in effizienter Weise als Liquiditätsbereitsteller für das gesamte Bankensystem zu operieren und die Geldmengenexpansion zu kontrollieren, die für eine längerfristige Entwicklung der Preise von entscheidender Bedeutung ist. Darüber hinaus wird es der Zentralbank erleichtert auf neue Zahlungsverfahren, wie etwa die Entwicklung elektronischen Geldes, zu reagieren. *Drittens* kann das Mindestreservesystem durch die Erhöhung der Zinselastizität der Geldnachfrage zur Geldmengensteuerung beitragen. Besteht hingegen kein Mindestreservesystem, so kann die Zentralbank unter bestimmten Bedingungen mit einer relativ hohen Volatilität der Geldmarktsätze konfrontiert werden, was einen häufigen Einsatz von Offenmarktgeschäften zur Feinsteuerung erforderlich machte. In diesem Fall könnten die Märkte geldpolitische Signale nur schwer von technischen Anpassungen unterscheiden, wodurch die effiziente Durchführung der Geldpolitik beeinträchtigt werden könnte. Der wirksame Einsatz der Mindestreserve als geldpolitisches Steuerungsmittel setzt voraus, dass die Mindestreservebestimmungen strikt eingehalten werden.

Allerdings ist der Einsatz der Mindestreserve nicht unumstritten. Zum einen wird ihre Wirksamkeit bei zunehmend integrierten Finanzmärkten, die immer mehr Umgehungsmöglichkeiten eröffnen, in Frage gestellt. Hinzu kommen Wettbewerbsnachteile für den heimischen Finanzplatz, da die Mindestreserve wie eine Besteuerung des heimischen Bankensektors wirkt. Schließlich werden Finanzintermediäre begünstigt, die keiner Mindestreservevorschrift unterliegen. Ein niedriger Mindestreservesatz und eine im günstigsten Fall vollumfängliche Verzinsung des reservepflichtigen Betrags können helfen, diese Wettbewerbsnachteile zu vermindern.

## 4. Die Geldpolitik der Europäischen Zentralbank

### 4.1 Institutioneller Rahmen, Aufgaben und Arbeitsweise des Eurosystems

Bei der institutionellen Ausgestaltung des geldpolitischen Rahmens in Europa wurde obigen Überlegungen in vielfältiger Weise Rechnung getragen (EZB 1999c). Durch den *EG-Vertrag* und die *Satzung der Zentralbanken und der EZB* (nachfolgend als *Satzung* bezeichnet), die einen integralen Bestandteil des EG-Vertrags darstellt, wurde das Europäische System der Zentralbanken (ESZB) errichtet, das auf dem Konzept eines *zwei Ebenen umfassenden Zentralbanksystems* basiert. Dem ESZB gehören zum einen die EZB und zum anderen die NZBen der – zur Zeit 15 – EU-Mitgliedstaaten an (derzeit sind 13 Länder in Mittel- und Osteuropa und im Mittelmeerraum als offizielle Beitrittskandidaten von der EU anerkannt, wovon 12 Länder (Bulgarien, Estland, Lettland, Litauen, Malta, Polen, Rumänien, Slowakische Republik, Slowenien, Tschechische Republik, Ungarn und Zypern) bereits formelle Beitrittsverhandlungen führen. Nach einem Beschluss des Europäischen Rats gilt die Türkei als offizieller Beitrittskandidat. Die Beitrittsverhandlungen können aber erst aufgenommen werden, wenn die Türkei die erforderlichen Bedingungen erfüllt (hierzu ausführlich EZB 2000a).

Das ESZB besitzt keine Rechtspersönlichkeit und wird von den Beschlussorganen der EZB – d.h. dem Rat der EZB, dem Erweiterten Rat und dem Direktorium – geleitet. Das *Eurosystem* – das wie bereits erwähnt aus der EZB und den NZBen der EU–Mitgliedsländer besteht, die den Euro eingeführt haben – ist der *geldpolitisch relevante Teil des ESZB*. Die NZBen der EU-Mitgliedstaaten, die den Euro nicht eingeführt haben, nehmen eine Sonderstellung im ESZB ein (zur Zeit gehören Großbritannien, Schweden, Dänemark und Griechenland dem Währungsverbund nicht an. Sie werden auch als „*outs*" oder mit Blick auf ihre erwartete künftige Teilnahme an der Währungsunion als „*pre-ins*" bezeichnet. Griechenland, das die im Maastricht-Vertrag formulierten Eintrittskriterien zum Prüfungstermin 1998 nicht erfüllte, wird, nachdem es die Konvergenzprüfung 2000 erfolgreich abschloss, zum 1. Januar 2001 der Währungsunion angehören. Großbritannien und Dänemark haben im Entscheidungsjahr 1998 ihre vertraglich vereinbarten Ausnahmeklauseln in Anspruch genommen, während Schweden formal das Wechselkurskriterium nicht erfüllte). Solange die „*pre-ins*" ihre geldpolitische Souveränität besitzen, sind sie weder an der Festlegung noch an der Umsetzung der einheitlichen Geldpolitik beteiligt. Jedoch sind sie über ihre Mitgliedschaft im Erweiterten Rat der EZB an den für sie relevanten Fragestellungen und Entscheidungen, etwa im Zusammenhang mit dem Wechselkursmechanismus II, beteiligt.

Nach Artikel 105 (1) EG-Vertrag, ist es das *vorrangige Ziel* des Eurosystems, *Preisniveaustabilität zu gewährleisten*. Soweit dies ohne Verletzung dieses Ziels möglich ist, unterstützt das Eurosystem darüber hinaus die allgemeine Wirtschaftspolitik in der Gemeinschaft, um dazu beizutragen, die allgemeinen in Artikel 2 EG-Vertrag festgelegten Ziele der Gemeinschaft wie ein anhaltendes inflationsfreies Wachstum und einen hohen Beschäftigungsstand zu realisieren. Bei seiner Zielverfolgung handelt das Eurosystem im Einklang mit den Grundsätzen einer offenen Marktwirtschaft mit freiem Wettbewerb. Auch die Wechselkurspolitik der Gemeinschaft ist nach *Artikel 4* (ex-Artikel 3a) EG-Vertrag auf die Verfolgung des Ziels der Preisniveaustabilität gerichtet. Die *Hauptaufgaben des Eurosystems* bestehen nach Artikel 105 (2) EG-Vertrag i.V.m. Artikel 3.1 der Satzung darin, die einheitliche Geldpolitik für den Euroraum festzulegen und umzusetzen, Devisengeschäfte durchzuführen, die offiziellen Währungsreserven der Mitgliedstaaten zu halten und zu verwalten sowie den reibungslosen Ablauf des Zahlungsverkehrs innerhalb des Euroraums zu fördern. Darüber hinaus trägt das Eurosystem gem. Artikel 105 (5) EG-Vertrag i.V.m. Artikel 3.3 der Satzung zur reibungslosen Durchführung der auf dem Gebiet der Bankenaufsicht und der Stabilität des Finanzsystems ergriffenen Maßnahmen bei. Schließlich kann die EZB gegenüber Organen und Einrichtungen der Gemeinschaft sowie nationalen Behörden beratend tätig werden, soweit es sich um Fragen handelt, die in ihren Zuständigkeitsbereich fallen (Artikel 105 (4) EG-Vertrag i.V.m. Artikel 4 der Satzung).

Als oberstes Beschlussorgan legt der *EZB-Rat* die Geldpolitik des Eurosystems zentral fest mit dem *vorrangigen Ziel, die Preisniveaustabilität für den gesamten Euroraum zu gewährleisten.* Zudem obliegt es dem Rat, die Leitlinien zur Erfüllung der grundlegenden Aufgaben des Eurosystems sowie zur Umsetzung der einheitlichen Geldpolitik zu erlassen. Durch die strikte Ausrichtung auf das Ziel der Preisniveaustabilität unterstützt das Eurosystem gleichzeitig auch die allgemeinen wirtschaftlichen Ziele der Gemeinschaft, indem es zu einem günstigen Umfeld für Wachstum und Beschäftigung beiträgt. Dem Rat gehören die sechs Mitglieder des Direktoriums der EZB und die Notenbankpräsidenten der Mitgliedstaaten an, die den Euro eingeführt haben. Die Ratssitzungen finden in der Regel im zweiwöchentlichen Abstand statt. Das *Direktorium* – bestehend aus dem Präsidenten, dem Vizepräsidenten und bis zu vier weiteren Mitgliedern – ist für die Umsetzung der Ratsbeschlüsse und die Führung der laufenden Geschäfte verantwortlich. Die Mitglieder des Direktoriums werden vom Europäischen Rat in der Zusammensetzung der Staats- und Regierungschefs – auf Empfehlung des ECOFIN-Rats, der das Europäische Parlament und den EZB-Rat gehört hat – einvernehmlich ausgewählt und ernannt. Als drittes Beschlussorgan ist der *Erweiterte EZB-Rat* zu nennen, in dem neben dem Präsidenten und dem Vizepräsidenten der EZB auch die Notenbankpräsidenten aller EU-Mitgliedstaaten vertreten sind, einschließlich derjenigen, die aufgrund einer Ausnahmeregelung oder eines Sonderstatus noch nicht an der Währungsunion teilnehmen, namentlich Dänemark, Griechenland, Großbritannien und Schweden.

Um eine potenzielle politische Einflussnahme auf die Geldpolitik der EZB zu verhindern und ihren Beschlussorganen die Durchführung einer *mittelfristig* auf das Ziel der Preisniveaustabilität ausgerichteten Geldpolitik zu ermöglichen, hat der EG-Vertrag das Eurosystem mit einem *hohen Grad an Unabhängigkeit* ausgestattet. In Artikel 108 (ex-Artikel 107) EG-Vertrag i.V.m. Artikel 7 der Satzung ist die *politische und institutionelle Unabhängigkeit* des Eurosystems fest verankert. Darüber hinaus sichert das in Artikel 101 (ex-Artikel 104) EG-Vertrag enthaltene strikte *Verbot der monetären Alimentierung* staatlicher Defizite durch die einheitliche Geldpolitik die *finanzielle Unabhängigkeit* des Eurosystems. Schließlich ist für die Mitglieder des Direktoriums in der Regel eine Amtszeit von acht Jahren festgelegt, wobei sie nicht wieder ernannt werden können. (Die Erstbesetzung des Direktoriums, die im Mai 1998 entschieden wurde, bildet in dieser Hinsicht eine Ausnahme. Entsprechend Artikel 50 der Satzung wurden die Laufzeiten der Verträge der Mitglieder des

Direktoriums gestaffelt. Der Präsident wurde für acht Jahre, der Vizepräsident für vier Jahre und die weiteren Mitglieder des Direktoriums für eine Amtszeit zwischen fünf und acht Jahren ernannt. Dieses Vorgehen erlaubt künftig einen reibungslosen Personalwechsel im Direktorium, da nicht alle Positionen gleichzeitig neu besetzt werden müssen). Die Begrenzung der Amtszeit auf einmalig acht Jahre dient dem Ziel, die *personelle Unabhängigkeit* der Mitglieder des Direktoriums zu stärken.

Diesem hohen Grad an Unabhängigkeit steht ein hohes Maß an *Rechenschaftspflicht* und *Transparenz* des Eurosystems gegenüber (Issing 1999a; ausführlich hierzu Winkler 2000). Hierzu enthält der EG-Vertrag mehrere Vorschriften. Artikel 113 (ex-Artikel 109b) EG-Vertrag und Artikel 15 der Satzung regeln die Berichtspflichten der EZB. Demnach ist die EZB gehalten, mindestens vierteljährlich Berichte über die Tätigkeit des Eurosystems und einen konsolidierten Wochenausweis des Eurosystems zu veröffentlichen. Darüber hinaus muss die EZB den Organen der Gemeinschaft einen Jahresbericht vorlegen. Der Präsident der EZB stellt diesen Bericht dem Europäischen Parlament vor und nimmt an der anschließenden Plenardebatte teil. Darüber hinaus erscheint der Präsident mehrmals im Jahr vor Ausschüssen bzw. Unterausschüssen des Europäischen Parlaments, um über die Aktivitäten des Eurosystems zu berichten. Das Parlament kann daneben aber auch andere Mitglieder des Direktoriums der EZB ersuchen, Auskünfte zu speziellen Fragen zu erteilen. Schließlich können Vertreter der Europäischen Kommission und des ECOFIN-Rats – des Europäischen Rats in der Zusammensetzung der Wirtschafts- und Finanzminister – an den Sitzungen des EZB-Rats teilnehmen, wobei sie jedoch kein Stimmrecht haben. Umgekehrt wird der Präsident der EZB stets zu Sitzungen des ECOFIN-Rats eingeladen wird, wenn dort für das Eurosystem relevante Fragen erörtert werden, sowie zu Sitzungen der Eurogruppe (d.h. des Ministerausschusses der zur Zeit zwölf Mitgliedstaaten der EU). Zwischen den EU Mitgliedstaaten ist vereinbart, dass die Eurogruppe kein Entscheidungsgremium, sondern eine informelle Gruppe zum wechselseitigen Informations- und Ideenaustausch ist. Darüber hinaus tragen die vielfältigen Veröffentlichungen der EZB und die monatlichen Pressekonferenzen zum besseren Verständnis der aktuellen Wirtschaftslage und der geldpolitischen Entscheidungen bei.

Dem Umstand, dass die geldpolitische Verantwortung auf die supranationale Ebene verlagert wurde, impliziert nicht, dass die EZB alleinige Verantwortung für die dauerhafte Sicherung der Preisniveaustabilität im Euroraum trägt. In diesem Zusammenhang setzt der vom Europäischen Rat vereinbarte *Stabilitäts- und Wachstumspakt* im Ansatz richtige Anreize. In Übereinstimmung mit dem Vertrag können die Mitgliedsländer in konjunkturell schwierigen Zeiten die finanzpolitischen Zügel lockern, vorausgesetzt, dass unter normalen und günstigen wirtschaftlichen Bedingungen, der Staatshaushalt ausgeglichen ist oder einen Überschuss aufweist. Im Falle möglicher Fehlentwicklungen im Bereich der öffentlichen Finanzen ist vorgesehen, diese nach gemeinschaftlicher Feststellung zu sanktionieren. Diese Bestimmungen helfen, das Risiko steigender Staatsverschuldung einzelner Euro-Länder zu begrenzen.

## 4.2 Die geldpolitische Strategie des Eurosystems

Während das Ziel der Preisniveaustabilität vertraglich vereinbart ist, hat der EG-Vertrag auf eine quantitative Definition der Preisniveaustabilität verzichtet. Auch findet sich im EG-Vertrag keine Bestimmung über die geldpolitische Strategie, die zu verfolgen ist, um das Ziel dauerhafter Preisniveaustabilität zu erreichen. Dies wurde den Beschlussorganen der EZB überlassen. Angesichts der Unsicherheiten über die Auswirkungen des währungspolitischen Regimewechsels in Europa auf das Verhalten der Privaten, die Struktur der Wirtschaft und die Verfügbarkeit verlässlicher Daten wurde mit der sogenannten *Zwei-Säulen-Strategie* ein neuartiges Konzept festgelegt, das darauf abzielt, die Inflationserwartungen auf einem niedrigen Niveau zu stabilisieren (EZB 1999b und 2000b). Die geldpolitische Strategie der EZB beinhaltet folgende Kernelemente: Eine *quantitative Definition des Ziels der Preisniveaustabilität* und zwei Säulen, die beide dem Zweck dienen, sich ein umfassendes Urteil über die künftige Preisentwicklung und mögliche Inflationsrisiken im Euroraum zu bilden (ausführlich zur Strategie EZB 1999b). Während die erste Säule der *Geldmenge eine prominente Rolle* bei der Beurteilung künftiger Inflationsrisiken beimisst, handelt es sich bei der zweiten Säule um eine Beurteilung der Aussichten für die Preisentwicklung und der Risiken für die Preisniveaustabilität auf *breiter Grundlage*. Dabei werden eine Vielzahl für die geldpolitische Entscheidungsfindung relevanter Finanzmarkt- und Wirtschaftsindikatoren und deren Entwicklung im Zeitablauf sorgfältig beobachtet und analysiert. Ein impliziter und komplementärer Bestandteil dieser Strategie ist eine *effektive Kommunikationspolitik* des Eurosystems, die dafür verantwortlich ist, die geldpolitische Strategie und die daraus resultierenden Entscheidungen der interessierten Öffentlichkeit und den Akteuren auf den Finanzmärkten verständlich zu machen und damit die Transparenz der Geldpolitik zu erhöhen.

### *4.2.1 Die quantitative Definition von Preisniveaustabilität*

*„Preisniveaustabilität wird definiert als Anstieg des Harmonisierten Verbraucherpreisindex (HVPI) für den Euroraum von unter 2% gegenüber dem Vorjahr"* und *„muss mittelfristig beibehalten werden"* (EZB 1998a). Die Verwendung eines Verbraucherpreisindex berücksichtigt, dass sich die Öffentlichkeit bei der Beurteilung der künftigen Preisentwicklung in der Regel auf Verbraucherpreisindizes konzentriert. Damit sind mögliche Abweichungen der aktuellen Preisentwicklung vom Ziel der Preisniveaustabilität durch die Öffentlichkeit leicht zu überprüfen, was die Transparenz und Rechenschaftspflicht der EZB erhöht. Die Vorgabe *„Anstieg (...) von unter 2%"* entspricht weitgehend der Definition, wie sie bis kurz vor dem Start der Währungsunion von den meisten NZBen im Euroraum festgelegt wurde, und bestimmt die maximale (jahresdurchschnittliche) Inflationsrate, die mit Preisniveausta-

bilität zu vereinbaren ist. Die Formulierung „*Anstieg gegenüber dem Vorjahr*" impliziert, dass auch ein permanent sinkendes Preisniveau (Deflation) nicht mit dem Ziel der Preisniveaustabilität vereinbar ist. Eine Inflationsuntergrenze wurde indes nicht festgelegt, da der statistisch ausgewiesene Anstieg des Verbraucherpreisindex mit Messschwierigkeiten verbunden ist und folglich Messungenauigkeiten aufweisen kann. Insbesondere ist zu berücksichtigen, dass die von der Preisstatistik ausgewiesenen Zahlen das Maß der tatsächlichen Preissteigerung überzeichnen können (Boskin 1996 für die Vereinigten Staaten; Hoffmann 1998 für Deutschland). Eine Überzeichnung des Preisanstiegs ist vor allem darauf zurückzuführen, dass Substitutionseffekte, Qualitätsänderungen der im Warenkorb enthaltenen Güter und Strukturveränderungen im Handel nicht oder nur unzureichend berücksichtigt werden. Empirische Untersuchungen deuten ferner darauf hin, dass die Messfehler bei den nationalen Verbraucherpreisindizes in den Ländern des Euroraums geringer ausfallen als etwa in den USA (zu Probleme bei der Wahl und Konstruktion eines geeigneten Preisindex siehe Issing 1999b). Mit dem Zusatz „*für den Euroraum*" hat der EZB-Rat deutlich gemacht, dass er seine Entscheidungen auf die monetäre, wirtschaftliche und finanzielle Entwicklung im gesamten Euroraum stützt. Die einheitliche Geldpolitik ist somit auf den gesamten Euroraum ausgerichtet. Bestimmte regionale oder nationale Entwicklungen werden nicht gesondert berücksichtigt. Dies impliziert aber auch, dass die einzelnen im Euroraum zusammengeschlossenen Länder unterschiedlich hohe Inflationsraten aufweisen können (hierzu ausführlich EZB 1999f).

### *4.2.2 Beobachtung der Geldmengenexpansion anhand eines Referenzwerts (1. Säule)*

Bei der Verfolgung des Ziels der Preisniveaustabilität stützt sich die EZB auf zwei Säulen. Als erste Säule spielt dabei die Geldmenge eine prominente Rolle. Grundlage für die Berechnung der Geldmenge in ihren unterschiedlichen Abgrenzungen ist die *Konsolidierte Bilanz* des Sektors der Monetären Finanzinstitute (MFI) für den Euroraum. Der MFI-Sektor besteht aus den Zentralbanken, den gebietsansässigen Kreditinstituten und sonstigen gebietsansässigen Finanzinstituten wie Geldmarktfonds (EZB 1999g). Die herausragende Rolle der Geldmenge findet in der Ankündigung eines quantitativen Referenzwerts für das Geldmengenwachstum ihren Niederschlag. Der Referenzwert bezieht sich auf das Wachstum der breit definierten Geldmenge M3 (definiert als die Summe aus umlaufendem Bargeld, täglich fälligen Einlagen, Einlagen mit einer Laufzeit bis zu zwei Jahren, Einlagen mit vereinbarter Kündigungsfrist von bis zu drei Monaten und vom MFI-Sektor ausgegebenen Instrumenten wie Geldmarktfondsanteilen, Geldmarktpapieren und Repogeschäften). Die breite Geldmengenabgrenzung wurde gewählt, weil verfügbare empirische Daten darauf hindeuten, dass zwischen der Nachfrage nach der Geldmenge M3 und anderen makroökonomischen Variablen wie Produktion oder Preisniveau ein langfristig stabiler Zusammenhang im Euroraum besteht (Coenen / Vega 1999; zu konzeptionellen und empirischen Aspekten monetärer Aggregate im Euroraum siehe EZB 1999g).

Die Ableitung des Referenzwerts erfolgt in einer Weise, die eindeutig mit dem Ziel der Preisniveaustabilität vereinbar ist und der Zielerreichung dient. Angesichts der mittelfristigen Ausrichtung der Geldpolitik wird der Referenzwert basierend auf Annahmen hinsichtlich des mittelfristigen Trendwachstums des BIP und des Wachstums der Umlaufgeschwindigkeit des Geldes abgeleitet. Die Festlegung des aktuellen Referenzwertes basiert auf der bekannten Quantitätsgleichung, die einen Zusammenhang zwischen Geldmenge, Preisniveau und Produktion beschreibt. Dabei wird die Geldmenge mit den Preisen, der Produktion und der Umlaufgeschwindigkeit in Beziehung gesetzt. Da sowohl die Produktion als auch die Umlaufgeschwindigkeit des Geldes mittelfristig unabhängig vom Geldmengenwachstum sind, geht eine übermäßige Ausweitung der Geldmenge mit steigenden Preisen einher. Zur *Berechnung des Referenzwerts* für das Geldmengenwachstum auf der Basis der Quantitätsgleichung wurden folgende Faktoren berücksichtigt:

- *Erstens* besteht das geldpolitische Ziel des EZB-Rats darin, einen *Anstieg des HVPI* im Euroraum von „*unter 2%*" zu erreichen.
- *Zweitens* wurde ein *Wachstumstrend des realen Bruttoinlandsprodukts im Euroraum von 2% bis 2,5% p.a.* angenommen. Das nichtinflationäre Wachstum im Euroraum könnte allerdings künftig darüber liegen, wenn die notwendigen institutionellen (Struktur-)Reformen auf den Arbeits-, Güter- und Kapitalmärkten, im Steuersystem und der Altersversorgung realisiert würden und die Geldpolitik durch eine solide Haushaltspolitik und eine verantwortungsbewusste Lohn- und Beschäftigungspolitik in angemessener Weise unterstützt würde. In diesem Fall ist zu erwarten, dass eine höhere Wettbewerbsintensität im Euroraum zusammen mit technologisch bedingten Produktivitätssteigerungen und Kostensenkungen die Volkswirtschaft des Euroraums dauerhaft auf einen höheren Wachstumspfad hebt. Seit Mitte der neunziger Jahre führten die mit dem technischen Fortschritt und dessen Anwendung verbundenen Produktivitätssteigerungen in den USA zu einer erheblichen Erhöhung des Trendwachstums der Produktion. Solange es aber keine gesicherte empirische Evidenz für eine „New Economy" im Euroraum gibt, ist es geldpolitisch geboten, kein höheres Potenzialwachstum anzunehmen. Würde fälschlicherweise ein dauerhaft höheres Produktivitätswachstum angenommen, könnte sich die Geldpolitik mittelfristig als zu akkommodierend erweisen mit negativen Folgen sowohl für die Glaubwürdigkeit der Geldpolitik als auch für Investitionen und Wachstum (zu den geldpolitischen Implikationen der „New Economy" siehe International Monetary Fund 2000, S. 78 ff.).
- *Drittens* wurde für die mittelfristige Umlaufgeschwindigkeit von M3 ein rückläufiger Trend zwischen 0,5% und 1% p.a. unterstellt. Diese Annahme basiert auf den historischen Werten der vergangenen 20 Jahre. Auf dieser Grundlage wurde der erste Referenzwert für das monetäre Wachstum auf 4,5% festgelegt. Dieser Referenzwert wurde bei seiner Überprüfung im Dezember 1999 beibehalten, weil die zugrunde liegenden Annahmen über die einzelnen Komponenten unverändert blieben.

Soweit keine Sonderfaktoren vorliegen, signalisieren Abweichungen des Geldmengenwachstums vom Referenzwert eine Gefährdung der Preisniveaustabilität. Das Konzept eines Referenzwerts bedeutet jedoch *keine Verpflichtung zu einer mechanistischen Korrektur* von Abweichungen in der kurzen Frist. Auch wurde darauf verzichtet, einen Korridor für den Referenzwert anzugeben, da eine solche Festlegung die immanente Gefahr in sich birgt, dass beim Erreichen des oberen oder unteren Endes die Öffentlichkeit automatische geldpolitische Reaktionen erwarten könnte. Die Entwicklung der Geldmenge wird im Verhältnis zum festgelegten Referenzwert auf der Basis eines gleitenden Dreimonatsdurchschnitts der monatlichen M3-Wachstumsraten beobachtet, um außergewöhnliche monatliche Schwankungen weitgehend auszublenden. Dadurch wird die mittelfristige Ausrichtung des Referenzwerts verstärkt. Diagnostizierte Abweichungen vom Referenzwert werden sorgfältig analysiert und führen in dem Fall, dass die Abweichung auf ein Risiko für die Preisniveaustabilität hindeutet, zu geldpolitischen Reaktionen. Darüber hinaus werden auch die anderen Geldmengenaggregate wie M1 und M2 laufend beobachtet und ausgewertet.

### *4.2.3 Beurteilung der künftigen Preisentwicklung und Risiken für die Preisniveaustabilität auf breiter Basis (2. Säule)*

Die zweite Säule der geldpolitischen Strategie basiert auf einer breit fundierten Beurteilung der Aussichten für die künftige Preisentwicklung und der Risiken für die Preisniveaustabilität im Euroraum. Obgleich die Daten über die Geldmenge wichtige Informationen für geldpolitische Entscheidungen enthalten, spiegeln monetäre Entwicklungen allein nicht die Gesamtheit der Informationen über die Wirtschaft wider, die für die Festlegung einer angemessenen Geldpolitik erforderlich sind. Aus diesem Grund ist es notwendig, auch andere Wirtschaftsdaten und Finanzindikatoren regelmäßig und gründlich zu analysieren. Hierzu zählen Löhne und Lohnstückkosten, Wechselkurse, Anleihekurse, Zinsstrukturkurve, Kapazitätsauslastung, internationale Rohstoff- und Energiepreise, fiskalpolitische Indikatoren, verschiedene Preis- und Kostenindizes, Umfrageergebnisse etc. (EZB 1999f und 2000c). Alle diese Größen finden Eingang in Inflationsprognosen, die zusätzlich zur Beurteilung des geldpolitischen Kurses herangezogen werden. Allerdings sind diese Prognosen mit den bekannten Schwierigkeiten verbunden, Daten zeitnah, konsistent und umfassend zu erfassen und verhaltensbedingte Änderungen richtig abzubilden. Im übrigen dürfte die häufig geforderte Veröffentlichung von Inflationsprognosen nur begrenzt dazu beitragen, die Transparenz der Geldpolitik zu erhöhen, da solche Prognosen in aller Regel unsicher, erklärungsbedürftig und interpretationsoffen sind (Bundesbank 2000).

Die EZB verfolgt kein Wechselkursziel. Ihre geldpolitische Strategie basiert allein auf der Verfolgung des Ziels eines dauerhaft stabilen Preisniveaus. Der Wechselkurs des Euro ist demnach nicht das Ziel der Geldpolitik, sondern das Resultat aktueller und erwarteter Wirtschafts-, Geld- und anderer Politiken im Euroraum sowie zyklischer Entwicklungen innerhalb und außerhalb des Euroraums. Von daher wird der Wechselkurs als einer der geldpolitischen Indikatoren und als eine Ursache möglicher Änderungen des Preisniveaus im Euroraum beobachtet. Ein Wechselkursziel ist nicht nur aus den bereits angeführten Gründen abzulehnen. Auch spielt der Wechselkurs auch aufgrund des relativ geringen Offenheitsgrads des Euroraums eine eher untergeordnete Rolle für die am Euroraum beteiligten Länder (EZB 2000e). In Übereinstimmung mit dem Ansatz der EZB hinsichtlich des Euro-Wechselkurses verständigte sich der Europäische Rat, der letztlich nach Artikel 111 EG-Vertrag (ex Artikel 109) die Wechselkurskompetenz besitzt und für die Wechselkurspolitik im Euroraum verantwortlich ist, im Dezember 1997 darauf, sogenannte Wechselkursorientierungen, die mit qualifizierter Mehrheit beschlossen werden können, nur bei Vorliegen außergewöhnlicher Umstände herauszugeben, etwa im Falle eindeutig und anhaltend verzerrter Wechselkurse des Euro. In der Schlusserklärung heißt es: „*Diese allgemeinen Orientierungen sollten stets die Unabhängigkeit des ESZB* [Eurosystems, Ergänzung des Verfassers] *respektieren und mit dem vorrangigen Ziel des ESZB* [Eurosystems], *die Preisniveaustabilität zu gewährleisten, vereinbar sein*" (Europäischer Rat 1997, S. 149).

## 4.3 Geldpolitisches Instrumentarium des Eurosystems

Die praktische Durchführung der im EZB-Rat *zentral* entschiedenen Geldpolitik erfolgt weitgehend *dezentral* auf der Ebene der NZBen. Hierfür haben die NZBen zur Umsetzung des vom EZB-Rat beschlossenen und im Bericht über „*Die einheitliche Geldpolitik in Stufe 3 – Allgemeine Regelungen für die geldpolitischen Instrumente und Verfahren des ESZB*" veröffentlichten geldpolitischen Handlungsrahmens des ESZB vertragliche und / oder regulatorische (nationale) Rechtsdokumente erarbeitet (EZB 1998b, zu Wechselbeziehungen von Strategie und Instrumenten der Geldpolitik der EZB siehe Manna et al. 2000; einen Überblick über die Umsetzung der Geldpolitik in anderen Ländern gibt Borio 1997). Der Bericht enthält eine detaillierte Beschreibung der zins- und liquiditätspolitischen Instrumente und Verfahren des Eurosystems, das gem. Artikel 105 EG-Vertrag im Einklang mit marktwirtschaftlichen Grundsätzen handelt. Folglich wurde der Handlungsrahmen des Eurosystems in erster Linie so strukturiert, dass die Geldpolitik so *markteffizient* und *wettbewerbsneutral* wie möglich gegenüber den Marktteilnehmern umgesetzt werden kann. Die dem Eurosystem zur Verfügung stehenden Instrumente sind in den Artikeln 17 bis 19 der Satzung geregelt.

Um einen möglichst hohen Grad an Effizienz und Neutralität zu erreichen, erfolgt die Durchführung der Geldpolitik hauptsächlich über *Offenmarktoperationen* durch die NZBen. Es gibt vier Kategorien von Offenmarktgeschäften: Hauptrefinanzierungsgeschäfte, längerfristige Refinanzierungsgeschäfte, Feinsteuerungsgeschäfte und strukturelle Operationen. Befristete Transaktionen sind das wichtigste Offenmarktinstrument und können in allen vier Operationskategorien eingesetzt werden (EZB 1998b; Manna et al. 2000). Neutralität wird dabei durch die Art der Durchführung der Offenmarktgeschäfte durch die EZB gewährleistet, die fast alle über Tender abgewickelt werden, die einem breiten Spektrum von Geschäftspartnern zur Angebotsabgabe offenstehen. Dadurch ist ein transparentes und faires Verfahren gewährleistet. Daneben werden auch bilaterale Operationen durchgeführt, um das reibungslose Funktionieren des Geldmarkts zu gewährleisten. Zu diesem Zweck werden *zwei ständige Fazilitäten* – die Einlagenfazilität und die Spitzenrefinanzierungsfazilität – angeboten, um Übernachtliquidität anzulegen bzw. zu beschaffen. Die Zinssätze, zu denen diese Art von Operationen angeboten werden, bilden auf diese Weise die Ober- bzw. Untergrenze der Tagesgeldsätze. Diese beiden Fazilitäten können auf Anfrage eines Geschäftspartners in Anspruch genommen werden und werden dezentral von den NZBen verwaltet.

Auch hat die EZB das Recht, die Banken zur Haltung von *Mindestreserven* zu verpflichten (EZB 1998c). Der Mindestreservesatz innerhalb des Mindestreservesystems der EZB ist relativ niedrig und die Mindestreserveguthaben werden vollumfänglich verzinst. Der Reservesatz beträgt 2% für Einlagen, Schuldverschreibungen mit einer vereinbarten Laufzeit von bis zu 2 Jahren und Geldmarktpapiere. Repogeschäfte unterliegen zwar der Mindestreservepflicht, doch gilt für sie ein Reservesatz von 0%. Verbindlichkeiten gegenüber anderen Instituten, die dem Mindestreservesystem des Eurosystem unterliegen, und dem Eurosystem selbst fallen nicht unter die Mindestreservepflicht. Die Mindestreserveguthaben werden in voller Höhe zum Satz für Hauptrefinanzierungsgeschäfte des Eurosystems (berechnet nach dem Monatsdurchschnitt) verzinst. Es könnte argumentiert werden, dass eine niedrigere als die vollumfängliche Verzinsung von Mindestreserveguthaben die Zinselastizität der Zentralbankgeldnachfrage erhöhen würde. Das Eurosystem hat sich jedoch zugunsten der Verzinsung in voller Höhe entschlossen, um mögliche Verzerrungen, die durch eine geringere als die vollumfängliche Verzinsung hätten entstehen können, zu vermeiden. Von der Mindestreservepflicht ist kein Kreditinstitut ausgeschlossen.

Schließlich war die Gleichbehandlung der Geschäftspartner einer der wichtigsten Leitgedanken bei der Festlegung des Spektrums der refinanzierungsfähigen Sicherheiten. Bei Beanspruchung der Spitzenrefinanzierungsfazilität oder liquiditätszuführender

Operationen des Eurosystems müssen die Geschäftspartner normalerweise Sicherheiten als Garantie für sämtliche vom Eurosystem gewährten Kredite bei ihrer jeweiligen NZB hinterlegen. Die Liste refinanzierungsfähiger Sicherheiten umfasst ein breites Spektrum an Aktiva, die von der EZB festgelegt werden. Dabei wird zwischen zwei Gruppen von zentralbankfähigen Sicherheiten unterschieden, den „Kategorie-1-Sicherheiten“ und den „Kategorie-2-Sicherheiten“. Kategorie-1-Sicherheiten sind marktfähige Schuldtitel, die von der EZB festgelegte, einheitliche und im gesamten Euroraum geltende Zulassungskriterien in bezug auf ihre Bonität im Euroraum erfüllen. Um zu Beginn der dritten Stufe eine gewisse Kontinuität zu gewährleisten, wurde eine weitere Kategorie von Sicherheiten eingeführt, die sogenannten „Kategorie-2-Sicherheiten“. Kategorie-2-Sicherheiten sind zusätzliche, marktfähige und nicht marktfähige Sicherheiten, die von der EZB akzeptiert wurden, weil sie den

Unterschieden zwischen nationalen Finanzmärkten und Bankensystemen Rechnung tragen. Die Gleichbehandlung refinanzierungsfähiger Sicherheiten wird durch zwei Grundsätze gewährleistet. Erstens entspricht die Bonität von Kategorie-2-Sicherheiten der von Kategorie-1-Sicherheiten. Zweitens können beide Kategorien von Sicherheiten von jedem Kreditinstitut im Euro-Währungsgebiet ungeachtet seines Standorts genutzt werden. Die NZBen agieren diesbezüglich untereinander als Korrespondenzbanken, um so sicherzustellen, dass eine grenzüberschreitende Nutzung auch bei solchen Sicherheiten möglich ist, für die dieser Service in den Wertpapierabwicklungssystemen noch nicht existiert.

## 5. Schlussbemerkungen

Mit dem vorliegenden Beitrag wurden die vielfältigen allokativen und distributiven Inflationswirkungen erklärt und die Vorteilhaftigkeit dauerhaft stabiler Preise begründet. Preisniveaustabilität trägt dazu bei, ein günstiges Umfeld für Wachstum und Beschäftigung zu schaffen und unerwünschte Umverteilungseffekte zu vermeiden. Ein informationseffizientes Preissystem ist die *conditio sine qua non* für einen funktionsfähigen Marktmechanismus, der eine effiziente Allokation der knappen Ressourcen sichert. In einem stabilen Umfeld entfallen die Inflationsrisikoprämien. Niedrige Realzinsen sorgen für ein günstiges Investitions- und Wachstumsklima. Die wirtschaftliche Entwicklung in den westlichen Industrieländern hat die zeitweise sehr populäre Annahme widerlegt, dass Wachstum und Beschäftigung der Wirtschaft über eine inflationäre Geldpolitik dauerhaft angehoben werden könnten. Schließlich genügt der Hinweis auf die mit einer Disinflation verbundenen temporären Kosten, um zu rechtfertigen, warum Regierungen von Anfang an dem Versuch widerstehen sollten, durch Inflation die Arbeitslosigkeit (vorübergehend) zu senken. Eine unabhängige und auf das Ziel der Preisniveaustabilität verpflichtete Notenbank, die flexibel auf ökonomische Datenänderungen reagieren kann, ist am ehesten in der Lage, ein für Wachstum und Beschäftigung günstiges Klima zu schaffen.

Der neue institutionelle Rahmen ermöglicht es der EZB, eine einheitliche Geldpolitik für den gesamten Euroraum unabhängig festzulegen und umzusetzen. Die vom EZB-Rat festgelegte Strategie unterstreicht die strikte Ausrichtung der EZB an ihrem vertraglich vereinbarten und vorrangigen Ziel, Preisniveaustabilität zu gewährleisten. Die Erreichung dieses Ziels wird dadurch erleichtert, dass die Strategie nicht auf ein einziges Paradigma festgelegt ist, sondern auf einem flexiblen analytischen Ansatz beruht, der qualitativen und quantitativen Unsicherheiten sowie veränderten monetären Beziehungen, die durch verhaltensbedingte und strukturelle Veränderungen in der Wirtschaft des Euroraums und vor allem auf den Finanzmärkten verursacht werden, angemessen Rechnung trägt. Der EZB-Rat allein entscheidet welche Indikatoren mit welchem Gewicht in die Meinungsbildung und Entscheidungsfindung eingehen. Dies und die Komplexität der Strategie stellen erhöhte Anforderungen an die Informations- und Kommunikationspolitik der EZB. Durch das Spektrum der zur Verfügung stehenden geldpolitischen Instrumente und Verfahren ist die EZB in der Lage, den allgemeinen geldpolitischen Kurs innerhalb des Eurosystems systematisch zu steuern.

## **Weiterführende Literatur** (zitierte Quellen siehe Anhang)

*Angeloni, I. et al.* (1999), The monetary policy strategy of the ECB, in: D. Cobham / G. Zis (Hrsg.), From EMS to EMU: 1979 to 1999 and beyond, Basingstoke u.a., S. 3-38.

*Blackburn M. / M. Christensen* (1989), Monetary policy and policy credibility: Theories and evidence, Journal of Economic Literature 27, S. 1-45.

*Cukierman, A.* (1992), Central bank strategy, credibility and independence: Theory and evidence, Cambridge, MA u.a.

*Deutsche Bundesbank* (2000), Transparenz in der Geldpolitik, Monatsbericht März, S. 15-30.

*Edey, M.* (1994), Costs and benefits of moving from low inflation to price stability, OECD Economic Studies Nr. 23, S. 109-130.

*EZB* (1998): Die einheitliche Geldpolitik in Stufe 3: Allgemeine Regelungen für die geldpolitischen Instrumente und Verfahren des ESZB, September 1998.

*EZB* (1999): Die stabilitätsorientierte geldpolitische Strategie des Eurosystems, Monatsbericht Januar 1999, S. 43-56.

*EZB* (2000b): Geldpolitische Transmission im Euro–Währungsgebiet, Monatsbericht Juli 2000, S. 45-62.

*EZB,* Monatsberichte, Konferenzbeiträge, Vorträge und andere Veröffentlichungen.

*Issing, O.* (1996), Einführung in die Geldpolitik, 6. Auflage, München.

*Issing, O.* (1998), Einführung in die Geldtheorie, 11. Auflage, München.

*Manna, M. et al* (2000), The Eurosystem's operational framework in the context of its monetary policy strategy, Konferenzpapier zur EZB Tagung „The Operational Framework of the Eurosystem and Financial Markets", 5.-6. Mai, Frankfurt a.M.

**Verständnisfragen** (Lösungen siehe Anhang)

**Frage 1:**

Welche Bedeutung hat das Ziel der Preisniveaustabilität für Wachstum und Beschäftigung eines Landes?

**Frage 2:**

Was versteht man unter dem Glaubwürdigkeitsproblem der Geldpolitik? Sind Geldmengenregeln geeignet, dieses Problem zu lösen?

**Frage 3:**

Erläutern Sie das geldpolitische Konzept der Europäischen Zentralbank. Welche Gründe sprechen für den Einsatz der Mindestreserve im Euroraum?

# Gesundheitspolitik

Wirtschaftspolitik der Experimente als Ursache und Lösung der Krise des Gesundheitswesens?

*Stefan Okruch*

# 1. Grundlagen

## 1.1 Positive und Normative Theorie der Wirtschaftspolitik

Theoretische Wirtschaftspolitik zu betreiben, kann zweierlei bedeuten: Die Theorie kann erstens darauf zielen, *Empfehlungen* für die „richtige" Wirtschaftspolitik auszusprechen, oder sie kann zweitens die empirisch beobachtbare Wirtschaftspolitik ökonomisch *erklären* und *prognostizieren.* Wahrend der erstgenannte, *normative* Zweig der Theorie der Wirtschaftspolitik sich mit anzustrebenden *Zielen* und effektiven und effizienten *Instrumenten* beschäftigt, untersucht die zweite Form politische Entscheidungen mit ökonomischen Theorien der Demokratie, der Interessengruppen und der Bürokratie (*positive* Theorie). Diese Unterscheidung der beiden theoretischen Varianten ist nur deshalb sinnvoll, weil die faktische Wirtschaftspolitik nur allzu oft den Maßstäben „rationaler" Wirtschaftspolitik nicht genügt. Die positiven Theorien der *Neuen Politischen Ökonomie* machen verständlich, dass dieser Kontrast in der Logik politischer Entscheidungen durch selbstinteressierte und nur unvollständig informierte Politiker und Bürokraten liegen kann. Das bedeutet, dass die normative Theorie die Erkenntnisse ihrer positiven Schwesterdisziplin integrieren sollte, wenn sie nicht systematisch von der mangelhaften Umsetzung ihrer (gut begründeten) Ratschläge enttäuscht werden will. Da dies weitgehend nicht der Fall ist, überrascht es nicht, dass von einer „Krise der theoretischen Wirtschaftspolitik" gesprochen wird (Wegner 1996).

Für den im Folgenden untersuchten Bereich wird diese Vernachlässigung einer als *Selbstreferenz* (Witt 1992) zu beschreibenden Dimension theoretischer Wirtschaftspolitik besonders deutlich: Die gesundheitspolitischen Reformvorschläge von unterschiedlicher Radikalität sind zahlreich, doch ihre Umsetzung bleibt unvollständig, verwässert oder ganz aus, denn die Kritik an den bestehenden Strukturen muss, wenn es an die Umsetzung einer Verbesserung geht, genau auf diesen Strukturen aufbauen. Der Kontrast zwischen offensichtlicher Reformnotwendigkeit und überzeugenden Reformvorschlägen einerseits und der politischen Praxis von „Reförmchen" und kurzfristigem Durchwursteln andererseits ist im Falle der deutschen Gesundheitspolitik, die hier im Vordergrund stehen soll, noch weiter verschärft. Denn erstens ist die Gesundheitspolitik in Deutschland bezüglich der Breite und Intensität politischer Interventionen ein überaus umfassendes Politikfeld, so dass die fehlende Umsetzung eines überzeugenden politischen Gesamtkonzepts besonders schmerzlich ist. Andererseits ist es aber gerade der Anspruch der wissenschaftlichen Politikberatung auf ein umfassendes Systemkonzept, das die politische Umsetzbarkeit ihrer Vorschläge systematisch erschwert. Wenn man die spezifisch deutsche Tradition der *Ordnungstheorie und -politik* als einen wichtigen Ansatz der Gesundheitsökonomik auffasst (v. d. Schulenburg / Greiner 2000, S. 19), so wird diese Ausrichtung gesundheitspolitischer Empfehlungen auf „das Ganze", auf makro-institutionelle Ausgestaltung verständlich – die Umsetzungschancen aber nicht größer (Oberender / Okruch 1997). Das Gesundheitswesen ist also in der paradoxen Lage, Lösungen „aus einem Guss" zu benötigen, sie aber praktisch nicht bekommen zu können (Breyer / Zweifel 1999, S. 438 f.).

Es gilt also auch für eine Theorie der Wirtschaftspolitik, die sich der Ordnungsökonomik verpflichtet weiß, normative und positive Theorie der Politik zu verbinden. Dies bedeutet zugleich eine Weiterentwicklung der Ordnungspolitik, die hier am Beispiel der Gesundheitspolitik skizziert werden soll.

## 1.2 Definition und Legitimation der Gesundheitspolitik

„Gesundheitspolitik zielt auf die Erhaltung und Wiederherstellung der Gesundheit möglichst vieler Menschen ab" (Riege 1993, S. 1). Diese weite Definition und die damit verbundene breite politische Zuständigkeit wird noch brisanter, vergegenwärtigt man sich die extensive Definitionen von „Gesundheit", wie sie die Weltgesundheitsorganisation oder der Deutsche Ärztetag gebraucht: Gesundheit sei nicht nur die Abwesenheit von Krankheit und Gebrechen", sondern die „... aus der Einheit von subjektivem Wohlbefinden und individueller Belastung erwachsende körperliche, seelische und soziale Leistungsfähigkeit des Menschen" (Hajen / Paetow / Schumacher 2000, S. 9). Die denkbaren Instrumente für diese weite Fassung der Gesundheitspolitik sind unüberschaubar und umfassen etwa die Gesundheitsbildung und die Sportförderung, aber auch den Arbeitsschutz oder die Lebensmittelüberwachung (Riege 1993). Diese Fassung von Gesundheitspolitik macht es offensichtlich schwer, wenn nicht unmöglich, relevante Trends der „Wirtschaftspolitik im Wandel" aufzuzeigen. Aus diesem pragmatischen Grund soll im Folgenden nur ein kleinerer, aber bedeutender Ausschnitt aus diesem weiten Feld betrachtet werden.

Auch auf einer grundsätzlichen theoretischen Ebene ist allerdings zu fragen, woraus die Kompetenz für ein derart breitgefächertes politisches Spektrum resultiert. Jede Form gesundheitspolitischer Interventionen oder Regulierungen bedarf aus ökonomischer Perspektive der Legitimation. Es muss gezeigt werden, welche Besonderheiten das Gut „Gesundheit" aufweist, die eine Koordination über wettbewerbliche Märkte unmöglich machen. Es muss, anders gesagt, nachgewiesen werden, dass Gesundheit ein *Gemeinschaftsgut* ist, bei dem im Institutionenvergleich eine staatliche Kompetenz für seine Produktion oder Sicherstellung bejaht werden kann.

Gesundheit ist einerseits auch individuell ein *Ziel*, dass in Konflikt stehen kann mit anderen, vom Individuum verfolgten Zielsetzungen (Genuss, sozialer Status, Einkommen). Beim *trade-off* zwischen Gesundheit und einem anderen Ziel wird deutlich, dass Gesundheit nicht direkt produziert werden kann: Ein bestimmtes Tun oder Unterlassen erhöht oder verringert vielmehr nur die Wahrscheinlichkeit, die Zukunft bei guter Gesundheit zu erleben (Breyer / Zweifel 1999, S. 5 ff.). In Gesundheit wird „investiert", *health capital* erscheint als Teil des Humankapitals (v. d. Schulenburg / Greiner 2000, S. 68 f.).

Gesundheit hat jedoch in zweierlei Hinsicht auch einen instrumentellen Wert, ist also *Mittel*. Zum einen ist sie Voraussetzung für die Realisierung eines Einkommens. Zum zweiten ist sie Voraussetzung für die Realisierung des Nutzens aus anderen Zielsetzungen – jeder andere Konsum wird im Krankheitsfall weniger nutzbringend.

Das bisher Gesagte ist freilich nur eine etwas ausformulierte Fassung des geflügelten Wortes, demzufolge Gesundheit nicht alles, aber ohne Gesundheit alles andere nichts ist. Diese Interdependenz zwischen Gesundheit als „Output“ und Gesundheit als „Input“ macht weder eine ökonomische Analyse des Gesundheitsverhaltens unmöglich, noch kann damit eine weitgehende politische Kompetenz abgeleitet werden (Breyer / Zweifel 1999, S. 5 ff.).

Die Entscheidung, in welchem Umfang in Gesundheit investiert werden soll, ist aber deshalb problematisch, weil *Unsicherheit* besteht: einerseits über die Wirkung eines bestimmten Konsums auf den Gesundheitsbestand, außerdem über die zukünftigen Veränderungsraten des Gesundheitszustands (v. d. Schulenburg / Greiner 1999, 69 f.).

Bisher wurde dargelegt, dass ein bestimmter Konsumakt als gleichzeitig stattfindende Investition in Gesundheit aufgefasst werden kann. Diese Simultanentscheidung betrifft zahllose Fälle des Konsums, sofern der Konsum in kausalem Zusammenhang zur Gesundheit steht. Eine besondere Klasse von Konsumgütern stellen in diesem Zusammenhang *Gesundheitsleistungen* dar, also *medizinische Leistungen*, die direkt auf die Vermeidung, Heilung oder Linderung von Krankheiten gerichtet sind. Auch hinsichtlich der Wirkung von Gesundheitsleistungen besteht Unsicherheit, oder jedenfalls eine Informationsasymmetrie zwischen Patienten und medizinischem Leistungserbringer. Die zweite Form der Unsicherheit – über den Gesundheitszustand in der Zukunft bzw. das individuelle Krankheitsrisiko – betrifft die Nachfrage nach Gesundheitsleistungen direkt. Im zukünftigen Krankheitsfall werden medizinische Leistungen nachgefragt, doch weiß das Individuum *ex ante* nicht, in welcher Höhe und mit welcher Dauer Ausgaben anfallen werden. Dieses Element der Unsicherheit macht es plausibel, das Krankheitsrisiko durch eine *Versicherung* abzudecken.

Zur Legitimation gesundheitspolitischer Maßnahmen des Staates ist nach dem Gesagten einerseits das Versagen des Marktes für Gesundheitsleistungen, andererseits das Versagen privater Versicherungsmärkte geeignet, die im einzelnen zu prüfen sind.

Nach den pragmatischen und theoretischen Vorüberlegungen soll Gesundheitspolitik im Folgenden in einem engeren Sinne verstanden werden, als *politische Ausgestaltung des Marktes für Gesundheitsleistungen*, also die Gestaltung sowohl der Nachfrageseite (Patienten) als auch der Angebotsseite (Leistungserbringer) sowie von Intermediären (z.B. Versicherungen). Gesundheitspolitik in diesem Sinne ist auf die Gestaltung des *Gesundheitssystems* gerichtet. Unter den Begriff des Gesundheitssystems werden „alle Institutionen und Aktivitäten, die auf die Versorgung der Bevölkerung mit Gesundheitsleistungen ausgerichtet sind“, gefasst. (Hajen / Paetow / Schumacher 2000, S. 229).

## 2. Gesundheitspolitische Kompetenz in statischer und dynamischer Perspektive

### 2.1 Marktversagen als Begründung von gesundheitspolitischen nterventionen

Bei der Frage, ob und inwieweit Regulierungen durch *Marktversagen* erforderlich werden, geht es in der Gesundheitsökonomie um folgende Problemkreise:

Was den *Markt für Gesundheitsleistungen* anbelangt so ist zu untersuchen, ob *externe Effekte* zu einem Versagen der (idealtypischen) Marktkoordination führen. Ein positiver externer Effekt geht etwa vom Konsum von Schutzimpfungen aus, falls der Impfling in Zukunft auch nicht mehr als Überträger der Krankheit in Frage kommt. Für den Nutzengewinn eines nicht geimpften Dritten wird der Impfling nicht kompensiert. Dies gilt im Verhältnis zu beliebig vielen „Dritten“, die beim Konsum des geringeren Ansteckungsrisikos weder konkurrieren noch ausschließbar sind. Positive Externalität und der Charakter eines öffentlichen Gutes, das durch die Impfung hergestellt wird, können zu einer zu geringen Impfbereitschaft führen. Anders ausgedrückt: Epidemieprophylaxe lässt sich als staatliche Kompetenz für die Produktion eines öffentlichen Gutes legitimieren. Es liegt auf der Hand, dass diese Argumentation nur für den kleineren Teil der Erkrankungen und der Gesundheitsausgaben einschlägig ist (Breyer / Zweifel 1999, 153 f.).

Der Wettbewerb könnte auf dem Markt für Gesundheitsleistungen weiterhin deshalb versagen, weil *Informationsasymmetrien* und *Unsicherheit* bestehen (s. o.). Die *aktuelle* oder *prinzipielle* Unfähigkeit der Nachfrager, in Einzelfällen wohlinformierte rationale Entscheidungen zu treffen, sollte freilich nicht zum „Fehlen von Konsumentensouveränität“ verallgemeinert werden. Die Unfähigkeit ist zum einen *situationsabhängig* (Notfall, lebensbedrohende Erkrankung), und nur für solche Lebenslagen können Regulierungen zur Korrektur des nicht funktionsfähigen Wettbewerbsmechanismus begründet werden. Die Unfähigkeit zu informierten Entscheidungen ergibt sich zum anderen und *prinzipiell* aus dem Charakter der Gesundheitsgüter als *Dienstleistungen* (Meyer 1993, S. 20 ff.; v. d. Schulenburg / Greiner 2000, S. 110 ff.). Wie bei anderen Dienstleitungen auch, kann es sich hierbei um Güter handeln, deren Qualität nicht vor dem Konsum festgestellt werden kann (*Erfahrungsgüter*) oder deren Güte selbst beim Konsum nicht vollständig zu bewerten ist (*Vertrauensgüter*). Diese Besonderheiten rechtfertigen jedoch primär nur qualitätssichernde Regulierungen. Auch der *Optionsgutcharakter* (Breyer / Zweifel 1999, S. 155 f.) bestimmter Gesundheitsleistungen spiegelt eine allgemeine Problematik wider, dass nämlich Dienstleister eine ständige *Leistungsbereitschaft* vorhalten müssen, die im Extremfall nach der Spitzenlast zu bemessen ist. Diese Leistungsbereitschaft ist Grundlage der eigentlichen Dienstleistungsproduktion *(mehrstufige Produktion)* mit dem Nachfrager (*Uno-actu-Prinzip* der Gleichzeitigkeit von Produktion und Konsum). Wenn die Problematik des Optionsgutes sich nicht durch freiwillige Versicherungsverträge lösen lässt, kann eine Versicherungspflicht und erst als *ultima ratio* eine Steuerfinanzierung angemessener Kapazitäten vorgesehen werden (Breyer / Zweifel 1999, S. 155 f.).

Das Versagen auf dem zweiten Markt – dem für *freiwillige Krankenversicherung* – wird im Wesentlichen durch mögliche *adverse Selektion* verursacht. Diese Verdrängung der guten Risiken durch die schlechten, die die Funktionsfähigkeit des Versicherungsmarktes gefährdet, wird möglich, wenn die Versicherungsunternehmen schlechter über die Krankheitsrisiken informiert sind als die Versicherten. Schlussendlich sind nur noch die „schlechten Risiken“ in der Versichertengemeinschaft. Diese Gefahr kann die Einführung einer Pflichtversicherung legitimieren, welche die Entmischung der Risiken verhindert (zu weiteren Einzelheiten siehe Breyer / Zweifel 1999, S. 161 ff.).

## 2.2 Der Standpunkt einer dynamischen Ordnungstheorie

Bislang wurde das Markt- und Wettbewerbsversagen von einem wohlfahrtstheoretischen Standpunkt aus beurteilt. Aus ordnungsökonomischer Sicht ist jedoch *allokative Effizienz* nicht der alleinige Maßstab zur Beurteilung von Marktprozessen oder zur Begründung staatlichen Handlungsbedarfs. Wettbewerb wird von der Ordnungstheorie nicht nur in seiner „vollkommenen“ Modellvariante betrachtet; er ist also nicht nur eine „Effizienzmaschine“ (Heuß 1980). Vielmehr müssen neben den *statischen* Funktionen des Wettbewerbs auch seine *dynamischen* Dimensionen berücksichtigt werden. Dies betrifft zum einen den Anreiz zu *Innovationen*, zum anderen aber auch die *Erosion wirtschaftlicher Macht*, die für die frühe Ordnungstheorie ein drängendes Problem darstellte (Eucken 1990, S. 169 ff.). Als offenes Entdeckungsverfahren und Mechanismus der Machtbegrenzung hat „vollständige Konkurrenz“ (Eucken 1990, S. 254) einen Eigenwert, und die Sicherung solchen „Leistungswettbewerbs“ (Eucken 1990, S. 247 ff.) wird zur zentralen ordnungspolitische Aufgabe des Staates, auf die dieser mit einer *Wirtschaftsverfassung* verpflichtet werden soll.

Hier ist nicht der Ort, die Schwachstellen der ordnungsökonomischen Vorstellungen zu erörtern. Ihre Meriten sollen aber durch einen Blick auf die moderne *Institutionenökonomik* gewürdigt werden. Es geht hierbei nicht nur um die naheliegende Feststellung, dass Ordnungstheorie insoweit eine Vorläuferin der Neuen Institutionenökonomik ist, als dass sie das „institutionelle Vakuum“ (Albert 1977) der Neoklassik ausfüllen will. Wichtiger ist der Beitrag der Ordnungsökonomik zum Verständnis und zur Gestaltung von Institutionen. Institutionen, so wird in der NIÖ inzwischen betont, lassen sich mit „den üblichen Annahmen der Ökonomen“ nicht ausreichend verstehen (North 1992, S. 30): Die notwendige Erweiterung der allokativen Effizienz wird mit dem Begriff der „adaptiven Effizienz“ (North 1992, S. 96 ff.) belegt und betrifft die dauerhafte Leistungsfähigkeit einer Volkswirtschaft. Bei der Frage, wie solche adaptiven Effizienz erreicht und gesichert werden kann, ist man in der institutionenökonomischen Forschung schließlich zu „weichen Faktoren“ vorgedrungen. So wurde etwa der Einfluss von „*mental models*“ und „*belief systems*“ auf Institutionen betont (Denzau / North 1994; North 1997), was einerseits den institutionellen Wandel erklären hilft und andererseits zur Einsicht führt, dass eine formale Wirtschaftsverfassung nur eine notwendige Bedingung für eine hohe wirtschaftliche Leistung ist. Hier schließt sich der Kreis – wenn man nämlich Ordnungstheorie und *Wirtschaftskonstitutionalismus* nicht als festgefügtes Leitbild interpretiert, sondern als eine Heuristik, mit der wirtschaftspolitische Fragen wahrgenommen und diskutiert werden können (Gerber 1998). Diese Interpretation wird auch dem tatsächlichen, überaus bedeutenden Einfluss gerecht, den die Ordnungsökonomik bei der Ausgestaltung und juristischen Sicherung der deutschen und europäischen Wirtschaftsordnung hatte (Gerber 1998). Mit dieser Lesart der Ordnungstheorie, die sie als einen wichtigen Beitrag zum Verfahren der Lösung von wirtschaftspolitischen Problemen auffasst (und weniger als Lieferantin anwendungsbereiter, substantieller Kriterien), wird der Vorwurf der „Beliebigkeit“ gegen die Ordnungsökonomik (Söllner 1999) sinnlos. Freilich bedeutet das auch, sich vom Anspruch zu verabschieden, eine „funktionsfähige und gerechte Ordnung“ (Eucken 1990, S. 166) *ex ante* bestimmen zu können (Hesse 1979, S. 218 ff.; Koch 1996, S. 141). Die *Wirtschaftspolitik der Experimente* (Eucken 1990, S. 55 ff.), gegen die sich die frühe Ordnungstheorie genau mit einem solchen Anspruch stemmt, ist dann der einzig mögliche Modus der Wirtschaftspolitik. Es bleibt aber zu fragen, unter welchen Bedingungen dieser Experimentalismus zu wünschenswerten Ergebnissen führt.

Entlang den Gefahren und Chancen einer Wirtschaftspolitik der Experimente sollen die Entwicklung sowie die Gestaltungsoptionen der Gesundheitspolitik nachgezeichnet werden.

## 3. Die Entwicklung der Gesundheitspolitik: Von der Eigen- zur Fremdvorsorge

### 3.1 Organisationsformen des Gesundheitswesens

Die politische Ausgestaltung von *Gesundheitssystemen* folgte, trotz der identischen ökonomischen Besonderheiten dieses Sektors und auch bei vergleichbaren Entwicklungs- und Wohlstandsniveaus – tatsächlich sehr unterschiedlichen Leitbildern oder „philosophischen Grundhaltungen“ (Breyer / Zweifel 1999, 277). Es sind bei der institutionellen Entwicklung, mit anderen Worten, eben jene Denkmodelle und Überzeugungen wirksam gewesen, die einzelne Gesundheitssysteme einen bestimmten *Entwicklungspfad* einschlagen ließen. Es sind als Ergebnis dieser Entwicklung sehr vielfältige *Organisationsformen* des Gesundheitswesens zu beobachten, die sich zu *idealtypischen* Systemvarianten verallgemeinern lassen (Breyer / Zweifel 1999, S. 277 ff.; v. d. Schulenburg / Greiner 2000, S. 175 ff.). Einem sehr stark auf *private Versicherungen* bauenden Gesundheitssystem steht als entgegengesetztes Extrem ein *staatliches Gesundheitssystem* gegenüber, bei dem Gesundheitsleistungen aus dem allgemeinen Steueraufkommen finanziert werden. Das System der *Sozialversicherung* enthält einerseits Elemente der Versicherung (*Beitragsfinanzierung*), weicht aber insoweit davon ab, als dass die Versicherungsbeiträge nicht risikoäquivalent sind (Abweichung vom *Äquivalenzprinzip*). Durch die Koppelung der Beiträge an z.B. das Arbeitseinkommen sowie durch die beitragsfreie Mitversicherung von Familienangehörigen findet eine systematische Umverteilung statt, im Gegensatz zu einem rein steuerfinanzierten System jedoch innerhalb einer Versichertengemeinschaft.

Diese Idealtypen treten in den nationalen Gesundheitssystemen in unterschiedlicher Mischung auf: Ein bedeutender Teil des US-amerikanischen Gesundheitssystems baut auf private Krankenversicherung, wogegen das englische Gesundheitswesen der Prototyp steuerfinanzierter Systeme ist. Das deutsche System der Sozialversicherung hat – historisch erstmals – die beschriebene Mischform realisiert und war damit Beispiel für eine Reihe weiterer nationaler Gesundheitssysteme. Die Entwicklung des deutschen Gesundheitswesen soll im Folgenden kurz nachgezeichnet werden, wobei das allgemeine Muster „Von der Eigen- zur Fremdvorsorge" *grosso modo* auch für die anderen Entwicklungspfade erkennbar ist (zum Nachweis mit Blick auf Großbritannien und die USA, v. Stillfried 1996).

## 3.2 Die historische Entwicklung der GKV

### *3.2.1 Die Schaffung der GKV als subsidiäre Ergänzungsversicherung*

Die Verabschiedung des Krankenversicherungsgesetzes (KVG) 1883 bedeutete keine Ordnung eines institutionellen Niemandslands (v. Stillfried 1996, Oberender / Hebborn 1994). Denn zuvor hatten sich Selbsthilfeorganisationen gebildet, um das Risiko krankheitsbedingten Einkommensausfalls *solidarisch* zu tragen. Diese Einrichtungen folgten weitgehend dem Äquivalenzprinzip, da sich der Beitrag nach der versicherten Geldleistung im Krankheitsfall richtete, die Versicherung berufsgruppenspezifisch war und individuelle Risikozuschläge entrichtet werden mussten (*gruppenspezifische und individuelle Risikoselektion*). Die Einführung der *Gesetzlichen Krankenversicherung* (GKV) durch das KVG ergänzte die gewachsenen Institutionen nur punktuell, indem eine Versicherungspflicht für gewerbliche Arbeiter eingeführt wurde. Die (ergänzende) Gründung von (berufsspezifischen) *Ortskrankenkassen* diente der Verwirklichung dieser Pflichtmitgliedschaft in einer Krankenkasse, denn die Ortskrankenkassen durften keine Risikoselektion betreiben und mussten insbesondere diejenigen „schlechten Risiken" aufnehmen, die bisher keinen anderweitigen Versicherungsschutz erlangen konnten.

### *3.2.2 Die Entwicklung eines umfassenden öffentlich-rechtlichen Gesundheitssystems*

Die Bedeutung der somit nur subsidiären GKV war anfänglich gering (1885: rd. 10 % der Bevölkerung, Stillfried 1996, S. 83). Durch die Einbeziehung immer neuer Bevölkerungsgruppen und über die Integration anderer Versicherungsorganisationen (Ersatzkassen, Betriebs- und Innungskrankenkassen) in die GKV wurde diese zur regulären Absicherung im Krankheitsfall für die große Mehrheit der Bevölkerung (1995: 88,5 %; BMG 1999, 347 f.). Diese *Bedeutungszunahme* geht einher mit einem *Bedeutungswandel*: Aus der ursprünglich weitgehend risikoäquivalenten *Pflichtversicherung* wurde schließlich ein nach dem *Leistungsfähigkeitsprinzip* finanziertes, umfassendes *Versorgungssystem*. Bei dieser Entwicklung zum heutigen Gesundheitssystem in Deutschland lassen sich analytisch zwei Linien trennen: einerseits der Wandel vom Versicherungs- zum Versorgungsprinzip in der GKV, andererseits die Ausweitung der regulatorischen Zuständigkeit und der Verantwortung des Staats für das Gesundheitswesen insgesamt (z.B. in Form der Regulierung der Leistungserbringer).

Die Aufgabenstellung der GKV, ursprünglich die Absicherung des Arbeitseinkommens im Krankheitsfall, wandelt sich zur allgemeinen Gesundheitssicherung (§ 1 SGB V). Damit verbunden stehen nicht mehr Geldleistungen (Krankengeld) sondern Sachleistungen im Vordergrund (für den Versicherten unentgeltliche Bereitstellung medizinischer Leistungen, *Sachleistungsprinzip*). Dabei wurde zwar die Finanzierung über einkommensabhängige Beiträge beibehalten, jedoch diejenigen Regelungen zunehmend abgebaut, mit denen die Äquivalenz von Beiträgen und Leistungen ursprünglich gewährleistet wurde. Dies betrifft auf der einen Seite die Ausweitung und Vereinheitlichung der Leistungsverpflichtungen der Krankenkassen, auf der anderen Seite (der Beiträge) z.B. die beitragsfreie Mitversicherung von Familienmitgliedern (1931), die Gesetzliche Krankenversicherung der Rentner (KVdR, 1941), aber auch die Abkoppelung des ursprünglich versicherten Einkommensausfalls-Risikos von der Krankenversicherung (Lohnfortzahlung im Krankheitsfall primär als Aufgaben des Arbeitgebers). Mit all diesen Neuregelungen sinkt die *individuelle Risikoäquivalenz* des einkommensabhängigen Beitrags, so dass es zu einer Einkommensumverteilung zwischen den Mitgliedern einer Kasse kommt. Dieses veränderte Verständnis des Solidarprinzips, zusammengefasst in der Formel „einkommensabhängige Finanzierung und beitragsunabhängige Inanspruchnahme“ (§§ 1 und 3 SGB V), hat schließlich auch Folgen für die *kollektive Risikoäquivalenz*. Mit der Überlegung, das System der GKV und seiner Finanzierung diene dem sozialen Ausgleich, werden Beitragssatzunterschiede zwischen den Kassen schwer erträglich, zumal das Leistungsprofil der verschiedenen Kassen immer stärker normiert wurde. Mit dem sehr weit gefassten Solidarprinzip wird letztlich nicht mehr die Reziprozität in einer genau umrissenen, relativ homogenen (Berufs-)Gruppe gemeint, sondern an die Solidarität aller Gesetzlich Versicherten apelliert. Die Egalisierung des gruppen- und kassenspezifischen Risikos ist deshalb ein logischer Schritt (realisiert zuerst durch den Finanzausgleich innerhalb der KVdR, der inzwischen in den umfassenden *Risikostrukturausgleich* integriert wurde).

Die Regulierung des Gesundheitswesens wurde auch im Verhältnis der Krankenkassen zu den Leistungserbringern sukzessive ausgebaut. Bestand für die Kassen ursprünglich die Möglichkeit, Verträge mit einzelnen Ärzten abzuschließen (*selektives Kontrahieren*), so wurde später die Verpflichtung zum Abschluss von Kollektivverträgen mit Ärzteorganisationen eingeführt. Die Ärzteorganisationen verpflichteten sich Gegenzug, die medizinische Versorgung für die Versicherten zu gewährleisten. Durch die Schaffung der Kassenärztlichen Vereinigungen (KV) 1931 wurden diese zwangsweise zum einzigen Verhandlungs- und Vertragspartner der Krankenversicherungen. Die KVen erhielten ein Verhandlungs- und Erbringungsmonopol für die ambulante ärztliche Versorgung, verbunden mit der Verpflichtung, flächendeckend eine ausreichende ambulante Versorgung zu gewährleisten (*Sicherstellungsauftrag*). Für die erbrachten Leistungen zahlen die Krankenkassen eine *Gesamtvergütung*, deren Verteilung den KVen obliegt. Dies geschieht grundsätzlich in Form einer Einzelleistungs-Vergütung für die Vertragsärzte (früher: Kassenärzte), die Zwangsmitglieder der KV sind.

Der Funktionswandel der GKV, zusammen mit der Regulierung der Leistungserbringer in Form des Zwangskartells der KVen (seit 1951 als Körperschaften des öffentlichen Rechts), führt zur noch heute gültigen Organisationsstruktur des deutschen Gesundheitswesens. Durch diese beiden Entwicklungen wird aus der subsidiären Pflichtversicherung gegen krankheitsbedingten Einkommensverlust schließlich ein geschlossenes, öffentlich-rechtlich organisiertes System zur Bereitstellung medizinischer Versorgung, das in die Funktionen Finanzierung (Krankenkassen) und Leistungserbringung (Kassenärztliche Vereinigungen) geteilt ist. Ziel des Systems ist die denkbar weit verstandene Gesundheitsförderung einer Solidargemeinschaft, die im Interesse von Chancengleichheit und sozialem Ausgleich möglichst große Anteile der Gesamtbevölkerung umfassen soll.

Der bisher beschriebene endogene Wandel im System wird vom Eigeninteresse der Leistungserbringer, der gewachsenen Institutionen und sich großzügig gebender Politiker vorangetrieben, in ihm manifestiert sich aber auch eine veränderte „philosophische Grundhaltung" den Aufgaben eines sozialen Sicherungssystems gegenüber (Oberender / Okruch 1997). Während die Strukturen des Systems im Wesentlichen unverändert blieben, wurde als Ausdruck dieser veränderten „Philosophie" das Aufgabenspektrum der GKV beständig erweitert. Dieser gesundheitspolitische Paradigmenwechsel lässt sich auf das Ende der sechziger Jahre des 20. Jahrhunderts datieren, damals „kam die Euphorie der Leistungsverbesserung auf. Zugleich bordete die Sozialpolitik über ihre traditionellen Ufer. (...) Der Kampf gegen Not und Ungleichheit veredelte sich zum Bemühen um mehr ‚Lebensqualität'" (Zacher 1980, 160). Dass sich die Leistungsverbesserungen nicht nur mit politischer „Stimmenmaximierung" erklären lässt, sondern darüber hinaus den „Zeitgeist" widerspiegelt, wird daran deutlich, dass auch die Sozialgerichtsbarkeit eine Rechtsprechung entwickelte, die dem „Bemühen um mehr Lebensqualität" verpflichtet ist.

Im Ergebnis führte der endogene Wandel zu Steuerungsdefiziten innerhalb des Systems, das folglich einer ständigen, korrigierenden Lenkung von außen bedarf. Doch nicht nur die Eigendynamik des Systems wird intern nur unzureichend kontrolliert, vielmehr ist das Gesundheitswesen auch anfällig für Einflüsse exogenen Wandels. Diese zwei Dimensionen offensichtlich defizitärer adaptiver Effizienz werden im Folgenden zu zeigen sein.

## 4. Defizite der Innensteuerung und Versuche gesundheitspolitischer Außensteuerung

### 4.1 Steuerungsdefizite auf der Nachfrageseite

Auf der Seite der Nachfrager bestehen kaum Anreize zu einem wirtschaftlichen Inanspruchnahme der GKV. Das System der *Pflichtversicherung* kann, wie gezeigt, bestimmte Gefährdungen des Marktes für Krankenversicherungen abwenden, es schwört jedoch – je nach Ausgestaltung – auch neue herauf. Bei Gültigkeit des *Sachleistungsprinzips* und mit dem Anspruch auf eine *umfassende medizinische Versorgung* auf Kosten der Solidargemeinschaft kann erwartet werden, dass die individuellen Investitionen in Gesundheit (*Krankheitsvermeidung*) eingeschränkt werden und außerdem, dass im Krankheitsfall möglichst viele und „teure“ Gesundheitsleistungen in Anspruch genommen werden (v. d. Schulenburg / Greiner 2000, S. 225). Als Näherung für die Nutzung teurer medizinischer Leistungen wird dann häufig, da das Mitglied der GKV die tatsächlichen Kosten nicht kennt, die Modernität und der technische Aufwand für Diagnose und Therapie gewählt (zum medizinisch-technischen Fortschritt s. u.).

Selbstbeteiligungen bei der Inanspruchnahme oder Beitragsrückerstattungen für die Nicht-Inanspruchnahme von Versicherungsleistungen können diese *moral hazard*-Probleme entschärfen, fehlen aber im System der GKV bislang weitgehend. *Selbstbeteiligungen* mit nennenswerter Steuerungswirkung sind nur im Bereich der Zahnersatzleistungen vorgesehen. Die Zuzahlungen bei stationären Aufenthalten und Arzneimitteln haben eine eher geringe Steuerungswirkung.

## 4.2 Steuerungsdefizite auf der Angebotsseite

### *4.2.1 Ambulante Versorgung*

In der ambulanten Versorgung erfolgt die Honorierung der Vertragsärzte nach *Einzelleistungen* (Hajen / Paetow / Schumacher 2000, S. 137 ff.; Breyer / Zweifel 1999, S. 259 ff.). Diese Honorarform birgt für den einkommensmaximierenden Vertragsarzt den Anreiz zu einer Ausweitung der Menge der erbrachten Leistungen. Die Einzelleistung wird zwar effizient produziert, nicht jedoch die Kombination der Einzelleistungen, welche die Gesamttherapie einer bestimmten Erkrankung bildet. Diese Ausweitung der erbrachten Leistungen über das medizinisch Notwendige hinaus, kann als „*angebotsinduzierte Nachfrage*“ interpretiert werden. Diese von der Anbieterseite betriebene Nachfrageerhöhung stößt angesichts mangelnder Kostenbeteiligung und der Informationsdefizite der Versicherten auf wenig Widerstand.

Gegeben die Einzelleistungsvergütung und die Möglichkeit angebotsinduzierter Nachfrage, wird auch die steigende Zahl niedergelassener Ärzte („*Ärzteschwemme*“) ein Ausgabenwachstum in der GKV verursachen. Diesem Effekt kann – in Ermangelung einer Preissteuerung – nur durch eine weitgehende, quantitative und qualitative (Facharztgruppen) *Bedarfsprüfung* begegnet werden (Oberender / Hebborn 1994, S. 117 ff.).

Wenn versucht wird, dieser Anreizkonstellation durch eine Plafondierung der Gesamtvergütung entgegenzuwirken, so wird die *Rationalitätenfalle* dadurch nicht entschärft. Die Einzelleistung wird dann nicht mehr direkt honoriert, sondern als „Punkt“ vermerkt, dessen Wert erst am Ende einer bestimmten Periode, in Kenntnis der Gesamtpunktzahl aller erbrachten Leistungen sowie eines gegebenen Budgets, errechnet werden kann („*floatender Punktwert*“ im Rahmen des „*Einheitlichen Bewertungsmaßstabs*“ EBM). Damit ist zwar aus Sicht der Krankenkassen ein fixes Honorar in Höhe des Budgets zu zahlen, doch ist es für den einzelnen Vertragsarzt nach wie vor rational, den individuell nur marginal beeinflussbaren Punktwert als gegeben zu betrachten und eine Maximierung der erarbeiteten Punkte zu betreiben

(„Hamsterrad-Effekt", Hajen / Paetow / Schumacher 2000, S. 142 f.). Die Wirtschaftlichkeitsanreize bleiben schwach.

*4.2.2 Stationäre Versorgung*

Im stationären Bereich treffen die Krankenkassen zwar nicht auf einen monopolistischen Verhandlungs- und Vertragspartner und haben insoweit größere Spielräume. Doch hat die Art der Krankenhausfinanzierung u.U. Auswirkungen auf die von den Kassen mitzutragende Unwirtschaftlichkeit der Kliniken. Traditionell galt in Deutschland ein *duales Finanzierungssystem*, bei dem die laufenden Betriebs- und Instandhaltungskosten von den Krankenkassen getragen wurden, wogegen Investitionen von den Ländern finanziert wurden. Während also die Krankenhausleistungen über Verhandlungen gesteuert werden, unterliegen die Investitionen zentraler Planung. Werden nun Überkapazitäten aufgebaut, so finanzieren die Krankenkassen, je nach Vergütungsform, die steigenden Folgekosten solcher, von ihnen nicht zu verantwortender Fehlinvestitionen zumindest teilweise. In einem Vergütungssystem, welches die tatsächlichen *Selbstkosten* der Krankenhäuser deckt, werden Unwirtschaftlichkeiten vollständig von den Leistungsfinanzierern gedeckt (Hajen / Paetow / Schumacher 2000, S. 154 ff.; Breyer / Zweifel 1999, S. 345 ff.). In diesem System, das in seiner reinen Form in Deutschland bis 1985 vorherrschend war, bestehen für die Krankenhäuser mithin keinerlei Anreize, z.B. die Bettenauslastung, die Verweildauer und die Kosten der medizinischen Versorgung zu optimieren. Daneben bestehen auch keine Anreize zu kostensenkenden organisatorischen Innovationen.

Werden die Krankenhausleistungen auf der Basis von *Tagespauschalen* (Pflegesätzen) vergütet, so haben die Leistungserbringer einerseits ein Interesse daran, die Kosten pro Tag niedrig zu halten. Andererseits besteht jedoch ein Anreiz, die Verweildauer zu verlängern, falls dem festen Tages–Pflegesatz eine Degression der durchschnittlichen „Tageskosten" gegenübersteht. Durch ein Budget kann versucht werden, diesen Expansionseffekt abzuschwächen, was auch in der gesundheitspolitischen Wirklichkeit versucht wurde.

Eine Alternative stellt weiterhin die Vergütung mittels *Fallpauschalen* und *Sonderentgelten* dar (Oberender / Hebborn 1994, S. 88), wobei jeweils keine Einzelleistungen honoriert werden. Bei *Fallpauschalen* werden nach Art und Schwere der Erkrankung differenzierte Beträge erstattet, ohne nach der gewählten Behandlungsmethode zu differenzieren. *Sonderentgelte* honorieren dagegen genau spezifizierte, homogene Leistungskomplexe (also bestimmte Behandlungen wie beispielsweise eine Operation). Obwohl diese Vergütungsformen inzwischen eingeführt wurden, ist ihr Anteil an der Finanzierung der Krankenhausleistungen mit 20-25 % nach wie vor gering (Hajen / Paetow / Schumacher 2000, S. 156). Mit dem Übergewicht der Pflegesatz–Vergütung bleiben Wirtschaftlichkeitsanreize auch im Krankenhaus zu schwach.

*4.2.3 Koordinationsdefizite zwischen ambulantem und stationärem Bereich*

Die aufgezeigte Trennung zwischen ambulanter und stationärer medizinischer Versorgung wird von den entsprechenden Leistungserbringern und ihren korporativen Akteuren (Verbänden, KVen) im eigenen Interesse beharrlich aufrechterhalten, obwohl sie weder medizinisch noch ökonomisch überzeugend ist. Die mangelnde Koordination oder „*Verzahnung*" zwischen beiden Bereichen ist ein auffälliges Merkmal des deutschen Gesundheitswesens (Rachold 2000), das interessanterweise auch von den *privaten Krankenversicherungen*, die ja beispielsweise nicht an die Monopolverhandlungen mit den KVen gebunden sind, bislang akzeptiert wurde. Eine *Gestaltung des Leistungsgeschehens* im Gesundheitswesen, die auf eine effiziente Koordination zwischen ambulantem und stationärem Bereich hinwirkte, wurde also lange Zeit von keiner Seite versucht.

Während ein Leistungsmanagement in der ursprünglichen Form der (subsidiären) GKV durchaus betrieben wurde (Döhler 1988), werden Ansätze zu einer qualitativen Steuerung der Leistungsseite in jüngster Zeit unter dem Rubrum „*Managed Care*" wiederentdeckt und aus anderen Gesundheitssystemen „importiert" (s. u.).

## 4.3 Die politische Außensteuerung des Gesundheitswesens

### *4.3.1 Zur Notwendigkeit der Außensteuerung: Das Politikum der „Kostenexplosion"*

Das institutionelle Arrangement bewirkt eine weitgehende „Entökonomisierung" (Oberender / Hebborn 1994) des individuellen Handelns der Versicherten und Leistungserbringer. Mit der „Euphorie der Leistungsverbesserung" wurde versucht, das Problem der Knappheit wegzudefinieren, und die beständige Ausweitung gesundheitspolitischer Wohltaten nach Anspruch und Berechtigtenkreis beschwor auch die zunehmende Regulierung herauf. Die ökonomisch nicht weiter verwunderliche Konsequenz dieses wohlmeinenden Versuchs ist ein beständig steigender Teil des Sozialprodukts, der für das Gesundheitswesen verwendet wird. Von 1970 bis 1996 nahm der Anteil der Gesundheitsausgaben am Bruttoinlandsprodukt von 10,3 % auf 14,3 % zu, bereinigt um Einkommensleistungen von 6,5 % auf 11,1 % (in jeweiligen Preisen, BMG 1999, S. 388). Der durchschnittliche allgemeine Beitragssatz in der GKV stieg im selben Zeitraum von 8,2 % auf 13,5 % (BMG 1999, S. 420).

Aus dieser Tatsache kann zwar nicht ausschließlich auf Verschwendung aufgrund mangelnder wirtschaftlicher Anreize im Gesundheitswesen geschlossen werden. Der steigende Anteil der Gesundheitsausgaben könnte angesichts eines wachsenden Sozialprodukts darauf zurückgeführt werden, dass Gesundheit ein einkommenssuperiores Gut darstellt (Oberender / Hebborn 1994, S. 147 f.), doch lässt sich diese These vor dem Hintergrund der institutionellen Überformung der Nachfrage schwerlich überprüfen. Jedenfalls aber ist der rasante Anstieg der Gesundheitsausgaben („Kostenexplosion") zum Politikum geworden, d.h. auch die „angemessene" Einkommenselastizität der Nachfrage wird politisch bestimmt.

### *4.3.2 Erste Maßnahmen der Kostendämpfung*

Kostendämpfung wurde angesichts der rasanten Entwicklung der Ausgaben zu einem eigenen gesundheitspolitischen Ziel: Schon kurze Zeit nach der Welle von Gesetzen zur Verbesserung der Leistungen folgte, ab 1977, eine Welle von Kostendämpfungsgesetzen (Oberender / Hebborn 1994, S. 68 ff.). Statt wie bislang die medizinisch notwendigen Ausgaben durch eine entsprechende Erhöhung des Beitragssatzes in der GKV zu alimentieren („ausgabenorientierte Einnahmepolitik"), wurde mit den ersten Maßnahmen der Kostendämpfung der Weg einer „einnahmenorientierten Ausgabenpolitik“ beschritten. Um das Ziel der *Beitragssatzstabilität* zu erreichen, wurde der Gedanke der „Globalsteuerung“ auf den Gesundheitssektor übertragen und durch die Einrichtung der „Konzertierten Aktion im Gesundheitswesen“ (KAiG, 1977) institutionalisiert. Ziel dieses „runden Tischs“ ist „... eine bedarfsgerechte Versorgung der Versicherten und eine ausgewogene Verteilung der Belastungen“, was mit Empfehlungen und „Vorschlägen zur Erhöhung der Leistungsfähigkeit, Wirksamkeit und Wirtschaftlichkeit im Gesundheitswesen“ erreicht werden soll (§ 141 SGB V).

Die Wirkung der unverbindlichen Empfehlungen der KAiG blieb begrenzt, so dass der Gesetzgeber mit direkten Interventionen Abhilfe zu schaffen versuchte, freilich ohne dauerhaften Erfolg. Die empirische Unwirksamkeit solcher Symptombehandlung brachte den Gesetzgeber dazu, die zugrunde liegenden Strukturen der GKV begutachten zu lassen (Enquête-Kommission 1990) und führten schließlich auch zu Reformen, die den Anspruch erheben, strukturelle Verbesserungen zu bewirken.

#### *4.3.3 Ansätze der Strukturreform: Reform „aus einem Guss“ oder kontrollierte „Gesundheitspolitik der Experimente“?*

Dem Ziel struktureller Fortschritte waren die jüngeren Gesundheitsreformen wenigstens teilweise verpflichtet, beginnend mit den *Gesundheitsreformgesetz* (GRG 1989), dem 1993 das *Gesundheitsstrukturgesetz* (GSG) folgte, schließlich die zwei *„Neuordnungsgesetze“* (NOG 1997) und die *„Gesundheitsreform* 2000“ (Oberender / Hebborn 1994; Rachold 2000).

Mit dem GRG wurde die Erstattung bestimmter Arzneimittel auf *Festbeträge* begrenzt, andere Medikamente wurden gänzlich von der Erstattung ausgenommen, außerdem war vorgesehen, auch die Mengenkomponente der wachsenden Arzneimittelausgaben zu regulieren (*Richtgrößen* mit der Möglichkeit von Wirtschaftlichkeitsprüfungen). Der „Ärzteschwemme“ sollte regionale *Zulassungsbeschränkungen* vorbeugen. Diese Interventionen bildeten insgesamt Preis- und Mengenregulierungen mit dem Ziel der Sicherung eines stabilen Beitragssatzes. Strukturelle Veränderungen wurden ansatzweise vorgenommen, indem *Zuzahlungen* der Versicherten erhöht oder zusätzlich eingeführt wurden und das *Sachleistungsprinzip* in bestimmten Bereichen durch *Kostenerstattungen* ersetzt wurde.

Da sich die Entlastung der GKV durch die Maßnahmen des GRG als nicht dauerhaft erwiesen, wurde mit dem GSG der Grundansatz der *Regulierung* und *Budgetierung* möglichst aller Leistungsbereiche in schärferer Form fortgeführt (z.B. *Zwangsrabatt* und *Preismoratorium* für festbetragsfreie, verschreibungspflichtige Arzneimittel, *Arzneimittelbudgets* und grundlohngebundenenes *Honorarbudget* in der ambulanten Versorgung, verschärfte *Bedarfszulassung*). Neben solchem Dirigismus wurden auch Versuche unternommen, dem Anspruch des GSG durch strukturelle Reformen gerecht zu werden. So wurde das System der *Zwangsversicherung* durch die Einführung der *Kassenwahlfreiheit* abgeschafft. Im System der Zwangsversicherung gab es neben der Versicherungspflicht auch Vorschriften darüber, bei welcher Kassenart bzw. bei welcher konkreten Krankenkasse bestimmte Versicherungspflichtige Mitglied sein mussten. Nach der Liberalisierung durch das GSG sollten alle Versicherungspflichtigen ihre Krankenkasse frei wählen, also jeder Kasse als Mitglied beitreten und sie auch wieder verlassen können. Der somit eröffnete, rudimentäre *Kassenwettbewerb* wurde, um „Verzerrungen" zu vermeiden, durch die Implementation eines *permanenten, bundesweiten und kassenartenübergreifenden Risikostrukturausgleichs* flankiert. In der stationären Versorgung wurde das *Selbstkostendeckungsprinzip* prinzipiell abgeschafft und durch *Budgets* und (die Forderung nach) *Fallpauschalen* und *Sonderentgelten* ersetzt. Damit war das Fernziel verbunden, die *duale Finanzierung* der Krankenhäuser zu beseitigen. Außerdem sollte mit dem GSG die Durchlässigkeit zum ambulanten Bereich vergrößert werden.

Neben Detailregelungen, die wiederum dem politisch prioritären Ziel der Kostendämpfung und Beitragssatzstabilität verpflichtet waren, enthielten die beiden *Neuordnungsgesetze* zwei interessante Neuerungen. Erstens wurde das *Sachleistungsprinzip* zur Disposition gestellt – und zwar zur Disposition der Versicherten. Hatte das GRG das Sachleistungsprinzip noch grundsätzlich zementiert und nur politisch opportune Ausnahmebereiche zugelassen, so wurde nun Wahlfreiheit der Versicherten ermöglicht.

Auch die zweite Neuerung vollzog, unter dem offiziellen Motto „*Vorfahrt für die Selbstverwaltung*" (Rachold 2000, S. 50) eine Öffnung zu dezentralen Entscheidungsmöglichkeiten. Diese Gewährung größerer Spielräume geschah mit dem Ziel, durch dezentrale Experimente Erfahrungen zu sammeln. Implizit wurde damit wohl eingestanden, dass sich nicht jedes Wissen ex ante gewinnen und zentralisieren lässt (v. Hayek 1969) – selbst nicht für einen wohlmeinenden gesundheitspolitischen Planer. Nur über das tatsächliche Ausprobieren neuer Lösungen wird das Wissen über „bessere" Lösungen erweitert. Mit den NOG wurde nun nicht nur *sequentielles* Experimentieren (von einem Kostendämpfungsgesetz zum nächsten) ermöglicht, sondern es wurden *parallele* Experimente zugelassen. Dies geschah durch die erweiterten Möglichkeiten von „*Erprobungsregelungen*" in der Form von *Modellvorhaben* und *Strukturverträgen*. Erstmals durften dabei wirklich neue Verfahren und Organisationsformen der Leistungserbringung ausprobiert werden, die von den einschlägigen Bestimmungen für den ambulanten und stationären Bereich abweichen können (Haubrock / Hagmann / Nerlinger 2000, S. 99 ff.).

*Modellvorhaben* (§§ 63 ff. SGB V) erproben neue Versorgungs-, Organisations-, Finanzierungs- und Vergütungsformen (*Strukturmodelle*) sowie neue Formen der Prävention, Früherkennung und Therapie (*Leistungsmodelle*). Den Versicherten, die an einem Modellvorhaben freiwillig teilnehmen, kann aus den realisierten Einsparungen ein Bonus gezahlt werden. Die Laufzeit von Modellvorhaben ist auf längstens acht Jahre befristet, sie sind wissenschaftlich zu begleiten und zu evaluieren (siehe auch Rachold 2000, S. 94 ff.).

Bei *Strukturverträgen* (§ 73a SGB V), mit denen neue Versorgungs- und Vergütungsstrukturen auf Dauer vereinbart werden können, ist der Gestaltungsspielraum für Kassen und Leistungserbringer geringer. Strukturverträge können lediglich in zwei Grundformen abgeschlossen werden, entweder nach dem „*Hausarztmodell*" oder nach dem Modell „*Praxisnetze*“ bzw. „*vernetzte Praxen*“. In beiden Fällen wird die Verantwortung für die Qualität und die Wirtschaftlichkeit der vertragsärztlichen Versorgung „nach unten“ zurückdelegiert, in einem Fall an den Hausarzt, der als *gatekeeper* oder „Lotse durch das Gesundheitswesen“ Einfluss nehmen kann auf die Höhe und die Struktur der Folgeausgaben. Im anderen Fall trägt ein Verbund von Haus- und Fachärzten („Netz“) die Gesamtverantwortung. Da die freiwillige Beteiligung der Versicherten bei Strukturverträgen nicht durch einen Bonus angereizt werden kann und außerdem die freie Arztwahl nicht beschränkt werden darf, ist das Hauptargument gegenüber dem Versicherten und Patienten das *Qualitätsmanagement*, das bei vernetzten Praxen ermöglicht wird (Rachold 2000, S. 96 f.).

Mit der *Gesundheitsreform 2000* (und dem Vorschaltgesetz zur „Stärkung der Solidarität“ 1998) wurden zum einen Modellvorhaben weiter erleichtert und zum zweiten wurde das Spektrum der Erprobungsregelungen mit dem Ziel erweitert, mit neuen Formen der Verzahnung von ambulantem und stationärem Bereich zu experimentieren (*Integrierte Versorgung*, § 140a SGB V).

Gleichzeitig wurde freilich der Wettbewerb um die geeignete Form der Kassenleistung eingeschränkt (und insoweit der Rechtszustand des GSG wiederhergestellt): Die Wahl der Kostenerstattung steht nunmehr nur den freiwillig versicherten Mitgliedern einer Krankenkasse offen. Daneben betrafen die beiden letzten Reformgesetze die endgültige Abkehr von der dualen Krankenhausfinanzierung, die Förderung der *ärztlichen Weiterbildung*, die Verpflichtung zu *Qualitätssicherung*, aber auch – als Wahlgeschenk – die Rücknahme von Leistungsausschlüssen und erhöhten Zuzahlungen.

Insgesamt werden auch die neueren Gesundheitsreformen ihrem Anspruch auf strukturelle Verbesserungen nur teilweise gerecht und begleiten zudem diese positiven Ansätze mit einer Fortsetzung und Intensivierung dirigistischer Eingriffe, welche die notwendige Anpassungsflexibilität angesichts der folgenden darzustellenden Herausforderungen weiter verringern.

## 5. Gegenwärtige und zukünftige Herausforderungen für das Gesundheitswesen

### 5.1 Die demographische Herausforderung

Die Auflösung individueller Risikoäquivalenz betrifft in besonderem Maße die KVdR, in der altersunabhängige durchschnittliche Beitragssätze einer altersbedingt steigenden Inanspruchnahme von Leistungen gegenübersteht. Da die Finanzierung der GKV in einem reinen *Umlageverfahren* erfolgt, also in jungen und gesunden Jahren keine Altersrückstellungen gebildet werden, ist das System insgesamt anfällig für Veränderungen der demographischen Rahmendaten (Oberender / Okruch 1998). Dabei ist der „*Generationenvertrag*“ zwischen Erwerbsbevölkerung und Rentnern nur eine Seite der „intergenerationalen Solidarität“ in der GKV, denn über die beitragsfreie Mitversicherung von Kindern besteht auch zwischen den Beitragszahlern und ihnen ein „Generationenvertrag“. Freilich wird eine geringere Zahl von mitversicherten Kindern die Ausgabenwirkung einer steigenden Zahl von älteren Versicherten schwerlich kompensieren können (zu den Durchschnittsausgaben je Rentner und je Mitglied siehe BMG 1999, S. 401 ff.). Genau diese Situation – sinkende Fertilitätsziffern bei steigender Lebenserwartung – kennzeichnen den demographischen Wandel in Deutschland, der somit alle sozialen Sicherungssysteme, die auf einem „Generationenvertrag" aufbauen, vor ernsthafte Probleme stellt (Oberender / Okruch 1998). Die Nettoreproduktionsrate hat sich von 1960 bis '97 von 1,098 auf 0,655 verringert, wogegen die fernere Lebenserwartung 60–jähriger „Senioren" im selben Zeitraum um 3,4 bzw. 4,7 Jahre (m / w) zugenommen hat. Durch die gesunkenen Geburtenraten wird der langfristige Altersaufbau die typische Pilzform annehmen, die eine schrumpfende Bevölkerung repräsentiert. Seine Gestalt wird jedoch auch durch die Tatsache beeinflusst, daß die Alterskohorten immer weniger ihrer Mitglieder durch frühen / vorzeitigen Tod verlieren. Diese als verbesserte Kontrolle über den Gesundheitszustand zu interpretierende Veränderung der *Überlebenskurve* („Rektangularisierung", Breyer / Zweifel, S. 397 ff.) wird also dauerhaft für einen höheren Anteil älterer Versicherter in der Solidargemeinschaft sorgen. Folgt man den Prognoserechnungen der neunten koordinierten Bevölkerungsvorausberechnung, so wird der *Altenquotient*, als Verhältnis der über 60-jährigen zur mittleren Generation, von 35 % im Jahr 1992 bis 2010 auf rund 46 % steigen und bis 2050 je nach Prognosevariante Werte zwischen 75 % bis über 80 % erreicht haben.

Auf diese Herausforderungen kann das „Schönwetter-System" der umlagefinanzierten GKV nicht aus sich heraus reagieren; es ist adaptiv ineffizient. Wenn man plausiblerweise annimmt, dass mit der Erhöhung des Altenquotienten auch ein größeres politisches Gewicht des älteren Bevölkerungsteils verbunden ist, das auf eine Umverteilung öffentlicher Ausgaben zugunsten des Gesundheitswesen hinwirkt, sind damit – zumindest theoretisch – weitreichende dynamische Folgewirkungen des demographischen Wandels zu erwarten (zur Darstellung und empirischen Relativierung des „*Sisyphus-Syndroms*" siehe Breyer / Zweifel, S. 413 ff.).

Neben der „Vergreisung" der Bevölkerung kann ein zweiter demographischer Trend eine vermehrte Inanspruchnahme von Gesundheitsleistungen bewirken: Die Zunahme von Einpersonen–Haushalten bedeutet, dass z.B. Pflegeleistungen zu Lasten der Solidargemeinschaft anfallen, die in Mehrpersonen-Haushalten intern „abgefedert" werden (Breyer / Zweifel 1999, S. 401 ff.).

Wird schließlich die Soziodemographie betrachtet, so ergeben sich für die GKV möglicherweise auch deshalb Herausforderungen, weil Versicherungspflicht und Beitragshöhe grundsätzlich an den Einkünften aus nichtselbständiger Arbeit bemessen werden, im Falle der KVdR an den Rentenbezügen. Die Veränderungen der Erwerbsbiographien, Umgestaltung der Arbeitsbeziehungen und Veränderung der Einkommensquellen im Alter wirken somit auf das Beitragsaufkommen der GKV ein. Neben dem pragmatischen Aspekt von Beitragsausfällen ist grundsätzlich zu fragen, ob eine (beschränkte) solidarische Grundsicherung nicht auch aus anderen Einkommensarten zu tragen ist (Oberender / Okruch 1998).

## 5.2 Die technologische Herausforderung

Die „Explosion des Machbaren in der Medizin" ist zum geflügelten Wort geworden. Die Kostenwirkung der regen Innovationstätigkeit lässt sich etwa an folgendem Gedankenexperiment ablesen: Angenommen, der medizinische Standard um 1900 wäre bis heute beibehalten worden – welcher Prozentsatz des heutigen Ausgabenniveaus wäre dann zu erwarten? Die Antwort einer Studie für Großbritannien lautet: 1 %, mit dem Umkehrschluss, dass 99 % auf die durch technischen Fortschritt induzierte Bedarfssteigerung zurückzuführen sei (Oberender / Hebborn 1994, S. 128 ff.; Breyer / Zweifel 1999, S. 404 ff.; Meyer 1993).

Medizinisch-technischer Fortschritt hat einerseits für viele Erkrankungen kausale Therapiemöglichkeiten und damit Heilung ermöglicht. Andererseits wurde eine bessere Kontrolle des Gesundheitszustands ermöglicht (s.o.: Rektangularisierung der Überlebenskurve), indem „halfway-Technologien" die Überlebenszeiten von unheilbar Kranken verlängerten. Betrachtet man die Innovationen unter einem anderen Blickwinkel, so wird deutlich, dass die *Produktinnovationen*, also die Einführung zusätzlicher Diagnose- und Therapiemöglichkeiten (*„add-on-Technologien*) überwiegen. *Prozessinnovationen*, welche einen bestimmte Gesundheitsleistung bzw. einen bestimmten therapeutischen Erfolg zu geringeren Kosten erbringen können, sind demgegenüber selten, dies gilt auch für *organisatorische Innovationen* im Gesundheitswesen. Dieses Ungleichgewicht zwischen unterschiedlichen Arten der Innovation wirkt darauf hin, dass technischer Fortschritt – in Form von Produktinnovationen – regelmäßig zu höheren Ausgaben führt. Diese Einseitigkeit der Wirkung von technischem Fortschritt wird verursacht durch die Verzerrung von Anreizen durch das System der GKV. Das Mitglied einer sozialen Krankenversicherung, dem individuell kostenloser Zugang zu medizinischen Leistungen geboten wird, hat einen Anreiz, möglichst hochwertige Dienste in Anspruch zu nehmen. Zu einer rationalen Abwägung zwischen dem Nutzen einer medizinischen Innovation und deren Kosten fehlen unter der Geltung des Sachleistungsprinzips allein schon die Informationen über die verursachten Ausgaben. Umgekehrt mangelt es den Innovatoren an einer preisgesteuerten Nachfrage zur knappheitsorientierten Lenkung von Forschung und Entwicklung. Für die Leistungserbringer kann die Einführung von Produktinnovationen einen Wettbewerbsvorteil bedeuten, doch bestehen schwache Anreize, kostengünstigere Behandlungsmethoden zu erproben oder durch organisatorische Neuerungen Kosten zu senken.

Auch hinsichtlich der technologischen Herausforderung ist das Gesundheitswesen adaptiv ineffizient, da zwar zahlreiche Innovationen hervorgebracht werden, die aber in ihrer Struktur verzerrt sind und keiner funktionsfähigen wirtschaftlichen Selektion unterliegen.

## 5.3 Internationale Herausforderungen

Das deutsche Gesundheitswesen ist gekennzeichnet durch ein umfassendes, in sich *geschlossenes Regulierungssystem*, das notwendig auch nach außen von internationalem Wettbewerb abgeschirmt werden muss. Fraglich ist, ob sich der „Ausnahmebereich" Gesundheitswesen angesichts von *Europäischer Integration* und *Globalisierung* aufrechterhalten lässt.

Seit der Maastrichter Neufassung des EG-Vertrages hat die Europäische Union ein Mandat zur Gesundheitspolitik (Art. 152 EGV). Dieses Mandat kann zukünftig u.U. eine verstärkte *legislative* Tätigkeit im Bereich des europäischen Sekundärrechts nach sich ziehen. In diesem Bereich ist bislang einzig die *Verordnung Nr. 1408 / 71* (Rat der EG 1971) von Bedeutung, die auf bloße *Koordination* zwischen den mitgliedstaatlichen Krankenversicherungssystemen zielt.

Wie in anderen Bereichen der europäischen Integration auch, spielte die *Judikative* eine ganz entscheidende Rolle. Vom *Europäischen Gerichtshof* gingen wichtige Impulse zur Integration der nationalen Gesundheitsmärkte aus. Die Rechtsprechung des EuGH misst die gesundheitspolitischen Regulierungen, soweit sie eine übernationale Wirkung entfalten, an den *Grundfreiheiten* des EGV, also namentlich der Freiheit des Waren- und Kapitalverkehrs sowie der Dienstleistungs- und Niederlassungsfreiheit. Das bedeutet, dass die Regelungshoheit für die sozialen Sicherungssysteme grundsätzlich bei den Mitgliedstaaten verbleibt und dass weiterhin auch wettbewerbsbeschränkende Regulierungen vertretbar sind, wenn sie zur Sicherstellung des „finanziellen Gleichgewichts" des Systems erforderlich sind.

An solche Regelungen, die etwa den Ausschluss von Produkten von der Erstattungsfähigkeit in einer sozialen Krankenversicherung betreffen, sind jedoch strenge Kriterien anzulegen, was die *Erforderlichkeit* für den *Schutz der öffentlichen Gesundheit* anbelangt. Insbesondere darf nicht willkürlich nach dem Ursprung von Waren diskriminiert werden. Diese 1984 vom EuGH entwickelte Position wurde in zwei Aufsehen erregenden Urteilen aus dem Jahr 1998 bestätigt und auf den Bereich der Dienstleistungsfreiheit erweitert (Berg 1999a).

In der Rechtssache C-120 / 95 (EuGH 1998a) qualifizierte der Gerichtshof auch das Erfordernis einer Genehmigung des Krankenversicherungsträgers für den Erwerb medizinischer Erzeugnisse im Ausland als Verstoß gegen die Warenverkehrsfreiheit. Eine pauschale Kostenerstattung für ein Hilfsmittel kann demnach nicht deshalb verweigert werden, weil der Versicherte die Warenverkehrsfreiheit ohne vorherige Genehmigung nutzte, zumal keine höhere Kostenbelastung das finanzielle Gleichgewicht gefährden könnte. Analog argumentierte der EuGH (1998b) in der Rechtssache C-158 / 96, bei der es um die Kostenerstattung für eine ärztliche Behandlung im EU-Ausland ging. Auch hier wurde eine Regelung verworfen, die die vorherige Genehmigung erforderlich macht, obwohl zu den Bedingungen des Versicherungsstaates erstattet wird und insoweit wiederum keine finanzielle Gefährdung zu befürchten ist. Grundlage war in diesem Fall die im EGV verankerte Garantie des freien Dienstleistungsverkehrs.

Die Urteile lassen erkennen, dass die nationalen Gesundheitssysteme die Mobilität von Personen und Gütern innerhalb der EU nicht nur nicht unterbinden, sondern – z.B. mittels Genehmigungsvorbehalten – viel schwerer steuern können. Zwar gilt bei Arzneimitteln die Warenverkehrsfreiheit nur mit weiteren Qualifikationen und bei der *Niederlassung* von Ärzten gilt grundsätzlich das Recht des *Bestimmungslandes*, doch kann insbesondere die Garantie der (aktiven und passiven) Dienstleistungsfreiheit an Bedeutung zunehmen. Mit der Möglichkeit für Versicherte, ärztliche Dienste im europäischen Ausland in Anspruch zu nehmen bzw. mit dem Dienstleistungsangebot nicht niedergelassener, ausländischer Mediziner auf deutschem Territorium kann das geschlossene Vertragsarzt-System wenigstens in Randbereichen konkurrenziert werden.

Über den EU-Raum hinaus kann erwartet werden, dass die nach Trägern und Betriebsgrößen stark zersplitterte Krankenhaus-Landschaft in Deutschland (Hajen / Paetow / Schumacher 2000, S. 154 f.) sich unter dem steigenden Wettbewerbsdruck verändern wird. Internationale Krankenhaus-Betriebsgesellschaften, die mit entsprechender wirtschaftlichen Kompetenz ausgestattet sind, könnten das deutsche Gesundheitswesen als lukratives Betätigungsfeld entdecken. Damit würden den etablierten Leistungserbringern im stationären Versorgung neue Konkurrenten erwachsen, die nicht nur durch die bereits erreichte Wirtschaftlichkeit wettbewerbsfähig sind, sondern von denen auch ein erhöhtes Innovationstempo zu erwarten wäre (Breyer / Zweifel 1999, S. 423 ff.).

## 6. Optionen und Strategien für den Wandel der Gesundheitspolitik

### 6.1 Das gescheiterte gesundheitspolitische Experiment

Mit der Gesundheitsreform 2000 ist das Ende korrigierender Gesundheitspolitik mit Sicherheit noch nicht erreicht. Dazu sind die geschilderten Steuerungsdefizite zu weitreichend, und die politischen Korrekturen setzen zu selten an den Ursachen an, sondern versuchen, die Oberflächenphänomene durch eine politische Steuerung in den Griff zu bekommen. Die lange Liste der letzten Endes wenig erfolgreichen Maßnahmen solcher „Wirtschaftspolitik der Experimente" nötigt zu der vorläufigen Diagnose, dass das Experiment gescheitert ist. Die deutsche Gesundheitspolitik ist ein besonders plastisches Beispiel für die Art von *Wirtschaftspolitik der Experimente*, welche schon die frühe Ordnungstheorie ablehnte. Das Experiment ist von Anfang an gekennzeichnet durch die Errichtung von Monopolen (*Kassenärztliche Vereinigungen*, Krankenkassen als geschlossene *Zwangsversicherung*, differenziert nach Angestellten und Arbeitern) und das Zurückdrängen differenzierter, parallel bestehender Organisationen zugunsten eines einheitlichen, nationalen Systems (Eucken 1990, S. 55 f., 151). Die weitere politische Lenkung des Gesundheitswesens darf in weiten teilen als „improvisiert" (Eucken 1990, S. 56) bezeichnet werden, mit der Folge ständig neu auftauchender Nebenwirkungen, die ihrerseits Interventionen erfordern: Auch die Gesundheitspolitik „gerät ... in eine Serie von Versuchen hinein, die im ganzen ein Experiment darstellen" (Eucken 1990, S. 57). Vorangetrieben wird der Prozess gesundheitspolitischen Experimentierens „vom lebendigen Trieb der Macht" (Eucken 1990, S. 149), der sich in einem zentralisierten System leichter ausleben lässt (Eucken 1990, S. 150 f.), geleitet von dem „Glauben, dass durch zentrale Leitung des Wirtschaftsprozesses die soziale Frage gelöst werden könne" und vom „Denken des modernen Technikers" (Eucken 1990, S. 153), das eine technomorphe Steuerung des Wirtschaftssystems suggeriert. Gerade die zuletzt genannten zwei Aspekte sind in der Entwicklung des Gesundheitswesens prominent – mit dem

Versuch, Knappheit in einem zentral gesteuerten System zu „beseitigen“. Die wirtschaftlichen Folgewirkungen des Grund-Experiments wurden dann in Folgeexperimenten *für das Gesamtsystem* kurzfristig „wegreguliert“, damit aber langfristig verschärft.

Ein Wandel der Gesundheitspolitik ist also notwendig. Abschließend ist, der eingangs erwähnten Systematik folgend, nach Optionen einer „rationalen“ Gesundheitspolitik und nach möglichen Strategien zu ihrer Umsetzung zu fragen.

## 6.2 Optionen einer „rationalen“ Gesundheitspolitik

Den vielfältigen Steuerungsdefiziten und resultierenden Ineffizienzen versuchen zahlreiche Modelle zu begegnen, die unter dem modischen Begriff „Managed Care“ zusammengefasst werden können (Oberender / Ecker 1997, Rachold 2000; Haubrock / Hagmann / Nerlinger 2000). Darunter werden Organisationsformen angesprochen, die eine verbesserte *Steuerung* der Ressourcen im Gesundheitswesen mit dem Ziel größerer *Qualität* und *Effizienz* ermöglichen sollen. Es ist bei dieser Zielsetzung nicht verwunderlich, dass die konkreten Steuerungsformen auf einen *regulierten* Wettbewerb und die damit wirksamen Anreize abzielen.

Ein wesentliches Merkmal des Konzepts und der praktischen Beispiele für Managed Care ist die Vereinigung von *Finanzierung und Bereitstellung* von Gesundheitsleistungen *in einer Hand* – also die Aufhebung der oben als problematisch diagnostizierten Trennung im deutschen Gesundheitswesens (v. d. Schulenburg / Greiner 2000, S. 215 f.). Mit dem Ziel des Wettbewerbs zwischen verschiedenen Managed Care–Organisationen und ihren unterschiedlichen „Produkten“ ist das gegenwärtig vorherrschende System von Kontrahierungszwängen und obligatorischen Kollektivverhandlungen nicht vereinbar. Zugleich bedeutet dies, dass die *Leistungserbringer* – je nach Honorarform – ein Teil des Krankheitskostenrisikos mittragen, womit die vormals fehlenden Wirtschaftlichkeitsanreize wirksam werden. Managed Care bedeutet weiterhin regelmäßig eine *Selbstbeteiligung* der Patienten, um die beschriebenen moral hazard-Probleme zu mindern (Rachold 2000, S. 58 ff.). Der *Verzahnung* zwischen ambulantem und stationärem Sektor sowie zwischen den einzelnen Leistungserbringern innerhalb des ambulanten Sektors dient eine ganze Reihe von Maßnahmen (für weitere Einzelheiten Rachold 2000, S. 61 ff. sowie die Lösung zu Frage 3 im Repetitorium).

Der Grundansatz von Managed Care ist demnach nicht revolutionär neu, doch macht das Spektrum denkbarer Ausgestaltungen, die in diesem Zusammenhang erkennbar wurde, klar, dass es „die“ geeignete Organisation des Gesundheitssystems insgesamt nicht wird geben können. Die Eröffnung eines Wettbewerbs zwischen verschiedenen *Versicherungspaketen* oder *Versorgungsformen* für die Nachfrager sowie die Konkurrenz unterschiedlicher *korporativer Akteure* für die Leistungserbringer ermöglicht die Suche und Entdeckung neuer Organisationsformen und steht im übrigen nicht in einem schlechterdings unüberbrückbaren Gegensatz zur „sozialen Dimension“ der Gesundheitspolitik. Sicherlich ist nicht zu erwarten, dass sich als Ergebnis von Wettbewerbsprozessen die einheitlich normierte Gesundheitsversorgung heutiger Prägung herausbildet. Statt jedoch jede Abweichung von einem (gesundheitspolitisch definierten) Einheitsstandard als Weg in die „Zweiklassen-Medizin“ zu diskreditieren, könnte auch über die Möglichkeit einer „n-Klassen-Medizin“ mit sozialer Grundsicherung nachgedacht werden. Eine solche Grundsicherung könnte den Bereich notwendiger Regulierungen beispielsweise auf einen Katalog von *Regelleistungen* beschränken, der für die Nachfrager *versicherungspflichtig* ist, bei dem die Krankenkassen oder integrierte Gesundheitsdienstleister einem *Kontrahierungszwang* unterliegen und der weiterhin *solidarisch finanziert* wird (möglicherweise aber aus allen Einkommensquellen, nicht nur aus Arbeitseinkommen). Im Bereich der darüber hinausgehenden *Wahlleistungen* könnten individuelle Präferenzen und unternehmerische Initiative in einem wettbewerblichen Umfeld wirksam werden (Enquête-Kommission 1990; Oberender / Hebborn 1994).

### 6.3 Zur Möglichkeit eines kontrollierten gesundheitspolitischen Experimentalismus

Die geschilderte Wirtschaftspolitik der Experimente für das *Gesamtsystem* des deutschen Gesundheitswesens hat – gerade wegen der offenbar gewordenen Schwierigkeiten – „positive Bedeutung“, solche Experimente „ermöglichen es nämlich, wirtschaftspolitische Erfahrung in großem Umfang zu gewinnen“ (Eucken 1990, S. 57). Experimente sind also wichtig und – wenn man vom ordoliberalen Optimismus, die quasi zeitgemäße „Ordnung der Wirtschaft“ ex ante zu bestimmen, abrückt – unvermeidlich. Es gilt also Formen des wirtschaftspolitischen Experimentalismus zu bestimmen, welche die Verbreiterung der Wissens- und Erfahrungsbasis ermöglichen, ohne die Gefahr einer Erosion der Gesamtordnung heraufbeschwören. Die Empfehlung begrenzter Experimente spiegelt in diesem Zusammenhang nicht nur die häufig unterschätzten Wissensgrenzen eines Politikberaters wider, sondern erleichtert auch die Umsetzungschancen.

Abschließend sollen Tendenzen zu einer so verstandenen experimentellen Politik empirisch aufgespürt werden, und der Ansatz soll in einen theoretischen Zusammenhang mit verwandten wirtschaftspolitischen Konzepten gebracht werden.

Die mit den jüngsten Gesundheitsreformen eingeleitete Tendenz, nicht mehr das *Gesamtsystem zentral* zu regulieren, sondern die *dezentrale Erprobung* neuer Vergütungs- und Versorgungsformen zu ermöglichen, wurde bereits nachgewiesen. Darüber hinaus lässt sich auch aus der europäischen Marktintegration und allgemein aus der Internationalisierung die These ableiten, dass der Einfluss und die Steuerungsmöglichkeiten großer, zentraler Einheiten zugunsten kleinerer Einheiten schwinden wird, die in einem regulierten Wettbewerb stehen (v. d. Schulenburg / Greiner 2000, S. 232). Solche Tendenzen zu Dezentralisierung und Devolution lassen sich für die Gesundheitssysteme der meisten entwickelter Länder beobachten (OECD 1999a, S. 127 ff.).

Neben diesen empirischen Trends lassen sich verschiedene theoretische Ansätze als Beitrag zu einem Verständnis experimenteller Wirtschaftspolitik lesen. Grundlage ist die, von verschiedenen philosophischen Grundpositionen her entwickelte Einsicht, dass die Frage nach „den“ Staatsaufgaben nicht abschließend beantwortet werden kann bzw. falsch gestellt ist (Hesse 1979; Knight / Johnson 1996). Da also die Annäherung an diese Frage notwendig experimentell ist, liegt es nahe, eine Vielzahl von versuchsweisen Antworten zuzulassen, was auch die negativen Konsequenzen nationaler Experimente zu verhindern hilft.

Die kontrollierenden Wirkungen eines Wettbewerbs sub-nationaler Einheiten hat in der (auch ökonomischen) Föderalismustheorie eine lange Tradition, freilich ist der Gedanke eines Wettbewerbs geographisch definierter Einheiten für die Konkurrenz gesundheitspolitischer Experimente (in Form von unterschiedlichen Versorgungssystemen) nur bedingt zutreffend. Doch ist die Beschränkung auf Gebietskörperschaften nicht zwingend: In neuerer Zeit wurde das Leitbild eines *funktionalen Föderalismus* entworfen, bei dem Körperschaften nach der „Geographie der Probleme“ gebildet werden und untereinander in Wettbewerb stehen (Vanberg / Buchanan 1991; Straubhaar 1995; Frey 1997). Die Konkurrenz zwischen solchen funktional gebildeten Einheiten ist intensiver, da ein Austritt aus der Körperschaft nicht gleichzeitig mit einem Standortwechsel verbunden ist: An einem Standort können mehrere Trägerorganisationen für eine Funktion „überlappen“. Zwischen den funktional-föderalen Einheiten besteht also eine wettbewerbliche Rückkopplung, die in sinnvoller Weise um Rückkopplungen von einer zentralen Überwachungsinstanz ergänzt werden kann (Sabel 1997; Dorf / Sabel 1998, S. 345 ff.; Cohen / Sabel 1997). Details zu solchen Regimen, die Markt und Hierarchie in solchen Fällen zu verbinden suchen, in denen neben *Effizienz* auch *Partizipation* gefordert ist, wurden unter der Überschrift „demokratischer Experimentalismus“ (Dorf / Sabel 1998) entwickelt. Diese Forschungen, die auch von erfolgreichen Reformen ehemals hoch regulierter und ineffizienter Bereiche der öffentlichen US-Wirtschaft inspiriert wurden, sind für die Gesundheitspolitik besonders vielversprechend: Aus ihnen lässt sich ablesen, wie in einer verkrusteten Gesamtordnung eines Wirtschaftssektors Verbesserungen ohne einen allumfassenden Ordnungswechsel möglich sind. Solcher Experimentalismus ermöglicht auch „bescheidenere“ oder politisch leichter realisierbare Reformvorschläge – und sollte nicht länger als Gegenteil von Ordnungspolitik verstanden werden. Eine reflektierte „Wirtschaftspolitik der Experimente“ kann eine ordnungspolitische Alternative sein.

## **Weiterführende Literatur** (zitierte Quellen siehe Anhang)

*Breyer, F. / P. Zweifel* (1999), Gesundheitsökonomie, Berlin usw.

*Dorf, M .C. / C. F. Sabel* (1998), A Constitution of Democratic Experimentalism, Columbia Law Review 98, S. 267-473.

*Frey, B. S.* (1997), Ein neuer Föderalismus für Europa: Die Idee der FOCJ, Tübingen.

*Meyer, D.* (1993), Technischer Fortschritt im Gesundheitswesen: Eine Analyse der Anreizstrukturen aus ordnungstheoretischer Sicht, Tübingen.

*Oberender, P. / A. Hebborn* (1994), Wachstumsmarkt Gesundheit: Therapie des Kosteninfarkts, Frankfurt / M.

*Oberender, P. / S. Okruch* (1997), Die Entwicklung der Sozialpolitik aus ordnungspolitischer Sicht, ORDO: Jahrbuch für die Ordnung von Wirtschaft und Gesellschaft 48, S. 465-479.

*Schulenburg, J.- M. v. d. / W. Greiner* (2000), Gesundheitsökonomik, Tübingen.

*Stillfried, D. v.* (1996), Gesundheitssysteme im Wandel: Das Dilemma zwischen Bedarfskonzept und Eigenverantwortung – medizinische Grundsicherung als Reformperspektive? Eine evolutorische Analyse, Bayreuth.

*Wegner, G.* (1996), Wirtschaftspolitik zwischen Selbst- und Fremdsteuerung: Ein neuer Ansatz, Baden-Baden.

## **Verständnisfragen** (Lösungen siehe Anhang)

**Frage 1:**

Im Zusammenhang mit der zunehmenden Regulierung des Gesundheitswesens in der Folge der „Kostendämpfung“ wird häufig von einer „Interventionsspirale“ gesprochen. Erläutern Sie dieses Argument!

**Frage 2:**

Es besteht verbreitet die Meinung, Gesundheit sei ein besonderes Gut, bei dem ein wettbewerblicher Koordinationsmechanismus von vornherein ausgeschlossen und durch umfassende Regulierung zu ersetzen sei. Nehmen Sie Stellung zu dieser These!

**Frage 3:**

Zur Bewältigung der „Kostenexplosion“ im Gesundheitswesen werden Formen des Managed Care als innovative Lösungen vorgeschlagen. Erläutern Sie Grundkonzept und Instrumente dieses Ansatzes!

# Handelspolitik

## Probleme und Entwicklungspotenzial der WTO

*Andreas Freytag*[*]



### 1. Einführung

Die Welthandelsordnung hat sich in den vergangenen etwas mehr als fünfzig Jahren grundsätzlich zu einem festen und verlässlichen Regelwerk für den internationalen Handel mit Gütern und Dienstleistungen entwickelt. Als vorläufiger Höhepunkt dieser Geschichte ist die Gründung der Welthandelsorganisation (WTO) im Jahre 1994 zu sehen. Diese wacht darüber, dass ihre Mitglieder die internationalen Verträge, die unter ihrem Dach zusammengefasst sind, einhalten.

Diese Verträge sehen eine möglichst weitgehende Öffnung nationaler Märkte für Güter und Dienstleistungen für Anbieter aus dem Inland und dem Ausland vor. Der

[*] Ich danke Philipp Klingelhöfer und Martin Theuringer für wertvolle Kommentare.

ökonomische Grund dafür ist in der generellen ökonomischen Vorteilhaftigkeit von freiem Welthandel zu sehen (Abschnitt 2.1). In dieser Vorteilhaftigkeit liegt eigentlich ein Grund für die Nichtexistenz derartiger Verträge, denn wäre sie allgemein anerkannt, bedürfte es keiner vertraglichen Absicherung. In Abschnitt 2.2 wird die Unterscheidung von ökonomischer und politischer Rationalität getroffen, anhand derer die Ratio der Welthandelsordnung begründet werden kann.

In Kapitel 3 wird dann die WTO in ihrer Entstehung und der gegenwärtigen Verfassung vorgestellt. Die wesentlichen Prinzipien werden herausgearbeitet, und Tätigkeiten werden vorgestellt. An dieser Stelle wird bereits deutlich, wie stark sich die Welthandelsordnung in der Zeit seit ihrem Bestehen schon gewandelt hat.

In Kapitel 4 werden mögliche zukünftige Herausforderungen an die WTO diskutiert. Zum Ersten sind damit einzelne Regeln der WTO selbst gemeint, die möglicherweise einen Sprengsatz bilden. Darunter fallen die Anti-Dumping Politik sowie die Behandlung regionaler Abkommen. Zum Zweiten sind damit ökonomische Aufgabenstellungen gemeint, die in ihren Zuständigkeitsbereich fallen könnten, z.B. die Formulierung von Umwelt- und Sozialstandards, die Errichtung einer internationalen Wettbewerbsordnung oder die Erweiterung der WTO um wichtige große Länder wie China. Zum Dritten gibt es eine Reihe von Akteuren im Welthandel, deren – teilweise selbstgewählte – Aufgaben sich mit denen der WTO überschneiden. Es wird zu zeigen sein, ob und wie die WTO darauf reagiert.

Im Schlusskapitel werden Entwicklungspotenziale der Welthandelsorganisation zusammen gefasst. Es zeigt sich, dass die WTO auf gesunden Füßen steht und gut gerüstet für die zukünftigen Aufgaben ist.

## 2. Die Grundlagen der Handelspolitik

### 2.1 Die Theorie des Außenhandels und weltwirtschaftlicher Strukturwandel

Es ist eine theoretisch plausible und empirisch gesicherte Tatsache, dass die Arbeitsteilung für alle daran Beteiligten von Vorteil ist, solange bestimmte Regeln eingehalten werden. Dies gilt sowohl für den Binnenhandel, d.h. den Handel innerhalb eines Landes, als auch den Außenhandel, also den Handel zwischen Menschen aus unterschiedlichen Ländern. Die Spezialisierung wird dabei gemäß dem Theorem der komparativen Kostenvorteile (Ricardo 1817) vorgenommen. Jedes Wirtschaftssubjekt spezialisiert sich hiernach auf die Herstellung jener Güter und Dienstleistungen, bei denen es relativ besser ist als andere. Es ist in diesem Zusammenhang von grundlegender Bedeutung zu verstehen, dass das Theorem komparativer Kostenvorteile zunächst für Individuen gilt. Diese spezialisieren sich und handeln miteinander (Lösch 1938). Außenhandel findet mithin zwischen Individuen statt; ausschließlich aus analytischen Gründen werden in der Außenhandelstheorie Länder als Einheiten betrachtet.

Die Außenhandelstheorie zeigt eindeutig auf, dass freier Handel die größtmögliche wirtschaftliche Wohlfahrt ermöglicht. Die Allokation der Produktionsfaktoren und Produkte ist effizient, die erzielbaren Einkommen sind hoch. Bedeutsamer noch als die statische Effizienz ist die dynamische Effizienz. In offenen Märkten können neue Anbieter mit neuen, besseren Produkten und / oder Technologien alte bedrängen, der Wettbewerb setzt neue Ideen frei, das Wissen um bessere Lösungen wächst mit der Folge, dass Knappheiten verringert werden. Nur sehr wenige Fälle sind theoretisch denkbar, in denen es ökonomisch Sinn macht, von der sog. Freihandelsdoktrin abzuweichen. Dies sind vor allem das Erziehungszollargument, das Optimalzollargument und das Argument der strategischen Handelspolitik (Irwin 1996). Es ist allerdings schwer, für diese theoretischen Fälle praktische Anwendungen zu finden, so dass die Offenheit von Märkten generell angemessen zu sein scheint. Dies gilt vor allem in einer dynamischen Perspektive.

Der Wohlfahrtsgewinn ist für alle Länder dann am größten, wenn sämtliche Länder ihre Märkte geöffnet halten. Die potenzielle Arbeitsteilung ist die größtmögliche, der relevante Markt ist der Weltmarkt. Dennoch ist aus nationaler Sicht auch eine einseitige, unilaterale Öffnung im Vergleich zu geschlossenem Inlandsmarkt wohlfahrtssteigernd. Die inländischen Produktionsfaktoren sind dem Strukturwandel weitestgehend ausgesetzt, die Konsumenten haben das größtmögliche Angebot zur Auswahl.

Die Ursachen für Spezialisierung und Außenhandel sind vielfältig. Traditionelle Ursachen sind Unterschiede in der Produktivität (Ricardo-Güter) sowie in der Faktorausstattung (Heckscher-Ohlin-Güter, Schumpeter-Güter (als Schumpeter-Güter werden Güter mit einem hohen Einsatz an Humankapital bezeichnet)). Die entsprechenden theoretischen Modelle sind statischer Natur und basieren auf vollkommener Konkurrenz. Sie erklären vor allem den sog. inter-industriellen Handel, d.h. den Austausch von Produkten aus unterschiedlichen Sektoren. Zahlreiche Weiterentwicklungen weichen von diesen Grundannahmen ab; so werden steigende Skalenerträge, imperfekte Märkte und unterschiedliche Geschmäcker als Erklärung von intraindustriellem Handel, d.h. dem Austausch gleichartiger Produkte herangezogen (Markusen et al. 1995).

Von hoher Bedeutung – vor allem im Zusammenhang mit dem Generalthema dieses Buches – ist der strukturelle Wandel. Komparative Kostenvorteile verändern sich im Zeitablauf. Technologien werden allgemein zugänglich, so dass die Produktion von Gütern abwandert – in Länder mit günstigeren Kostenkombinationen. Man spricht in diesem Fall von Produktzyklus-Gütern. Die alten Produzenten müssen dann aufgeben oder neue Produkte anbieten (Giersch 1986). Der weltwirtschaftliche Strukturwandel hat im Zuge der Globalisierung an Intensität zugenommen. Dabei wird unter Globalisierung die Einbeziehung sämtlicher Länder in die internationale Arbeitsteilung sowie die Zunahme des internationalen Kapitalverkehrs, vor allem der internationalen Direktinvestitionen, verstanden (Freytag / Meier / Weiß 1998).

Es steht zu erwarten, dass der durch die Globalisierung beschleunigte weltwirtschaftliche Strukturwandel in den kommenden Dekaden noch weiter zunehmen wird, vor allem dann, wenn sich die technischen Möglichkeiten in der Kommunikation und im Transport weiterhin so schnell wie in den vergangenen Jahren verbessern. Derart bedingter weltwirtschaftlicher Strukturwandel hat neben den schon genannten positiven Wirkungen auch Anpassungskosten in den betroffenen Ländern zur Folge, z.B. in Form von temporärer Arbeitslosigkeit oder der Notwendigkeit immer wiederkehrender Weiterbildungsmaßnahmen. Je schneller der Strukturwandel wirkt, desto größer wird der Anpassungsdruck. Er ist dann auch ein wesentlicher Grund dafür, dass Regierungen immer wieder mit protektionistischen Mitteln in die Märkte eingreifen. Sie versuchen, den Druck von den betroffenen Unternehmen zu nehmen. Die Begründung für diese gesamtwirtschaftlich nicht vernünftigen Eingriffe kann in einer politökonomischen Analyse herausgearbeitet werden.

## 2.2 Positive Theorie – Die Ratio für die Welthandelsordnung

Für die Wirtschaftspolitik macht es aus allokationstheoretischer Perspektive somit Sinn, die Märkte für den internationalen Wettbewerb zu öffnen, und zwar unabhängig davon, ob andere Länder diesem Beispiel folgen oder nicht. Trotzdem betreiben Länder Handelspolitik zum Schutz von Unternehmen oder Sektoren, die im internationalen Wettbewerb in Schwierigkeiten geraten sind. In der Geschichte der Handelspolitik hat es zudem immer wieder Versuche gegeben, mit ihrer Hilfe andere Politikziele zu erreichen. Zwei Bereiche, die auch im Zusammenhang mit der WTO zu nennen sind und weiter unten noch ausführlicher diskutiert werden, sind die Sozialpolitik und die Umweltpolitik.

Die Erklärung für ökonomisch irrationale Wirtschaftspolitik liegt in der politischen Rationalität derartiger Maßnahmen. Im weltwirtschaftlichen Strukturwandel geraten ständig Unternehmen unter Wettbewerbsdruck. Diese Unternehmen versuchen, den Druck zu mildern: einerseits durch bessere, preiswertere Produkte und günstigere Produktionsmethoden, andererseits durch Aktivitäten zur Beeinflussung der politischen Entscheidungsträger, den Marktzutritt für ausländische Anbieter zu behindern oder gar zu verhindern. Während die erste Strategie als offensiv oder als Profit-Seeking bezeichnet wird, handelt es sich bei der zweiten um defensives Verhalten oder Rent-Seeking.

Für die wirtschaftspolitischen Entscheidungsträger, die Politiker und die Bürokratie kann es unter Umständen rational sein, diesen Rent-Seeking Aktivitäten nachzugeben. Dies gilt insbesondere dann, wenn der Verlust zahlreicher Arbeitsplätze unmittelbar bevorsteht, ohne dass zeitgleich mindestens genau so viele neue in anderen Sektoren entstehen können. Dann nämlich werden z.B. die Wähler die sichere Rettung bestehender Arbeitsplätze höher bewerten als die zukünftige, niemandem direkt zurechenbare Schaffung neuer Arbeitsplätze, selbst wenn letztere höhere Einkommen erwarten lassen und langfristig sicherer sind. Der Leser mag selbst urteilen, welche der beiden folgenden Schlagzeilen für die Menschen bedrohlicher klingt:

- „5.000 Arbeitsplätze in der Region gefährdet!"
- „Wirtschaftspolitik verhindert mit kurzfristiger Rettung von einigen Arbeitsplätzen vermutlich die Schaffung von mindestens 5.000 Arbeitsplätzen in den nächsten fünf Jahren!"

Langfristig nimmt die Wirtschaftspolitik somit Wohlfahrtseinbußen in Kauf. Was ökonomisch rational ist, ist politisch irrational, nämlich eine einseitige Marktöffnung und deren Beibehaltung, auch und besonders im Angesicht des weltwirtschaftlichen Strukturwandels. Ein weiterer wesentlicher Grund für diese offenkundige Kurzfristorientierung der Wirtschaftspolitik liegt in der Dauer von Wahlperioden, die – aus gutem Grund – in aller Regel auf drei bis fünf Jahre begrenzt sind. Langfristig wirkende wirtschaftspolitische Maßnahmen werden dadurch verhältnismäßig unattraktiv.

An dieser Stelle entfaltet ein internationales Abkommen über gegenseitigen Marktzugang seine positiven Wirkungen. Es ist für Regierungen, die gesamtwirtschaftliche Zielsetzungen wie hohe Beschäftigung und hohe Einkommen verfolgen, rational, sich in internationalen Verträgen zu binden. Diese Bindung dient dazu, die Schließung heimischer Märkte für ausländische Wettbewerber zu verhindern. Denn die Regierung kann die Rent-Seeking Aktivitäten der betroffenen Unternehmen bzw. Sektoren mit dem Hinweis auf den Vertrag abwehren. Außerdem kann die Öffnung bislang geschlossener heimischer Märkte damit gerechtfertigt werden, dass andere Länder ihre Märkte ebenfalls öffnen. Der internationale Vertrag zur Öffnung der Märkte macht ökonomisch sinnvolle Wirtschaftspolitik auch politisch rational. Dies wird insbesondere an den Prinzipien der Welthandelsordnung deutlich.

## 3. Die Welthandelsordnung seit 1945

### 3.1 Kurze Geschichte des GATT

#### *3.1.1 Die GATT-Prinzipien*

Die Geschichte der Welthandelsordnung, wie wir sie heute kennen, reicht zurück bis in den Zweiten Weltkrieg. Bereits 1941 planten die Alliierten eine institutionelle Verankerung des freien Welthandels. Der Grund dafür lag in der Phase der Desintegration der Weltwirtschaft nach dem Ersten Weltkrieg, die in der Zwischenkriegszeit sogar noch verstärkt wurde. Die ursprünglich anvisierte International Trade Organization, die neben dem internationalen Handel auch für internationale Wettbewerbspolitik und für internationale Direktinvestitionen zuständig sein sollte, wurde jedoch nicht verwirklicht. Statt dessen wurde im Jahre 1947 nur das GATT, das Allgemeine Zoll- und Handelsabkommen in die Tat umgesetzt. Ursprünglich hatte das GATT nur 23 Mitglieder. Deutschland wurde 1951 Mitglied. Im Juli 2000 trat mit Kroatien das 139. Mitgliedsland bei.

Das GATT basiert auf drei wesentlichen Prinzipien: dem Prinzip der Reziprozität (Gegenseitigkeit), dem Prinzip der Meistbegünstigung und dem Prinzip der Inländerbehandlung.

- Reziprozität: jedes Mitglied kann von anderen Mitgliedern erwarten, dass im Gegenzug zu eigenen Zollsenkungen für deren Exporte ebenfalls Erleichterungen im Marktzugang für eigene Unternehmen zugestanden werden.
- Meistbegünstigung: Eine Handelsvergünstigung, z.B. eine Zollsenkung für ein Mitgliedsland muss sofort und ohne Bedingungen auch für alle anderen Mitglieder gelten.
- Inländerbehandlung: Ausländische Anbieter von Gütern oder (nach der Uruguay–Runde) auch Dienstleistungen dürfen nicht anders behandelt werden als inländische.

Die Prinzipien der Meistbegünstigung und der Inländerbehandlung werden auch als Nichtdiskriminierungsgebote bezeichnet, denn es darf nicht zwischen Ausländern verschiedener Nationalität (Meistbegünstigung) und zwischen Inländern und Ausländern (Inländerbehandlung) diskriminiert werden. Durch das Diskriminierungsverbot wird ein allokatives Ziel verfolgt: Es soll vom kostengünstigsten Anbieter gekauft werden. Verhindert werden soll, dass ökonomische Interessen sich mit politischen Interessen vermengen, indem zwischen unterschiedlichen Ländern unterschiedliche Zollsätze vereinbart werden. Das Diskriminierungsverbot verhindert damit zudem, dass politische Spannungen die Offenheit des Handelssystems gefährden und trägt zur Transparenz in der Handelspolitik bei. Damit soll die Fairness im Welthandel gesichert werden. Handelspolitik wird dann auch berechenbar.

Das Prinzip der Reziprozität hingegen hat vor allem eine politökonomische Ratio. Aus ökonomischer Sicht ist es für ein Land auch sinnvoll, einseitig zu liberalisieren. Wie oben (Abschnitt 2.2) dargestellt, kann es jedoch einer Regierung aus Gründen der politischen Umsetzung nicht möglich sein, die Märkte für ausländische Anbieter zu öffnen. In einer solchen Lage hilft Reziprozität ungemein, da sie den Eindruck vermittelt, der Marktzugang für Ausländer wird nicht umsonst gegeben. Vielmehr erhält das Inland die Öffnung ausländischer Märkte für Inländer im Gegenzug. Die Reziprozität sichert zusätzlich das einmal Erreichte, denn eine einseitige Erhöhung der Handelsbarrieren wird von den anderen Mitgliedsländern der WTO sicherlich nicht hingenommen werden.

Zur Verstärkung dieses Effekts ist eine progressive Liberalisierung im Rahmen der WTO vorgesehen. Erhöhungen des Protektionsniveaus sind grundsätzlich nicht vorgesehen. Verhindert wird, dass ein einmal erreichter Liberalisierungsgrad zurückgenommen werden kann. Aus diesen beiden Eigenschaften (Reziprozität und progressiver Liberalisierung) resultiert ein gewisser Sperrklinken-Effekt der multilateralen Liberalisierung. Das Reziprozitätsprinzip wird schließlich – hier schließt sich der

Kreis – durch das Prinzip der Meistbegünstigung gestärkt: Reziprozität und Meistbegünstigung sichern, dass die eigene Liberalisierung zu einer Öffnung der Märkte in vielen anderen Ländern gleichzeitig führt. Grundsätzlich gilt daher: Je mehr Länder also an der multilateralen Liberalisierung beteiligt sind, um so leichter wird sie politisch durchsetzbar sein.

### *3.1.2 Erfolgreiche Liberalisierung im Rahmen des GATT*

Das GATT hat dann auch eine erhebliche Zollsenkungsdynamik entfaltet. In acht Zollsenkungsrunden wurden die Zölle schrittweise deutlich gesenkt. Dabei sind zwei Runden besonders erwähnenswert, die Tokio-Runde und die Uruguay-Runde. In der Tokio-Runde wurde das Verbot sog. nicht-tarifärer Handelshemmnisse beschlossen sowie die Zolleskalation vermindert (Werner / Willms 1984).

Nicht-tarifäre Handelshemmnisse, d.h. sämtlich Handelsbarrieren, die keine Zölle darstellen, sind in der Regel selektiv. So sind beispielsweise Einfuhrquoten gegen bestimmte Anbieter gerichtet und widersprechen somit dem Prinzip der Meistbegünstigung. Außerdem sind nicht-tarifäre Handelshemmnisse sehr intransparent und gelegentlich so ausgestaltet, dass sie nicht Gegenstand von Streitschlichtungsfällen im Rahmen der WTO (Abschnitt 3.3.1) werden können. Dies gilt für freiwillige Exportselbstbeschränkungen, die nur dem Geist nach gegen die GATT-Prinzipien verstoßen.

Unter Zolleskalation versteht man eine Erhöhung des Zolls mit dem Verarbeitungsgrad der Produkte. Rohstoffe unterliegen danach nur einem relativ geringen Zoll, Zwischenprodukte werden höher belastet, und der Zoll auf Endprodukte ist der höchste. Damit sollte vor allem die Fertigwarenindustrie in den Industrieländern geschützt werden, was insbesondere bei Produktzyklus-Gütern im Strukturwandel ein Hemmnis darstellt. In der Sprache der Außenhandelstheorie unterschätzt der nominale Zollsatz dann die sog. effektive Protektion. Mit dem Konzept der effektiven Protektion wird der Schutz der inländischen Wertschöpfung vor ausländischer Konkurrenz gemessen (Donges 1975). Es stellt somit ein zentrales Konzept für die Beurteilung von Handelspolitik dar. Die Senkung der effektiven Zölle durch die Tokio–Runde ist ein wichtiges handelspolitisches Ergebnis und darf nicht unterschätzt werden.

| GATT-Runde | Anzahl der beteiligten Länder | Handel zu laufenden Preisen[1] | Handel als Anteil der Weltexporte | Durchschn. Zollabbau (v.H.) | Durchschn. Zollsatz (v.H.) |
|---|---|---|---|---|---|
| Genf (1947) | 23 | 10 | 20 | 35 | - |
| Annecy (1949) | 33 | - | - | - | - |
| Torquay (1950-1951) | 34 | - | - | 25 | - |
| Genf (1955-1956) | 22 | 3 | 3 | - | - |
| Dillon-Runde (1960-1962) | 45 | 5 | 4 | - | - |
| Kennedy-Runde (1964-1967) | 48 | 40 | 21 | 35 | 8,7[3] |
| Tokio-Runde (1973-1979 | 99 | 300 | 19 | 34 | 4,7[3] / 6,3[4] |
| Uruguay-Runde (1986-1993) | 123 | 4.180[2] | 99[2] | 35 | 4,3[4] |

[1]: in Mrd. US–Dollar; [2]: nur Güterhandel; [3]: Importe von Nicht-Rohstoffen aus Industrieländern; [4]: Importe von Industriegütern aus allen Ländern.

*Abbildung 1: Die Zollsenkungsrunden des GATT*
*(Quelle: Glismann / Spinanger 2000, S. 105)*

In der Uruguay-Runde wurde die Welthandelsordnung auf eine institutionell verbesserte Basis gestellt. Als zentrales Element wurde die Welthandelsorganisation (WTO) als eine internationale Organisation gegründet. Dies hat mehrere Implikationen: Zunächst wurde der Streitschlichtungsmechanismus des GATT grundlegend verbessert. Daneben wurde der Geltungsbereich der GATT-Prinzipien auf andere Bereiche ausgeweitet. So wurden bisherige Ausnahmebereiche der GATT-Disziplin, nämlich landwirtschaftliche Produkte sowie Textilien und Bekleidung, mit aufgenommen. Darüber hinaus sind Verträge auch für den Handel mit Dienstleistungen (GATS), für die Sicherung geistigen Eigentums (TRIPS) und für internationale Direktinvestitionen (TRIMS) abgeschlossen worden. Nahezu sämtliche Teilverträge sind für alle WTO-Mitglieder bindend, d.h. sie haben nur die Wahl zwischen der Annahme des gesamten Pakets WTO oder dem Austritt (Hauser / Schanz 1995, S. 56). Dies wird auch als 'Single Package' Ansatz bezeichnet (siehe auch Abschnitt 3.2). Tabelle 1 zeigt die acht Zollsenkungsrunden des GATT mit ihren Auswirkungen.

Deutlich wird, dass das GATT von Beginn an eine dynamische Entwicklung nahm, die keineswegs abgeschlossen ist. So wurde eine neunte Runde, die sog. Millenium-Runde, während des G8-Gipfels 1999 in Köln vom US-amerikanischen Präsidenten Clinton vorgeschlagen. Die vorbereitende Konferenz in Seattle im November 1999 geriet allerdings zum Desaster. Die Frage, ob eine derartige WTO-Runde zur Zeit

Sinn macht, wird intensiv in der Literatur diskutiert. Hiemenz (2000) spricht sich dafür aus, eine solche Runde unter stärkerer Einbeziehung der Entwicklungsländer durchzuführen. Andere sind kritischer und sehen momentan keinen Handlungsbedarf. Die Vereinbarungen der Uruguay-Runde sind noch längst nicht vollständig umgesetzt, so dass einige Beobachter zunächst die Umsetzung anmahnen, bevor sie weitere WTO-Runden empfehlen (z.B. Hauser 2000).

Insgesamt besteht allerdings darüber Einigkeit, dass die Geschichte des GATT eine Erfolgsgeschichte ist (Irwin 1995). Genauso unbestritten ist, dass die Welthandelsorganisation zu Beginn des 21. Jahrhunderts weiterhin vor großen Herausforderungen steht. Im Folgenden wird die WTO in ihrer heutigen Form kurz vorgestellt, bevor dann die Herausforderungen skizziert werden.

## 3.2 Die Welthandelsorganisation (WTO) in ihrer heutigen Form

Mit Abschluss der Uruguay-Runde ist die Welthandelsordnung zum ersten Mal in ihrer Geschichte in einer internationalen Organisation mit eigener Rechtspersönlichkeit, der Welthandelsorganisation, institutionell verankert (Hauser / Schanz 1995; GATT 1994). Die WTO wie das GATT zuvor zeichnet sich dadurch aus, dass die Institution selber nur klein ist. Unter dem Dach der WTO sind zum einen die Transparenz der Handelspolitik erhöht und der Streitschlichtungsmechanismus verstärkt worden. Ein Streitschlichtungsmechanismus ist dann vonnöten, wenn ein Mitgliedsland nach Ansicht eines anderen Regeln verletzt. Es müssen dann Wege gefunden werden, erstens festzustellen, ob tatsächlich eine Regelverletzung vorliegt, und zweitens den Streit zu schlichten. Zum anderen sind Verträge über den Güterhandel, den Handel mit Dienstleistungen und den Schutz geistigen Eigentums abgeschlossen worden. Neben diesen multilateralen Verträgen, deren Annahme durch die Mitglieder nur als Paket vorgenommen werden, gibt es sog. plurilaterale Verträge, denen die WTO–Mitgliedsländer nicht beitreten müssen. Deren wichtigstes ist das Übereinkommen über das öffentliche Beschaffungswesen, das insgesamt 24 Signatarstaaten umfasst und in dem die Vergabe öffentlicher Aufträge geregelt worden ist. Die Abbildung 2 zeigt die Struktur der WTO auf.

WTO-Prinzipien
'Single Package' Ansatz
integrierter Streitschlichtungsmechanismus
Mechanismus zur Überprüfung der nationalen Handelspolitiken

| Güterabkommen: | Dienstleistungsabkommen: | Abkommen über geistiges Eigentum: |
|---|---|---|
| –GATT 1947 & Resultate der UR | –allg. Abkommen | –Abkommen über handelsrelevante Aspekte geistiger Eigentumsrechte |
| –Abkommen der Tokio-Runde & Resultate der UR | –Anhänge:<br>–Ausnahmen von der Meistbegünstigung<br>–Migration natürlicher Personen<br>–Lufttransport<br>–Finanzdienstleistungen<br>–Telekommunikation | |
| –Abkommen über nicht-tarifäre Handelshemmnisse | | |
| –TRIMS | –Länderlisten:<br>–Gewährung von Marktzugang und Inländerbehandlung in den eingetragenen (gebundenen) Sektoren<br>–explizite Eintragung von Vorbehalten | |

Zusätzlich: Plurilaterale Verträge mit Abweichungen vom 'Single Package' Ansatz

*Abbildung 2: Die Struktur der WTO (Quelle nach: Hauser / Schanz 1995, S. 55)*

Da die Regelungen dieser Verträge im Rahmen der WTO sehr detailliert sind, wird hier nur eine kurze Systematik vorgenommen. Wichtig ist, dass grundsätzlich die drei oben genannten GATT-Prinzipien Reziprozität, Meistbegünstigung und Inländerbehandlung auch für das GATS und für TRIPS gelten; sie werden deshalb im Verlauf dieses Artikels WTO-Prinzipien genannt. Im Rahmen des Dienstleistungsabkommens wurden die Prinzipien der Meistbegünstigung und Inländerbehandlung etwas eingeschränkt angewendet, um die Zustimmung aller Mitgliedsländer zu erlangen, d.h. es mussten nicht die Märkte für sämtliche Dienstleistungen jedem anderen Mitgliedsland gegenüber bereits 1994 geöffnet werden. In Ergänzung dazu wurde eine kontinuierliche Liberalisierung vereinbart, und es sind Anhänge über zukünftige Liberalisierung ausgewählter Dienste vereinbart worden. Darunter fällt z.B. die Basistelekommunikation, deren weitreichende Öffnung im Februar 1997 beschlossen wurde (Fredebeul-Krein 2000, S. 236–251; sowie Fredebeul-Krein / Freytag 1997) sowie die Regulierung von Finanzdienstleistungen.

## 3.3 Schwachstellen der WTO: Offene Fragen

### *3.3.1 Unzureichende Ziele der WTO und Durchsetzungsprobleme ihrer Regeln*

Das Vertragswerk der Welthandelsorganisation hat aus allokationstheoretischer Perspektive allerdings eine Reihe von Schwachstellen. Zuvorderst ist zu nennen, dass Freihandel nicht als endgültiges Ziel der Welthandelsordnung in der WTO verankert worden ist. Dies ist insofern ökonomisch bedenklich, dass damit die Bedeutung freien Welthandels für Wachstum und Beschäftigung nicht herausgestellt wird. Selbst wenn es als unrealistisch bezeichnet werden kann, dass weltweiter Freihandel in absehbarer Zeit verwirklicht werden könnte (Abschnitt 2.2), würde die grundsätzliche multilaterale Festlegung darauf den Druck auf Regierungen der Mitgliedsländer verstärken, wenn nicht freien, so doch freieren Handel zu ermöglichen. Die Liberalisierungsdynamik wäre vermutlich noch größer.

Ein zweites wesentliches und fortwährendes Problem ist die Durchsetzung der WTO-Regeln. Internationale Verträge zwischen Regierungen leiden immer darunter, dass sie nicht so wie Verträge zwischen Bürgern gleicher Nationalität vor Gerichten eingeklagt werden können. Souveräne Staaten unterwerfen sich keiner internationalen Gerichtsbarkeit. Dies ist ein systematisches Problem, das den Vätern der Welthandelsordnung nicht angelastet werden kann und das dazu führen kann, dass anstelle internationalen Handelsrechts das Recht des Stärkeren obsiegt; dann nämlich, wenn eine große Handelsnation das Regelwerk missachtet und beispielsweise einer kleineren gegenüber protektionistisch agiert. Da der Außenhandel für das kleine Land (relativ) wichtiger als für das große ist, wird dieses härter getroffen. Es hat überdies aufgrund seiner fehlenden Größe nur ein sehr geringes Drohpotenzial dem großen Land gegenüber. Diese Zusammenhänge lassen sich in einer spieltheoretischen Analyse sehr gut aufzeigen (Staiger 1995).

Der WTO-Vertrag sieht einen im Vergleich zum alten GATT verbesserten Streitschlichtungsmechanismus vor (Zimmermann 1999, S. 243-246). Dieser greift, wenn ein Mitgliedsland sich durch eine – angebliche oder tatsächliche – Vertragsverletzung eines anderen geschädigt sieht. Im Falle eines (drohenden) Handelskonfliktes zwischen zwei Mitgliedsländern kommt es zunächst zu bilateralen Konsultationen, die vom (vermeintlich) Geschädigten ausgehen. Führen diese innerhalb einer festgelegten Frist nicht zu einer Einigung, so wird das zentrale Streitschlichtungsorgan, der Dispute Settlement Body (DSB) angerufen, der ein Panel, bestehend aus drei bis fünf unabhängigen Fachleuten, einrichtet. Dieses entscheidet innerhalb von sechs Monaten über den Streitfall und legt den streitenden Parteien den Bericht vor, damit diese sich einigen können. Geschieht dies nicht, so wird eine Berufungsinstanz angerufen, um über den Bericht zu entscheiden. Deren Bericht kann vom DSB nur einstimmig abgelehnt werden.

Dies ist eine fundamentale und wichtige Neuerung gegenüber der alten Regelung im GATT, nach der die Annahme eines Berichts einstimmig erfolgen musste. Dies hatte naturgemäß zur Folge, dass in Abhängigkeit des Ergebnisses eine der Streitparteien regelmäßig die Annahme des Berichts blockieren konnte. Dieses Quasi-Vetorecht ist nun aufgehoben. Darüber hinaus sind gemeinsame Klagen mehrerer Mitgliedsländer möglich, was insbesondere Asymmetrien in der handelspolitischen Bedeutung und Macht der Mitgliedsländer zu verringern hilft. In der Tat sind seit April 1994, dem Zeitpunkt des Inkrafttretens der neuen Regelung, etliche Verfahren von mehreren kleinen Mitgliedsländern gegen die Europäische Union und die Vereinigten Staaten angestrengt worden (ebenda, S. 256).

Wenn der Klage eines geschädigten Mitgliedslandes statt gegeben worden ist, darf dieses gegenüber dem Schädiger Sanktionen ergreifen. Diese können auch andere Sektoren als den ursprünglichen betreffen und müssen erst aufgehoben werden, wenn der Schädiger seinen Vertragsbruch beendet. Damit soll ein Druckmittel geschaffen werden. Allerdings sind die Sanktionen keineswegs kostenlos für die geschädigte Partei, weicht sie doch auch vom ökonomischen Postulat offener Märkte ab. Die Allokation in diesem Land wird weiter verzerrt; es findet sozusagen eine zweifache Schädigung statt. Nicht zuletzt deshalb schlägt Zimmermann (1999, S. 263-270) die Verhängung von Entschädigungszahlungen an das geschädigte Mitgliedsland vor. Trotz der Verbesserungen ist der neue Streitschlichtungsmechanismus auch weiterhin kaum in der Lage, vertragswidriges Verhalten dauerhaft zu verhindern. Das oben skizzierte Grundproblem wird nicht beseitigt, sondern nur gelindert.

Neben diesen konzeptionellen Schwächen sind ökonomische Defizite der Details im Vertragswerk zu erkennen. Zahlreiche politische ‚Sicherheitsnetze' bestehen im Vertragswerk, die es erlauben, von den Liberalisierungsverpflichtungen wieder abzuweichen. Hier sind zwei Elemente hervorzuheben: Schutzklauseln, z.B. Anti–Dumping Maßnahmen, und regionale Handelsabkommen. Beide Bereiche beinhalten Abweichungen vom zentralen Postulat der Nichtdiskriminierung.

*3.3.2 Anti-Dumping*

Die Welthandelsordnung sieht den Schutz vor Dumping explizit vor. Dabei ist Dumping nur dann ein wirkliches ökonomisches Problem, wenn bestimmte Voraussetzungen erfüllt sind. Diese Voraussetzungen sind klar definiert: Der Verkauf der Produkte im Ausland geschieht unterhalb der Herstellungskosten, wobei die Bestimmung der Kosten das größte Problem darstellt. Sofern dies mit der Absicht geschieht, Konkurrenten von den Märkten zu verdrängen und langfristig Monopolrenten zu erzielen (sogenanntes räuberisches Dumping), ist ein Anti-Dumping Zoll ökonomisch gerechtfertigt. Die gängige Anti-Dumping Praxis verfährt allerdings anders, und dies weltweit. Der Tatbestand des Dumpings wird laut WTO, vor allem im GATT (Art. VI GATT) erfüllt, wenn die Preise im Ausland unter denen auf den

Heimmärkten liegen. Im Rahmen der WTO wird Dumping mithin als internationale Preisdifferenzierung definiert. Dies ist grundsätzlich dann angemessen, wenn es sich um Dumping von einem geschützten Binnenmarkt aus handelt. In diesem Fall kann das Dumping betreibende Unternehmen im heimischen Markt Renten abschöpfen, mit Hilfe derer es im Auslandsmarkt wettbewerbsverzerrend tätig wird, ohne unter Kosten anbieten zu müssen. Dies kann man als strategisches Dumping bezeichnen (Theuringer 2000).

Allerdings sieht es in der Praxis noch anders aus. Die Marktsituation auf dem Heimatmarkt der ausländischen Unternehmen wird nicht in das Kalkül gezogen, wenn ein Anti-Dumping Verfahren gegen sie angestrengt wird. So genügt es bisweilen in der Europäischen Union (EU) sogar, dass die Preise ausländischer Produkte auf dem europäischen Markt unterhalb der Preise auf ausländischen Drittmärkten liegen, selbst wenn die Produktpreise auf den Heimmärkten der Produzenten unter beiden liegen, um ein Anti-Dumping Verfahren in Gang zu setzen. Damit geht es keineswegs darum, räuberisches oder strategisches Dumping zu bekämpfen.

Das fünfstufige Anti-Dumping Procedere der EU eröffnet der Europäischen Kommission als der vorentscheidenden Instanz ohnehin sehr viele Spielräume für die Erhebung eines Anti-Dumping Zolls. Oftmals wird kein Zoll erhoben, sondern das beschuldigte ausländische Unternehmen erklärt sich freiwillig dazu bereit, den Preis für das entsprechende Produkt zu erhöhen. Nachgelagerte Industrien haben keine Einflussmöglichkeit auf das Verfahren. Allerdings ist die Anzahl der durch die EU–Kommission eingeleiteten Verfahren sowie der verhängten Anti-Dumping Zölle in den letzten Jahren nahezu konstant geblieben. Vielfach werden im vorhinein, d.h. sogar schon vor Aufnahme des formellen Verfahrens, seitens der Exporteure Verpflichtungserklärungen zu Preiserhöhungen gegeben. Der Dumpingbegriff sollte deshalb strenger einer ökonomisch begründeten Definition folgen, nämlich der Formel 'Preis unter Kosten', und die Beweislast sollte von den angeklagten Unternehmen an die Kommission übergehen.

Anti-Dumping ist längst kein ausschließliches Protektionsinstrument der Industrieländer mehr, obwohl die Vereinigten Staaten und die Europäische Union immer noch für knapp die Hälfte aller Anti-Dumping Maßnahmen verantwortlich sind. Es findet ein weltweit verstärkter Einsatz der Anti-Dumping Politik statt. Viele Entwicklungs- und Schwellenländer machen davon Gebrauch. So hat Mexiko mehr Anti-Dumping Maßnahmen angestrengt als Kanada, Neuseeland und Australien. Japan nutzt das Instrument fast überhaupt nicht (WTO 1999, S. 59).

Die Anti-Dumping Politik, wie sie im Rahmen der multilateralen Handelsordnung kodifiziert ist und wie sie von den wichtigsten Industrieländern, allen voran die USA und die EU, praktiziert wird, ist vor allem wettbewerbspolitisch überaus bedenklich. Neben den bekannten ökonomischen Wirkungen eines Zolls oder von Preiserhöhungen ist nämlich festzustellen, dass die Technik des Verfahrens im allgemeinen Anreize für Unternehmen gibt, durch ihr Verhalten einen Dumping Fall zu provozieren. Anti-Dumping Fälle gehen grundsätzlich von der Industrie aus, die sich durch – angebliches oder tatsächliches – Dumping eines ausländischen Konkurrenten geschädigt glaubt. Laut GATT liegt Dumping dann vor, wenn der Preis eines Gutes auf Auslandsmärkten unter dem Preis desselben Gutes im Herkunftsland des Produzenten liegt. Die Schaffung eines Dumping Falles geschieht dann aus Sicht des inländischen Unternehmens dadurch, dass es seinen Preis für ein bestimmtes Produkt im Inland senkt, und zwar unter den Preis des Produkts des ausländischen Konkurrenten in dessen Herkunftsland. Zieht das ausländische Konkurrenzunternehmen im Inland, aber nur im Inland, mit einer ähnlichen Preissenkung nach, liegt formal der Tatbestand des Dumping vor und das Verfahren kann eingeleitet werden. Auf diese Weise kann der inländische Anbieter eine dominierende Stellung einnehmen oder behalten (Messerlin 1990 und 1994, S. 359).

Fasst man zusammen, so besteht das Grundproblem von Anti-Dumping darin, dass Verstöße gegen die tragenden Säulen der WTO vorgenommen werden: So findet ein Verstoß gegen das Prinzip der Meistbegünstigung statt, da länderspezifische Zölle erhoben werden. Auch die progressive Liberalisierung wird verletzt, da häufig Zölle steigen, und dies zum Teil auf Sätze von über 100 v.H. Deshalb stellt sich eine grundsätzliche Frage im Hinblick auf die Fragestellung dieses Buches – nämlich Wirtschaftspolitik im Wandel: Wieviel Homogenität zwischen den Vertragsparteien ist erforderlich, um Freihandel erlauben zu dürfen, d.h. um auf Protektionsinstrumente wie Anti-Dumping verzichten zu können? Dies berührt auch die Frage, ob nicht nur Verbote in der WTO vereinbart werden sollen (keine nicht-tarifären Handelshemmnisse, keine steigende Protektion), sondern auch Gebote bzw. Harmonisierungen (Errichtung von Wettbewerbsregeln, Sozial- und Umweltstandards). Letzteres wird im vierten Kapitel behandelt.

### *3.3.3 Regionale Integration und Welthandelsordnung*

Ein Eckpfeiler der Welthandelsordnung ist die Nichtdiskriminierung. Dennoch gestattet die WTO die Bildung von Freihandelszonen und Zollunionen ausdrücklich (Art. XXIV GATT und Art. V, GATS), allerdings unter bestimmten Voraussetzungen. Wichtig ist vor allem dreierlei: Erstens dürfen die Handelshemmnisse gegenüber Drittländern in ihrer Gesamtheit nicht härter oder einschränkender sein als vor der regionalen Integration. Zweitens soll die Liberalisierung 'annähernd den gesamten Handel' umfassen, und drittens soll die angestrebte Integration ‚innerhalb einer angemessenen Zeitspanne' – festgelegt sind zehn Jahre – umgesetzt sein. Die WTO selber hat die regionalen Freihandelsabkommen eher als Komplemente denn als Substitute zur multilateralen Liberalisierung bezeichnet. Dennoch sind bilaterale Handelsabkommen nicht ungefährlich, da sie möglicherweise zur Blockbildung beitragen. Im Übrigen wird nur selten dem Kriterium entsprochen, den gesamten Handel bilateral zu liberalisieren.

Die Anzahl der regionalen Freihandelsabkommen im Rahmen der WTO ist in den letzten Jahren stark angestiegen. Zur Mitte des Jahres 2000 waren 119 dieser Vereinbarungen bei der WTO notifiziert (WTO 2000a; Zimmermann 1999, S. 277-282). Diese regionalen Abkommen sind sehr heterogen hinsichtlich ihrer Größe und der Tiefe der Integration. Von herausragender Bedeutung sind dabei die Europäischen Gemeinschaften, die durch die Römischen Verträge 1958 ins Leben gerufen wurden. Sie sind inzwischen weit mehr als ein Freihandelsabkommen. Daneben sind die nordamerikanische Freihandelszone NAFTA, die 1994 zwischen den USA, Kanada und Mexiko entstand, sowie der MERCOSUR, der Ende 1991 zwischen Argentinien, Brasilien, Paraguay und Uruguay entstand, besonders erwähnenswert.

Die Beurteilung regionaler Integrationsabkommen setzt bei ihren ökonomischen Wirkungen an. Dabei ist grundsätzlich zwischen den Wirkungen auf die Integrationsmitglieder einerseits und auf die Drittstaaten andererseits zu unterscheiden. Erstere können durchaus ähnlich sein wie bei multilateraler Liberalisierung. Durch niedrigere inländische Preise wird ineffiziente inländische Produktion abgebaut, werden inländische Konsumverzerrungen verringert. Neue Export- und Beschaffungsmärkte können erschlossen werden, höhere Produktionsmengen erlauben das Ausschöpfen von Skalenerträgen. Die Produktvielfalt für die Verbraucher erhöht sich. Nicht zuletzt steigt die Wettbewerbsintensität mit vielfältigen positiven Folgen. Ein wesentlicher Unterschied beider Liberalisierungsformen – multilateral und regional – besteht jedoch in den Wirkungen auf die Drittstaaten. Multilaterale Liberalisierung, die sich in der Meistbegünstigung ausdrückt, ist nicht-diskriminierend. Es kommen jeweils die effizientesten Anbieter zum Zug; die WTO-Mitglieder können nicht negativ betroffen werden. Nicht-Mitglieder können in der Regel beitreten, da die WTO prinzipiell einen offenen Club darstellt. Anders hingegen bei regionaler Liberalisierung, hier ist Diskriminierung konstituierend. Drittstaaten können über verschiedene Wege durch diskriminierende Liberalisierung belastet werden. In diesen Fällen ist regionale Integration kritisch, Gewinne bei den Integrationspartnern werden auf Kosten von Dritten erzielt. Dies ist auf verschiedenen Wegen möglich:

- Bei regionaler Integration kann Handel zu Lasten von Drittstaaten umgelenkt werden (Viner 1950).
- Der Abbau von Binnengrenzen verschärft den Wettbewerb innerhalb des regionalen Integrationsraumes. Dies kann die protektionistischen Begehrlichkeiten auf einen ausgleichend wirkenden höheren Außenschutz richten.
- Wenn sich größere Handelsmächte zusammenschließen, konzentriert sich handelspolitische Macht in bedenklicher Weise.
- Restriktive Ursprungsregeln wirken protektionistisch und lenken ebenfalls Handel um (unter Ursprungsregeln werden Vorschriften innerhalb einer Freihandelszone darüber verstanden, welcher Anteil der Wertschöpfung des zwischen den Mitgliedern gehandelten Produkts innerhalb der Freihandelszone hergestellt werden muss, damit es zollfrei ist. Übersteigt dieser Anteil einen bestimmten Wert, so wird ein Binnen-Zoll erhoben. Ursprungsregeln sind deshalb notwendig, weil in einer Freihandelszone Außenzölle gegenüber Drittstaaten nicht har-

monisiert werden und Unternehmen aus dem Ausland Anreize haben, sämtliche in der Freihandelszone verkauften Produkte über das Mitgliedsland mit dem niedrigsten Einfuhrzoll einzuführen. Zur genaueren Analyse siehe Zimmermann (1999, S. 16-28)).

Damit steht fest, dass die regionale Integration zumindest kritisch betrachtet werden muss. Wenn Artikel XXIV (GATT) bzw. Artikel V (GATS) eingehalten werden, ist sie relativ unschädlich für die multilaterale Handelsordnung. Belastet sie Dritte, kann sie hingegen dadurch zum Spaltpilz der Welthandelsorganisation werden. Das Ziel der weiterführenden weltweiten Liberalisierung darf aufgrund regionaler Integrationsbestrebungen nicht aus den Augen verloren werden.

## 4. Herausforderungen der Welthandelsordnung

Nach der Bestandsaufnahme der Welthandelsorganisation sind die zukünftigen Herausforderungen zu analysieren. Nicht nur die oben angesprochenen Defizite der WTO sind darunter zu fassen. Hiermit sind ökonomische Schwächen der Welthandelsordnung skizziert. Daneben existieren andere allokationstheoretische Fragestellungen von zukünftiger Relevanz, z.B. ob sozial- oder umweltpolitische Ziele Gegenstand der Handelspolitik sein sollten, oder ob es eine Wettbewerbsordnung im Rahmen der WTO geben sollte. Unter Hinzuziehung des Tinbergen-Prinzips, d.h. der Regel, dass für jedes wirtschaftspolitische Ziel ein eigenständiges Mittel notwendig ist (Tinbergen 1952), ist die Zuständigkeit der WTO für Sozial- und Umweltpolitik zu hinterfragen. Überdies gibt es neue, technologiegetriebene Entwicklungen (electronic commerce), die die Frage nach der internationalen Regulierung und handelspolitischen Reaktion nach sich ziehen.

Auch von anderer, politischer Seite wird die Welthandelsordnung vermutlich in der nahen oder fernen Zukunft herausgefordert werden. So wird gegenwärtig heftig darüber diskutiert, ob und inwieweit die demokratische Legitimation einer internationalen Organisation wie der WTO gewährleistet ist. Die Argumentationslinie verläuft etwa so, dass bezweifelt wird, ob Verhandlungen auf supranationaler Ebene demokratisch legitimiert sind. Viele Bürger, insbesondere in den Entwicklungsländern, seien nicht angemessen vertreten. Als Konsequenz wird dann gefordert, Bürgerbewegungen in Form von Nichtregierungsorganisationen an den Verhandlungen teilhaben zu lassen. Wird dies zugelassen, entsteht vermutlich eine neue Situation, die analysiert werden muss.

Darüber hinaus bestehen seit einiger Zeit Beitrittsverhandlungen mit China und Russland, die ebenfalls große Herausforderungen für die WTO bedeuten. Um diese Länder in die internationale Handelsdisziplin einzubinden, werden große Anstrengungen vonnöten sein.

## 4.1 Zu Sinn und Gefahr von Sozial- und Umweltstandards

### *4.1.1 Sozialstandards als Mittel der Handelspolitik?*

Es wird häufig argumentiert, es bedürfe erweiterter Sozialstandards für Entwicklungsländer, um auf diese Weise einerseits Wachstumspotenziale zu erschließen und andererseits Ausbeutung zu verhindern. Dabei ist der Aspekt der Freiwilligkeit derartiger Standards in den jeweiligen Ländern besonders hervorzuheben. Zahlreiche wohlfahrtstheoretische Analysen haben gezeigt, dass die gesamtwirtschaftliche Wohlfahrt einer Volkswirtschaft nicht erhöht werden kann, wenn Sozialstandards von außen gesetzt, gewissermaßen oktroyiert werden. Die Begründung dafür kann etwa folgendermaßen geführt werden: Der Handel mit Entwicklungsländern lebt anders als der Handel zwischen Industrieländern von Unterschieden in der Faktorausstattung. Der Faktor Arbeit ist in Entwicklungsländern relativ reichlich vorhanden und muss demgemäß billig sein. Soziale Mindeststandards verteuern Arbeit und führen zu Substitutionsprozessen mit der Folge weiterhin hoher Arbeitslosigkeit in den Ländern der Dritten Welt. Um den Entwicklungsländern den Eintritt in die internationale Arbeitsteilung zu erleichtern, darf man ihnen also die komparativen Kostenvorteile bei arbeitsintensiven Produkten nicht nehmen, indem man Arbeit künstlich verteuert.

Dies kann natürlich nicht bedeuten, dass die Verletzung von Menschenrechten als Ausnutzung komparativer Kostenvorteile interpretiert wird (Sautter 2000). Hier besteht ein echtes Dilemma, dem mit einfachen Lösungsvorschlägen wohl nicht beizukommen ist. Zur ethischen Dimension von Sozialklauseln hat vor kurzem der amerikanische Nobelpreisträger Robert Solow in einem Vortrag ein interessantes Beispiel erwähnt (Solow 2000): Als ein amerikanischer Kongressabgeordneter eine Sanktion gegen Bangladesh zum Schutz der in der Teppichindustrie beschäftigten Kinder vorschlug, bewirkte dies nur, dass die Kinder dort entlassen wurden. Als Folge suchten diese Kinder sich andere Möglichkeiten, Geld für ihren Lebensunterhalt zu verdienen, unter anderem in der Prostitution. Hieran wird deutlich, dass durchaus gut gemeinte Initiativen zur Verbesserung des Lebensstandards in Entwicklungsländern nicht zwingend ihr Ziel erreichen.

Der Preis für Arbeit wird vermutlich auch in Entwicklungsländern ansteigen, wenn dort durch die Vertiefung des Handels Gewinne steigen und wenn – was nicht vergessen werden darf – die allgemeine Wirtschaftspolitik in diesen Ländern wachstumsfördernd wird; z.B. durch die Schaffung einer Wirtschaftsordnung, eines Privatrechts und der Abwesenheit von staatlicher Willkür. Gerade daran mangelt es in vielen, zumal sehr armen Entwicklungsländern (Leipold 1997). Das beste Mittel, Entwicklungsländern im Rahmen der WTO zu besseren Sozialstandards zu verhelfen, scheint deshalb die konsequente Marktöffnung in den Industrieländern, aber auch in den betroffenen Ländern selbst zu sein. Die Argumentation der Befürworter von Mindestanforderungen bezüglich Sozialpolitik – meistens Vertreter von Industriezweigen, die unter besonderem Druck von Anbietern aus Entwicklungsländern stehen – verläuft hingegen regelmäßig nach demselben Muster: Offener, unrestringierter Handel führe zu einer Ausbeutung der Entwicklungsländer sowie dazu, die natürlichen Ressourcen zu übernutzen und die Umwelt über Gebühr zu belasten. Unter Berücksichtigung der Wirkung von Knappheiten auf Preisrelationen erkennt man hier eher ein Protektionsargument als die echte Sorge um die Menschen in den Entwicklungsländern.

Durch vermehrten internationalen Handel steigen die Wachstumschancen auch für Entwicklungsländer. Die Globalisierung kann auf diese Weise zu mehr sozialem Fortschritt führen, ohne dass es staatlichen Zwangs bedarf. Ein zweiter Kanal, durch den Offenheit und Integration die sozialen Bedingungen in weniger entwickelten Ländern verbessern kann, ist durch Wachstum. Die Länder, die sich integrieren und damit zu einer weltweit – vor allem aber im Inland – verbesserten Allokation der Ressourcen beitragen, können auf einen höheren Wachstumspfad gelangen. Das Pro-Kopf-Einkommen steigt mit zwei positiven Wirkungen: Zum Einen kann sich die individuelle Lage einzelner Bürgern verbessern, und zum Anderen ist der Spielraum für öffentliche Sozialpolitik gestiegen.

Wenn dennoch im Rahmen internationaler Vereinbarungen die Situation von Beschäftigten auch in Entwicklungsländern verbessert werden soll, empfiehlt es sich, die Aufgaben zu trennen. Die WTO sollte wie erwähnt weiterhin ausschließlich für – regelgebundene – Offenheit der Märkte zuständig sein. Übernimmt sie zusätzlich die Sicherung von Sozialstandards, ist die zukünftige Entwicklung der WTO nicht vorhersehbar. Zumindest besteht die Gefahr, dass sie viel stärker als bislang zum Spielball organisierter Interessen wird und dass diskretionäre Handelspolitik die regelgebundene ablösen wird.

Anderen Organisationen, wie zum Beispiel der Internationalen Arbeitsorganisation (ILO), sollte die Errichtung und Einhaltung von Mindeststandards übertragen werden. Die im Jahre 1919 gegründete ILO hat einen beachtlichen Erfahrungsschatz, denn ihre erste Vereinbarung datiert aus dem Jahre 1944 (ILO 2000). Die Trennung der Zuständigkeiten für Sozialpolitik und für Handelspolitik macht aus wirtschaftspolitischer Perspektive Sinn, da auf diese Weise interne Zielkonflikte einer Organisation vermieden würden. Für die WTO z.B. bestünde der Zielkonflikt darin, dass die Offenheit der Märkte sich kurzfristig nur zum Teil mit hohen Sozialstandards vereinbaren ließe. Durch die Verteilung der Aufgaben auf zwei Träger wird der Zielkonflikt nicht geringer, aber die Zuordnung einfacher. Der Umstand, dass die in diesem Rahmen getroffenen Vereinbarungen nicht sehr weitreichend sind, zeigt, wie komplex die Zusammenhänge sind.

#### *4.1.2 Zur Rolle der WTO in der Umweltpolitik*

Neben Sozialstandards werden auch Standards für die umweltgerechte Produktion im Rahmen der WTO diskutiert. Vor allem grenzüberschreitende Umweltverschmutzung stellt ein gravierendes Problem dar. Als eingängiges Beispiel sei die Produktion edler Tropenhölzer genannt, die mit der systematischen Vernichtung des tropischen Regenwaldes einhergeht. Dies trägt höchstwahrscheinlich zur Erwärmung der Erdatmosphäre bei. Als Konsequenz wird vielfach das Verbot des Handels mit Tropenhölzern gefordert. Wie sich zeigen lässt, sind die Kosten dieser Politik sehr hoch im Vergleich zu den ökologischen Gewinnen (Thiele 1996, S. 146-149). Möglicherweise werden durch das Verbot andere, wesentlich umweltschädlichere Nutzungen des Regenwaldes, z.B. Brandrodung, attraktiv. Wiederum stellt sich die Frage, ob Handelspolitik das richtige Mittel zum globalen Umweltschutz darstellt.

Die ökonomische Argumentation bezüglich derartiger internationaler Umweltstandards verläuft im Grunde ähnlich wie im Falle der Sozialstandards: Umwelt als Produktionsfaktor mag in einigen Ländern reichlich, in anderen knapp sein. Darüber hinaus ist auch die Präferenz für Umweltschutz von Land zu Land unterschiedlich. Die Vermutung, dass Umweltqualität mit steigendem Einkommen eine höhere Wertschätzung erfährt, erscheint realistisch. Die Vereinbarung hoher weltweiter Umweltstandards für die Produktion handelbarer Güter dürfte deshalb ebenfalls zur ökonomisch nicht gewünschten Verteuerung der Produktion in den Entwicklungsländern und der Aufweichung komparativer Kostenvorteile führen; der Einsatz handelspolitischer Maßnahmen gegen Güter, die diesen Standard nicht erfüllen, bewirkt ähnliches. Deshalb muss eine effiziente internationale Umweltpolitik, für die der Verfasser explizit plädiert, an den Emissionen selber ansetzen und darf nicht als Vorwand für Protektionismus genutzt werden. Auch hier gilt wiederum der Lehrsatz von Tinbergen, dass für jedes wirtschaftspolitische Ziel ein eigenständiges Mittel verwendet werden soll.

Trotzdem wird im Rahmen der WTO zunehmend über umweltpolitische Aufgaben diskutiert und Umweltschutz praktiziert. Dies geschieht dadurch, dass es sog. grüne Vorkehrungen (green provisions) gibt, die darauf zielen, gefährdete Arten zu schützen (Artikel XX des GATT) oder Subventionen für Umweltschutz bis zu einer Obergrenze vom allgemeinen Subventionsverbot auszunehmen. Umweltschutz ist sogar in der Präambel der WTO niedergelegt. Gerade der Schutz gefährdeter Arten ist sicherlich oftmals nicht anders als mit Einschränkungen wirtschaftlicher Betätigung, d.h. mit ökonomisch nicht erstbesten Mitteln, zu gewährleisten. Deshalb ist eine solchermaßen begründete Einschränkung des internationalen Handels nicht grundsätzlich abzulehnen.

Darüber hinaus gibt es eine Arbeitsgruppe, die sich mit ‚Handel und Umwelt' befasst (WTO Committee on Trade and Environment). Diese Arbeitsgruppe betont die Bedeutung offener Märkte und diskriminierungsfreien Handels, mithin der WTO-Prinzipien. Deshalb sollte der Schutz der Umwelt nicht der WTO übertragen werden, sondern einer speziellen internationalen Agentur für Umweltfragen. Diese Argumentation ist ökonomisch sinnvoll im Sinne des Tinbergen-Prinzips. Die Arbeitsgruppe gesteht allerdings zu, dass es – wie in der Sozialpolitik – durchaus Dilemmata geben kann und daraufhin Abweichungen von den WTO-Prinzipien nicht von vornherein ausgeschlossen werden sollten (WTO 2000b).

Diese Position macht auch politökonomisch Sinn: Eine allzu starre Haltung in Bezug auf offene Märkte, die den Eindruck vermittelte, es ginge der WTO hauptsächlich um Wettbewerb und weniger um die Belange der Menschen, wird möglicherweise den generellen Widerstand der Menschen gegen den internationalen Handel hervorrufen. Damit würde das Problem Handel und Umwelt von der analytischen Ebene auf eine emotionale gebracht werden, in der es überwiegend um Moral, weniger um sinnvolle und zielorientierte Politik ginge. Wichtig ist jedoch, in der Öffentlichkeit klar zu machen, dass Protektionismus der Umwelt nur in wenigen Fällen nützt. Häufiger ist eine Intensivierung der Umweltnutzung zu befürchten.

*4.1.3 Fazit: Nachteile der Standards überwiegen*

Obwohl verbesserte Lebensbedingungen für die Beschäftigten in den Entwicklungsländern sowie eine hohe Umweltqualität erstrebenswert sind, bestehen ernsthafte Zweifel, ob es gelingt, diese Ziele mit Hilfe der Handelspolitik zu verwirklichen. Davon abgesehen, dass die WTO keineswegs die inhaltliche Kompetenz für diese Aufgaben besitzt, besteht die Gefahr, dass sich organisierte Interessen in den Industrieländern dieser Themen annehmen und mit Hilfe insbesondere von Sozialstandards Protektion einfordern. In diesem Fall wird genau das Gegenteil dessen erreicht, was derartige Standards anstreben. Auf der Tagung der WTO in Seattle konnte man bereits beobachten, dass solche Interessengruppen die Präsenz von Nichtregierungsorganisationen, die für soziale Ziele eintraten, missbraucht haben, um eigene Partikularinteressen zu vertreten.

## 4.2 Zur internationalen Regulierung des elektronischen Handels

Ein relativ neues Problem für die Welthandelsorganisation stellt der elektronische Handel dar. Dabei handelt es sich um den Teil des elektronischen Handels, bei dem sowohl die Bestellung als auch die grenzüberschreitende Lieferung des Produktes über das Internet abgewickelt wird. Handelt es sich nur darum, dass Produkte über das Internet bestellt, aber auf herkömmlichem Wege geliefert werden, ändert sich aus handelspolitischer Perspektive nichts.

Für die elektronisch gelieferten Produkte – denkbar sind Blaupausen, Musikstücke, Filme, Buch- oder andere Texte, sowie Finanzdienstleistungen – besteht das handelspolitische Problem darin, dass handelspolitische Bestimmungen, die für diese Produkte gelten, unterlaufen werden können. Neben der Unterlassung der Zahlung von Zöllen ist die Missachtung von Regulierungen ein gravierendes Problem. Es besteht die Befürchtung, dass die Welthandelsordnung letztendlich – wenigstens zum Teil – vom elektronischen Handel untergraben werden kann. Die WTO hat ein Arbeitsprogramm entworfen, um sämtliche handelsrelevanten Aspekte elektronischen Geschäftsverkehrs zu untersuchen (WTO 1999, S. 68 f).

Auf ein Problem sei hier besonders hingewiesen. Insbesondere können geistige Eigentumsrechte auf diesem Wege unterlaufen werde, wodurch die Zahlung von Lizenzgebühren vermieden wird. Abgesehen davon, dass dadurch ein unberechtigter Vorteil für den Verletzer diese Rechte besteht, wird der Anreiz, innovativ zu sein, gesenkt, wenn die Rechte nicht gut geschützt werden können. Deshalb scheint in diesem Zusammenhang Handlungsbedarf zu bestehen. Im Sommer 2000 gab es allerdings noch keine praktikablen Lösungsvorschläge.

## 4.3 Wettbewerbspolitik im Rahmen der WTO

Die Globalisierung hat unter anderem dazu geführt, dass immer mehr Unternehmen weltweit tätig werden. Der relevante Markt ist in vielen Branchen zunehmend der Weltmarkt. Außerdem sind sowohl die Anzahl als auch die Dimension internationaler Unternehmenszusammenschlüsse gestiegen. Dies hat auch Auswirkungen auf die nationale Wettbewerbspolitik (siehe auch den Beitrag von Kerber in diesem Band), deren Bedeutung vermutlich schrumpfen wird. Denn viele Fälle der Missbrauchsaufsicht und Zusammenschlusskontrolle mit Wirkung im Inland werden in Zukunft vom Ausland ausgehen. Daher bedarf es nach Ansicht vieler Beobachter einer internationalen Koordinierung (z.B. Hindley 2000; Klodt 2000; Monopolkommission 1999). Diese Koordinierung kann innerhalb der WTO vorgenommen werden, wobei noch keine Klarheit darüber besteht, wie eine derartige Koordinierung aussieht und wie sie durchgesetzt werden kann.

Andere sehen keinen Handlungsbedarf für die Integration der Wettbewerbspolitik in die Welthandelsordnung (Hauser / Schoene 1994; Freytag / Zimmermann 1998). Ihr Argument basiert auf der Beobachtung, dass viele Verstöße gegen das Wettbewerbsrecht erst durch die Handelspolitik verursacht werden. Prominentestes Beispiel ist die bereits diskutierte Anti-Dumping Politik, mit deren Hilfe es Unternehmen immer wieder gelingt, kartellähnliche Verbindungen einzugehen (siehe Abschnitt 3.3.2). Ebenso bedenklich ist z.B. die weit verbreitete Praxis, Exporte zu subventionieren oder Unternehmen auf heimischen Märkten ökonomische Renten zu gestatten, mit deren Hilfe sie auf Auslandsmärkten dann strategisches Dumping betreiben können.

Die Aufgabe der WTO in diesem Zusammenhang scheint deshalb weniger in der Begründung eines neuen Betätigungsfeldes zu liegen. Innerhalb der WTO sind die Bestrebungen hierzu auch sehr bescheiden. Vielmehr ist es notwendig, die internationalen Handelsregeln weiter dahin gehend zu verschärfen, dass wettbewerbswidriges Verhalten den international tätigen Unternehmen zunehmend schwerer fällt. Je offener die Märkte generell sind, desto weniger wird es möglich sein, den Wettbewerb von Seiten der Unternehmen zu verzerren. Eine Weiterentwicklung der WTO hin zu einer Wettbewerbsaufsichtsbehörde ist gegenwärtig nicht erstrebenswert.

## 4.4 Neue Akteure auf der handelspolitischen Bühne

Die WTO ist nicht das einzige Gremium, das sich mit Fragen der internationalen Arbeitsteilung befasst. Andere Organisationen und Gruppen nehmen ebenfalls an der Diskussion teil. Zwei Typen von Gruppierungen sind dabei zu unterscheiden. Zum Einen sind internationale Organisationen zu nennen, die schon seit langem zu Fragen des internationalen Handels Stellung nehmen, darunter auch die Gruppe der Industrieländer (G8) sowie die Vereinten Nationen (UN). Zum Zweiten, und erst seit kurzem an der öffentlichen Diskussion beteiligt, gibt es sog. Nichtregierungsorganisationen (NGOs), die als nicht gewählte Anwälte bestimmter gesellschaftlicher Gruppen auftreten. Die Anzahl der weltweit auftretenden NGOs wird auf 30.000 geschätzt, ihre Arbeitsgebiete sind sehr unterschiedlich. So gibt es neben lokal agierenden Organisationen zur Entwicklungshilfe weltweit tätige große Umweltschutzorganisationen wie z.B. die sehr bekannten ‚Greenpeace' oder ‚Robin Wood'. Entsprechend unterschiedlich sind die Aktivitäten und fällt deren Beurteilung aus. Im Rahmen dieses Kapitels sind nur diejenigen NGOs von Interesse, die sich mit dem Außenhandel befassen.

Bevor jedoch die Rolle der NGOs als neue Akteure auf der handelspolitischen Agenda analysiert wird, sind noch einige Bemerkungen zur UN als internationale Organisation, insbesondere zur United Nations Conference on Trade and Development (UNCTAD) nötig. Im Gegensatz zur WTO scheint die UNCTAD Handel und Entwicklung weniger als Komplemente, d.h. als einander bedingend, denn als Gegensätze zu sehen. Dies wird aus zahlreichen Verlautbarungen (z.B. UNCTAD 2000) deutlich, wobei sich hier bereits eine Entwicklung hin zu einer liberaleren Grundhaltung abzeichnet. Dennoch ist ein echtes Paradigma nicht zu erkennen. Nicht zuletzt deshalb ist UNCTAD im Gegensatz zu GATT / WTO eine Organisation ohne Durchschlagskraft und echter Wirkung (Sally 2000). Unter den internationalen Organisationen nimmt die WTO eine Ausnahmestellung im Hinblick auf Handelspolitik – sowohl in der Analyse als auch in der tatsächlichen Politik – ein.

Neben den internationalen Organisationen haben sich private Gruppen, die sich zur Handelspolitik äußern bzw. handelspolitisch aktiv sind, gebildet, die sog. NGOs. Darunter fallen grundsätzlich sämtliche private Aktivitäten, darunter auch Interessengruppen, deren Aktivitäten bereits hinlänglich analysiert sind (z.B. Olson 1965; siehe auch Abschnitt 2.2). Weniger eindeutig zu beurteilen sind dagegen Aktivitäten von Gruppen, die nicht in klar definiertem Eigeninteresse handeln. Etwas vereinfachend dargestellt, vertreten sie die Interessen der Zivilgesellschaft oder von Teilen derselben. Ihre Bildung wird nicht zuletzt durch das subjektive Gefühl vieler Menschen vorangetrieben, der internationalen Handelsordnung ermangele es an demokratischer Legitimität. Um ihre Intreressen besser zu bündeln und zu artikulieren, schließen sich deshalb viele Menschen in NGOs zusammen.

Wie erwähnt sind NGOs sehr unterschiedlich und heterogen. Als Nichtregierungsorganisation kann sich jede Art von Gruppierung anmelden. Neben den im Folgenden nicht betrachteten Interessengruppen gibt es auf der einen Seite sehr kleine und beschränkt arbeitende Gruppen, die mit eng definierten Aufgaben in Entwicklungsländern Hilfe leisten. Derartige Gruppen sind sehr wichtig auch für Regierungen in Geberländern von Entwicklungshilfe, die sie als Agenten vor Ort einsetzen. Des Weiteren gibt es große, länderübergreifend tätige Organisationen, die sich umfassenden Fragestellungen widmen. Derartige Gruppen sind durchaus in der Lage, mit Regierungen oder der WTO über bestimmte Handelsfragen zu verhandeln. Gruppen dieses Typs hatten nicht unerheblichen Anteil am Scheitern der WTO-Konferenz in Seattle im November 1999.

Eine ökonomische Bewertung der NGOs ist sehr schwierig. Zum einen ist es sowohl legal als auch legitim, dass sich interessierte Bürger zusammen schließen, um bestimmte Ziele besser erreichen zu können. Viele der NGOs leisten überdies sehr wichtige und nicht zu unterschätzende Arbeit. Es ist davon auszugehen, dass zum Beispiel die Verteilung von Hilfsgütern durch private NGOs effizienter durchgeführt wird, als dies durch Regierungsorganisationen der Geber- oder Nehmerländer der Fall ist. Weniger eindeutig positiv ist die Arbeit derjenigen NGOs anzusehen, die sich als Anwalt der Umwelt, der Entwicklungsländer oder der Verbraucher in entwickelten Ländern betrachten und vehement für Handelsbarrieren eintreten, um die Umwelt zu schützen oder die Entwicklung zu fördern. Zum einen agieren sie damit zum Teil gegen die fundamentalen Interessen der von ihnen angeblich Vertretenen: So hat der mexikanische Präsident Zedillo auf dem Management–Forum in Davos im Januar 2000 die Tätigkeit dieser Gruppen als ‚Allianz der Globalophobie mit dem Ziel, die Entwicklungsländer vor der Entwicklung zu schützen', bezeichnet (o.V. 2000). Er wies auch darauf hin, dass sich hier Koalitionen aus Menschenrechtsorganisationen und Gewerkschaften in Industrieländern bilden würden. Zum Teil werden gutgemeinte Initiativen von NGOs von Interessengruppen missbraucht. Hier liegt ein Anwendungsfall der Hijacking-Hypothese vor (Theuringer 1999).

Überdies zeigt sich daran, dass NGOs nicht zwingend stärker demokratisch legitimiert sind als die WTO. Diese kann sogar als vollständig demokratisch legitimiert angesehen werden, wenn sämtliche Mitgliedsländer demokratisch verfasst sind. Denn sämtliche internationale Verträge würden dann durch entsprechende demokratisch gewählte Organe ratifiziert werden. Auf der anderen Seite ist es nicht zwingend gegeben, dass sich die Betroffenen angemessen durch die Aktivitäten der NGOs vertreten fühlen. Es sei nur auf unterschiedliche Präferenzen in Entwicklungsländern und Industrieländern in Bezug auf die natürliche Umwelt verwiesen: Während in ersteren der Schutz der Umwelt möglicherweise hinter dem Entwicklungsziel eindeutig zurücksteht, kann in letzteren aufgrund des höheren Lebensstandards eine hohe Präferenz für gute Umweltqualität gegeben sein. Kommen die meisten Mitglieder der NGOs aus Industrieländern, droht die Gefahr, dass ihre Präferenzen den Entwicklungsländern oktroyiert werden, sofern sie sich durchsetzen. In diesem Fall schadet die wohlmeinende Initiative den Empfängern.

Die WTO ist offenbar ebenfalls zu dieser ambivalenten Beurteilung der Aktivitäten von NGOs gekommen. Sie verweigert sich dem Diskurs nicht, sondern bemüht sich eher um einen intensiven Dialog mit NGOs bzw. – wie sie es nennt – der Zivilgesellschaft. Neben täglichen Kontakten werden Symposien organisiert, die WTO-Website regelmäßig aktualisiert sowie NGOs zu ministeriellen Konferenzen der WTO eingeladen (WTO 2000c). Auf diese Weise kann sie einerseits Überzeugungsarbeit leisten, wenn dies nötig sein sollte, und andererseits Entwicklungen innerhalb der Zivilgesellschaft früh erkennen.

## 4.5 Der geplante Beitritt von China und Russland

Die WTO ist auch dadurch im Wandel, dass die Anzahl ihrer Mitglieder beständig ansteigt. Langfristig kann dies erhebliche Auswirkungen auf die Arbeit der Organisation haben. Bislang dominiert innerhalb der WTO, d.h. sowohl bei den Beschäftigten der Organisation als auch bei den Mitgliedsländern, die Freihandelsdoktrin. Anders gewendet: Es wird eine Position vertreten, die grundsätzlich offene Märkte als die beste Möglichkeit zur Steigerung von Beschäftigung, Wachstum und Wohlstand ansieht. Diese Haltung basiert generell auf der liberalen Position, dass jedes Individuum zunächst für sich selbst zu sorgen hat und damit auch befähigt wird, sämtliche Entscheidungen für sich selbst zu treffen. Es ist nicht auszuschließen, dass diese Haltung sich dann ändert, wenn mehr Länder beitreten, in denen sie nicht vorherrscht. Insbesondere im Umgang mit dem Beitrittskandidaten China ist diese Möglichkeit gegeben.

Somit könnte der geplante Beitritt Chinas eine Herausforderung für die etablierten Mitglieder darstellen, die nicht zwingend von allen erwünscht sein wird. Es mag die Befürchtung herrschen, dass China als großes Land einen erheblichen Einfluss gegen die USA und die EU gewinnen möchte. Auf der anderen Seite erscheint es ebenso wenig wünschenswert, China nicht in die WTO aufzunehmen. Denn China ist zum einen ein sehr großer und damit interessanter Markt, den zu öffnen im Rest der Welt das Exportpotenzial erheblich steigern könnte. Zum zweiten macht es Sinn, China in die internationale Disziplin der WTO einzubinden, um dessen Handelspolitik transparenter und diskriminierungsfrei werden zu lassen. Solange China nicht einen freien und gleichberechtigten Zugang zu den westlichen Exportmärkten erhält, ist nicht damit zu rechnen, dass subventionierte Exporte oder die Verletzung geistiger Eigentumsrechte unterbleiben. Diese sind in den neunziger Jahren immer wieder Anlass zu Streitigkeiten insbesondere zwischen den USA und China gewesen.

Deshalb ist es grundsätzlich begrüßenswert, dass Ende 1999 die Entscheidung gefällt wurde, den Beitritt Chinas in die WTO voran zu treiben. Die Beitrittsverhandlungen sind außergewöhnlich langwierig, was erstens mit der oben beschriebenen Sonderstellung Chinas zusammen hängt und zweitens mit den strukturellen Änderungen, die für Chinas Wirtschaft nötig werden, um die WTO-Prinzipien anwenden zu können. Zum Zeitpunkt der Verhandlungsaufnahme war die Offenheit der Wirtschaft zu gering, um vor allem die Inländerbehandlung gewährleisten zu können (o.V. 1999). Während des Jahres 2000 fanden Verhandlungen sowohl auf bilateraler als auch auf multilateraler Ebene statt. Zunächst muss China die Verhandlungen auf bilateraler Ebene mit über 30 Ländern, vor allem mit der EU und den USA abschließen, bevor anschließend ein Protokoll darüber von der WTO verabschiedet werden kann. Zu guter Letzt folgt eine Abstimmung aller Mitgliedsländer, von denen zwei Drittel der Aufnahme Chinas zustimmen müssen. Vor 2001 dürfte es nicht zu einer Entscheidung kommen.

Der Beitritt des zweiten bedeutsamen Nichtmitgliedes, Russland, ist weit weniger konkret, allerdings ähnlich bedeutsam. In diesem Fall steht zu vermuten, dass die Mitgliedschaft in der WTO eine wichtige Hilfe für die weitere Transformation des Landes in eine moderne Wirtschafts- und Gesellschaftsform darstellen würde. Andererseits dürfte gerade der nur mäßige Stand der Transformation ein politökonomisches Hindernis für den Beitritt werden, da durch ihn viele Verlierer und kurzfristig nur wenige Gewinner zu erwarten sind. Langfristig ist eine WTO-Mitgliedschaft unleugbar von Vorteil für Russland.

## 5. Wirtschaftspolitische Schlussfolgerungen

Die Geschichte der Welthandelsordnung ist im großen und ganzen eine Erfolgsgeschichte. Im Rahmen des GATT gelang es in mehreren Zollsenkungs-Runden, den internationalen Handel von Gütern und später Dienstleistungen weitgehend zu liberalisieren, so dass die Arbeitsteilung heute weltweit stattfindet. Auch Entwicklungsländer sind darin eingebunden. Diese Globalisierung hat überwiegend positive Auswirkungen für Wohlstand und Beschäftigung, sofern sich die nationale Wirtschaftspolitik flexibel zeigt und die Anpassungspotenziale der Wirtschaftssubjekte erhöht.

Dies scheint generell der Fall zu sein, denn ohne die grundsätzliche Bereitschaft zur Öffnung nationaler Märkte gegenüber ausländischen Konkurrenten hätte es diese Liberalisierungserfolge nicht geben können. Das GATT und später die WTO wären ohne diese Bereitschaft zur Offenheit bei den Mitgliedsländern nicht denkbar gewesen. Denn obwohl Regierungen durch politökonomische Restriktionen oftmals gezwungen sind, von der Freihandelsdoktrin abzuweichen, ist die Akzeptanz dieser Doktrin in der Wirtschaftspolitik der Industrieländer durchaus hoch. Die WTO als externe Organisation mit dem Prinzip der Reziprozität kann dabei zur Durchsetzung von Marktöffnung genutzt werden. Natürlich streben auch Interessengruppen danach, diese Funktion der WTO zu nutzen. So versuchen sie, Sozial- oder Umweltstandards im Rahmen der WTO zu etablieren, um auf diese Weise den durch die WTO eingeführten erhöhten Wettbewerbsdruck wieder zu lindern.

Somit ist die WTO ständigem Druck durch Regierungen, Interessengruppen und anderen Nichtregierungsorganisationen ausgesetzt. Insgesamt jedoch hat sich gezeigt, dass die 1994 gegründete WTO eine bewegliche und offene Organisation ist, die sich neuen Fragen gegenüber nicht verschließt. Diese Flexibilität ist notwendig, um auch zukünftigen Herausforderungen begegnen zu können. Eine große Herausforderung besteht in den Ausnahmen des Meistbegünstigungsprinzips, wie sie sich in der Anti-Dumping Politik manifestieren. Mit zunehmendem Wissen über strategisches Dumping oder das bewusste Herbeiführen einer scheinbaren Schädigung der heimischen Industrie mit wettbewerbsverzerrenden Folgen wird immer deutlicher, dass die herrschende Anti-Dumping Politik im Rahmen der WTO nicht mehr zeitgemäß ist. Ähnlich bedeutsam ist die Gefahr für die multilaterale Handelsordnung, die durch regionale Integrationsbemühungen ausgeht. Zwar hat die WTO mit Artikel XXIV (GATT) sowie Artikel V (GATS) einigermaßen strenge Maßstäbe zur handelspolitischen Beurteilung der regionalen Freihandelsabkommen, d.h. der handelspolitischen Integration, gesetzt, jedoch zeigt die Praxis, dass diese Regeln immer sehr großzügig von den Integrationsräumen ausgelegt werden.

Ebenfalls an dem Grundprinzip der Nichtdiskriminierung rütteln Bemühungen, die Aufgaben der WTO um die Einführung von Sozial- und Umweltstandards sowie einer internationalen Wettbewerbsordnung zu erweitern. Hier fährt die WTO zurecht die Strategie einer vorsichtigen Zurückweisung bei gleichzeitigem Dialog mit den relevanten staatlichen und nichtstaatlichen Gruppen. Einer weitergehenden Integration mit Geboten und Harmonisierungen steht die WTO offenbar skeptisch gegenüber.

Wirtschaftspolitisch von höchster Priorität ist es somit, die Handelspolitik auch weiterhin Regeln zu unterwerfen und diese multilateral zu fixieren. Das Regelwerk der WTO ist dazu generell geeignet, obwohl es an einigen Stellen, wie hier analysiert, zu dehnbar ist. Möglicherweise ist es allerdings gerade diese mangelnde Starre der Regeln, die sie langfristig überlebensfähig machen. Die WTO jedenfalls scheint für die zukünftigen Herausforderungen gut gerüstet zu sein.

## **Weiterführende Literatur** (zitierte Quellen siehe Anhang)

*Donges, J. B. / A. Freytag* (2001), Allgemeine Wirtschaftspolitik, Stuttgart, erscheint in Kürze.

*Hauser, H. / K.-U. Schanz* (1995), Das neue GATT. Die Welthandelsordnung nach Abschluß der Uruguay-Runde, München / Wien.

*Irwin, D. A.* (1996), Against the Tide. An Intellectual History of Free Trade, Princeton University Press, Princeton, NJ.

*Markusen, J. R. / J. R. Melvin / W. H. Kaempfer / K. E. Maskus* (1995), International Trade, Theory and Evicence, New York, St. Louis usw.

*Olsen, M.* (1994), The Logic of Collective Aktion. Public Goods and The Theory of Groups, Cambridge, MA / London.

*Ricardo, D.* (1817), Principles of Political Economy and Taxation, London.

*Sally, R.* (1998), Classical liberalism and International Economic Order, London / New York.

*Tinbergen, J.* (1952), On the Theory of Economic Policy, Amsterdam.

*Viner, J.* (1950), The Customs Union Issue, New York.

*Zimmermann, R.* (1999), Regionale Integration und multilaterale Handelsordnung, Untersuchungen zur Wirtschaftspolitik, Nr. 115, Köln.

## **Verständnisfragen** (Lösungen siehe Anhang)

**Frage 1:**

Erläutern Sie die These, dass es in einer Welt ohne Politik einer Welthandelsordnung nicht bedürfte. Welche Hauptfunktion hat diesem Gedankengang zufolge das Prinzip der Reziprozität?

**Frage 2:**

Diskutieren Sie zwei mögliche Schwachstellen der WTO und geben Sie Argumente für und gegen diese Einschätzung.

**Frage 3:**

Ein internationale Regelwerk darf nicht zu starr sein, um dem strukturellen und institutionellen Wandel begegnen zu können. Halten Sie die WTO dafür grundsätzlich für geeignet? Begründen Sie Ihre Antwort.

**Frage 4:**

Erläutern Sie folgende Begriffe:

a) ‘Single Package‘ Ansatz
b) Inländerbehandlung
c) TRIPS
d) Schumpeter-Gut
e) Ursprungsregeln
f) effektive Protektion
g) strategisches Dumping
h) Tinbergen-Prinzip
i) Umweltstandards
j) Nichtregierungsorganisation
k) Hyjacking-Hypothese
l) plurilaterale Verträge

# Innovationspolitik
## Anpassungen im Zeitalter globalisierter Forschung und Entwicklung

*Wolfgang Gick*



## 1. Einführung: Globalisierungstrends und die Rolle der Forschung

Ein stetig wachsender Literaturzweig befasst sich mit der Frage, inwiefern sich heutige Erscheinungsformen der Globalisierung von Tendenzen früherer Entwicklungen unterscheiden. Unbestrittenes Ergebnis dieser Ansätze ist, dass die Integration der Handels- und Finanzströme wesentlich weiter gediehen ist als vor etwa hundert Jahren (Bordo et al. 2000, S. 121). Globalisierung ist ein dynamischer Prozess, der heute besonders von der Mobilität der Produkte und Produktionsfaktoren vorangetrieben wird. Auch die staatliche Wirtschaftspolitik spielt eine geänderte Rolle; neben Informations- und Kommunikationstechnologien sowie Direktinvestitionen ist sie selbst mehr und mehr zu einem eigenständigen Faktor der Globalisierung geworden.

Ganz in diesem Sinne gelten auch für die *Innovationspolitik*, um die es in diesem Beitrag geht, veränderte Ursache-Wirkungs-Beziehungen. Versuchten Regierungen in Industrieländern in den vergangenen Jahrzehnten noch mehr oder weniger vehement, Produktivitätswachstum, Wohlstand und Beschäftigung über Investitionen in Forschung und Entwicklung (FuE) *direkt* zu beeinflussen, so müssen sie heute konstatieren, dass die Wirkungsinterdependenzen zwischen den einzelnen Größen immer unvorhersagbarer werden und daher auch die Einflussmöglichkeiten staatlicher Innovationspolitik geringer ausfallen als erhofft.

### 1.1 Der Übergang zu entwickelten Industrie- und Informationsgesellschaften

Ohne Zweifel lässt sich ein Übergang der Industrieländer zu Informationsgesellschaften und wissensbasierten Industrien ausmachen (OECD 1998), wobei trotz nationaler Unterschiede der Trend zur Produktion neuen technologischen Wissens ungebrochen ist. Dabei nimmt in den meisten Industrieländern der Anteil des Dienstleistungssektors gemessen an der Wertschöpfung zu (siehe Punkt 2.1.). Diese Entwicklung ist allerdings vielschichtig und erfordert daher eine eingehendere Betrachtung.

Zunächst lässt sich feststellen, dass der Wohlstand der Industrienationen von einer zunehmenden Dynamik auf sektoraler Ebene getragen wird (OECD 1998, S. 6). So finden die Warenströme zwischen Ländern mit hohem Pro-Kopf-Einkommen im Zeitablauf zu einem immer größer werdenden Teil als Austausch von Produkten nicht nur zwischen verschiedenen Sektoren, sondern auch innerhalb ein und desselben Sektors statt (Faust et al. 1999).

Triebfeder dieser Entwicklung ist der Wandel technologischen Wissens. Technologischer Fortschritt ist in den Industrieländern heute jedoch, anders als in früheren Jahren, weniger eng mit der Veränderung von Größen wie Produktivität und Beschäftigung korreliert (Fagerberg 2000). Für traditionelle Industriezweige etwa gilt, dass hohe Beschäftigung mit geringem Produktivitätswachstum einhergeht (Fagerberg 2000, S. 20). Dies heißt nun nicht, dass Innovationen generell an Bedeutung für das Produktivitätswachstum und die Beschäftigung verloren haben. Offenbar folgt jedoch die Diffusion neuen technologischen Wissens in Industrieländern, die sich im Übergang zu Informationsgesellschaften befinden, neuen Verlaufsmustern.

### 1.2 Globalisierung von Forschung und Entwicklung

Dieser Trend zur Entwicklung wissensbasierter Gesellschaften, in der sich die Industrienationen derzeit befinden, ist nun von Tendenzen in der FuE-Tätigkeit von Firmen überlagert, die ihm scheinbar zuwiderlaufen. So lässt sich seit etwa einem Jahrzehnt feststellen, dass Firmen ihre technologische Wettbewerbsfähigkeit nicht mehr hauptsächlich über *interne FuE-Tätigkeit* decken (Narula 2000, S. 7 ff.). Offenbar setzen Großfirmen immer weniger auf langfristige FuE-Projekte, sondern integrieren die Forschung in ihre Produktentwicklung und beschränken sich so auf FuE-Bereiche, welche direkte und vor allem *verwertbare* Ergebnisse liefern. Auf diese Weise gelingt ihnen eine engere Abstimmung zwischen Firmenstrategie und FuE-Tätigkeit, und möglicherweise eine effizientere Nutzung von FuE-Ergebnissen für Innovationen (OECD 1998).

Allerdings bedeutet dies keineswegs, dass Firmen ihre Einflussmöglichkeiten auf die FuE-Tätigkeit aufgeben, weshalb auch kein wirklicher Widerspruch zu den oben skizzierten gesellschaftlichen Entwicklungen auszumachen ist. Vielmehr nutzen sie verstärkt die Möglichkeiten organisatorischer *Hybridformen* wie FuE-Verträge, Outsourcing und „quasi-externe" Beziehungen, wie sie strategische Allianzen darstellen. Im Gegensatz zur eigenen FuE sind dies „reversible“ Alternativen; sie benötigen weniger Kapital, beinhalten geringere Risiken und stellen daher im Falle eines Scheiterns nicht unmittelbar den Unternehmenserfolg in Frage (Teece 1986). Eine mögliche Erklärung für diese Entwicklung stellt auf die zunehmende Ähnlichkeit in den Forschungsschwerpunkten innerhalb der Triade USA-Japan-EU ab (Archibugi / Michie 1997).

Mit diesen Entwicklungen ist eine Veränderung der gesamten Innovationslandschaft verbunden. Die Quellen künftiger Innovationen werden in Zukunft deutlich weniger *innerhalb* von Firmen zu suchen sein; sie kommen zunehmend von außen. Der hierbei eine Rolle spielende Druck, Produktentwicklungszeiten und damit Kosten zu senken, wird auch durch die Zunahme an internationalen Firmenkooperationen, Research Joint Ventures und Akquisitionen verdeutlicht. Gleichzeitig sichern sich Firmen so ihre Basis für Innovationen. Reduziert man die damit verbundene Problemstellung für innovationspolitisches Handeln auf die Frage der FuE-Finanzierung und betrachtet die Forschungsintensität als Umfang der Ressourcen, die eine Gesellschaft für FuE aufwendet (Campbell 2000, S. 131), so zeigt sich für die entwickelten Industrieländer, dass sich ein reales, aber eher moderates Wachstum der FuE-Aufwendungen ergibt.

Der mit dieser Entwicklung verbundene Anpassungsdruck führt im Zusammenhang mit effizienteren FuE-Praktiken zu einer Verkürzung der *Innovationszyklen* (OECD 1988, S. 15). Dies führt aber dazu, dass die Industrie auf eine noch engere Zusammenarbeit mit der universitären und außeruniversitären Forschung angewiesen ist.

Empirisch lässt sich für die Triade USA, Japan und EU im Wesentlichen eine gestiegene Arbeitsteilung zwischen der universitären und außeruniversitären Forschung einerseits und dem Unternehmenssektor andererseits bestätigen. Auch die Organisation dieser Arbeitsteilung wandelt sich. Es ist unübersehbar, dass die Wissensproduktion zunehmend in *Anwendungskontexten* stattfindet, die im Wesentlichen parallele und gleichzeitig ablaufende Prozesse erfordern. Damit ist eine Weiterentwicklung der Wissensbasis kontextgebunden: Theorien können nur dann weiterentwickelt oder verbessert werden, wenn empirische Anwendungsbezüge existieren (Campbell 2000, S. 139). Im Zusammenhang mit der gestiegenen Transdisziplinarität ist beobachtbar, dass die Grenzen zwischen universitärer / außeruniversitärer Forschung sowie FuE in Unternehmen leichter überwunden werden können.

Insgesamt deutet vieles daraufhin, dass das Wissenschaftssystem der Triade in den Bereichen der Spitzentechnologie weiterhin von großer Bedeutung sein und einen schnellen technologischen Wandel fördern kann (OECD 1988). Dabei wird jedoch eine entscheidende Rolle spielen, wie das Wissenschaftssystem mit den neuen Herausforderungen umgeht, etwa was die längerfristige Bindung hochqualifizierter Wissenschaftler und die notwendige enge Kooperation mit dem Wirtschaftssektor anbetrifft.

Betrachtet man dazu die Entwicklung von strategischen Allianzen und FuE-Netzwerken über die Ländergrenzen hinweg, so tritt eine weitere Eigenschaft der Globalisierung hervor, nämlich die der weltweiten Konvergenz von Technologien sowie von Nachfrage- und Angebotsmustern (Narula / Dunning 1998). Die Globalisierung von FuE selbst unterscheidet sich von anderen Prozessen, die sich im Rahmen der Aufspaltung von Wertschöpfungsketten beobachten lassen. FuE tritt an vielen Stellen der Produktionskette auf. Allerdings bringt es der *tazite Charakter* von technologischem Wissen mit sich, dass es nicht in der Form ausgelagert wird, wie es bei Teilen der Produktion üblich ist: Denn technologisches Wissen entsteht im Rahmen von pfadabhängigen Suchprozessen, die im hohen Maße *firmen-* oder sogar *personenabhängig bzw. kontextgebunden* (tazit) sind (Nelson / Winter 1982). Aufgrund dessen besteht generell Grund zur Annahme, dass FuE-bezogene Aktivitäten üblicherweise zentral bereitgestellt werden müssen, während sich die Herstellung von Zwischenprodukten leichter outsourcen lässt (Narula / Dunning 1998).

Direkte *Empfehlungen für politisches Handeln* im Rahmen der Globalisierung von FuE sind auf der Grundlage dieser Beobachtungen allerdings schwer zu treffen. Zum einen weisen die Organisationsmuster internationaler FuE unterschiedliche Formen auf. Firmen können aus Gründen der Kontrolle dazu neigen, FuE stets zentral zu organisieren, gleichzeitig aber scheint der strategische Charakter der Entscheidung für einen internationale FuE-Aktivität im Hinblick auf ihre Organisation zu dominieren (Narula / Dunning 1998). Staatliche Politik kann kaum auf derartige Entwicklungen auf Firmenebene direkt Einfluss nehmen – diese Feststellung ist auch im Lichte beobachtbarer Ansätze eines *Techno-Nationalismus* gültig. Denn inwiefern Regierungen überhaupt genügend Informationen besitzen, um potentielle Gewinner treffsicher erkennen und fördern können – sollte dies ein Ziel der Politik sein – muss bereits angezweifelt werden. Die oft zitierte Erfolgsbilanz des MITI, welches für viele Politikträger Vorbildcharakter aufwies, liest sich im Lichte der Entwicklungen des vergangenen Jahrzehnts doch eher nüchtern: Dass es ihm zusehends weniger gelang, die Wettbewerbsposition japanischer Firmen zu verbessern, zeigt zumindest exemplarisch, dass Patentrezepte für eine staatliche Innovationspolitik im Rahmen der Globalisierung von FuE kaum noch zu erwarten sind.

Zusammengefasst zeigt dieser Überblick, dass

- Globalisierung heute einerseits einen Prozess umschreibt, der durch technologisches Wissen geprägt wird, welches für das Wachstum von Industrieländern mit verantwortlich ist,
- andererseits die Globalisierung von Forschung und Entwicklung selbst zu einem geänderten FuE-Verhalten in der Industrie geführt hat,
- der technologische Wandel in heutigen Industriegesellschaften nicht linear mit den bekannten Mustern des Strukturwandels in Einklang zu bringen ist, was gleichzeitig eine Herausforderung für die Gestaltung von Innovationspolitiken darstellt.

## 2. Wachstums- und innovationstheoretische Hintergründe

### 2.1 Zu den Aussagen der Neuen Wachstumstheorie

Bereits 1957 hat Solow gezeigt, dass die Zunahme des Kapitalstocks und der eingesetzten Arbeit nur einen Teil des beobachtbaren Wirtschaftswachstums in Industrieländern erklären kann. Hieran anknüpfend hat die *Neue Wachstumstheorie* versucht, Humankapital und technischen Fortschritt als Hauptdeterminanten der Produktivitätszunahme von Arbeit und physischem Kapital zu sehen sowie technologische Externalitäten als Erklärung für steigende Skalenerträge in der aggregierten Produktionsfunktion in ihre Modelle zu integrieren. Geht man, wie es in der Neuen Wachstumstheorie üblich ist, von *endogenem technischen Fortschritt* und dynamischen komparativen Kostenvorteilen aus (Romer 1990; Grossman / Helpman 1991), so führt internationaler Handel dazu, dass es aufgrund technologischer Vorteile zu höheren Wachstumsraten in technologisch fortgeschritteneren Ländern kommt.

Zum einen steigert *intraindustrieller* Handel mit Zwischenprodukten, in denen technologische Errungenschaften der beteiligten Länder verkörpert sind, die Wachstumsraten von Volkswirtschaften, wobei es zu unterschiedlichen technologischen Spezialisierungen kommt. Vereinfacht gesagt ergeben sich durch die unterschiedliche technologische Ausstattung Handelsbeziehungen entlang der Wertschöpfungskette: Ein Produkt wird nach Maßgabe der Spezialisierungsvorteile in unterschiedlichen Ländern gefertigt. Betrachtet man zwei Länder mit gleichem Technologieniveau, so führt intraindustrieller Handel mit Zwischenprodukten, in denen technologische Errungenschaften der beiden Länder verkörpert sind, zu einer beidseitigen Steigerung der Wachstumsraten. Kommt es dagegen zur Integration zweier technologisch ungleicher Länder, so spezialisiert sich das weiterentwickelte Land tendenziell auf FuE-intensivere Aktivitäten, das relativ rückständige Land jedoch auf traditionellere Bereiche. In der Tendenz kommt es hier zu einem Auseinanderfallen der Wachstumsraten.

Zum anderen lässt sich auch bei *interindustriellem* Handel zeigen, dass technologischer Wandel bei unterschiedlicher Faktorausstattung zu höheren Wachstumsraten führt. (Grossman / Helpman 1991). Können nämlich technologische Externalitäten auf die Ländergrenzen beschränkt werden, so kommt es bei unvollständigem Faktorpreisausgleich zu höheren Wachstumsraten im technologieintensiveren Land. Damit liefert die Neue Wachstumstheorie gleichzeitig eine Erklärung dafür, dass es nicht notwendigerweise zur *Konvergenz* der Pro-Kopf-Einkommen in den entsprechend ausgestatteten Ländern kommt (für eine Übersicht siehe Romer 1994).

### 2.2 Innovation und technischer Fortschritt in der Globalisierung

Grob gesehen bietet die Theorie zwei unterschiedliche Sichtweisen zur Erklärung von Firmengewinnen in der Globalisierung an. Der erste Argumentationsstrang geht davon aus, dass die Gewinne in einer kapitalistischen Wirtschaft aus sinkenden Arbeitskosten und aus überlegenen Marktpositionen resultieren können. Im ersten Fall führt entweder ein Sinken des Lohnsatzes oder eine erhöhte Arbeitsproduktivität zu Gewinnen; im zweiten Fall ermöglichen Wettbewerbsvorteile höhere Preise in den

Märkten für Endprodukte, während gleichzeitig auf den Märkten für Inputgüter und Zwischenprodukte niedrigere Preise realisiert werden. Diese Überlegungen liefern allerdings keine hinreichende Erklärung für die derzeitige technologische Entwicklung im Rahmen der Globalisierung. Denn viele multinationale Konzerne müssten danach gerade im globalen Wettbewerb eher zu den Verlierern zählen, da ihre geschützten Märkte wegzubrechen und so die Gewinne gegen Null zu gehen drohen. D.h. im Sinne eines Nullsummenspiels würde der Gewinn eines Akteurs den Verlust eines anderen bedingen (Cantwell 1999, S. 226).

Demgegenüber leitet der zweite, schumpeterianische Erklärungsansatz Gewinne direkt aus Innovationen ab. Firmen investieren demnach in Forschung und Entwicklung, weil sie daraus Gewinne erwarten. Dieser Zusammenhang wir von der Empirie unterstrichen, wonach innovative Konzerne – insbesondere im Bereich der Spitzentechnologie in den dynamischen Innovationsregionen der Welt – die höchsten Gewinne realisieren. Zugleich führt er weg von dem Bild des Nullsummenspiels. Innovation als *Akkumulierung taziter Kapazitäten* führt zu neuen Produkten und Prozessen, zu höheren Gewinnen, gestiegener Wettbewerbsfähigkeit und damit höherem Wachstum. Gleichzeitig lässt sich die Entwicklung strategischer Allianzen und internationaler Firmenkooperationen mit diesem Erklärungsansatz in Verbindung bringen. Folgt man Cantwell (1999, S. 229), so sind gerade die langfristigen Entwicklungsmuster der Internationalisierung über diesen zweiten Mechanismus zu erklären. Der internationale Wettbewerbsdruck führt in dynamischer Betrachtung dazu, dass Firmen kontinuierlich an der Verbesserung ihrer technologischen Fähigkeiten arbeiten und so ihre Gewinne zu steigern trachten.

## 3. Nationale Innovationssysteme im Lichte heutiger Entwicklungen

### 3.1 Historische Aufholprozesse und die Rolle der Institutionen

Vor allem neo-schumpeterianische Wachstumsmodelle liefern Erklärungen über den Zusammenhang zwischen Investition, technischem sowie institutionellem Wandel und lassen institutionelle Faktoren in die Überlegungen einfließen (Hanusch / Cantner 1997; Archibugi / Michie 1997). Sowohl die interne *Wissensakkumulation* in Firmen, wie auch die *externen Netzwerke* werden stark durch das institutionelle Umfeld, in dem sie sich befinden, geprägt.

Historisch gesehen wurde auch die Konvergenz bestimmter Volkswirtschaften nicht kontinuierlich, sondern im Rahmen von Auf- und Überholprozessen erreicht, in denen sich gleichzeitig Innovations- und Wachstumspolitiken entwickelten. Zu verweisen ist hier etwa auf das Beispiel Englands, das im 18. Jahrhundert die Niederlande überflügelte, um selbst im 19. Jahrhundert seinen Rang als führende europäische Industrienation wieder an Deutschland abzugeben. Friedrich List (u.a.) hat – nicht zuletzt vor diesem empirischen Hintergrund – bereits 1841 die Bedingungen solcher Entwicklungen analysiert. Im Mittelpunkt stehen schon damals Phänomene, wie Technologieakkumulation, Technologietransfer und Humankapitalentwicklung, denen heute im Zusammenhang mit der Untersuchung nationaler Innovationssysteme eine steigende politische Relevanz zukommt.

Freeman (1987) hat den Begriff des *nationalen Innovationssystems* geprägt und damit den organisatorischen Rahmen für innovationspolitisches Handeln eingegrenzt. Hinter dem Konzept des Innovationssystems steht die Idee, dass Innovationen in einem von Organisationen und Institutionen bestimmten Rahmen eingebunden sind, der wiederum die Effizienz des Innovationsprozesses bestimmt. Freeman, wie auch eine Reihe weiterer Autoren, haben die Bedeutung von Institutionen als Träger neuen technologischen Wissens thematisiert. Demnach stellt aus heutiger Sicht das nationale Innovationssystem ein *Netzwerk* von Institutionen im privaten und öffentlichen Sektor eines Landes dar, welches die Initiierung, Veränderung und Verbreitung neuer Technologien sichert.

Gleichzeitig wurde der Begriff der nationalen Innovationssysteme ergänzt und erweitert, wobei die Bezeichnung „national" bisweilen irreführend ist. Denn der Einflussbereich nationaler Innovationspolitik kann sich durchaus sowohl in regionale wie auch in supranationale Akteursbeziehungen hinein erstrecken (Braczyk et al. 1998). Zudem ist empirisch nachgewiesen worden, dass sich manche Regionen auf ganz bestimmte Technologiefelder spezialisieren; inwieweit es in diesen Fällen gerechtfertigt erscheint, trotzdem von nationalen und nicht von *regionalen Innovationssystemen* zu sprechen, hängt u.a. davon ab, auf welcher Ebene die relevanten Märkte, Institutionen, Organisationen und Politiken angesiedelt sind.

## 3.2 Institutionelle Verschiebungen innerhalb nationaler Innovationssysteme

Eine entscheidende Dimension im Rahmen von Innovationssystemen ist die des Lernens und damit der Veränderung technologischen Wissens (Lundvall 1992). Technologisches Wissen wird nicht einfach von Wissenslieferanten „per se" produziert und dann mit Unterstützung der Politik gleichsam in die Industrie getragen. Vielmehr ist die *Vernetzung* der Akteure im Innovationssystem ausschlaggebend. Entscheidend ist nicht die Existenz von Wissen in bestimmten Institutionen und Trägern, sondern es kommt darauf an, institutionelle Arrangements zu treffen, die den Wissensaustausch fördern. Volkswirtschaften sind nicht dann schon erfolgreich, wenn sie Wissen besitzen. Ihre Leistungsfähigkeit hängt vielmehr entscheidend davon ab, ob die jeweiligen Akteure bereit sind, sich *immer wieder neu* Kenntnisse und Fähigkeiten anzueignen und diese Kompetenzen im Handeln zu „verifizieren". Auf diese Weise rücken die Prozesse der Entstehung, des Transfers und der Diffusion von Wissen in den Vordergrund. Insgesamt betrachtet steht heute für die Politik im Vordergrund, über welche Institutionen im jeweiligen Innovationssystem Lernvorgänge ablaufen und über welche Maßnahmen privat entstehende und neu zu schaffende Institutionen diese Prozesse beeinflussen.

### *3.2.1 Wissensintensive Dienstleister im Innovationssystem*

Um von Wissensströmen ausgehend die Felder für innovationspolitisches Handeln weiter einzugrenzen, sollten sektorspezifische Ausprägungen und nationale Unterschiede in den Technologiepotenzialen und Marktbedingungen gemeinsam betrachtet werden (Haid / Münter 1999). In einem nationalen Innovationssystem stehen Wettbewerb, Unternehmenskooperation, Anreizsysteme in Wissenschaft und Forschung und die innovationspolitischen Handlungsmöglichkeiten miteinander in Verbindung. Innovationspolitiken können Unternehmen zu mehr Kooperation untereinander wie auch zur Kooperation mit dem Forschungssektor bewegen und so gleichzeitig die Diffusion neuen technologischen Wissens vorantreiben. Sie sind aber in der Regel nur *ein* Faktor, welcher den zukünftigen Erfolg von Sektoren bestimmt.

Im Zusammenhang damit bietet es sich im Rahmen einer politikorientierten Betrachtung an, das geänderte Zusammenspiel von RTOs (Research and Technology Organizations) mit wissensintensiven Dienstleistern zu berücksichtigen. RTOs umfassen den oben beschriebenen Bereich der universitären sowie außeruniversitären Forschung und daher sowohl Universitäten als auch technologiespezifische oder industriespezifische Forschungseinrichtungen (Farina / Preissl 2000, S. 5). Das Konzept der RTOs zielt im Rahmen der Beschreibung von Innovationssystemen darauf ab, die Eigenschaften und Aufgaben bestimmter Forschungsorganisationen klarer abzugrenzen. Je nach Charakteristik des Innovationssystems übernehmen RTOs unterschiedliche Funktionen bei der Erzeugung und Anwendung neuen Wissens. Der Staat kann beispielsweise durch Abänderung des Rechtsrahmens oder der Finanzierung das Verhalten von RTOs beeinflussen.

Neben RTOs nehmen aber im Rahmen der wissensbedingten Tertiarisierung zunehmend auch private marktorientierte Dienstleister (KIBS: Knowledge Intensive Business Services) Transferaufgaben wahr. Je nach Arbeitsteilung der RTOs und der KIBS in einem Innovationssystem ergeben sich nun unterschiedliche Ansatzpunkte für die Innovationspolitik. Farina / Preissl (2000, S. 7) zeichnen hierzu zwei unterschiedliche Szenarien:

- Im einen Fall kommt es zu einer relativ weitgehenden Überlappung der Aufgaben der KIBS und der RTOs im Hinblick auf die Erzeugung und Anwendung von Wissen. RTOs betreiben hier kaum Grundlagenforschung, so dass es zur Aufgabe staatlicher Forschungspolitik wird, dieses Feld zu besetzen.
- Im anderen Fall überlappen sich die Aufgabenbereiche der KIBS und RTOs nur geringfügig, dafür übernehmen die RTOs jetzt einen hohen Anteil der Grundlagenforschung. Hier ist es Aufgabe der Innovationspolitik, die Diffusion von Wissen und die Vernetzung der Akteure zu forcieren.

### *3.2.2 Globalisierte FuE und das Innovationsmanagement der Firmen*

Die globale Entwicklung prägt nun die Innovationspolitik eines Landes nicht nur auf direktem Wege, sondern es wird für die Politik auch von Belang sein, das geänderte Innovationsmanagement von Firmen mit in ihre Überlegungen einzubeziehen. So wandeln sich beispielsweise auf Unternehmensseite die Vorstellungen darüber, wo inhaltlich der Bereich der Grundlagenforschung aufhört und ein unmittelbarer Anwendungsbezug einsetzt (Nelson 1993). Firmen behandeln heute Innovation weit mehr als *integrierten Prozess*, als es die Politik tut, und verstehen dabei auch Grundlagenforschung als *einen* Teil der Prozesskette. Zudem ist für das Innovationsmanagement die Kopplung dieser Schnittstellen an Produktion und Marketing in steigendem Maße relevant (Gerybadze / Reger 1999).

Allgemein lässt sich mithin sagen, dass mehr und mehr institutionelle Zugehörigkeiten aufgebrochen bzw. verändert werden. Firmen wie auch Forschungsinstitute bestimmen ihre Aufgabe im Rahmen eines ineinandergreifenden Prozesses der Produktentwicklung, wobei FuE, Produktion und Vertrieb kaum noch zu trennen sind. Eine solche Sichtweise ist weder mit dem „traditionellen FuE-Paradigma", noch mit überkommener staatlichen Handlungslogik vereinbar (Gerybadze / Reger 1999, S. 254). Denn technologisches Wissen fließt nicht mehr von einer zentralen FuE-Abteilung in andere Produktionsstätten, sondern es kommt zu multiplen FuE-Zentren, die im Rahmen von Lernprozessen diverse Funktionen entlang der Wertschöpfungskette wahrnehmen. Firmen beziehen Technologien längst weltweit und nutzen auf diese Weise die bereits existierende FuE-Basis der unterschiedlichen Länder. Man spricht dann von einem *polyzentrischen nationalen Innovationssystem* (Gerybadze / Reger 1999, S. 255).

## 4. Neue Aufgaben für die Innovationspolitik

Insgesamt betrachtet zeigen die Entwicklungen der Veränderung der Wissensströme, der institutionellen Innovationen im Rahmen wissensbasierter Dienstleister und der Globalisierung von FuE infolge eines geänderten Innovationsmanagements deutlich, dass die Forschungslandschaft der Industrieländer sich zu bestimmten *Interaktionsmustern* hin entwickelt, die eine Anpassung der Innovationspolitik nötig werden lassen. Industrieländer suchen daher nach neuen Möglichkeiten der Politik, um auf die aus der Globalisierung von FuE resultierenden Konsequenzen besser reagieren zu können. Dies erfordert ein Überdenken bisheriger Ansätze.

### 4.1 Konzeptionen der Innovationspolitik

In Anlehnung an Meyer-Krahmer (1993) lässt sich die „Technologiepolitik von morgen" in drei Themenbereiche fassen:
(1) Netzwerke und deren Externalitäten,
(2) Diffusion neuer Technologien,
(3) Innovation der staatlichen Technologiepolitik selbst.

Bevor in den folgenden Unterpunkten konkret auf diese Bereiche abgestellt wird, soll zum Verständnis heutiger Politiken und Ansätze der Policy-Forschung kurz in allgemeiner Form auf innovationspolitische Konzepte eingegangen werden.

Im Rahmen der innovationspolitischen Literatur wurde *staatliche Politik* üblicherweise als „Forschungs- und Technologiepolitik" (S&T Policy) bezeichnet, während auf *betrieblicher Ebene*, dieser Vorstellung nach, FuE-Politik (R&D Policy) betrieben wird. Da jedoch Innovationen das Ziel von Forschung und Entwicklung sind und damit auch im Mittelpunkt der entsprechenden Politik stehen, überlappen sind die beiden Policy-Konzepte und werden daher in letzter Zeit auch begrifflich weniger streng getrennt. Wenn dem hier entsprochen wird, so darf freilich nicht übersehen werden, dass staatliche Innovationspolitik regelmäßig mehr Aufgaben zu erfüllen hat, als etwa nur die FuE-Aktivitäten in Firmen zu stimulieren (Branscomb / Keller 1998, S. 464).

Eine frühe systematische Klassifizierung technologiepolitischer Ansätze findet sich in Ergas' Unterscheidung von *aufgaben- und diffusionsbezogenen* Politikansätzen (Ergas 1986). Während bei ersteren die Zentralisierung und Konzentration auf einzelne Akteure im Vordergrund steht, versuchen diffusionsbezogene Ansätze, die technologischen Möglichkeiten eines Innovationssystems durch Ausbau der Infrastruktur, des Technologietransfers und von Kooperationen zu verbessern. Sie dienen auch dem Ziel, genügend Heterogenität in der Gesellschaft zu schaffen, während die aufgabenorientierten Ansätze die Funktion erfüllen, zunächst scheinbar unzusammenhängende Technologien zusammenzubringen und somit eine gegenseitige Befruchtung zu schaffen.

Im Hinblick auf eine umfassende Politikkonzeption geht Teubal (1997) davon aus, dass Innovationspolitiken je nach Innovationsphase unterschiedliche Aufgaben zu erfüllen haben.

- In einer frühen Phase (infant stage) geht es vor allem um die experimentelle Ausrichtung. Suchvorgänge müssen ermöglicht und unterstützt werden. Dies zu realisieren, wird als Ziel der Politik gesehen.
- In der Wachstumsphase (growth stage) sollte danach die Politik zu einer verstärkten Koordination solcher Prozesse anregen, auf die die Firmen in dieser Zeit besonders angewiesen sind.
- In der reifen Phase (mature stage) ist nach Teubal ein Politikansatz gefragt, der neue strategische Ziele festsetzt und eine Marktversagensanalyse vornimmt.

Für staatliche Politik hieße dies, dass ihre Ausrichtung nicht unabhängig von den Innovationsphasen der Unternehmen verlaufen kann. Damit ist einmal mehr angesprochen, dass sich der Wandel der technologischen Entwicklung auch in einer geänderten Rolle des Staates niederschlagen sollte. Das bedeutet vor allem, dass nach Wegen zu suchen ist, der verminderten Steuerungsmöglichkeit des Staates gerecht zu werden. Wie Branscomb und Keller (1998) argumentieren, ist es längst an der Zeit, im Rahmen der Globalisierungsentwicklungen, der Restrukturierung von Industrien sowie des Diktats leerer Kassen zu einer innovationspolitischen Neukonzeption zu gelangen. Folgende Ansatzpunkte werden in diesem Kontext genannt (Branscomb / Keller 1998, S. 464):

- Förderung privater Innovationen und Abbau von Innovationshemmnissen,
- stärkere Betonung der Grundlagenforschung,
- Erleichterung des Zugangs zu Technologien und Forcierung der Bildungspolitik,
- breiter Einsatz innovationspolitischer Instrumente (dabei sollte der Policy-Mix aus Wirtschaftspolitik, Regulierung, öffentlichen Aufträgen, Förderprogrammen, Abänderungen des Rechtssystems je nach Problemstellung flexibel eingesetzt und aufeinander abgestimmt werden),
- Förderung inländischer Firmen im globalen Technologiewettbewerb,
- Verbesserung der Effektivität in der Politikentwicklung.

## 4.2 Verbesserung des Wissenstransfers von universitärer / außeruniversitärer Forschung zur Industrie

Es steht außer Frage, dass die zu Beginn umrissene Globalisierung von FuE ihren Niederschlag in einer geänderten Innovationspolitik finden wird. Der Rückgang unternehmens*interner* FuE wirft vor allem für die Innovationspolitik die Frage auf, inwieweit die Verbindung zwischen öffentlicher Forschung und unternehmensinterner FuE verbessert werden kann.

Dabei ist das Thema einer Verbesserung der Beziehungen zwischen beiden Bereichen nicht neu (Welfens et al. 1998, S. 151 ff.). Es betrifft vor allem die generelle Frage, wie die Politik den Transfer technologischen Wissens von universitärer / außeruniversitärer Forschung zur Industrie verbessern kann. Obwohl Deutschland eine breit diversifizierte öffentliche Forschungslandschaft besitzt, variiert die Effektivität des Technologietransfers in diesem Bereich stark (Beise / Stahl 1999). Eine Möglichkeit der Innovationspolitik könnte es daher sein, Forschungsmittel auf effektivere Einrichtungen hin zu verschieben; eine andere betrifft die direkte Einflussnahme auf Wissenstransfermaßnahmen der weniger effektiven Einrichtungen. Im internationalen Vergleich ist dabei in Deutschland vor allem der „Technologietransfer über Köpfe“ verbesserungswürdig. Denn Forscher finden im Allgemeinen wenig Anreize, in die Industrie und wieder zurück zu wechseln. Gerade dies ist jedoch für die Diffusion *anwendungsrelevanten* Wissens von entscheidender Bedeutung (Zucker et al. 1996).

So konstatiert auch die OECD (1998, S. 15), dass in einer Reihe von EU-Mitgliedsländern im Vergleich zu den USA derartige Vernetzungen noch stark verbesserungsfähig sind. Damit die Integration tatsächlich verbessert werden kann, müssten beispielsweise zunächst die Anreize für Hochschulangehörige so gestaltet werden, dass die gewünschte Aufgaben auch übernommen werden. Diesem Gesichtspunkt schenkt etwa die zur Diskussion stehende Reform des Dienstrechts Beachtung (BMBF 2000). Ein weiterer Vorschlag ist die Integration der Hochschulen in das System der Weiterbildung. Zwar gilt für Deutschland aufgrund der vergleichsweise hohen Anzahl von Technologietransferstellen, dass die Zugangsmöglichkeiten für Unternehmen zu technischem Wissen gut sind; trotzdem sind sie noch erheblich ausbaufähig (BMBF 2000, S. 13). Der Nachteil des deutschen Technologieberatungs- und Transferkonzepts liegt vor allem im traditionellen Modell des Wissenstransfers begründet, welches auf der Möglichkeit einer nachträglichen Verwendung von wissenschaftlichen Ergebnissen aufbaut. Vereinfacht ausgedrückt wird Wissen im Forschungsbereich produziert und nachträglich „in die Industrie getragen“. Was dabei tendenziell vernachlässigt wird, ist die *direkte wechselseitige* Kooperationen zwischen Unternehmen und universitärer / außeruniversitärer Forschung.

D.h. als ein zentraler Ansatz zur Verbesserung des Wissenstransfers steht für die Innovationspolitik die Förderung von Kooperationen zwischen öffentlicher und privater Forschung zur Diskussion. Ein Grund dafür ist die zu Beginn dargestellte Gewichtsverschiebung der industriellen Forschung auf anwendungsnahe FuE und die damit einhergehende Verkürzung der Innovationszyklen. Die Politik sollte darauf abstellen, die entstehende Lücke an Grundlagenforschung in den Unternehmen durch vermehrte Aktivitäten dieser Art im Bereich der universitären / außeruniversitären Forschung wettzumachen, vor allem aber auf eine *Annäherung* der beiden Bereiche zu setzen.

Neben den angesprochenen Verbesserungen der Anreize für Beschäftigte im Hochschulsektor, in die Industrie und zurück zu wechseln, wird die *Integration der ökonomischen Verwertung von Erfindungen* in den Vordergrund der heutigen Innovationspolitik gestellt. Hier könnte die Innovationspolitik eine Schrittmacherfunktion einnehmen (BMBF 2000, S. 13). Dies ist in den USA bereits 1980 mit der Gesetzesänderung im Rahmen des Bayh-Dole Act gelungen, welcher Universitäten das Recht gibt, aus öffentlichen Mitteln finanzierte Erfindungen zu lizensieren. Wie Thursby / Thursby (2000, S. 18) zeigen, ist es seitdem gelungen, die universitäre Forschung stärker an die Industrie anzukoppeln, was zum Teil auch eine Orientierung der universitären Forschung in Richtung der Bedürfnisse der Unternehmen zur Folge hatte.

## 4.3 Reformen bestehender Politikentwürfe (Policy Design)

Mowery (1998, S. 652) prognostiziert für das nationale Innovationssystem der USA folgendes Szenario:

- niedrigere staatliche Fördersätze für FuE-Programme,
- niedrigere private Investition in Grundlagenforschung,
- hoher Grad an Internationalisierung sowohl in bezug auf FuE-Aktivitäten von US–Firmen im Ausland wie auch umgekehrt,
- weitgehender Schutz geistigen Eigentums,
- mehr Firmenkooperationen, Kooperationen zwischen Firmen und universitärer / außeruniversitärer Forschung.

Es steht außer Frage, dass diese Entwicklung sich nur graduell von den Entwicklungen in anderen Innovationssystemen der Triade USA-Europa-Japan unterscheiden werden. Denn weder hat die Innovationspolitik in den USA eine völlig andere Qualität und Ausrichtung im Rahmen ihres Instrumentariums noch sind die Tendenzen zur Internationalisierung von FuE wesentlich anders gelagert als in anderen Ländern der Triade.

Gerade aufgrund dieser Entwicklung kommt es aber darauf an, dass die Politik ihre verbesserte Kenntnis über veränderte Abläufe im Wissenssystem und im FuE-Verhalten der Firmen nun auch anders umsetzt. Es bedarf vor allem der Möglichkeit zu instrumentellen Reformen. So zeigt Pavitt (1998) anhand der Innovationspolitik in Europa in den letzten 40 Jahren auf, wie beschränkt die Fähigkeit der Politik, langfristige Technologiefelder vorzugeben, letztendlich war. Der öffentlichen Hand ist es kaum möglich, aufgrund der geringen zur Verfügung stehenden Mittel mehr als einen marginalen Beitrag zu technologischem Wandel zu leisten, was wiederum gerade den Erfolg von direkten FuE-Förderungen stark reduziert. Es bleibt daher ein wichtiger Punkt für die empirische Forschung im Rahmen von Evaluierungen, den

Erfolg und Misserfolg eines Programms im Rahmen eines quantifizierbaren Ansatzes bestimmen zu können (Lerner 1999).

Gleichzeitig existieren noch zu wenig *Forschungsergebnisse* über die institutionellen und organisatorischen Hintergründe von Akteursbeziehungen, um den Zusammenhang zwischen Evaluierungen und neuen Politikentwürfen zu verbessern. Vereinfacht ausgedrückt kann es zwar Sinn machen, bestimmte Programme zu entwerfen;

- inwieweit die Fördermittel letztendlich aber abgerufen werden,
- welche Akteure die Programme ansprechen,
- welche Wirkung sie auf die FuE-Tätigkeit ausüben,
- auf welche Weise das Förderprogramm Akteure zusammenführt,
- wie der Ablauf des Programms erfolgt (Monitoring)
- und welche rechtlichen Folgen ein Beitritt für eine Firma zu einem Förderprogramm bedeutet,

sind alles Fragen, die erst im Prozess ihrer praktischen Umsetzung beantwortet werden und über die beim Entwurf neuer Programme im Allgemeinen noch zu wenig bekannt ist (Gick 1997).

Vor diesem Hintergrund haben für die Politik gerade die schon aus sogenannten *„Best Practice"-Ansätzen* gewonnenen Erfahrungen eine hohe Bedeutung. Auch die oben skizzierten Ansätze beschreiben zwar das geänderte Bild der FuE-Tätigkeiten und versuchen Erfolgsfaktoren auszumachen (OECD 1997; Kuhlmann 1998). Doch sie ersetzen nicht entsprechende Evaluationsergebnisse. Das Thema eines wirkungsvolleren *Program Design*, in das entsprechende Ergebnisse einfließen sollten (Darby et al. 2000), wird dabei erst langsam von der Theorie aufgegriffen.

Bereits Nelson (1994) hat in diesem Zusammenhang die These geprägt, dass kaum von einer genügenden Anpassung von Innovationspolitiken an die Erfordernisse eines Innovationssystems ausgegangen werden kann. Ähnlich hat Teubal (1997, S. 1182) geäußert, dass Änderungen in der Innovationspolitik stets von den Möglichkeiten des politisch-bürokratischen Systems bestimmt sind. Vor der Beantwortung der Frage, inwieweit Innovationspolitiken in der Lage sind, auf die zu Beginn dargestellten Herausforderungen zu reagieren und die Wissensbasis einer Volkswirtschaft positiv zu beeinflussen, müssen Fehler im Programmdesign bestehender Förderprogramme aufgezeigt werden. Dies ist gerade im Bereich der Innovationspolitik besonders schwierig (Gick 1997). In vielen Fällen verhindert bereits die *Kontrollstruktur* eine Verbesserung, da die Akteurskonstellation einer Common-Agency ähnelt (Dixit 1996). So fordert auch der Davignon-Bericht zur Reform der EU-Technologiepolitik (Europäische Kommission 1997), dass eine klare Zuteilung der Kontrolle im Hinblick auf die Programmdurchführung gegeben sein muss, um in Zukunft Programme wirksamer gestalten zu können.

Gerade in der Vertragsgestaltung und Programmdurchführung ist das Gros an Verbesserungsmöglichkeiten im Bereich der Innovationspolitik auszumachen. Es wird in Zukunft nötig sein, über organisations- und vertragstheoretische Ansätze sowie Elemente der Policy-Forschung und begleitender empirischer Analysen zu wesentlich klareren Aussagen im Hinblick auf die Effektivität von Innovationspolitiken zu gelangen.

Dass vertragliche Gestaltungen für die Wirksamkeit bestimmter Innovationsförderprogramme von Bedeutung sind, lässt sich am Beispiel der Gestaltung der Verwertungsrechte an Forschungsergebnissen zeigen. So belegt Kastrinos (1996), dass bei ungenügender Vertragsgestaltung die gemeinsamen Ergebnisse von einem Teilnehmer zu Lasten anderer Teilnehmer verwendet werden können. Ein anderes Problem betrifft die Frage, wie sich Forschungskooperationen gegen Teilnehmer absichern, welche die Kooperation verlassen, ohne wie zuvor vereinbart, ihr gewonnenes Wissen zu teilen. Dass Innovationspolitik gerade dann erfolgreich ist, wenn sie die Nutzungsrechte an Wissen richtig zuteilt, zeigt Suzumuras und Gotos (1997) Betonung der Sicherstellung der Appropriierbarkeit des eingebrachten Wissens im Rahmen des japanischen VLSI-Halbleiterprogramms (Very Large Scale Intergration) der 80er Jahre. Letzteres stellt von der Förderkonzeption her weitgehend die Kopie eines bereits in den 60er Jahren in Großbritannien verwendeten Programms dar. Sein Erfolg, so betonen Suzumura / Goto (1997), liegt aber in der Sicherung der Verwertungsrechte am eingebrachten Wissen der Firmen. Auch diese Erkenntnis erscheint für die künftige Gestaltung von Förderprogrammen von einiger Bedeutung zu sein.

## 5. Schluss

Unbeschadet der Relevanz anderer Felder im breiten Spektrum der Innovationspolitik (Infrastrukturpolitik, Patentförderungen, Aufbau von Beratungsstellen) ist es, dies sollten die vorangegangenen Überlegungen zeigen, im Zuge der Globalisierung von Forschung und Entwicklung nötig, einige innovationspolitische Grundmuster zu korrigieren. Dabei ist es nicht zu vermeiden, dass staatliche Akteure alte Zuständigkeitsbereiche verlieren, insbesondere was eine direkte FuE-Förderung der Betriebe angeht. Vieles deutet darauf hin, dass die direkte Steuerbarkeit des Innovationsverhaltens von Betrieben, Unternehmensnetzwerken und Regionen in Zukunft eher noch weiter abnehmen wird. Deshalb macht es auch Sinn, wenn im innovationspolitischen Rahmen das „Wagen neuer Ansätze“ propagiert wird (BMBF 2000). Von den Themen, die dabei von Belang sein werden, seien zusammenfassend nochmals zwei herausgegriffen:

Besonders betont wurde erstens die Bedeutung einer Verbesserung des Wissenstransfers zwischen universitärer / außeruniversitärer Forschung und den Unternehmen. Diese Verbindung rückt namentlich angesichts der Verkürzung von Innovationszyklen sowie der Umgestaltung betrieblicher FuE in den Mittelpunkt.

Entscheidend sind aber zweitens auch Verbesserungen im Policy Design. Denn der Erfolg von Förderprogrammen ist unter anderem von einer Vielzahl vertraglich relevanter Aspekte bestimmt. Um sie zu verbessern, müssen – je nach Zielrichtung der Politikmaßnahme – die Vertragsgestaltung, die Verteilung von Verwertungsrechten am gemeinsam erworbenen Wissen sowie die akteursbezogenen Kontrollmechanismen überdacht werden.

## **Weiterführende Literatur** (zitierte Quellen siehe Anhang)

*Archibugi, D. et al.* (1999), Innovation Policy in a Global Economy, Cambridge.

*Archibugi, D. / J. Michie* (1997), Technology, Globalisation and Economic Performance, Cambridge.

*BMBF* (2000), Zur technologischen Leistungsfähigkeit Deutschlands, Zusammenfassender Endbericht 1999, Bonn.

*Dodgson, M. / R. Rothwell* (1994), The Handbook of Industrial Innovation, Aldershot.

*Lundvall, B.- Å.* (1992), National Systems of Innovation: Towards a Theory of Innovation and Interactive Learning, London.

*Meyer-Krahmer, F.* (1993), Innovationsökonomie und Technologiepolitik: Forschungsansätze und politische Konsequenzen, Heidelberg.

*Nelson, R. R.* (1993), National Innovation Systems: A Comparative Analysis, New York.

*Nelson, R. R. / S. G. Winter* (1982), An Evolutionary Theory of Economic Change, Cambridge.

*OECD* (1998), Science, Technology and Industry Outlook, Paris.

*Romer, P.* (1994), The Origins of Endogenous Growth, Journal of Economic Perspectives 8 (1), S. 3-22.

## **Verständnisfragen** (Lösungen siehe Anhang)

**Frage 1:**

Was versteht man unter einem nationalen Innovationssystem? Charakterisieren Sie die aus Ihrer Sicht wichtigsten Eigenschaften. Worin liegt für Sie die heutige Bedeutung dieses Begriffs?

**Frage 2:**

Sie werden vom Forschungsministerium gebeten, zwei unterschiedliche Politikvorschläge vorzubereiten, um den in ihrem Land noch ausbaufähigen Zugang der Betriebe zu technologischem Wissen zu verbessern. Diskutieren sie diese beiden Vorschläge im Hinblick auf ihre Vor- und Nachteile.

**Frage 3:**

Ein Argument im Zusammenhang mit der Globalisierung ist, dass sich Industriegesellschaften zu Informationsgesellschaften hin verändern. So wurde in Punkt 3.2.1. argumentiert, dass neben bestehenden Forschungseinrichtungen in Zukunft auch wissensintensive unternehmensnahe Dienstleister an Bedeutung gewinnen werden und dass es je nach Typ des nationalen Innovationssystems eine unterschiedliche Überlappung zwischen den Aufgaben der Forschungseinrichtungen und der Dienstleister kommen könnte. Wie würden Sie diese Überlappung in Deutschland beurteilen? Sollte eine Innovationspolitik Ihrer Meinung nach vermehrt auf Grundlagenforschung setzen oder die Anwendungsmöglichkeiten der Forschung in den Betrieben verbessern?

# Rentenpolitik
## Bevölkerungsentwicklung als Problemfall

*Bernhard Manzke*[*]



### 1. Einleitung

In diesem Kapitel wird auf die Konsequenzen der veränderten Bevölkerungsentwicklung für die gesetzliche Rentenversicherung eingegangen. Dabei wird zunächst die Problemlage anhand der prognostizierten Entwicklung der Beitragssätze und der Renditen der Versicherten beschrieben, ehe auf die Ursachen, nämlich die Finanzierung der gesetzlichen Rentenversicherung in Form eines Umlageverfahrens und die demographischen Veränderungen, eingegangen wird. Abschließend werden verschiedene Lösungsansätze diskutiert.

---

[*] Der Artikel gibt die persönliche Meinung des Autors wieder, die nicht notwendig mit derjenigen der Deutschen Bundesbank übereinstimmen muss. Für wertvolle Hinweise danke ich insbesondere meinem Kollegen Johannes Clemens.

## 2. Die Problemlage in der gesetzlichen Rentenversicherung

Die zukünftigen Probleme der gesetzlichen Rentenversicherung können vor allem anhand von zwei Indikatoren aufgezeigt werden: der prognostizierten Beitragssatzentwicklung in den nächsten Jahrzehnten und der Rendite, die die Versicherten auf ihre Beiträge erwarten können.

### 2.1 Die zukünftige Beitragssatzentwicklung

Hinsichtlich der zukünftigen Entwicklung der Beitragssätze zur gesetzlichen Rentenversicherung liegen verschiedene Prognosen vor, die sich in ihrer Kernaussage – nämlich der Vorhersage eines deutlichen Anstiegs der Beitragssätze ab der Mitte der zweiten Dekade dieses Jahrhunderts – allerdings kaum unterscheiden. Zu nennen sind hier unter anderem die 1998 von Prognos veröffentlichten Schätzungen (Prognos 1998) und die Vorausberechnungen des Sozialbeirats in seinem Gutachten zum Rentenversicherungsbericht 1999 (Sozialbeirat 1999).

Die Ergebnisse des Sozialbeirats beruhen auf dem Rechtsstand von Ende 1999 und den seinerzeit im Gesetzgebungsverfahren befindlichen Maßnahmen sowie den zu diesem Zeitpunkt bekannten Eckwerten der Rentenstrukturreform (hier wird die Variante ohne private Zusatzvorsorge wiedergegeben). Damit wurden sowohl die Beitragssatzsenkungen, die sich aus den weiteren Stufen der ökologischen Steuerreform ergeben, berücksichtigt als auch die Auswirkungen der 1999 eingeführten Versicherungspflicht für geringfügig Beschäftigte, der Absenkung der Beitragsbemessungsgrundlage für Bezieher von Arbeitslosenhilfe sowie insbesondere des temporären Übergangs von der Nettolohn- zur Inflationsanpassung der Renten in den Jahren 2000 und 2001. Daneben fanden auch die zu diesem Zeitpunkt bereits beschlossenen Steuerrechtsänderungen Eingang. In das Prognos-Gutachten konnten diese Maßnahmen noch nicht einbezogen werden. In der Variante mit Berücksichtigung des Rentenreformgesetzes 1999 sind dagegen viele Neuerungen enthalten, deren Umsetzung in dieser Form gegenwärtig nicht mehr geplant ist (unter anderem die Einführung des „demographischen Faktors“ und die Reform der Berufs- und Erwerbsunfähigkeitsrenten). Dargestellt werden die Ergebnisse des unteren Szenarios des Prognos-Gutachtens, das hinsichtlich der zukünftigen wirtschaftlichen Rahmenbedingungen ungünstiger ist als das obere Szenario.

Aus Abbildung 1 wird deutlich, dass der Beitragssatz zur gesetzlichen Rentenversicherung nach der Vorausberechnung des Sozialbeirats bis zum Jahr 2016 unter 20 % bleibt, danach aber schnell auf 23,9% im Jahr 2030, dem Prognosehorizont dieser Studie, ansteigt. Gegenüber einem Beitragssatz von 19,3% im Jahr 2000 ergibt sich damit ein Anstieg um fast ein Viertel. Damit ist allerdings noch keineswegs das Ende des Beitragssatzanstiegs erreicht. Das Prognos-Gutachten weist vielmehr bis zum Jahr 2040 einen weiteren Anstieg um etwa einen Prozentpunkt aus.

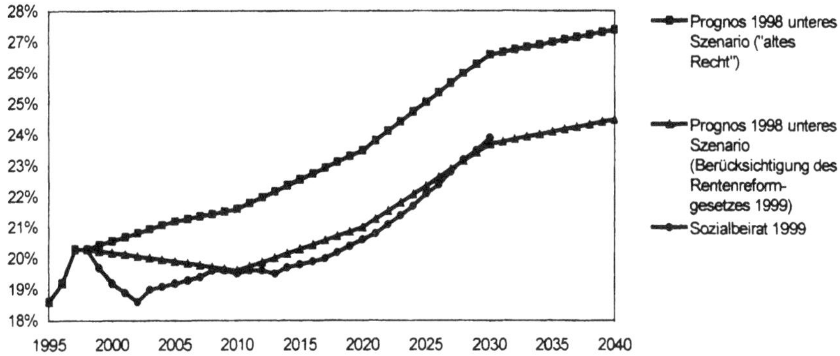


*Abbildung 1: Vorausberechnungen zum Beitragssatz der gesetzlichen Rentenversicherung (Quelle: Sozialbeirat 1999, Prognos 1998)*

Nun wird häufig argumentiert, dass den demographisch bedingten Belastungen der Rentenversicherung Entlastungen auf Grund eines aus der Bevölkerungsentwicklung resultierenden Rückgangs des Beitragssatzes zur Arbeitslosenversicherung gegenüberstehen und der eingeengte Blick auf die gesetzliche Rentenversicherung daher irreführend sei. Aber auch wenn man die Gesamtabgabenbelastung betrachtet, ergibt sich ein Anstieg um mehr als 3 (Sozialbeirat) beziehungsweise 5 ½ Prozentpunkte (Prognos) in den nächsten drei Jahrzehnten. Gegenüber 1990 ist der Anstieg sogar noch um etwa 7 Prozentpunkte höher. Während in der Prognose des Sozialbeirats bis zum Jahr 2005 auf Grund der geplanten Steuerentlastungen ein deutlicher Rückgang zu verzeichnen ist, ergibt sich nachfolgend ein steiler Anstieg, der zwischen 2015 und 2025 infolge des kräftigen Rückgangs des Beitragssatzes zur Arbeitslosenversicherung unterbrochen ist.

Dabei sind die unterstellten Annahmen noch recht günstig, denn obwohl die Alterungsproblematik auch die gesetzliche Kranken- und Pflegeversicherung betrifft (siehe hierzu auch Kapitel 5 in diesem Band), wird in diesen beiden Sozialversicherungszweigen nur von einem geringen Beitragssatzanstieg ausgegangen. Außerdem ist keineswegs sichergestellt, dass die rückläufige Zahl von Personen im erwerbsfähigen Alter tatsächlich zu einem Rückgang der Arbeitslosenquote und damit des Beitragssatzes zur Arbeitslosenversicherung führt wie im Gutachten des Sozialbeirats unterstellt. Insgesamt ist es also gut möglich, dass die Belastungen aus der gesetzlichen Rentenversicherung nicht etwa durch günstigere Entwicklungen in anderen Bereichen aufgefangen, sondern möglicherweise sogar noch verstärkt werden.

In der prognostizierten Entwicklung des Beitragssatzes zur gesetzlichen Rentenversicherung kommt zudem nur ein Teil der zukünftigen finanziellen Probleme dieses Sozialversicherungszweigs zum Ausdruck. Die zukünftigen Belastungen sind nämlich durch gesetzliche Maßnahmen, insbesondere das Rentenreformgesetz 1992, so umverteilt worden, dass sie sich nur teilweise bei den Beitragszahlern niederschlagen. Vor allem der Übergang zur Nettolohnanpassung, die schrittweise Anhebung des gesetzlichen Renteneintrittsalters, die Koppelung der Zuweisungen aus dem Bundeshaushalt an die Beitragssatzentwicklung sowie ihre spätere Aufstockung (unter anderem durch die ökologische Steuerreform) und die vorübergehende Inflationsindexierung der Rentenanpassung haben zu einer erheblichen Modifizierung der Lastverteilung beigetragen.

Die Nettolohnanpassung, das heißt die jährliche Erhöhung der Renten entsprechend des Anstiegs der Nettoverdienste, hat zur Folge, dass bei einem Anstieg der Abgabenlast die Renten ceteris paribus geringer ausfallen und so den Rentnern ein Teil der demographisch verursachten Last aufgebürdet wird. Ebenso wirkt sich die vorübergehende Begrenzung der Rentenerhöhungen auf die Inflationsrate in den Jahren 2000 und 2001 aus. Die Anhebung der Altersgrenze belastet lediglich die jetzigen Beitragszahler und zukünftigen Rentner, weil sie länger im Erwerbsleben bleiben müssen. Diese Leistungskürzungen der gesetzlichen Rentenversicherung stellen die jetzigen Mitglieder schlechter, was bei alleiniger Betrachtung des reformbedingt niedrigeren Beitragssatzanstiegs nicht berücksichtigt wird. Die Koppelung des Bundeszuschusses nicht nur an die Entwicklung der Bruttoverdienste, sondern auch an die Änderungen des Beitragssatzes zur gesetzlichen Rentenversicherung entlastet zwar die Beitragszahler, belastet aber gleichzeitig und in gleichem Umfang die Steuerzahler. Gleiches gilt auch für andere Erhöhungen der Bundeszuweisungen. So erlaubt etwa die ökologische Steuerreform eine Senkung der Beitragssätze, weil ein Teil der Ausgaben der gesetzlichen Rentenversicherung durch Einnahmen aus der Energiebesteuerung finanziert wird.

Welche Bedeutung diese Lastverschiebungen insgesamt haben, ist schwer abzuschätzen. Verschiedene Studien (z.B. Prognos 1998; Barth / Hain / Müller 1994; Schmähl 1988) deuten allerdings darauf hin, dass ein Großteil der Differenz zwischen den jüngsten Beitragssatz-Prognosen und dem Prognos-Gutachten von 1987 (Prognos 1987), in dem noch ein Anstieg des Beitragssatzes auf 37 bis 42 Prozent im Jahr 2030 vorausgesehen wurde, auf diese Lastverschiebungen zurückzuführen ist und nur ein geringerer Anteil auf geänderte Annahmen über die demographische und wirtschaftliche Entwicklung zurückgeht.

## 2.2 Die Verzinsung der Beiträge

Ein Indikator für die steigenden Belastungen im Rahmen der gesetzlichen Rentenversicherung, dessen Aussagekraft nach Bereinigung um Bundeszuweisungen und „versicherungsfremde" Leistungen durch solche Lastverschiebungen kaum beeinträchtigt wird, ist die Verzinsung der Beiträge. Die Rendite auf die gezahlten Beiträge gibt an, bei welchem Zinssatz der Barwert der an die gesetzliche Rentenversicherung zu leistenden und von ihr zu erwartenden Zahlungen für eine Person am Anfang ihres Erwerbslebens gerade Null ist. Aussagekräftiger als das absolute Niveau der Rendite ist dabei der Vergleich zwischen verschiedenen Geburtsjahrgängen. Der Informationswert des absoluten Niveaus der Rendite wird dadurch beeinträchtigt, dass die Rentenversicherung steuerlich begünstigt wird und neben Alters- auch Invaliden- und Hinterbliebenenrenten auszahlt. Zudem variiert es je nach den individuellen Verhältnissen.

Schnabel (1998) hat errechnet, dass verheiratete Männer des Geburtsjahrgangs 1930 mit einer Verzinsung ihrer Beiträge von real 3,5% rechnen können. Dabei berücksichtigt er die mit dem Rentenreformgesetz 1999 beschlossene, später aber wieder ausgesetzte demographische Komponente, nicht aber die vorübergehende Inflationsanpassung in den Jahren 2000 und 2001. (Weitere Berechnungen finden sich bei Eitenmüller 1996; Glismann / Horn 1998; Raffelhüschen 1998). Für nachfolgende Geburtsjahrgänge sinkt die Rendite kontinuierlich ab und liegt für den Geburtsjahrgang 1980, der gegenwärtig ins Berufsleben eintritt, etwa 3 Prozentpunkte niedriger. Dieser Jahrgang kann in realer Betrachtung also kaum noch eine Verzinsung seiner Beiträge erwarten.

In einer alternativen Betrachtungsweise kann auch der Wert der Beitragszahlungen mit dem Wert der zu erwartenden Rentenleistungen verglichen werden. Bei einem (realen) Zinssatz von 4 Prozent errechnet Schnabel für den Geburtsjahrgang 1930 im Zeitpunkt der Verrentung zu erwartende Rentenleistungen von etwa 300.000 DM (für verheiratete Männer, in Preisen von 1995), denen ein nur geringfügig höherer Wert der geleisteten Beiträge gegenübersteht. Für 1980 Geborene beläuft sich der Wert der Beiträge bei der Verrentung dagegen auf rund 1,2 Mio. DM, denen ein Rentenvermögen von nur etwa 400.000 DM gegenübersteht. Könnten die jetzt in das Erwerbsleben eintretenden Jahrgänge eine Rendite von real 4 Prozent auf ihre Beiträge erzielen, könnten sie also ein dreifach höheres Rentenvermögen aufbauen.

Die Differenz zwischen dem Rentenvermögen, das ein durchschnittliches Mitglied eines Geburtsjahrgangs in der gesetzlichen Rentenversicherung aufbaut, und dem Vermögen, das bei einer privaten Anlage hätte erreicht werden können, kann als „Steuer“ aufgefasst werden. Während Beiträgen im Normalfall eine in etwa äquivalente Gegenleistung gegenüberstehen sollte, ist dies bei Steuern nicht der Fall.

Die dramatische Zunahme des „Steueranteils“ der Beiträge zur gesetzlichen Rentenversicherung, die in dem Renditenrückgang zum Ausdruck kommt, hat gravierende gesamtwirtschaftliche Konsequenzen. Obwohl ein Teil der Belastungen auf die jetzige Rentnergeneration verschoben wurde, ist der Anstieg der als gegenleistungslos empfundenen Abgaben für die aktive Generation noch so groß, dass mit effizienzmindernden Ausweichreaktionen gerechnet werden muss. Auf kollektiver Ebene ist eine Aufkündigung des Generationenvertrags durch die erwerbstätige Generation nicht auszuschließen (etwa in Form einer deutlichen Absenkung des Rentenniveaus per Gesetzesänderung). Auf individueller Ebene muss davon ausgegangen werden, dass schattenwirtschaftliche Aktivitäten zunehmen werden und möglicherweise auch eine Substitution von Arbeit durch Freizeit vorgenommen wird, um den hohen Abgabesätzen zu entgehen. Daneben bestehen Anreize, aus sozialversicherungspflichtigen Beschäftigungsformen auszuscheiden und statt dessen Arbeitsformen zu suchen, deren Einkommen nicht zwangsweise mit den hohen Beitragssätzen belastet wird (beispielsweise Selbständige und Beamte).

Diese Entwicklung ist aber nicht nur gesamtwirtschaftlich problematisch, sondern gefährdet auch die gesetzliche Rentenversicherung zusätzlich. Die zu erwartenden Ausweichreaktionen führen nämlich dazu, dass die Finanzierungsbasis der gesetzlichen Rentenversicherung, die Summe der Bruttoeinkommen aus sozialversicherungspflichtigen Beschäftigungsverhältnissen, geschmälert wird. Damit wird ein immer höherer Beitragssatz erforderlich, um ein bestimmtes Leistungsniveau zu finanzieren. Mit jeder Heraufsetzung der Beitragssätze steigt aber wiederum deren Steuercharakter. Damit nehmen die Anreize zu Ausweichreaktionen zu, so dass es zu einem Teufelskreis kommen kann, an dessen Ende der Zusammenbruch des Rentenversicherungssystems steht.

## 3. Die Ursachen der zu erwartenden Probleme in der gesetzlichen Rentenversicherung

Nachdem im vorangegangenen Abschnitt die Problemlage in der gesetzlichen Rentenversicherung dargestellt worden ist, wird im Folgenden auf deren Ursachen eingegangen. Dabei stehen zwei zum Teil interdependente Aspekte im Vordergrund: Das Umlageverfahren als grundlegendes Systemelement der gesetzlichen Rentenversicherung und die demographische Entwicklung.

### 3.1 Das Umlageverfahren

#### *3.1.1 Grundtypen von Alterssicherungssytemen*

Das Grundproblem, das eine Alterssicherung erforderlich macht, besteht darin, dass für jedes einzelne Individuum über die Lebensspanne gesehen produktive und konsumtive Phasen zeitlich auseinander fallen können. Vor allem während der Kindheit und im Alter (aber z.B. auch bei Krankheit und Berufs- bzw. Erwerbsunfähigkeit) sind die Fähigkeit und der Wille, zur Produktion beizutragen, im Vergleich zum angestrebten Konsumniveau gering oder überhaupt nicht vorhanden. Kinder und Jugendliche sind noch nicht, ältere Menschen oft nicht mehr in der Lage, ihren Lebensunterhalt durch eine produktive Tätigkeit in der gleichen Periode zu decken. Dennoch musste und muss in jeder Gesellschaft die Versorgung dieser Altersgruppen auf die eine oder andere Weise gesichert werden.

Beschränkt man sich auf das Problem der Versorgung der Älteren, so lassen sich nach den folgenden Kriterien verschiedene Grundtypen von Alterssicherungssystemen unterscheiden (siehe auch Breyer 1990; Homburg 1988):

Nach dem *Träger der Alterssicherung* können staatliche Rentensysteme und private Alterssicherungsformen (z.B. Vermögensbildung, Unterstützung durch Kinder) unterschieden werden. Eng damit verbunden ist als weiteres Unterscheidungskriterium von Alterssicherungssystemen der *Grad des Beitrittszwangs*. Außerdem kann zwischen Systemen mit und ohne *Risikoausgleich* unterschieden werden. Der Risikobegriff bezieht sich dabei auf individuell unterschiedliche Lebensdauern. Ohne

Risikoausgleich in diesem Sinne wird dem Versicherten bei Erreichen eines bestimmten Lebensalters eine genau festgelegte Gesamtsumme ausgezahlt, so dass er bei einem unerwartet langen Leben im hohen Alter möglicherweise unterversorgt ist. In Systemen mit Risikoausgleich erhält der Versicherte im Rentenalter dagegen unabhängig von der individuellen Lebensdauer einen bestimmten Betrag pro Periode bis zu seinem Lebensende.

Hinsichtlich der gegenwärtigen Problemlage der gesetzlichen Rentenversicherung steht aber das *Finanzierungsverfahren* im Vordergrund. Beim Umlageverfahren werden die Beiträge der Aktiven sofort wieder für Ausschüttungen in Form von Rentenzahlungen an die nicht mehr Aktiven verwendet. Einzahlungen und Auszahlungen einer Periode entsprechen einander, so dass der Träger der Alterssicherung keinen Kapitalstock ansammelt. Beim Kapitaldeckungsverfahren dagegen werden die Beiträge der aktiven Generation ertragbringend angelegt, so dass sich für jede Altersgruppe ein Kapitalstock ansammelt, dessen Ertrag und sukzessive Auflösung die Zahlung von Renten an diese Generation im Alter ermöglicht.

*3.1.2 Die historische Entwicklung der Alterssicherung*

Im Laufe der Geschichte haben sich verschiedene Alterssicherungssysteme aus unterschiedlichen Kombinationen von Ausprägungen der oben angeführten Kriterien herausgebildet. Bis in die noch weitgehend bäuerlich geprägte frühe Neuzeit hinein hat die Großfamilie, das heißt die Hausgemeinschaft aus Verwandten und Gesinde, die Aufgabe der Versorgung im Alter übernommen. Die jeweils erwerbstätigen Personen einer Großfamilie mussten aus ihrem Einkommen die nicht mehr aktive ältere Generation und die noch nicht produktiv tätige junge Generation mitversorgen. Da das Einkommen nicht zur Ansparung eines Kapitalstocks verwendet wurde, sondern sofort der Versorgung der Nicht-Erwerbstätigen diente, handelte es sich um ein Alterssicherungssystem mit innerfamiliärem Umlageverfahren. Im Gegensatz zu dem heutigen System beruhte es auf privater Basis und besaß weder einen formellen Beitrittszwang noch einen Risikoausgleich (das Risiko der Langlebigkeit wurde von den Erwerbstätigen der Familien getragen und nicht über eine größere Gruppe diversifiziert).

Diese Form der Versorgung der Nicht-Erwerbstätigen lässt sich als *Drei-Generationen-Vertrag* bezeichnen, wobei dieser „Vertrag“ allerdings nicht im juristischen Sinne zu verstehen ist, sondern als eine von der großen Mehrheit der Bevölkerung akzeptierte Institution. Die gerade erwerbstätige Generation versorgt sowohl die ältere als auch die nachfolgende Generation aus ihrem laufenden Einkommen. Sie tilgt damit einerseits die „Schuld“ gegenüber der älteren Generation, die durch die Versorgung während der Kindheit der jetzt Erwerbstätigen entstanden ist. Andererseits erwirbt sie durch die Leistungen an die jüngere Generation einen eigenen Anspruch auf Unterstützung durch die Kinder im Alter. Aus einer in die Zukunft gerichteten Perspektive haben die den Erwerbstätigen aus der Schuldenrückzahlung entstehenden Belastungen „Steuer“charakter, denn die Gegenleistung erfolgte bereits in der Vergangenheit (die Höhe dieser „Steuer“ war allerdings wohl recht gering, denn die inaktive Phase am Lebensende war im Allgemeinen vergleichsweise kurz). Eine „Rendite“ wird nur auf die Aufwendungen für das Aufziehen der folgenden Generation erzielt.

Mit der zunehmenden Auflösung der Großfamilie im Zuge der Industrialisierung verlor auch diese Form der Alterssicherung an Bedeutung. Die nicht (mehr) Erwerbsfähigen waren zunehmend auf die kommunale Armenfürsorge angewiesen, die sich aber rasch als überfordert erwies. Die „soziale Frage“ führte 1891 zur Einführung der Rentenversicherung im Rahmen der Bismarckschen Sozialgesetzgebung.

Wesentliche Merkmale haben sich bis heute erhalten: die Selbstverwaltung durch öffentlich-rechtliche Versicherungsanstalten, die Finanzierung durch gleich hohe Beiträge von Arbeitgebern und Arbeitnehmern sowie durch einen Reichszuschuss, die Versicherungspflicht für weite Teile der Erwerbstätigen und die lohnabhängige Beitragshöhe. Zunächst lag das Schwergewicht der Versicherung allerdings nicht bei der Altersrente, sondern auf Grund des von den Wenigsten erreichten Regelrentenalters von 70 Jahren bei der Invaliditätsrente. Auch das relative Rentenniveau lag nur bei einem Bruchteil des heutigen Wertes (als *relatives Rentenniveau* wird das Verhältnis von durchschnittlicher Rente zu durchschnittlichem gegenwärtigen Nettoerwerbseinkommen bezeichnet. Dabei werden für die „durchschnittliche“ Rente (Eckrente) in der Regel 45 Versicherungsjahre bei durchschnittlichem Arbeitsentgelt zugrundegelegt). Das Finanzierungsverfahren wurde zunächst als Kapitaldeckungsverfahren konzipiert.

Es handelte sich also von der Anlage her um ein staatliches Alterssicherungssystem nach dem Kapitaldeckungsverfahren mit Beitrittszwang und Risikoausgleich. Der innerfamiliäre Drei-Generationenvertrag sollte ergänzt werden – die Altersrente ging über die Sicherung eines Mindestbedarfs nicht hinaus und war daher nicht als vollständiger Ersatz für innerfamiliäre Transfers gedacht – durch eine staatlich organisierte Vorsorge der erwerbstätigen Generation für sich selber. Die durch die Unterstützung in der Kindheit gegenüber der älteren Generation entstandenen Schulden mussten nicht mehr voll bezahlt werden und die Abhängigkeit von Unterstützung durch die (eigenen) Kinder im Alter wurde verringert.

Ein reines Kapitaldeckungsverfahren wurde allerdings nie realisiert. Durch Leistungsversprechungen, denen keine entsprechenden Beitragszahlungen gegenüberstanden, und die Entwertung des angesparten Kapitalstocks in der Hyperinflation von 1923 vollzog sich in der Folgezeit faktisch ein allmählicher Übergang zum Umlageverfahren (Rosen / Windisch 1992, S. 368 f.).

Durch die Rentenreform 1957 wurde das Umlageverfahren auch rechtlich verankert. Dem Ziel der Sicherstellung einer Lohnersatzfunktion der Rente diente die Einführung der sogenannten „dynamischen Rente“. Sie sollte das relative Bruttorentenniveau (im Rentenreformgesetz 1992 erfolgte eine Umstellung auf die Nettolohnanpassung) auf einem stark angehobenen Niveau stabilisieren und der Rentner-Generation somit eine Teilhabe an den in Lohnsteigerungen zum Ausdruck kommenden Produktivitätsfortschritten sichern.

Damit wurde der innerfamiliäre Drei-Generationen–Vertrag praktisch aufgehoben und durch einen gesellschaftlichen *Zwei-Generationen-Vertrag* ersetzt: Die Generation der jeweils Erwerbstätigen verpflichtet sich, mit ihren Beiträgen für die materielle Versorgung der Rentner aufzukommen und erwirbt dadurch das Anrecht, im Ruhestand durch die Beiträge der nachfolgenden, dann erwerbstätigen Generation versorgt zu werden. Während im Drei-Generationen-Vertrag die Leistungen an die ältere Generation eine Rückzahlung von Schulden darstellten und erst mit dem Aufziehen von Kindern Ansprüche auf eine eigene Alterssicherung erworben wurden, werden im Zwei-Generationen-Vertrag die Leistungen an die ältere Generation doppelt gezählt: sowohl als Tilgung der Schuld gegenüber der Eltern-Generation als auch als Erwerb von Ansprüchen gegenüber der Kinder-Generation. Die Kindererziehungsleistung verbleibt dagegen in individueller Verantwortung und wird im Rahmen des Alterssicherungssystems so gut wie gar nicht mehr honoriert. Dieser Unterschied zwischen dem Drei- und dem Zwei-Generationen-Vertrag wird allerdings erst dann deutlich, wenn die nachfolgende Generation nicht mehr ausreichend groß ist.

Diese Ausgestaltung der gesetzlichen Rentenversicherung durch die Rentenreform 1957 hat sowohl inter- als auch intragenerative Umverteilungseffekte zur Folge. In intragenerativer Perspektive hängen die im Alter zu erwartenden Rentenzahlungen jetzt von der relativen Höhe der geleisteten Beiträge ab und werden durch das Beitragsvolumen der *gesamten* nachfolgenden Generation sichergestellt statt durch die Leistungen der von den Eltern selbst aufgezogenen Nachkommen innerhalb der eigenen Familie, wie noch im Drei-Generationen-Vertrag. Während die Kosten für das Aufziehen von Kindern nach wie vor überwiegend privat von den Eltern getragen werden müssen, wird die Verpflichtung der Kinder, im Alter für die Lebenshaltung ihrer Eltern aufzukommen, auf die ganze Eltern-Generation ausgeweitet. Damit kommen die Versorgungsleistungen der Kinder-Generation auch Kinderlosen in der Generation der Eltern zugute, obwohl diese während ihrer Erwerbsphase keine Kinderkosten zu tragen hatten. Die Kinderkosten bleiben weitgehend privatisiert, der Alterssicherungsanspruch gegenüber den Kindern wird dagegen sozialisiert (Nell-Breuning 1978, S. 79).

Die Verteilung des von der nachfolgenden Generation aufgebrachten Beitragsvolumens innerhalb der Rentner-Generation erfolgt dabei – von Umverteilungskomponenten abgesehen – nach dem Prinzip der Teilhabeäquivalenz lohn- bzw. beitragsabhängig. Das bedeutet, dass die individuelle Rangstelle in der Lohnskala, die ein Rentner während der Erwerbsphase gegenüber seinen Altersgenossen eingenommen hat, auch im Alter erhalten bleiben soll. Damit erhalten aber diejenigen, die ihre Erwerbstätigkeit aufgrund der Kindererziehung unterbrochen haben, unter sonst gleichen Bedingungen eine geringere Rente als Kinderlose mit ununterbrochener Erwerbskarriere.

Die Ausgestaltung des Zwei-Generationen-Vertrages in der Rentenreform von 1957 setzt daher Anreize zum Trittbrettfahren. Auch Kinderlose können jetzt durch Beitragszahlungen einen Anspruch auf Versorgung durch die nachfolgende Generation erwerben. An den Kosten für das Aufziehen dieser Generation sind sie aber nur über den steuerfinanzierten Kinderleistungsausgleich und die Bildungsausgaben, die aus Steuermitteln finanziert werden, beteiligt. Darüber hinaus nehmen sie den Kindererziehenden einen Teil der Versorgungslasten ihrer Eltern ab, weil sie – bei ununterbrochener Erwerbstätigkeit – einen größeren Anteil an der Finanzierung der Altenversorgung haben. Die Rückzahlung der „Schulden" an die Elterngeneration durch deren Unterstützung im Alter verliert im Zwei-Generationen-Vertrag ihren Steuercharakter, da aus diesen Zahlungen auf Grund der Doppelzählung gleichzeitig Ansprüche an die nachfolgende Generation abgeleitet werden. Dem Aufziehen von Kindern stehen jetzt dagegen keine Gegenleistungen mehr gegenüber, weil das spätere Transfereinkommen während der Rentenzeit unabhängig von der Kinderzahl ist. Damit erhalten die mit Kindern verbundenen Kosten Steuercharakter. Möglicherweise hat dies zum beobachteten Geburtenrückgang beigetragen (Cigno / Rosati 1996).

Die intergenerativen Folgen dieser Ausgestaltung des Generationenvertrags traten erst Jahrzehnte nach der Reform 1957 zutage. Stark besetzte Jahrgänge wie beispielsweise die zwischen 1960 und 1970 Geborenen, die ihre Kinderzahl gegenüber ihrer Elterngeneration deutlich reduzieren, profitieren zum einen davon, dass sich während ihrer Erwerbsphase die Versorgung der Rentner–Generation auf viele Schultern verteilt und sie zum anderen nur geringe Kosten für die noch nicht erwerbsfähige Generation zu tragen haben. Dennoch haben sie in ihrer Ruhestandsphase nach dem Prinzip der dynamischen Rente Anspruch auf hohe Transfers zu Lasten der nachfolgenden Generationen (Sinn / Werding 2000, S. 16 f.). Zunächst erlaubte die Umstellung auf das Umlageverfahren eine Abweichung von dem Grundsatz der versicherungsmathematischen Äquivalenz und damit eine sofortige starke Anhebung des Rentenniveaus (unter *versicherungsmathematischer Äquivalenz* wird die Entsprechung des Barwertes der vom Versicherten gezahlten Beiträge und des Barwertes der erwarteten Leistungen an den Versicherten verstanden). So wurde der Kriegsgeneration, die nur in geringem Maße eigene Altersvorsorge treffen konnte, eine verbesserte finanzielle Position im Ruhestand geschaffen.

Gleichzeitig bestanden bei wachsender Bevölkerung und schnell steigenden Lohnsätzen *polit-ökonomische Anreize* zu einer ständigen Leistungsausweitung: Jede Erweiterung des Kreises der Leistungsempfänger und jede Erhöhung des Leistungsniveaus muss von der Erwerbstätigen-Generation nur noch während der bis zum Renteneintritt verbleibenden Jahre über höhere Beiträge finanziert werden. Danach werden für die gesamte Ruhestandszeit die höheren Rentenleistungen in Anspruch genommen. Besonders für die älteren Erwerbstätigen und die Rentner ist eine Leistungsausweitung also annähernd oder vollständig gegenleistungsfrei. Die zur Finanzierung herangezogene junge Generation ist aber größtenteils noch nicht stimmberechtigt, so dass nach dem Medianwählertheorem eine ständige Ausweitung des Systems zu erwarten ist. Das *Medianwählertheorem* besagt, dass unter gewissen Voraussetzungen die Menge einer eindimensional darstellbaren öffentlichen Leistung, die bei Mehrheitswahlrecht gewählt wird, den Präferenzen des Medianwählers entspricht. Für den Medianwähler gilt dabei, dass die Anzahl derjenigen Wähler, die mehr von dieser Leistung wünschen, genauso hoch ist, wie die Anzahl derjenigen Wähler, die eine geringere Bereitstellungsmenge präferieren würden (Rosen / Windisch 1992, S. 169 ff.). Unter bestimmten Voraussetzungen können sich vor allem bei rückläufigem Wirtschafts- und Bevölkerungswachstum aber auch Anreize zur Einschränkung des Systems ergeben. Einen knappen Überblick über verschiedene polit-ökonomische Modelle liefert Breyer 1992.

Eine derartige Erweiterung des Kreises der Leistungsberechtigten und Erhöhung des Leistungsniveaus ist bis Mitte der siebziger Jahre – v.a. im Rentenreformgesetz 1972 – zu beobachten. Seither wurde der Systemumfang durch verschiedene Konsolidierungsanläufe wieder etwas eingeschränkt. Hervorzuheben ist hier insbesondere das Rentenreformgesetz 1992, in dessen Vorfeld mit der Anrechnung von Kindererziehungszeiten auch wieder ein erstes Element eines Drei-Generationen-Vertrags – nun freilich auf gesamtgesellschaftlicher Basis – eingeführt wurde. Die drei Hauptelemente des Rentenreformgesetzes 1992 bestehen in einer Umstellung von der Brutto- auf die Nettolohnanpassung der Renten – die Rentenerhöhungen orientieren sich jetzt an der Lohnentwicklung nach Abzug von Steuern und Sozialversicherungsbeiträgen –, in einer schrittweisen Anhebung des Renteneintrittsalters und in einem nicht mehr allein an der Lohnentwicklung orientierten, sondern zusätzlich proportional zum Beitragssatz steigenden Bundeszuschuss. Während die beiden erstgenannten Maßnahmen tatsächlich den Systemumfang beschränken, hat die Koppelung des Bundeszuschusses an die Beitragssatzentwicklung bei steigenden Beiträgen nur eine teilweise Verlagerung der Lasten von den Beitragszahlern zu den Steuerzahlern zur Folge. Gegen Ende der neunziger Jahre erfolgten weitere Umfinanzierungen durch die Einführung weiterer Bundeszuschüsse, die mittels der Erhöhung der Mehrwertsteuer und der Energiesteuern finanziert wurden. Der vorübergehende Übergang von der Nettolohnindexierung der Rentenanpassungen zur Inflationsindexierung in den Jahren 2000 und 2001 senkt hingegen die Leistungen der Rentenversicherung dauerhaft.

Die Gründe, die zu dieser Gegenentwicklung geführt haben, lassen sich am besten anhand der Budgetgleichung einer umlagefinanzierten Rentenversicherung darstellen.

### *3.1.3 Fundamentalarithmetik umlagefinanzierter Alterssicherungssysteme*

Anhand einfacher mathematischer Umformungen der Budgetgleichung umlagefinanzierter Alterssicherungssysteme lassen sich wesentliche Zusammenhänge zwischen den verschiedenen Variablen darstellen, die die Finanzlage der gesetzlichen Rentenversicherung bestimmen. Da bei Anwendung des Umlageverfahrens definitionsgemäß keine Deckungsreserven vorhanden sind – von einer Schwankungsreserve soll hier abgesehen werden –, müssen die Einnahmen eines Rentenversicherers bei Anwendung des Umlageverfahrens in einer bestimmten Periode $t$ genau den Ausgaben dieser Periode entsprechen.

(1) *Einnahmen in t = Ausgaben in t*

Die Einnahmen setzen sich zusammen aus der Zahl der Beitragszahler ($N_t$) multipliziert mit dem durchschnittlichen versicherungspflichtigen Bruttolohn ($L_t$) und dem Beitragssatz ($b_t$) zuzüglich des Bundeszuschusses ($Z_t$), wobei der tiefgestellte Index die jeweilige Periode bezeichnet. Die Ausgaben ergeben sich aus dem Produkt der Zahl der Rentenempfänger in $t$ ($A_t$) und der durchschnittlichen Pro–Kopf–Rente ($R_t$). Als Budgetgleichung für die Periode $t$ erhält man damit

$$(2) \qquad b_t N_t L_t + Z_t = A_t R_t .$$

Nach dem Rentenreformgesetz 1992 gilt der Grundsatz der Nettolohnanpassung, d.h. das Nettorentenniveau ($q$) soll entsprechend dem Konzept der dynamischen Rente stabil gehalten werden. In dem hier zugrundegelegten Modell ohne Steuern und Beiträge an andere Sozialversicherungszweige ergibt sich der Nettolohnsatz aus der Minderung des Bruttolohnsatzes um den Beitrag zur Rentenversicherung. Dabei ist hier nur der Arbeitnehmeranteil, also der hälftige Satz zu berücksichtigen, da der Arbeitgeberanteil nicht Teil des Bruttolohns ist. Das Nettorentenniveau erhält man dann durch

$$(3) \qquad q_t = \frac{R_t}{(1 - b_t / 2) L_t} .$$

Der Bundeszuschusses zu den Ausgaben der Rentenversicherung setzt sich aus mehreren Teilkomponenten zusammen. Zur Vereinfachung wird hier unterstellt, dass er einen gleichbleibenden Prozentsatz ($z$) der Ausgaben der Rentenversicherung deckt. Die Budgetgleichung (2) lässt sich dann umformen zu

$$(4) \qquad b_t N_t L_t = (1 - z) A_t R_t .$$

Nach Umstellung ergibt sich das Nettorentenniveau aus

$$(5) \qquad q_t = \frac{b_t}{(1 - b_t / 2)} \frac{1}{1 - z} \frac{N_t}{A_t} .$$

Es wird offenbar von drei Variablen beeinflusst: dem Beitragssatz, dem Anteil des Bundeszuschusses und dem Verhältnis von Beitragszahlern zu Rentenempfängern. Sieht man von Änderung des Prozentsatzes des Bundeszuschusses und des Nettorentenniveaus ab, so müssen demographische Änderungen, die sich in einer Änderung des reziproken Rentnerquotienten ($N_t/A_t$) niederschlagen, durch eine Veränderung des Beitragssatzes ausgeglichen werden. Bei konstantem Nettorentenniveau führt eine Verringerung des Verhältnisses von Beitragszahlern zu Rentenempfängern zwangsläufig zu einer Erhöhung des Beitragssatzes.

Um diesen Zusammenhang auch in Wachstumsraten ausdrücken und Aussagen über Einflussfaktoren auf die Rendite für die Versicherten machen zu können, muss die Analyse die einperiodige Sichtweise verlassen. Einen geeigneten Ansatz zur Untersuchung intergenerativer Fragestellungen erhält man bei der Betrachtung überlappender Generationen. In jeder Periode $t$ leben zwei Generationen, die Erwerbstätigen

($N_t$) und die Rentenempfänger ($A_t$). Kinder werden hier nicht betrachtet. In der folgenden Periode ($t+1$) existiert die Generation der Ruheständler aus der Vorperiode nicht mehr, aber die Erwerbstätigen der Vorperiode sind zu Rentenempfängern geworden ($N_t = A_{t+1}$) und eine neue Generation befindet sich im Erwerbsleben. Annahmegemäß herrsche eine Lebensdauer von genau zwei Perioden, so dass eine Änderung der Generationengröße aufgrund vorzeitiger Todesfälle nicht berücksichtigt zu werden braucht. Jede Generation durchlebt zwei gleich lange Perioden. In der Realität ist natürlich die durchschnittliche Phase des Rentenbezugs wesentlich kürzer als die der Erwerbstätigkeit, so dass das Einsetzen konkreter Werte für die jeweiligen Generationengrößen in die Modellgleichungen keine sinnvollen Ergebnisse liefert (Homburg 1988, S. 16). Die unten vorgenommene Untersuchung der Auswirkungen einer Halbierung des Verhältnisses von Beitragszahlern zu Rentenempfängern bleibt davon unberührt, weil nur die relative Veränderung der Generationengrößen, nicht aber ihre absolute Größe in diese Betrachtung eingeht. Das Nettorentenniveau erhält man jetzt in der umlagefinanzierten Rentenversicherung durch

$$(6) \qquad q_t = \frac{b_t}{1-b_t/2}\frac{1}{1-z}\frac{N_t}{N_{t-1}}.$$

Halbiert sich das Verhältnis von Beitragszahlern zu Rentnern – und das ist für die Entwicklung in den nächsten Jahrzehnten keine unrealistische Annahme –, dann muss sich der Term $\frac{b_t}{1-b_t/2}$ verdoppeln, wenn das Nettorentenniveau und der prozentuale Bundeszuschuss konstant gehalten werden sollen. Der Beitragssatz muss um den Faktor $\frac{2b_t}{b_t/2+1}$ steigen, was für einen Ausgangssatz von 20 Prozent des Bruttolohnes eine Steigerung um 82 Prozent auf 36,4 Prozent erfordern würde.

Bezeichnet man die Wachstumsrate der Beitragszahler ($N_t/N_{t-1} - 1$) mit ($n_t$) so sieht man, dass bei konstantem Nettorentenniveau und Bundeszuschuss die Höhe des Beitragssatzes allein durch diese Wachstumsrate festgelegt wird:

$$(7) \qquad q_t = \frac{b_t}{1-b_t/2}\frac{1}{1-z}(1+n_t).$$

Die Wachstumsrate des durchschnittlichen beitragspflichtigen Bruttoverdienstes – sie soll hier mit $g_t$ bezeichnet werden – hat in dem Modell keinen Einfluss auf das Nettorentenniveau, weil sich Lohnsteigerungen sowohl in einem höheren Durchschnittsverdienst als auch in einer höheren Pro-Kopf-Rente niederschlagen. Abweichungen zwischen der Steigerungsrate der Pro-Kopf-Rente und der beitragspflichtigen Bruttoverdienste können sich allenfalls ergeben, wenn sich Netto- und Bruttoverdienste unterschiedlich entwickeln.

Die Wachstumsrate des durchschnittlichen beitragspflichtigen Bruttoverdienstes beeinflusst allerdings die interne Rendite ($r_t$) des Umlageverfahrens aus Sicht des Versicherten. Diese ist hier interessant, weil die Höhe der Verzinsung, die auf Beiträge eines Versicherten erreicht wird, ein Maßstab für die Vorteilhaftigkeit des Umlageverfahrens gegenüber dem Kapitaldeckungsverfahren ist. Die Rendite beeinflusst daher die Akzeptanz der auf dem Umlageverfahren beruhenden gesetzlichen Rentenversicherung und damit die Sicherheit des Fortbestands des Generationenvertrags nicht unwesentlich. Errechnet wird die interne Rendite, indem man die Rückflüsse an die Versicherten in Periode $t+1$ durch die in Periode $t$ geleisteten Einzahlungen dividiert, wobei hier ein konstanter Beitragssatz unterstellt wird. Die Bundeszuweisungen sollen hier vernachlässigt werden, weil sie den Vergleich der Renditen zwischen Umlage- und Kapitaldeckungsverfahren unnötig verkomplizieren würden. Außerdem müsste dann berücksichtigt werden, dass die Bundeszuweisungen in Form von Steuern finanziert werden müssen, die überwiegend von der jeweils erwerbstätigen Generation aufzubringen sind:

$$
\begin{aligned}
r_t &= \frac{bL_t(1+g_t)N_t(1+n_t)}{bL_tN_t} - 1 \\
&= (1+g_t)(1+n_t) - 1 \cong g_t + n_t . \qquad (8)
\end{aligned}
$$

Die interne Rendite des Umlageverfahrens ergibt sich also näherungsweise aus der Summe der Wachstumsrate der durchschnittlichen beitragspflichtigen Bruttolöhne und der Wachstumsrate der Beitragszahler. Die interne Rendite eines Kapitaldeckungsverfahrens entspricht dagegen dem Marktzinssatz ($i$), so dass ein Umlageverfahren für die Versicherten so lange vorteilhaft ist, wie

(9) $1+i<(1+g_t)(1+n_t)$ oder näherungsweise $i<g+n$

gilt. Die Tatsache, dass ein Umlageverfahren in diesem Fall bei konstanten Wachstumsraten und bei einer stabilen Bevölkerungsentwicklung eine höhere „Verzinsung" erlaubt als das Kapitaldeckungsverfahren, obwohl gar kein Zinsertrag abwerfender Kapitalstock besteht, wird als Sozialversicherungsparadoxon von Aaron bezeichnet. Angesichts der rückläufigen Bevölkerungsentwicklung dürfte diese Bedingung allerdings zukünftig kaum erfüllt werden.

Als Ergebnis dieses Abschnittes ist festzuhalten, dass der mit der Rentenreform 1957 weitgehend abgeschlossene Übergang von einem Drei-Generationen-Vertrag zu einem Zwei-Generationen-Vertrag in Form des Umlageverfahrens in der gesetzlichen Rentenversicherung zu einer starken Anfälligkeit des Systems gegenüber demographischen Verschiebungen geführt hat. Die Gleichungen (5) bis (7) verdeutlichen diesen Zusammenhang. Gleichzeitig zeigen sie auf, welche Ansatzpunkte für politische Maßnahmen zur Stabilisierung der Finanzlage der gesetzlichen Rentenversicherung bei ungünstiger demographischer Entwicklung bestehen. Prinzipiell kommen folgende Möglichkeiten in Betracht:

- Erhöhung der Bundeszuweisungen,

- Erhöhung der Zahl der Beitragszahler (z.B. über eine erhöhte Erwerbsbeteiligung, eine pronatalistische Bevölkerungspolitik oder über verstärkte Einwanderung von Erwerbstätigen),
- Minderung der Zahl der Rentner (z.B. über eine Heraufsetzung der Ruhestandsaltersgrenze),
- Senkung des durchschnittlichen Rentenniveaus (z.B. über eine unter dem Anstieg der Nettolöhne liegende Rentenanpassung oder eine Kürzung spezieller Vergünstigungen wie etwa der Anrechnung von Ausbildungszeiten).

Dabei ist darauf zu achten, welche Rückwirkungen die einzelnen Maßnahmen gegebenenfalls auf andere Einflussfaktoren haben, denn diese werden durch den hier vorgestellten partialanalytischen Ansatz nicht erfasst. So führt beispielsweise eine Erhöhung der Zahl der Beitragszahler möglicherweise über eine Erhöhung des Arbeitsangebots zu einer Minderung des Lohnsatzes und damit der Lohnsumme, so dass sich ein negativer Rückkoppelungseffekt auf die interne Verzinsung im Umlageverfahren ergibt (Homburg / Gräff 1988, S. 24 ff.). Auch die Wirkung auf wichtige makroökonomische Zielgrößen wie zum Beispiel die Wachstumsrate des Bruttoinlandsprodukts sollte berücksichtigt werden.

Eine genauere Darstellung von verschiedenen denkbaren Maßnahmen wird in Kapitel 4 erfolgen. Vorher wird im folgenden Abschnitt auf die gegenwärtige und die für die nächsten Jahrzehnte prognostizierte demographische Entwicklung eingegangen.

## 3.2 Die Bevölkerungsentwicklung

Das Umlageverfahren allein stellt noch keine finanzielle Belastung der gesetzlichen Rentenversicherung dar. Wie eben gezeigt wurde, bedarf es dazu der Kombination mit einem Anstieg des Rentnerquotienten, also der Zahl der Rentner pro Beitragszahler. Wenn beispielsweise der Prozentsatz des Bundeszuschusses konstant gehalten wird und auch das Nettorentenniveau wegen des Prinzips der Nettolohnanpassung nicht geändert wird, ist die Höhe des Beitragssatzes nur noch vom Rentnerquotienten abhängig. Änderungen des Rentnerquotienten, also des Verhältnisses von Rentenempfängern zu Beitragszahlern, können auf zwei Ursachen zurückgeführt werden. Zum einen können sich Änderungen des Altenquotienten, also des Verhältnisses der über 59jährigen zu den 20- bis 59jährigen, ergeben. Zum anderen kann sich auch der Anteil der Beitragszahler an den 20- bis 59jährigen und der Anteil der Rentner an den über 59jährigen verändern, wenn sich beispielsweise die Erwerbsbeteiligung erhöht oder das tatsächliche Renteneintrittsalter steigt. Im Folgenden wird zunächst auf die Änderungen der Altersstruktur eingegangen.

### *3.2.1 Die prognostizierte Entwicklung des Altenquotienten*

Entscheidend für den Altenquotienten ist die altersmäßige Bevölkerungsstruktur. In der Alters-„Pyramide“ der deutschen Bevölkerung im Jahr 1999 sind deutlich die durch die beiden Weltkriege verursachten Einschnürungen im Bereich der 80 bis

84jährigen beziehungsweise der Mitte 50jährigen und die hohe Zahl der Mitte 30jährigen zu erkennen, die auf die geburtenstarken Jahrgänge der 60er Jahre zurückgeht (siehe Abbildung 2). Die Entwicklung der Altersstruktur der Bevölkerung und damit des Altenquotienten ist abhängig von den altersspezifischen Sterbefällen, von der Zahl der Geburten und von den Wanderungen.

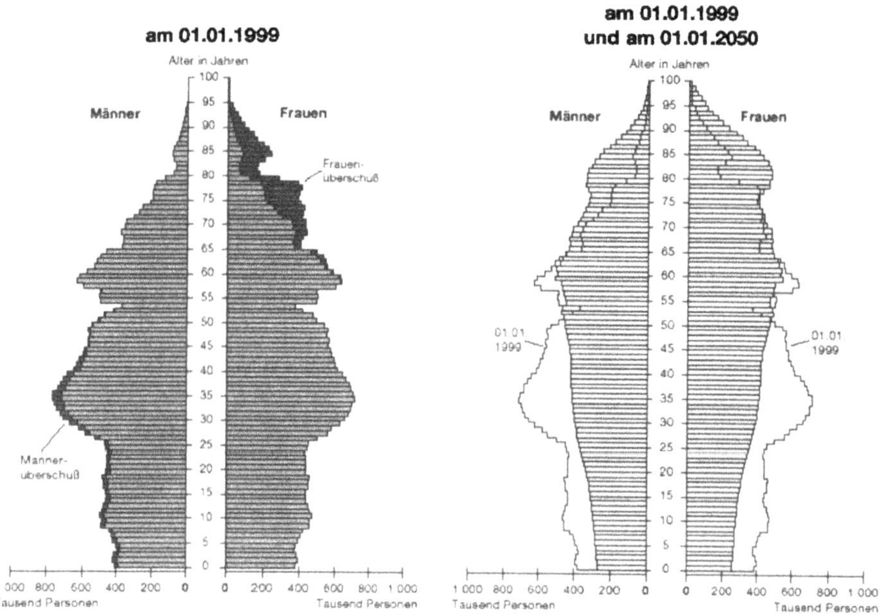


*Abbildung 2: Altersstruktur der Bevölkerung in Deutschland in den Jahren 1999 und 2050 (Quelle: Statistisches Bundesamt)*

Die *Mortalitätsentwicklung* verläuft – von Kriegen und Seuchen abgesehen – recht stetig. In den letzten drei Jahrzehnten ist die Lebenserwartung bei Geburt im früheren Bundesgebiet recht gleichmäßig um mehr als sieben Jahre auf 80,5 Jahre für Frauen und 74,4 Jahre für Männer angestiegen. Ausschlaggebend war hierbei nicht mehr wie noch zu Beginn dieses Jahrhunderts ein Rückgang der Säuglingssterblichkeit, sondern eine verminderte Sterblichkeit gerade der älteren Personen. Die fernere Lebenserwartung im Alter von 60 Jahren hat seit 1970 um etwa 4 Jahre auf 23 Jahre für Frauen und 19 Jahre für Männer zugenommen. Diese Entwicklung hat für sich genommen zu einer deutlichen Erhöhung des Altenquotienten geführt. Künftig könnte sich dieser Anstieg zwar etwas verlangsamen, doch ist keine grundlegende Änderung dieses Trends absehbar. In der neunten koordinierten Bevölkerungsvorausberechnung des Statistischen Bundesamts, deren Ergebnisse im Folgenden dargestellt werden, wird von einem weiteren Anstieg der Lebenserwartung bei Geburt um vier Jahre bis zum Jahr 2050 ausgegangen, für die fernere Lebenserwartung

60jähriger wird eine Zunahme um etwa drei Jahre unterstellt (Statistisches Bundesamt 2000).

Die *Fertilitätsentwicklung* war in der Vergangenheit durch rückläufige Geburten geprägt. Dieser Rückgang vollzog sich unter größeren Schwankungen, wenn man auf die Geburten pro Jahr abstellt. So folgte auf die besonders geburtenstarken Jahrgänge zu Anfang und Mitte der 60er Jahre ein deutlicher Einbruch bis Mitte der siebziger Jahre und ein leichter Wiederanstieg gegen Ende der 80er Jahre. Betrachtet man dagegen die endgültige Kinderzahl je Frau, dann erhält man für nach 1935 geborene Frauen einen kontinuierlichen Rückgang der endgültigen Kinderzahl, also der Zahl der Kinder, die eine Frau bis zum Abschluss ihrer Fruchtbarkeitsphase geboren hat. Die starken Schwankungen der jährlichen Geburten gehen also wohl vor allem auf Änderungen der Zahl der Frauen im gebärfähigen Alter und des durchschnittlichen Alters der Mütter bei der Geburt zurück, während die grundlegende Entwicklung recht gleichmäßig verläuft. Das zur Bestanderhaltung notwendige Geburtenniveau von etwa 2,1 Kindern je Frau wird derzeit nur zu etwa zwei Dritteln erreicht.

Ein Beweggrund für den tendenziellen Geburtenrückgang mag in den steigenden Kosten liegen, die mit Kindern verbunden sind. Hierbei sind vor allem die Opportunitätskosten eines zeitweisen Verzichts auf Erwerbstätigkeit und -einkommen durch einen Elternteil von Bedeutung. In der neunten koordinierten Bevölkerungsvorausberechnung wird davon ausgegangen, dass sich die Geburtenhäufigkeit etwa auf dem gegenwärtigen Niveau im früheren Bundesgebiet stabilisiert.

Der Altenquotient wird durch die sinkende Geburtenrate tendenziell erhöht – wenn die stark besetzte Elterngeneration das Rentenalter erreicht, steht ihr eine zahlenmäßig zunehmend schwächere Kinder-, d.h. Erwerbstätigengeneration gegenüber. Die starken Schwankungen der jährlichen Geburtenzahl führen allerdings zu einer unstetigen Entwicklung des Altenquotienten. Die geburtenstarken Jahrgänge führen mit einer Verzögerung von zwei Jahrzehnten ceteris paribus zunächst zu einer Senkung des Altenquotienten, weil die Gruppe der 20- bis 59jährigen dann stärker besetzt ist. Nach weiteren 2 ½ Jahrzehnten, also um das Jahr 2010, verstärkt sich dieser Effekt noch etwas, weil nun auch die Kinder dieser starken Jahrgänge in das erwerbsfähige Alter eintreten („Echoeffekt“). Ab etwa 2020 überschreiten dann die starken Elternjahrgänge das 60ste Lebensjahr und senken damit die Nennergröße des Altenquotienten (die Gruppe der 20- bis 59jährigen) und erhöhen die Zählergröße (die über 59jährigen), so dass dann der Altenquotient schnell steigt.

Im Gegensatz zur Geburtenentwicklung beeinflussen die *Wanderungsbewegungen* den Altenquotienten sofort. In den vergangenen Jahrzehnten sind mit Ausnahme weniger Jahre mehr Personen nach West-Deutschland gezogen als abgewandert sind. Insbesondere um 1990 kam es zu einer massiven Zuwanderung in deren Folge der Wanderungsüberschuss zeitweilig auf über 600.000 Personen pro Jahr stieg. Entscheidende Bedeutung für den Altenquotienten hat freilich die Altersstruktur der Zu- und Abwanderer. Zumindest in der Vergangenheit konzentrierte sich der Zuwanderungsüberschuss auf die jüngeren Jahrgänge, während der Wanderungssaldo der über 50jährigen nahezu ausgeglichen war. Der Altenquotient wird daher durch den Wanderungsüberschuss tendenziell gesenkt. Verstärkt wird dieser Effekt noch dadurch, dass die Zuwanderer auch die Geburtenzahl erhöhen, weil gerade die Jahrgänge im gebärfähigen Alter besonders stark besetzt sind.

Die stark schwankenden Wanderungssalden stellen den größten Unsicherheitsfaktor bei *Bevölkerungsprognosen* dar. In der 9. koordinierten Bevölkerungsvorausberechnung des Statistischen Bundesamts wird in Variante 1 ein jährlicher Wanderungsüberschuss bei der ausländischen Bevölkerung von 100.000 Personen unterstellt. In Variante 2 wird von 200.000 Personen ausgegangen. In beiden Fällen sinkt die Gesamtzahl der Bevölkerung kontinuierlich auf 65 Mio. (Variante 1) beziehungsweise 70 Mio. (Variante 2) im Jahr 2050. Der Altenquotient verdoppelt sich in Variante 1 von 40% auf 80%, wobei der Anstieg zwischen 2020 und 2030, wenn die geburtenstarken Jahrgänge das Rentenalter erreichen, besonders stark ist (siehe Abbildung 3). Die in Variante 2 unterstellte höhere Zuwanderung kann diese Entwicklung nur wenig abmildern, denn auch hier beträgt der Altenquotient im Endjahr der Vorausberechnung noch 75%.

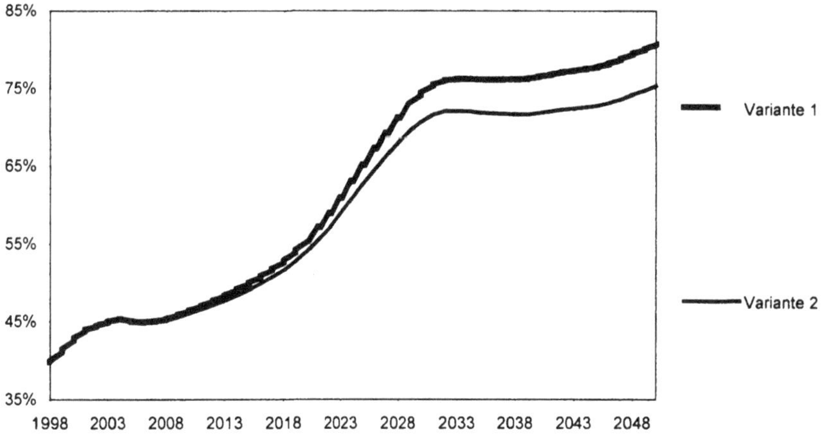


*Abbildung 3: Entwicklung des Altenquotienten (Anzahl der über 59jährigen zur Anzahl der 20- bis 59jährigen; Quelle: Statistisches Bundesamt)*

### *3.2.2 Unterschiede in der Entwicklung des Alten- und des Rentnerquotienten*

Wie oben ausgeführt, hat eine Verdoppelung des Altenquotienten einen Beitragssatzanstieg um über vier Fünftel zur Folge, wenn das Nettorentenniveau und der Prozentsatz des Bundeszuschusses konstant gehalten werden und der Rentnerquotient sich parallel zum Altenquotient entwickelt. Von den nicht auf Änderungen des Altenquotienten beruhenden Einflüssen auf die Entwicklung des Rentnerquotienten, also des Verhältnisses von Rentenempfängern zu Beitragszahlern, ist in der Zukunft allerdings eine gewisse Entlastung der gesetzlichen Rentenversicherung zu erwarten.

So wird im jüngsten Prognos-Gutachten eine Zunahme der Erwerbsbeteiligung erwartet mit der Folge, dass ein höherer Anteil der Bevölkerung im Alter zwischen 20 und 59 Jahren Rentenversicherungsbeiträge bezahlt. Zwar wird davon ausgegangen, dass sich der in der Vergangenheit zu beobachtende Trend zu längeren Ausbildungszeiten auch in Zukunft fortsetzen wird, so dass die Erwerbspotenzialquoten in den jüngeren Altersgruppen weiter abnehmen. Andererseits werden aber aufgrund der Anhebung des gesetzlichen Renteneintrittsalters die Erwerbspotenzialquoten älterer Jahrgänge deutlich ansteigen. Außerdem wird in dem Gutachten davon ausgegangen, dass auch die Erwerbsbeteiligung von Frauen weiter zunehmen wird.

Auch von der Entwicklung des Anteils der Rentenempfänger an den über 59jährigen ist eine gewisse Entlastung der gesetzlichen Rentenversicherung zu erwarten. Der Anstieg des tatsächlichen durchschnittlichen Renteneintrittsalters erhöht nicht nur die Zahl der Beitragszahler relativ zu den 20- bis 59jährigen, sondern mindert auch den Anteil der Rentner an den Älteren. Die höhere Erwerbsbeteiligung von Frauen führt zu höheren eigenen Rentenansprüche und damit zu einem Rückgang der Hinterbliebenenrenten.

## 4. Reformvorschläge zur Milderung der demographisch bedingten Belastungen der gesetzlichen Rentenversicherung

Im Folgenden werden einige in der öffentlichen und wissenschaftlichen Diskussion befindliche Vorschläge zur Entschärfung der Probleme der gesetzlichen Rentenversicherung untersucht. Im Vordergrund steht die Frage, ob die einzelnen Vorschläge zur Reduktion der zukünftigen demographischen Belastungen geeignet sind, indem sie den sinkenden Renditen auf die Beiträge und damit verzerrenden Ausweichreaktionen entgegenwirken. Die vorangegangenen Ausführungen haben aber deutlich gemacht, dass das gegenwärtige Rentenversicherungssystem nicht nur in steigendem Maß zu allokativen Verzerrungen führt, sondern darüber hinaus auch zu massiven inter- und intragenerativen Umverteilungen. Deshalb wird auch der Frage nachgegangen, inwieweit die einzelnen Lösungsansätze eine gleichmäßigere Belastung von Kinderlosen und Eltern eines Geburtsjahrgangs und zwischen verschiedenen Generationen bewirken.

### 4.1 Erhöhung des Renteneintrittsalters

Ein Teil der Belastungen der gesetzlichen Rentenversicherung ist nicht auf sinkende Geburtenraten, sondern auf die steigende Lebenserwartung zurückzuführen. Insofern liegt es nahe, eine Erhöhung des Renteneintrittsalters in Betracht zu ziehen. Die im Durchschnitt höhere Leistungsfähigkeit älterer Personen lässt eine Erwerbsarbeit auch im fortgeschrittenen Alter durchaus zumutbar erscheinen.

Tendenziell bewirkt eine Heraufsetzung des Rentenzugangsalters eine Veränderung des Rentnerquotienten sowohl aufgrund einer Zunahme der Zahl der Beitragszahler als auch aufgrund einer Abnahme der Zahl der Rentenempfänger. Altersjahrgänge, die nach gegenwärtiger Rechtslage bereits im Ruhestand wären, gehören nach einer Erhöhung des Rentenzugangsalters noch zur potenziell erwerbstätigen und damit beitragspflichtigen Bevölkerung. Fraglich ist allerdings, inwieweit sich eine derartige Erhöhung des Erwerbspersonenpotenzials tatsächlich in einer Erhöhung der Zahl der Beitragszahler niederschlägt oder lediglich eine Erhöhung der Zahl der Arbeitslosen bewirkt.

Auch die nach einer Heraufsetzung der gesetzlichen Altersgrenze rein rechnerisch zu erwartende Minderung der Zahl der Rentenempfänger wird nicht erreicht werden, weil der Anstieg des tatsächlichen durchschnittlichen Rentenzugangsalters dem gesetzlichen Anstieg nicht im vollen Umfang folgen wird. Vor allem die hohe Zahl der Erwerbs- und Berufsunfähigkeitsrenten und die vom Verhalten der Individuen abhängige Inanspruchnahme der flexiblen Altersgrenze haben dazu geführt, dass das tatsächliche durchschnittliche Rentenzugangsalter mit 60,1 Jahren 1999 deutlich unter der gesetzlichen Regelaltersgrenze von 65 Jahren lag (VDR 2000). Eine Anhebung der gesetzlichen Altersgrenze wirkt aber nur insoweit entlastend, als dadurch eine Anhebung des tatsächlichen durchschnittlichen Rentenzugangsalters und so eine Senkung der Rentnerquotienten erreicht wird oder die Rentenabschläge bei vorzeitigem Ruhestand die Ausgaben der gesetzlichen Rentenversicherung reduzieren.

Nach Berechnungen der Bundesregierung kann durch eine Heraufsetzung des durchschnittlichen Renteneintrittsalters um ein Jahr der Beitragssatz im Jahr 2030 um 1,5 Prozentpunkte gesenkt werden (Bundesregierung 1995, S. 227).

Eine pareto-effiziente Verbesserung lässt sich durch diesen Vorschlag allerdings nicht erreichen, denn die Jahrgänge der jetzigen Beitragszahler, die kurz vor dem Eintritt in den Ruhestand stehen, werden durch eine Anhebung der Altersgrenze schlechter gestellt ohne – wie spätere Generationen – nennenswert von der daraus resultierenden Beitragssatzsenkung zu profitieren. Für spätere Geburtsjahrgänge wird das Problem einer in Zukunft geringen, eventuell sogar negativen realen Verzinsung der Rentenversicherungsbeiträge und damit der geringen Akzeptanz des Systems durch diesen Vorschlag etwas gemindert: Die Entlastungen auf Grund geringerer Beitragszahlungen während der Erwerbsphase sind größer als die Verringerung des Barwerts der Rentenzahlungen.

Außerdem ergibt sich eine intergenerativ gleichmäßigere Lastverteilung, denn ohne eine Heraufsetzung des Renteneintrittsalters würde die durchschnittliche Rentenbezugsdauer ständig verlängert, was eine schleichende Ausweitung des Umlageverfahrens bedeutet. Damit würden die durch Beiträge zu finanzierenden Anwartschaften und damit die Belastungen der nachfolgenden Generationen kontinuierlich zunehmen. An der in intragenerativer Perspektive ungleichen Lastverteilung auf Kinderlose und Eltern wird durch ein höheres Renteneintrittsalter allerdings nichts geändert.

Ganz ähnlich wie eine Erhöhung des tatsächlichen Renteneintrittsalters wirkt eine Absenkung des Rentenniveaus wie sie etwa mit dem vorübergehenden Ersatz der Nettolohn- durch die Inflationsanpassung in den Jahren 2000 und 2001 erfolgt. Dies wird schon daran deutlich, dass die Möglichkeit besteht, unter der Inkaufnahme einer Minderung des individuellen Renteniveaus vor der gesetzlichen Altersgrenze in den Ruhestand einzutreten. Allerdings werden von einer Absenkung des relativen Rentenniveaus nicht nur die Rentenzugänge, sondern auch die bereits in Rente befindlichen Personen betroffen. Dadurch ergibt sich sofort ein höherer Entlastungseffekt als bei einer äquivalenten Anhebung des tatsächlichen Renteneintrittsalters. Auch die intergenerative Verteilung ändert sich. Durch die stärkere Belastung der bereits im Ruhestand befindlichen Generationen können die Beitragszahler entlastet werden, so dass sie eine höhere Rendite auf ihre Beiträge erzielen.

## 4.2 Übergang zum Kapitaldeckungsverfahren

Besonders vor der Verabschiedung des Rentenreformgesetzes 1992 wurden verschiedene Varianten von Kapitaldeckungsverfahren als Ersatz oder Ergänzung für das gegenwärtige Umlageverfahren zur Entschärfung der demographischen Krise der gesetzlichen Rentenversicherung vorgeschlagen. Ausgangspunkt ist dabei die Überlegung, dass die Rendite und das Rentenniveau im Kapitaldeckungsverfahren – zumindest auf den ersten Blick – unabhängig von der Geburtenentwicklung sind (dies gilt allerdings nicht in Bezug auf eine steigende Lebenserwartung, denn dann sind auch im Kapitaldeckungsverfahren höhere Beiträge erforderlich, um das Rentenniveau konstant zu halten). Außerdem verspricht dieses Verfahren bei der zu erwartenden Bevölkerungs- und Wirtschaftsentwicklung eine höhere Verzinsung der Beiträge als das Umlageverfahren. Denn wie in Abschnitt 3.1.3 gezeigt wurde, ist das Kapitaldeckungsverfahren dann vorteilhaft, wenn der Realzins größer ist als die Wachstumsrate der Lohnsumme.

Die Variationsbreite der Vorschläge reicht von einem vollständigen Ersatz bis zur Ergänzung des gegenwärtigen Systems durch kapitalgedeckte Elemente (Teilkapitaldeckungsverfahren). In beiden Varianten soll in den kommenden Jahren ein Kapitalstock aufgebaut werden, der in der Zeit der hohen demographischen Belastung reduziert wird.

Zunächst wird untersucht, inwieweit ein derartiger Transfer in die Zukunft gelingen kann, denn dieser Ansatz steht im Widerspruch zu der als *Mackenroth-These* bekannt gewordenen Behauptung, „... dass *aller Sozialaufwand immer aus dem Volkseinkommen der laufenden Periode gedeckt werden muss*. Es gibt gar keine andere Quelle und hat nie eine andere Quelle gegeben, aus der Sozialaufwand fließen könnte, es gibt keine Ansammlung von Fonds, keine Übertragung von Einkommensteilen von Periode zu Periode, kein ‚Sparen' im privatwirtschaftlichen Sinne" (Mackenroth 1952, S. 41; Hervorhebung im Original). Mackenroth geht von einer güterwirtschaftlichen Sichtweise und einer geschlossenen Volkswirtschaft aus. Danach können Ersparnisse nur durch Realkapitalmehrung gebildet werden. Dieses Realkapital in Form von Maschinen, Gebäuden etc. kann dann aber nicht in einer späteren Periode in Konsumgüter umgewandelt werden. Unabhängig vom Finanzierungsverfahren der Rentenversicherung – also auch beim Kapitaldeckungsverfahren – muss daher die jeweils erwerbstätige Generation die Rentenausgaben derselben Periode erwirtschaften.

Beim Kapitaldeckungsverfahren geschieht dies dadurch, dass die Rentnergeneration ihre Ersparnisse auflöst, d.h. ihre Anteile am Realkapital der Volkswirtschaft an die nachfolgende Generation verkauft. Diese Generation erwirbt die Ansprüche von den Rentnern und verzichtet im Gegenzug auf einen Teil der in dieser Periode erwirtschafteten Konsumgüter. Existiert keine nachfolgende Generation oder will diese keine Ersparnisse bilden, dann ist der angesammelte Kapitalstock für die Rentner wertlos. In monetärer Sicht käme es auf den Kapitalmärkten zu massiven Verkaufaufträgen, denen keine Kaufaufträge gegenüberständen. Der dadurch bewirkte Kursverfall würde zu einer Entwertung der Ersparnisse der Rentnergeneration führen. Das Entsparen in Form einer Umwandlung von Kapital- in Konsumgüter kann nur mit Hilfe der erwerbstätigen Generation gelingen, indem diese erstens Konsumgüter produziert und zweitens bereit ist, diese gegen den Erwerb von Ansprüchen auf Kapitalgüter aufzugeben.

Dieser güterwirtschaftliche Zusammenhang kann auf drei Wegen umgangen werden: Lagerhaltung, Unterlassung von Ersatzinvestitionen und die Anlage von Vermögen im Ausland.

Eine *Lagerung* von Gütern über mehrere Jahrzehnte ist zwar technisch für viele Güterarten durchaus möglich, wirtschaftlich aber kaum sinnvoll. So kann das Angebot dann nicht an sich ändernde Nachfragestrukturen angepasst werden. Außerdem liegen die (realen) Produktionskosten wegen des technischen und organisatorischen Fortschritts in der Zukunft voraussichtlich unter denjenigen der Gegenwart – von den Lagerungskosten ganz abgesehen. Die Lagerung bietet daher keine wirtschaftlich sinnvolle Möglichkeit des Transfers von Einkommen in die Zukunft.

Die *Unterlassung von Ersatzinvestitionen* ist zu einem Einkommenstransfer in die Zukunft schon eher geeignet. Voraussetzung dafür ist allerdings, dass die zusätzlichen Ersparnisse in der Gegenwart auch tatsächlich in Kapitalgüter investiert werden und ein Entsparen in der Zukunft möglich ist. Eine solche Umwandlung von Kapitalgütern in Konsumgüter ist in begrenztem Umfang durchführbar, indem auf Reinvestitionen verzichtet wird. Dadurch kann der bisher für Bruttoinvestitionen verwendete Teil des laufenden (Brutto-)Inlandsprodukts bis zu einem gewissen Umfang zur Herstellung von Konsumgütern umgeschichtet werden.

Die dazu in der Gegenwart erforderliche Anlage der Ersparnisse in Kapitalgütern könnte sich als recht schwierig erweisen. Möglicherweise müssten die (Real-)zinsen stark fallen, um die Unternehmen zu verstärkter Investitionstätigkeit anzuregen. Ein derartiger Zinsverfall würde aber die Vorteilhaftigkeit des Kapitaldeckungsverfahrens gegenüber dem Umlageverfahren und damit einen Grund des Systemwechsels in Frage stellen.

Berücksichtigt man die internationale Wirtschaftsverflechtung, dann ist ein sehr starker Zinsverfall allerdings nicht zu erwarten. Bei einer genügend großen Differenz in den erwarteten Renditen zugunsten des Auslands werden die Ersparnisse aus dem Inland abfließen und im Ausland zu einer Vermehrung des Realkapitals führen.

Diese Überlegung leitet unmittelbar über zu der *Anlage im Ausland* als dem dritten Weg eines Transfers von Einkommen in die Zukunft. Prinzipiell ist es möglich, einen Kapitalstock im Ausland anzulegen und später mittels der Zins- und Tilgungszahlungen Importe zu finanzieren, die dann die Versorgungslücke im Inland decken. Dieser Weg ist allerdings mit zwei Risiken verbunden: dem Wechselkursrisiko (bei Anlage außerhalb des Euroraums), das durch den langen Anlagezeitraum noch verstärkt wird und dem politischen Risiko (Anlagebeschränkungen für Ausländer, Enteignungen, Kapitalexportbeschränkungen). Diesen Risiken kommt umso größeres Gewicht zu als die demographische Entwicklung in den meisten Industriestaaten – wenngleich oft in abgeschwächter Form – ähnlich wie in Deutschland verläuft und sie daher als potentielle Anlageländer möglicherweise ausscheiden.

Schließlich dürfte das Wachstum des realen Bruttoinlandsprodukts durch die Finanzierungsform der Alterssicherung beeinflusst werden. Die Mehrzahl der empirischen Studien kommt nämlich zu dem Ergebnis, dass die gesamtwirtschaftliche Sparquote durch umlagefinanzierte Alterssicherungssysteme verringert wird (siehe Mackenzie / Gerson / Cuevas 1997) und diese daher über geringere Investitionen in Folge höherer Realzinsen das Wachstum dämpfen. Nach Feldstein / Horioka (1980) wird dieser Zusammenhang durch die starke Verflechtung der internationalen Kapitalmärkte nicht aufgehoben.

Auch wenn entgegen der Mackenroth–These grundsätzlich ein gewisser Einkommenstransfer in die Zukunft möglich ist, bedeutet das noch nicht, dass er auch vorteilhaft wäre. Entgegen früheren Meinungen setzt sich nämlich die Erkenntnis durch, dass der Renditevorsprung im Kapitaldeckungsverfahren gerade ausreicht, um die Übergangslast zu finanzieren, die dadurch entsteht, dass durch den Systemwechsel den im Umlageverfahren bereits erworbenen Anwartschaften keine Beiträge zu ihrer Finanzierung mehr gegenüber stehen. Wird diese Übergangslast durch staatliche Schuldenaufnahme gedeckt, entspricht der Barwert des Renditevorteils gerade dem Barwert dieser zusätzlichen Staatsschuld (Fenge 1997). Nur wenn man annimmt, dass die Finanzierungsform des Alterssicherungssystems das Arbeitsangebot beeinflusst, kann durch einen Systemwechsel eine Pareto-Verbesserung erreicht werden. Dies könnte beispielsweise der Fall sein, wenn die Steuern, die zur Finanzierung der zusätzlichen Staatsschuld erhoben werden müssen, eine geringere Verzerrungswirkung haben als die Beiträge im Umlageverfahren oder wenn der Systemwechsel zu einem „glatteren" Verlauf der Abgabenlast insgesamt führt und die mit einer zunehmenden Abgabenlast verbundenen Verzerrungseffekte überproportional steigen (tax smoothing Argument von Barro 1979). In einer Vielzahl von Simulationsstudien zu den Auswirkungen eines (teilweisen) Übergangs zum Kapitaldeckungsverfahren zeigt sich deswegen auch, dass die Aussicht auf einen zukünftig niedrigeren Beitragssatz mit einem zunächst höheren Satz „erkauft" werden muss. Letztlich wird die aus der demographischen Entwicklung resultierende Last durch einen Wechsel des Finanzierungsverfahrens nicht reduziert, sondern nur anders zwischen den Generationen verteilt. Eine für alle Generationen höhere Rendite ist daher durch einen Übergang zum Kapitaldeckungsverfahren nicht zu erreichen.

Vorteile hätte ein Teilkapitaldeckungsverfahren gegenüber dem Umlageverfahren unter dem Gesichtspunkt der intergenerativen Lastverteilung. Während beim Umlageverfahren mit konstantem Rentenniveau mit den in 40 Jahren Aktiven eine Generation zur Finanzierung der Rentenlast herangezogen wird, die keinerlei Verantwortung für die Finanzprobleme trifft, kann beim Kapitaldeckungsverfahren die spätere Rentnergeneration an der Aufbringung der Mittel zur Deckung ihrer Renten beteiligt und so eine nicht verursachergerechte Belastung der nachfolgenden Generation von Beitragszahlern vermieden werden. Darüber hinaus kann durch ein ergänzendes Kapitaldeckungsverfahren auch eine größere Risikostreuung bei der Alterssicherung erreicht werden. Das intragenerative Verteilungsproblem wird dagegen auch durch einen teilweisen Übergang zum Kapitaldeckungsverfahren nicht gemindert.

### 4.3 Differenzierung der Rentenhöhe nach der Kinderzahl

Eine gleichmäßigere Verteilung der Lasten zwischen Kinderlosen und Eltern innerhalb einer Generation wird durch den unter der Bezeichnung „duales System“ oder *„Elternrente“* bekannt gewordenen Vorschlag erreicht (Borchert 1989, S. 120 ff. und 1993, S. 269 ff.). Danach sollen die Rentenleistungen bei sonst unveränderter Rentenformel, d.h. ohne dass die Beiträge gekürzt würden, halbiert werden. Die dadurch verfügbare zweite Hälfte der Beitragseinnahmen soll verwendet werden, um an der Kinderzahl anknüpfende „Elternrenten“ zu finanzieren. Rentner mit Kindern werden besser gestellt, der Rentenanspruch Kinderloser dagegen gekürzt. Der Steuercharakter der monetären Beiträge zur Rentenversicherung nimmt deutlich zu, während der Kindererziehung eine Gegenleistung im Rentenalter gegenübersteht. Damit trägt dieser Vorschlag zu einem gewissen Grad dem Drei-Generationen-Gedanken Rechnung. Während das intragenerative Verteilungsproblem reduziert wird, ergibt sich kein Einfluss auf die intergenerative Verteilung. Die Rendite auf die monetären Beiträge wird sogar deutlich verschlechtert, denn ein großer Teil der Rentenleistungen hängt jetzt nicht mehr von ihnen, sondern von der Kinderzahl ab. Es muss daher noch eher mit verzerrenden Ausweichreaktionen gerechnet werden.

Ein neuerer *Vorschlag des ifo-Instituts* (Sinn / Werding 2000) baut auf diesem Ansatz auf, berücksichtigt aber gleichzeitig das intergenerative Verteilungsproblem, indem der Beitragssatz konstant gehalten wird. Dadurch fällt die durchschnittliche Rentenhöhe für Generationen, die nur wenig Kinder groß gezogen haben, relativ gering aus. Es sind nur wenig Beitragszahler vorhanden, so dass das an die Rentner zu verteilende Beitragsvolumen und somit auch die Leistungen aus der umlagefinanzierten Rentenversicherung relativ gering sind. Kinderarme Generationen sind deshalb ebenso wie Kinderlose innerhalb einer Generation auf den Aufbau einer ergänzenden kapitalgedeckten Rente angewiesen, um ihren Lebensstandard im Alter abzusichern. Damit werden die demographisch bedingten Lasten sowohl in intra- als auch in intergenerativer Perspektive stärker nach dem Verursacherprinzip denjenigen angelastet, die sie durch die geringe Zahl ihrer Nachkommen hervorgerufen haben. Gleichzeitig entspricht dieser Vorschlag auch dem Leistungsfähigkeitsprinzip, denn kinderarme Generationen haben während ihrer Erwerbsphase geringere Aufwendungen für die Kindererziehung und sind daher in der Lage, zusätzlich einen Kapitalstock für die Altersversorgung anzusparen.

Auch durch den ifo-Vorschlag wird die Rendite auf die monetären Beiträge gemindert. Damit steigt die Gefahr von allokationsverzerrenden Ausweichreaktionen gegenüber dem gegenwärtigen System sogar noch an.

## 4.4 Lösungsansätze mit bevölkerungspolitischen Maßnahmen

Da neben der Ausgestaltung des Umlageverfahren die Bevölkerungsentwicklung die entscheidende Ursache für die finanziellen Probleme ist, mit denen die gesetzliche Rentenversicherung in Zukunft konfrontiert sein wird, liegt es nahe, bei der Suche nach Lösungsmöglichkeiten auch eine Beeinflussung der demographischen Entwicklung in Betracht zu ziehen. Vorgeschlagen wurden insbesondere eine Erhöhung der Kinderzahl und eine verstärkte Einwanderung. Beiden Ansätzen ist gemeinsam, dass sie nicht nur den Beitragssatz senken, sondern auch die Rendite für die Versicherten in der gesetzlichen Rentenversicherung erhöhen und so Ausweichreaktionen entgegenwirken. Zurückzuführen ist dies in beiden Fällen auf eine Senkung des Altenquotienten.

Nach der auf Becker (1960) zurückgehenden neoklassischen Theorie der Fertilität lässt sich die „Nachfrage“ nach Kindern ähnlich erklären wie die Nachfrage nach Konsumgütern. Damit hängt die Zahl der Kinder maßgeblich von ihrem „Preis“ ab, also den Kosten, die ihren Eltern durch sie entstehen. Diese Kosten setzen sich aus den direkten und den indirekten Kosten zusammen, wobei letztere den Verdienstausfall in Folge der mit der Kinderbetreuung verbrachten Zeit umfassen. Diese indirekten Kosten haben in der Vergangenheit auf Grund der gestiegenen Lohnsätze stark zugenommen. Hier wird ein wesentlicher Grund für den säkularen Trend zu weniger Geburten gesehen. Durch eine entsprechende *Aufstockung des Kinderleistungsausgleichs* oder eine Senkung der indirekten Kosten durch eine bessere Vereinbarkeit von Kindererziehung und Berufstätigkeit ließe sich die Tendenz zu immer geringeren Geburtenzahlen demzufolge aufhalten oder sogar umkehren. Allerdings wären die dafür aufzuwendenden Mittel wohl so hoch (Manzke 1997), dass fraglich ist, ob unter ihrer Berücksichtigung noch eine Renditeverbesserung erreicht werden kann. Während das intragenerative Verteilungsproblem durch eine Ausweitung des Kinderleistungsausgleichs reduziert wird, weil Eltern entlastet und Kinderlose über die zur Finanzierung zu erhebenden Steuern zusätzlich belastet werden, wird die intergenerative Verteilung nicht verändert (von einer Schuldenfinanzierung des Kinderleistungsausgleichs sei abgesehen).

Eine *Erhöhung der Zahl der Einwanderer* bewirkt eine Reduzierung des Rentnerquotienten und damit des Beitragssatzes zur gesetzlichen Rentenversicherung, sofern die Zuwanderer eine günstigere Altersstruktur aufweisen als die in Deutschland ansässige Bevölkerung oder Renten an die Eingewanderten nur entsprechend ihrer Beitragsleistung gewährt werden. Die Ergebnisse von Beitragssatzprognosen mit unterschiedlichen Wanderungsannahmen deuten darauf hin, dass eine höhere Zuwanderung einen deutlich niedrigeren Beitragssatz im Jahr 2030 ermöglicht. Börsch-Supan (1994) findet beispielsweise, dass ein positiver Wanderungssaldo von 300.000 Personen den Beitragssatzanstieg etwa halbieren würde.

Die durch verstärkte Einwanderung hervorgerufenen Kosten bestehen im Gegensatz zu den Kosten, die durch eine Ausweitung des Kinderleistungsausgleichs entstehen würden, nicht in staatlichen Ausgaben zur Schaffung von Anreizen. Es kann vielmehr davon ausgegangen werden, dass die Zahl der Zuwanderungswilligen auf absehbare Zeit die gewünschte Zuwandererzahl übersteigt, so dass zusätzliche staatliche Einwanderungsanreize überflüssig sind. Die mit einem höheren Wanderungssaldo einhergehenden Kosten ergeben sich stattdessen aus dem Einfluss auf die Nettoeinkommen der Einheimischen. Besondere Bedeutung kommt dabei der Wirkung der Zuwanderung auf die Lohnsätze und die Arbeitslosigkeit der Einheimischen zu. Berücksichtigt werden müssen auch die Effekte auf die öffentlichen Haushalte, die sich aus Unterschieden zwischen Zuwanderern und Einheimischen hinsichtlich der durchschnittlich geleisteten Abgaben und den in Anspruch genommenen öffentlichen Leistungen ergeben. Eine Quantifizierung dieser Kosten und Nutzen erweist sich allerdings als recht schwierig (siehe aber Bonin / Raffelhüschen / Walliser 1997). Im Vergleich zu einer Ausweitung des Kinderleistungsausgleichs ist eine verstärkte Einwanderung wesentlich flexibler einsetzbar. Eine höhere Kinderzahl führt erst nach etwa zwei Jahrzehnten, wenn die Kinder erwerbstätig werden, zu einer Entlastung der gesetzlichen Rentenversicherung. Eine vergleichbare Wirkungsverzögerung besteht bei einem höheren Außenwanderungssaldo nicht.

Die intragenerative Verteilung zwischen Eltern und Kinderlosen wird durch eine höhere Einwanderung nicht beeinflusst. Es können sich allerdings gewisse intergenerative Wirkungen ergeben, wenn die Höhe des Wanderungssaldos im Zeitablauf variiert und daher einzelne Jahrgänge unterschiedlich von den Entlastungseffekten profitieren.

## **Weiterführende Literatur** (zitierte Quellen siehe Anhang)

*Fenge, R.* (1997), Effizienz der Alterssicherung, Heidelberg.

*Homburg, S.* (1988), Theorie der Alterssicherung, Berlin.

*Prognos* (1998) (Hrsg.), Prognos-Gutachten 1998, Basel.

*Schmähl, W.* (2000), Alterssicherung in Deutschland an der Jahrtausendwende: Konzeptionen, Maßnahmen und Wirkungen, Deutsche Rentenversicherung 1-2, S. 50-71.

*Siebert, H.* (1998) (Hrsg.), Redesigning Social Security, Tübingen.

*Sinn, H.-W. / M. Thum* (1999), Gesetzliche Rentenversicherung, Prognosen im Vergleich, Finanzarchiv 56, S. 104-135.

*Sinn, H.-W. / M. Werding* (2000), Rentenniveausenkung und Teilkapitaldeckung: ifo Empfehlungen zur Konsolidierung des Umlageverfahrens, ifo Schnelldienst 18, S. 12–25.

*Thompson, L.* (1998), Older and Wiser, Washington D.C.

*Wissenschaftlicher Beirat beim Bundesministerium für Wirtschaft* (1998), Grundlegende Reform der gesetzlichen Rentenversicherung, BMWi Studienreihe Nr. 99, Bonn.

*World Bank* (1994), Averting the Old Age Crisis, Oxford usw.

## **Verständnisfragen** (Lösungen siehe Anhang)

**Frage 1:**

Welche Ursachen haben die zukünftigen Probleme der gesetzlichen Rentenversicherung? Gehen Sie in diesem Zusammenhang auch auf die Konstruktion des Umlageverfahrens als Zwei-Generationen-Vertrag ein.

**Frage 2:**

Gegenwärtig wird eine Ergänzung der umlagefinanzierten gesetzlichen Rentenversicherung um eine kapitalgedeckte Komponente diskutiert. Inwieweit lassen sich dadurch die Probleme mindern, mit denen die gesetzliche Rentenversicherung konfrontiert ist?

# Umweltpolitik

Zwischen nationaler und internationaler Verantwortung

*Omar Ranné*



## 1. Einleitung

Seit nunmehr gut 30 Jahren hat sich Umweltpolitik als wichtiges Aufgabenfeld staatlichen Handelns etabliert. Als Umweltpolitik bezeichnet man dabei die Gesamtheit aller staatlichen Maßnahmen, die auf die Verminderung oder Vermeidung negativer Auswirkungen menschlicher Aktivitäten auf die natürliche Umwelt abzielen. Ökonomisch begründet wird die Notwendigkeit umweltpolitischer Eingriffe in Marktwirtschaften in der Regel mit dem Verweis auf die *Kollektivguteigenschaften* zahlreicher Umweltgüter sowie das Auftreten nicht akzeptabler *externer Effekte* bei ihrer Nutzung (Feess 1998, S. 37 ff.). Sie führen dazu, dass die Umweltmedien Luft, Wasser und Boden in einem aus gesamtwirtschaftlicher Sicht zu großen Ausmaß mit Schadstoffen belastet oder erneuerbare und nicht-erneuerbare Ressourcen zu rasch ausgebeutet werden (in diesem Beitrag wird nicht zwischen Umwelt- und Ressourcenökonmik unterschieden, da eine solche Trennung wenig befriedigend erscheint). Angesichts der praktisch unlösbaren Schwierigkeiten, die „optimale Umweltqualität" oder die „effizienten Ressourcennutzungspfade" der neoklassischen Allokationstheorie zu bestimmen, müssen Umweltschutzziele als Ergebnis eines unter erheblicher Unsicherheit stattfindenden gesellschaftlichen Abwägungsprozesses betrachtet werden. Im Verlauf dieses Prozesses entscheiden die Einwohner einer Region oder eines Landes – auf möglichst dezentraler Ebene – mit Hilfe geeigneter Kommunikations- und Abstimmungsmechanismen sowie unter Berücksichtigung der Opportunitätskosten (z.B. Verzicht auf materielle Güter) über das gewünschte Umweltschutzniveau.

Im Mittelpunkt des umweltpolitischen Interesses standen zunächst die unmittelbare Gefahrenabwehr sowie die Reduktion meist lokaler Umweltbelastungen durch Wasser- und Luftschadstoffe. In diesen Bereichen wurden mit Hilfe ordnungsrechtlicher Instrumente auch durchaus eindrucksvolle Erfolge erzielt; so lagen beispielsweise die Schwefeldioxidemissionen in Deutschland 1995 um mehr als 75% unter dem Niveau des Jahres 1970, was sich vor allem auf die Vorgabe von Emissionsgrenzwerten für Klein- und Großfeuerungsanlagen zurückführen lässt. Seit Ende der achtziger Jahre ist allerdings eine zunehmende *Internationalisierung umweltpolitischer Fragen* zu beobachten, wofür insbesondere zwei Entwicklungen verantwortlich sind. Zum einen wird die mit der zunehmenden wirtschaftlichen Verflechtung einher gehende Verschärfung des Standortwettbewerbs in (Industrie-)Staaten mit relativ anspruchsvollen und kostenintensiven Umweltschutzregulierungen immer häufiger als unerwünschte Beschränkung der nationalen Politik und Bedrohung für ihre hohen Umweltstandards empfunden. Zum anderen werden in der Öffentlichkeit mit der weltweiten Klimaveränderung sowie der Zerstörung der stratosphärischen Ozonschicht zwei Umweltprobleme als besonders gravierend wahrgenommen, deren Folgen alle Nationen betreffen und die sich offenbar nur im Rahmen internationaler Kooperationen zufriedenstellend lösen lassen.

In diesem Beitrag werden einige der wichtigsten Herausforderungen diskutiert, vor die sich die Umweltpolitik angesichts dieser Entwicklungen gestellt sieht. Dabei werden auch die Interdependenzen mit anderen wirtschaftspolitischen Aufgabenfeldern – insbesondere mit der Handels- und Entwicklungspolitik – zu Tage treten. Als besonders brisant erweist sich die Frage, ob und unter welchen Bedingungen der Umweltpolitik Vorrang vor der Liberalisierung von Güter- und Kapitalmärkten eingeräumt werden soll (Esty 1994). Diese Frage nach der Zulässigkeit *umweltpolitisch motivierter Handelsmaßnahmen* war eines der umstrittensten Themen der 3. Ministerkonferenz der Welthandelsorganisation (WTO) im Dezember 1999 in Seattle und wird auch bei künftigen WTO-Verhandlungsrunden weit oben auf der Tagesordnung stehen.

Für die folgenden Überlegungen ist es sinnvoll, einerseits zwischen nationalen und internationalen Umweltproblemen sowie andererseits zwischen umweltpolitischen Prozess- und Produktregulierungen zu unterscheiden. Bei der ersten Abgrenzung geht es um die *räumliche Ausbreitung* von Umwelteffekten: Internationale Umweltprobleme entstehen immer dann, wenn Produktion oder Konsum eines Gutes Schäden in anderen Ländern verursachen. Bei nationalen Umweltproblemen verbleiben die Schäden hingegen in dem Land, in dem Produktion oder Konsum stattfinden. Die zweite Abgrenzung stellt vorrangig auf die das Umweltproblem *verursachende Aktivität* ab: Mit Hilfe von Produktregulierungen werden beim Konsum eines Produktes auftretende Umwelteffekte reguliert, mit Hilfe von Prozessregulierungen Umwelteffekte, die mit der Herstellung des Produktes verbunden sind. Die Bedeutung dieser Unterscheidungen wird im Verlauf der Diskussion deutlich werden.

## 2. Nationale Umweltprobleme

Umweltprobleme können in Abhängigkeit von der räumlichen Ausdehnung des belasteten Umweltmediums, den (Diffusions-)Eigenschaften des jeweiligen Schadstoffes sowie hydrologischen und meteorologischen Gegebenheiten ganz unterschiedliche räumliche Dimensionen besitzen. Bei *national begrenzten Umweltproblemen* – wie z.B. der Verschmutzung eines Binnengewässers – beschränken sich die bei der Herstellung, dem Verbrauch oder der Entsorgung eines Gutes auftretenden negativen Umweltwirkungen auf das Land, in dem die jeweilige Aktivität stattfindet. Derartige Umweltprobleme scheinen daher auf den ersten Blick keine internationale Dimension zu besitzen. In offenen Volkswirtschaften haben jedoch auch umweltpolitische Maßnahmen, die auf nationale Umweltprobleme abzielen und damit die Knappheit nationaler Umweltgüter reflektieren, internationale Rückwirkungen, weil sie die Handels- und Kapitalströme beeinflussen können.

### 2.1 Prozessregulierungen

Ziel von Prozessregulierungen ist es, die mit der Herstellung eines Gutes verbundenen negativen Auswirkungen für Menschen, Tiere oder Umweltgüter zu begrenzen. Zu diesem Zweck wird die Verwendung bestimmter Technologien vorgeschrieben oder durch den Einsatz von Abgaben, Subventionen oder Zertifikaten der maximal erlaubte Schadstoffausstoß festgelegt. Folgt man der wohlfahrtsökonomischen Terminologie, dienen Prozessregulierungen der Internalisierung von *Prozess- oder Produktionsexternalitäten*. Prozessregulierungen im engeren Sinne haben dabei keinen Einfluss auf Produkteigenschaften; so ist etwa für die Qualität eines Dachziegels unerheblich, wie hoch die Emission von Luftschadstoffen bei seiner Herstellung war. Davon zu unterscheiden sind die sogenannten produktbezogenen Prozessregulierungen, die auf Konsumexternalitäten abzielen, die durch die Wahl des Herstellungsprozesses beeinflusst werden können. Beispiele hierfür finden sich vor allem im Bereich des Gesundheitsschutzes; so werden häufig Anforderungen an die Nahrungsmittelproduktion gestellt, um Pestizidrückstände in Lebensmitteln zu begrenzen. Produktbezogene Prozessregulierungen sind wie die im folgenden Abschnitt betrachteten Produktregulierungen zu behandeln.

#### *2.1.1 Umweltpolitik und Wettbewerbsfähigkeit heimischer Industriezweige*

Die grundlegenden Wirkungen der nationalen Umweltpolitik in einer offenen Volkswirtschaft werden meist im Rahmen von Zwei-Güter-Zwei-Faktoren-Modellen (Heckscher-Ohlin-Modell) abgeleitet, in denen die Umwelt als immobiler Produktionsfaktor und die Ausstattung eines Landes mit Umweltgütern als Determinante komparativer Kostenvorteile interpretiert wird (Sauernheimer 1992; Karl 1998, S. 1042 ff.; Siebert 1998, S. 171 ff.). Dabei spielt es zunächst keine Rolle, ob die Handelspartner in angemessenem Umfang umweltpolitische Maßnahmen ergreifen oder nicht; im Blickpunkt stehen vor allem die Konsequenzen der eigenen Umweltpolitik.

Verschärft ein Land die geltenden Umweltschutzvorschriften oder führt es neue Umweltschutzbestimmungen ein, so signalisieren die resultierenden höheren Preise für die Nutzung der Umwelt ihre gestiegene Knappheit. Damit gehen Veränderungen der komparativen Kostenvorteile des Landes einher, und die Wettbewerbsfähigkeit der heimischen umweltintensiv produzierenden Industrien verschlechtert sich. Unterstellt man zunächst vereinfachend, dass die betrachteten Länder die Weltmarktpreise nicht beeinflussen können, so sind die folgenden Effekte zu erwarten:

- Eine Verschärfung der Umweltschutzanforderungen bei der Herstellung des Importgutes erhöht den Kostennachteil der inländischen Produzenten. Folglich sinkt die inländische Produktion, die Importe nehmen zu und es kommt zu einer Handelsausweitung. Werden andererseits die Umweltstandards im Exportsektor erhöht, so verringern sich mit dem Rückgang der inländischen Produktion auch die Exporte und das Handelsvolumen sinkt; unter Umständen kann der Handel ganz zum Erliegen kommen oder sich seine Richtung umkehren.
- Im Ausland wird im Zuge der Ausweitung der Produktion des umweltintensiven Gutes die Umweltbelastung zunächst steigen. Wird die sinkende Umweltqualität allerdings als Problem empfunden, so kann die ausländische Umweltpolitik darauf mit einer entsprechenden Verschärfung der Umweltschutzanforderungen für die heimischen Produzenten reagieren; sie ist diesem über den Handel vermittelten grenzüberschreitenden Effekt nicht hilflos ausgeliefert.

Diese Entwicklungen reflektieren aber nur die unterschiedliche Einschätzung der Umweltknappheit in den jeweiligen Ländern, die sich beispielsweise auf divergierende natürliche Absorptions- und Regenerationsfähigkeiten, Ausgangsbelastungen von Umweltmedien und Präferenzstrukturen der Bevölkerung zurückführen lassen (Siebert 1998, S. 172). Daher lässt sich der Einsatz handelsbeschränkender Maßnahmen zum Ausgleich einer sinkenden Wettbewerbsfähigkeit der inländischen Produzenten nicht rechtfertigen. Auf diese Weise wird lediglich der erforderliche Strukturwandel verlangsamt oder gar dauerhaft unterbunden, in dessen Verlauf stark umweltbelastende Branchen schrumpfen, während umweltfreundlichere Branchen expandieren. Ob Umweltschutzregulierungen immer als Standortnachteil anzusehen sind, ist empirisch durchaus umstritten. Einerseits erhöhen sie zwar im Allgemeinen die Produktionskosten der Unternehmen, andererseits jedoch verbinden sich mit hohen Umweltschutzstandards – insbesondere für weniger umweltbelastend produzierende Branchen – auch verschiedene Vorteile. In den international nicht mehr konkurrenzfähigen umweltintensiven Sektoren werden Ressourcen gebunden, die in anderen Verwendungen einen höheren gesellschaftlichen Wert erzeugen könnten. Es ist zu befürchten, dass Handelsbeschränkungen letztlich nur dem Schutz politisch einflussreicherer Interessengruppen vor unbequemer ausländischer Konkurrenz dienen. Autoren, die das Thema „Handel und Umwelt" aus polit-ökonomischer Perspektive betrachten, kommen oftmals zu dem Ergebnis, dass sich Umweltschützer und Protektionisten verbünden, um „umweltpolitische“ Handelsbeschränkungen durchzusetzen (Hillman / Ursprung, 1992; VanGrasstek, 1992).

Zusätzlich sind noch weitere negative Auswirkungen im handelspolitisch intervenierenden Land zu berücksichtigen (Donges 1995, S. 218). So verschlechtern Handelsbeschränkungen über eine Aufwertung der inländischen Währung oder protektionsbedingte Kostensteigerungen die Absatzchancen anderer Unternehmen. Zudem weckt der einer Branche gewährte Schutz Begehrlichkeiten in anderen Industriezweigen – beispielsweise bei den benachteiligten weiterverarbeitenden Industrien – und es besteht die Gefahr, dass sich protektionistische Eingriffe immer weiter ausbreiten („Ölflecktheorie“). Darüber hinaus entstehen schwer messbare Wohlfahrtsverluste durch Rent-seeking-Aktivitäten und ggf. auch durch die illegale Umgehung von Handelsbeschränkungen; auf diese Weise werden Ressourcen vergeudet und stehen nicht mehr für produktive Zwecke zur Verfügung. Nicht erfasst werden in den statischen modelltheoretischen Analysen schließlich auch Wettbewerbseffekte; so kann sich der sinkende Wettbewerbsdruck für die geschützten inländischen Anbieter negativ auf Produktqualität, Innovationsbereitschaft und Ressourcenproduktivität auswirken, weshalb die langfristigen Wohlfahrtsverluste bei einer protektionistischen Politik noch sehr viel gravierender sein dürften, als es die einfachen modelltheoretischen Überlegungen nahelegen. Handelsbeschränkungen führen außerdem zu Wohlfahrtsverlusten, indem sie das Ausnutzen von Skaleneffekten verhindern; in kleinen Ländern mit niedriger Binnennachfrage wird unter Umständen die Aufnahme der Produktion sogar erst bei Freihandel sinnvoll. Zusammenfassend bleibt damit festzuhalten, dass der Ausgleich einer sinkenden Wettbewerbsfähigkeit einzelner Branchen, die mit der Verschärfung der nationalen Umweltpolitik einhergeht, keine akzeptable Legitimationsgrundlage für Handelsmaßnahmen oder Harmonisierungsforderungen bietet (betrachtet man „große Länder“, die durch die Variation von Angebots- und Nachfragemengen die Weltmarktpreise beeinflussen, so müssen auch Terms of trade-Effekte berücksichtigt werden (Krutilla 1991)).

Die Bewertung Umweltschutzkosten-induzierter Kapitalbewegungen und Standortverlagerungen verläuft weitgehend analog zur Bewertung der Außenhandelseffekte. Soweit die Wanderungsbewegungen unterschiedliche Umweltschutzkosten und -präferenzen widerspiegeln, ist eine Reallokation der Produktionsfaktoren sinnvoll. Dabei werden Kapital und Unternehmen in Länder wandern, die relativ gut mit knappen Umweltgütern ausgestattet sind oder in stärkerem Ausmaß wirtschaftliche Entwicklungspräferenzen besitzen und die deshalb vergleichsweise niedrige Anforderungen stellen. Jedem Land ist es aber weitgehend freigestellt, diese, falls erforderlich, zu verschärfen, wobei offenbar die Opportunitätskosten eines solchen Vorgehens (wie Realeinkommenseinbußen oder der Verlust von Arbeitsplätzen bei starren Löhnen) berücksichtigt werden müssen. Die Abwägung zwischen Vor- und Nachteilen strengerer Umweltschutzanforderungen ist die zentrale Aufgabe der politischen Entscheidungsträger.

*2.1.2 Ökologisches Dumping*

Die Forderung, Handelsmaßnahmen zum Ausgleich von Wettbewerbsnachteilen einzusetzen, wird sowohl in der wirtschaftspolitischen Praxis als auch in der umweltökonomischen Literatur zumeist mit dem Argument verknüpft, im Ausland werde bewusst darauf verzichtet, Umweltschutzmaßnahmen durchzusetzen. Ein solches Verhalten wird als *Öko-Dumping* charakterisiert; Zölle oder Einfuhrbeschränkungen sollten gleiche bzw. „faire" Wettbewerbsbedingungen herstellen, auf deren Grundlage sich erst die wohlfahrtssteigernden Effekte des Handels entfalten können. Auf diese Weise, so die Argumentation, würden Kapitalbewegungen und eine Verlagerung von Unternehmensstandorten in Länder mit niedrigen Standards verhindert. Letztere werden auch als „pollution havens" bezeichnet, was in Anlehnung an den bekannteren Begriff der Steueroase mit „Verschmutzungsoasen" (Kulessa, 1995, S. 89) übersetzt werden kann. Kapitalverkehrsfreiheit wird in diesem Kontext für eine „ruinöse Deregulierungskonkurrenz" oder einen „umweltpolitischen Abwertungswettlauf" („race to the bottom") verantwortlich gemacht. Der Begriff des Öko-Dumping wird dabei nicht einheitlich verwendet (Kulessa 1995, S. 107; Adlung / Langhammer / Klemmer 1997; Karl / Ranné 1997):

- In den Medien oder in der *politischen Diskussion* werden Handelspartner üblicherweise des Öko-Dumpings bezichtigt, wenn ihre Umweltschutzvorschriften weniger streng sind als die des eigenen Landes. Dabei wird in der Regel nicht so sehr auf Differenzen bei der angestrebten Umweltqualität abgestellt, als viel mehr auf Unterschiede bei der Dosierung umweltpolitischer Instrumente. Als unfair gelten demnach beispielsweise niedrigere Emissionssteuersätze oder weniger strenge Emissionsauflagen. Im Hintergrund steht dabei häufig das Bestreben, die Umweltschutzkosten ausländischer Unternehmen auf das Inlandsniveau anzuheben.
- Die *theoretische Definition* von Öko-Dumping stellt hingegen auf die Höhe des Internalisierungsgrades von Prozessexternalitäten ab. Nach der von der Mehrzahl der Autoren vertretenen Auffassung kann ein Produkt als „öko-gedumpt" angesehen werden, wenn das umweltpolitische Instrumentarium keine vollständige Internalisierung bewirkt, das heißt die (sozialen) Grenzkosten der Umweltnutzung noch über ihren Grenznutzen liegen; mit anderen Worten erhalten die Produzenten eines solchen Gutes eine indirekte Subvention z.B. in Form eingesparter Abgabenzahlungen.

Dass die politische Definition von Öko-Dumping aus ökonomischer Sicht wenig gehaltvoll ist, lässt sich anknüpfend an die Überlegungen im vorhergehenden Abschnitt relativ leicht zeigen. Die Ausgangsbelastungen der Umwelt sowie deren Ursachen divergieren räumlich ebenso wie die Umweltpräferenzen der Bevölkerung und die als schutzwürdig angesehenen Umweltpotenziale – hier spielen gegebenenfalls unterschiedliche Wertvorstellungen und Einkommen eine bedeutende Rolle – und auch die Regenerationsfähigkeit und natürliche Assimilationskapazität der Umweltressourcen ist regional unterschiedlich. Daher sollten einerseits Umweltqualitätsziele zwischen Nationen differieren, andererseits erfordern selbst identische Zielniveaus eine regional differenzierte Dosierung des Einsatzes umweltpolitischer

Instrumente. Daher liefert die politische Definition von Öko-Dumping der Umweltpolitik keine verwertbaren Beurteilungsmaßstäbe und führt weder zu ökonomisch noch zu umweltpolitisch sinnvollen Empfehlungen. Sie schließt Situationen ein, in denen ein Land aufgrund niedrigerer Grenzvermeidungskosten oder Grenzschäden „echte" komparative Kostenvorteile in Produktionszweigen besitzt, die den Faktor Umwelt intensiv beanspruchen. Handelsbeschränkende Maßnahmen wären hier gleichbedeutend mit einem Verzicht auf die Vorteile der internationalen Arbeitsteilung. Darüber hinaus wird der Begriff auch in der politischen Diskussion nicht logisch konsistent verwendet, wenn zum Beispiel einerseits „gleiche Wettbewerbsbedingungen" im Sinne einer gleichen Umweltschutzkostenbelastung in- und ausländischer Unternehmen geschaffen werden sollen, aber gleichzeitig identische Emissionsauflagen gefordert werden. Diese können nämlich zu völlig unterschiedlichen Kostenbelastungen und zudem stark divergierenden Umweltqualitätsniveaus in den betrachteten Regionen führen.

Auch wenn man die auf den zu geringen Internalisierungsgrad abstellende Definition von Öko-Dumping zugrunde legt, kommt man zu dem Ergebnis, dass im wohlfahrtsökonomischen Standardfall, der vollkommene Güter- und Faktormärkte sowie kleine Länder voraussetzt, keine Veranlassung besteht, Handelsrestriktionen zuzulassen (Karl / Ranné 1997). Öko–Dumping stellt eine „Selbstschädigung" dar, denn das Exportland verkauft zumindest einen Teil seiner Produktion zu einem Preis, der die gesellschaftlichen Kosten der Produktion nicht deckt. Das Importland kann hingegen die Produktion des umweltschädlich hergestellten Gutes drosseln und damit auch die inländische Umweltverschmutzung reduzieren.

Gegen diese Überlegungen können verschiedene Einwände geltend gemacht werden. So wird argumentiert, dass eine divergierende Bewertung von Umweltbelastungen, wenn sie auf Einkommensunterschieden zwischen Industrie- und Entwicklungsländern beruht, aus *ethischen Gründen* keine Basis für Kostenvorteile aufgrund laxerer Vorschriften sein sollte (Althammer 1998, S. 244). Sieht man einmal davon ab, dass es weniger problematische Gründe für abweichende Zielniveaus gibt, so ist vor allem zu berücksichtigen, dass Außenhandelsbeschränkungen das eigentliche Problem nicht beheben, sondern es eher noch verschärfen. Sie sind daher auch bei Anlegen ethischer Maßstäbe keine Alternative zu Transferzahlungen. So könnten Sanktionen, die das Einkommen im Entwicklungsland sinken lassen, sogar zu einer Verschärfung des Problems führen, wenn in der Folge die Opportunitätskosten des Umweltschutzes höher oder die Grenzschäden von Umweltbelastungen niedriger bewertet werden. Hingegen können einkommenssteigernde (und ggf. zweckgebundene) Transfers zu einer Anpassung des Qualitätsniveaus nach oben beitragen.

Ein zweiter Einwand stellt darauf ab, dass umweltpolitische Erfordernisse in vielen Entwicklungsländern aufgrund *fehlender demokratischer Institutionen* nur unzureichend berücksichtigt werden und die Einwohner in diesen Ländern ihre Umweltpräferenzen nicht zum Ausdruck bringen können. Es ist allerdings zu bezweifeln, dass bspw. die WTO das geeignete Forum darstellt, um positive Rechte – wie die Einhaltung bestimmter Umweltqualitätsziele – durchzusetzen (Bhagwati 1996, S. 12). Außerdem geht es hier auch nicht um eine Beurteilung der Umweltpolitik eines anderen Staates anhand der Ergebnisse des (umwelt-)politischen Prozesses (z.B. geltende Anlagenemissionsstandards), sondern um die Bewertung der Prozesse selbst: Werden beispielsweise die Präferenzen der gesamten Bevölkerung widergespiegelt oder nur die einer herrschenden Elite? Damit stellt sich die Frage, wie die Beziehungen zu einem Staat zu gestalten sind, dessen Regierung den eigenen Vorstellungen bei der Beachtung von Menschenrechten nicht genügt – und zwar losgelöst von den dort geltenden Umweltstandards (Kulessa 1995, S. 114). Hierbei ist auch zu bedenken, dass es einzig eine Frage der politischen und wirtschaftlichen Macht der Konfliktparteien ist, inwieweit erfolgreich Sanktionen ergriffen werden können oder nicht. Plädiert man hier für „Disziplinierungsmaßnahmen", so sind möglichst umfassende und multilaterale Sanktionen – und vor allem auch Exportbeschränkungen – ins Auge zu fassen, nicht jedoch einzelne umweltpolitisch motivierte Importrestriktionen.

Schließlich wird argumentiert, ökologisches Dumping solle in Analogie zum „normalen Dumping", das als handelsverzerrend angesehen wird, mit Strafzöllen belegt werden. Doch unter Ökonomen sind Anti-Dumping-Maßnahmen sehr umstritten (Markusen et al. 1995, S. 370); wenn überhaupt, so könnten sie bei *„räuberischem Dumping"* gerechtfertigt sein, bei dem ein dumpendes Unternehmen mit niedrigen Exportpreisen Anbieter aus dem Markt drängen will, um in Zukunft eine Monopolstellung mit entsprechend höherem Gewinn erreichen zu können. Führt man sich aber die Voraussetzungen einer in diesem Sinn erfolgreichen Öko-Dumping-Strategie eines Landes vor Augen, so wird klar, dass sie sich vor unüberwindbare Hindernisse gestellt sehen dürfte. Zum einen müssten ganz spezifisch einzelne Sektoren oder sogar Unternehmen bevorzugt werden, die später auch wirklich zur Realisierung dauerhafter Monopolgewinne in der Lage sind, zum anderen dürfen die realen Kosten einer solchen Politik für die eigene Bevölkerung nicht unterschätzt werden. Daher lässt sich die oben gezogene Schlussfolgerung aufrecht erhalten, dass im Regelfall Öko-Dumping nur dem „Täter" schadet, nicht aber dem „Opfer" und folglich keinen Anlass für Gegenmaßnahmen bietet. Lediglich ein begrenzter und vorübergehender sozial- oder regionalpolitisch motivierter Schutz betroffener Branchen erscheint vertretbar.

### *2.1.3 Strategische Handelspolitik und ökologisches Dumping*

Seit einigen Jahren wird in der Literatur die Möglichkeit diskutiert, mit Hilfe von Öko-Dumping strategische Handelspolitik zu betreiben; sollte ein solches *„strategisches Öko-Dumping"* eine reale Gefahr darstellen, so sind möglicherweise auch Gegenmaßnahmen ökonomisch gerechtfertigt. Als strategische Handelspolitik bezeichnet man den „Einsatz protektionistischer Instrumente mit dem Ziel, auf international umkämpften Märkten unvollständiger Konkurrenz Marktanteile zugunsten einer inländischen Unternehmung zu verschieben oder den Markteintritt einer heimischen Firma zu fördern" (Bender 1999, S. 509). Entsprechende Marktstrukturen kann man vor allem in Branchen erwarten, die unter Bedingungen sinkender Grenz- und Durchschnittskosten (Skaleneffekte) produzieren. Die Unternehmen verfügen daher über monopolistische Spielräume und sind in der Lage, über den Grenzkosten liegende Preise zu erzielen, das heißt Renten zu verdienen. Dies wiederum schlägt sich in ihrem Heimatland in Gestalt höherer Faktorentlohnungen nieder. Folglich besteht für jedes Land ein Anreiz, einen größeren Anteil dieser Produktion an sich zu ziehen und so die Renten ins Inland zu transferieren („rent-shifting"). Schlussendlich entscheidend für die Vorteilhaftigkeit staatlicher Eingriffe ist allerdings nicht die Existenz von Skaleneffekten sondern vielmehr, dass der (gesellschaftliche) Grenznutzen der letzten produzierten Einheit eines Gutes (bzw. der Preis) über dem (gesellschaftlichen) Wert der dafür eingesetzten Ressourcen (bzw. Grenzkosten) liegt. Neben dem Rententransfer kann daher auch die Existenz positiver externer Effekte, wie die Schaffung neuen Wissens, ein solches Vorgehen begründen (Stegemann 1988, S. 12 f.).

In den achtziger Jahren wurde von Vertretern der „Neuen Außenwirtschaftstheorie" eine Reihe von Modellen vorgestellt, in denen der Staat in der Lage ist, durch gezielte Subventionierung strategische Branchen im Inland zu konzentrieren und auf diese Weise Wohlfahrtsgewinne zu realisieren (siehe etwa die Beiträge in Krugman 1986). Gibt man bei ansonsten praktisch identischer Modellstruktur den wirtschaftspolitischen Instanzen statt direkter Produktions- oder Exportsubventionen die Ausgestaltung der Umweltpolitik als Politikvariable an die Hand (Barrett 1994; Feess 1996; Ulph 1997), so lassen sich durch Öko-Dumping tatsächlich – zu Lasten anderer Staaten sowie der eigenen Umwelt – Wohlfahrtsgewinne erzielen. Allerdings ist diese Folgerung an verschiedene Voraussetzungen geknüpft, die in der Realität nicht unbedingt anzutreffen sind:

- Mittels zu geringer Umweltschutzanforderungen gewährte indirekte Subventionen sind für die Gesellschaft – anders als die mit Hilfe nicht-verzerrender Steuern finanzierten Exportsubventionen in den Modellen der Strategischen Handelspolitik – mit realen Wohlfahrtseinbußen verbunden (Barrett 1994, S. 332). Diese Kosten können in zwei Ausprägungen auftreten. Werden insgesamt mehr Schadstoffe emittiert, so hat die Bevölkerung die resultierenden zusätzlichen Schäden zu tragen. Wird hingegen das Gesamtniveau der Emissionen insgesamt auf das optimale Niveau gedrückt, indem anderen Sektoren schärfere Bedingungen auferlegt werden, so sind die dort zu verzeichnenden Produktionseinbußen zu berücksichtigen. Insofern muss bezweifelt werden, dass die in den partialanalytischen Modellen der strategischen Handelspolitik abgeleiteten Wohlfahrtsgewinne bei Berücksichtigung der gesamtwirtschaftlichen Rückwirkungen aufrechterhalten werden können (Stegemann 1988)
- Die Selektion geeigneter Branchen stellt die Politik vor unüberwindbare Informationsprobleme (Donges 1995, S. 216). Potenzielle Adressaten staatlicher Exportförderung sind vor allem Hochtechnologie-Branchen, wobei das Paradebeispiel der (zivile) Flugzeugbau ist. Hingegen richtet sich der Öko-Dumping-Vorwurf primär gegen Entwicklungsländer, deren Exportsektoren in keiner Weise den von der strategischen Handelspolitik gestellten Ansprüchen genügen. Eine größere Relevanz könnte den strategischen Motiven möglicherweise innerhalb der EU bzw. in ihren Beziehungen zu den USA oder Japan zukommen; doch hier spielt die Umweltpolitik de facto auch nur eine untergeordnete Rolle. Überhaupt dürften stark verschmutzende und damit durch eine zu schwache Umweltpolitik nennenswert förderbare Industrien kaum besonders zukunfts-

trächtig sein. Während u.U. durch die Subventionierung von Forschung und Entwicklung ein dauerhafterer Vorsprung gegenüber ausländischen Konkurrenten herausgeholt werden kann, erscheint das Zulassen von übermäßiger Umweltverschmutzung hierzu sehr viel weniger geeignet.

Angesichts dieser Überlegungen stellt strategische Umweltpolitik kaum eine sinnvolle Empfehlung für die politischen Entscheidungsträger dar, da sich die in den einfachen theoretischen Modellen postulierten Gewinne – wenn sie denn überhaupt auftreten – in der Realität schnell verflüchtigen dürften. Das Argument, Handelsabkommen müssten Öko-Dumping durch das Zulassen von Ausgleichsmaßnahmen oder durch Harmonisierung unterbinden, da auf der Ebene eines einzelnen Landes kein Anreiz bestehe, auf strategisches Öko-Dumping zu verzichten, erhebt einen theoretischen Ausnahmefall zur Regel. Angesichts der im folgenden Abschnitt beschriebenen Missbrauchsgefahren ist dies kaum empfehlenswert.

### *2.1.4 Polit-ökonomische Beurteilung von Anti-Öko-Dumping-Maßnahmen*

Wird der Einsatz von Anti-Öko-Dumping-Zöllen in bestimmten Fällen für zulässig erklärt, so stellt sich die Frage, wie in der Praxis diese berechtigten Ausnahmen sowie die Höhe des Ausgleichszolls festgelegt werden. Orientiert man sich an den Erfahrungen mit den normalen Anti-Dumping-Bestimmungen, so wird klar, dass hier ein erhebliches Missbrauchspotenzial besteht. Die wichtigsten Einwände gegen das Vorgehen der amerikanischen Behörden in Dumping-Verfahren, die auch auf andere Länder oder die EU übertragbar sind, lauten, dass aufgrund der Berechnungsmethoden zu häufig Dumping festgestellt wird, die Vorteile, die die Konsumenten aus niedrigeren Preisen ziehen, keine Berücksichtigung finden und die Informationsanforderungen an ausländische Produzenten zu hoch sind (Clarida 1996, S. 376 ff.). Aus polit-ökonomischer Sicht sind dafür vor allem die folgenden Aspekte verantwortlich (Messerlin / Reed 1995; Grimwade 1996):

- Die mit der Untersuchung von Dumping-Vorwürfen beauftragten Behörden sind häufig gegen die ausländischen Unternehmen voreingenommen. Als Ursachen werden vor allem der bürokratische Selbsterhaltungstrieb genannt sowie die besseren Möglichkeiten inländischer Interessengruppen, Druck auszuüben.
- Es überwiegen diskretionäre Elemente im Untersuchungsprozess, womit sich erhebliche Spielräume für die zuständigen Behörden eröffnen. Letztlich kann ein angebliches Dumping mit Dumping-Margen in fast beliebiger Höhe festgestellt werden, auch wenn aus ökonomischer Sicht kein Handlungsbedarf vorliegt. Zudem werden die Untersuchungen und die ihnen zugrundeliegenden Informationen meist geheim gehalten, so dass weder die Beschuldigten noch Konsumenten oder weiterverarbeitende Industrien die Vorwürfe entkräften können.

Mit den praktizierten Verfahren ist es nicht möglich und wohl auch gar nicht beabsichtigt, sich auf die Verfolgung des ökonomisch problematischen räuberischen Dumping zu beschränken. Statt dessen wird meist der Schutz nicht wettbewerbsfähiger inländischer Anbieter angestrebt, wobei allein der Ankündigungseffekt von

Anti-Dumpingverfahren lästige ausländische Konkurrenz vom Markt fernhalten oder zu Zugeständnissen zwingen kann.

Überträgt man diese Erkenntnisse auf die Öko-Dumping-Problematik, so erscheinen die Aussichten, zu vertretbaren Ergebnissen zu gelangen, noch weitaus schlechter, da die mit der Feststellung von Öko-Dumping verbundenen Mess- und Bewertungsprobleme unlösbar sind (Kulessa 1995, S. 116 f.). Internalisierungsdefizite bzw. Unterschiede im Internalisierungsgrad sind praktisch nicht messbar und darüber hinaus ubiquitär. Dabei ist vor allem zu berücksichtigen, dass nicht nur prinzipiell messbare objektive Umweltzustände in verschiedenen Regionen betrachtet werden dürfen, sondern auch die Präferenzen der dort lebenden Bevölkerung. In der Praxis müssten Anti-Öko-Dumping-Maßnahmen daher zum Beispiel auf „erheblich niedrigere Anforderungen" oder die Nichtbeachtung bestimmter Emissions- oder Immissionsstandards im Ausland abstellen. Auf dieser Grundlage lassen sich dann zwar möglicherweise eindeutige Entscheidungen treffen, umweltökonomisch zu rechtfertigen sind die Ergebnisse jedoch nicht mehr. Angesichts der Vielzahl unterschiedlicher umweltpolitischer Instrumente, der zahlreichen selbst für Experten kaum noch überschaubaren Sonderregelungen in den nationalen Umweltschutzgesetzen sowie der mehr oder weniger überall beklagten Vollzugsdefizite ist aber nicht einmal die Vergleichbarkeit absoluter Umweltschutzanforderungen gewährleistet. Diese praktisch unlösbaren Mess- und Bewertungsprobleme sowie die kaum kontrollierbaren Risiken ihres protektionistischen Missbrauchs verstärken die Bedenken, einen Einsatz von Anti-Öko-Dumping-Maßnahmen zu legitimieren.

## 2.2 Produktregulierungen

Produktregulierungen begrenzen die mit dem Gebrauch, Verbrauch oder der Beseitigung eines Gutes einher gehenden Umweltbelastungen, indem sie dessen Eigenschaften, Zusammensetzung oder Verwendungsmodalitäten reglementieren. Aus wohlfahrtsökonomischer Sicht besteht ihr Ziel in der Regel darin, *Konsumexternalitäten* zu internalisieren, das heißt, sie sollen die negativen und aufgrund fehlender Eigentumsrechte nicht über den Marktmechanismus vermittelten Nebenwirkungen von Konsumaktivitäten auf das gesellschaftlich optimale Niveau zurückführen. Produktregulierungen werden im Regelfall als Grenzwerte formuliert, die die maximale Menge eines Stoffes festlegen, die das Produkt enthalten oder freisetzen darf (Produktauflagen). Ein Produkt kann dabei auch gänzlich verboten werden, wenn es als umwelt- oder gesundheitsschädlich angesehen wird. Außerdem kann die Internalisierung mit Hilfe von Abgaben oder Subventionen angestrebt werden, und im Weiteren Sinne kann man auch Kennzeichnungs- und Verpackungsvorschriften sowie Regelungen zur Produkthaftung zu den Produktregulierungen zählen. Zunehmend an Bedeutung gewonnen haben dabei in den letzten Jahren vor allem die sogenannten sanitären und phytosanitären Maßnahmen, das heißt gesundheitsrechtliche Vorschriften, die dem Schutz von Leben und Gesundheit von Menschen, Tieren und Pflanzen dienen. Produktregulierungen sollen entweder den Konsumenten selbst vor den möglichen negativen Wirkungen eines Produktes schützen oder die negativen Folgen für andere Individuen oder Umweltgüter begrenzen. Für Regulierungen, die den Konsumenten selbst betreffen, finden sich zahlreiche Beispiele im Bereich des Gesundheits- und Verbraucherschutzes, so zum Beispiel Grenzwerte für Pestizidrückstände in Lebensmitteln. Mit dem an zweiter Stelle genannten Motiv können beispielsweise Standards für den Schadstoffausstoß von Kraftfahrzeugen oder die Lärmemissionen von Rasenmähern erklärt werden.

Um die umweltpolitische Wirksamkeit von Produktregulierungen zu gewährleisten, ist in der Regel ein flankierender Einsatz von Handelsmaßnahmen erforderlich. Diese sollen verhindern, dass Importe, die die Anforderungen des Bestimmungslandes nicht erfüllen, dessen umwelt- oder gesundheitspolitische Zielsetzungen unterlaufen. Weil die Umwelt- oder Gesundheitswirkungen vorrangig die im Bestimmungsland lebenden Bürger betreffen, ist es aus ökonomischer Sicht grundsätzlich sinnvoll, ihnen bzw. den von ihnen beauftragten Politikern die Wahl des angemessenen Regulierungsniveaus zu überlassen. Problematisch ist allerdings, dass Produktregulierungen de facto als nicht-tarifäres Handelshemmnis wirken und ausländischen Anbietern zusätzliche Kosten auferlegen sowie ihre Exporterlöse verringern:

- Vordergründig umwelt- oder gesundheitspolitische Produktregulierungen können protektionistisch motiviert sein und das Ziel verfolgen, inländische Anbieter vor der ausländischen Konkurrenz zu schützen. Daher werden die Anforderungen an die Produktbeschaffenheit oder Prüfverfahren bewusst so formuliert, dass sie leichter von inländischen Unternehmen erfüllt werden können. Diese werden zudem meist in den Prozess der Standardsetzung miteinbezogen und können so dafür sorgen, dass Bedingungen festgelegt werden, die sie kostengünstiger erfüllen können als ihre Konkurrenten. Des Weiteren besteht etwa bei leicht verderblichen Agrarprodukten die Möglichkeit, bei der Importkontrolle (z.B. Quarantänevorschriften) unüberwindbare Hindernisse aufzubauen. Im Extremfall verbinden sich mit den gewählten Regulierungen keinerlei positive Umweltwirkungen.
- Produktregulierungen können selbst dann (unbeabsichtigt) protektionistisch wirken, wenn mit ihnen legitime umwelt- und gesundheitspolitische Ziele verfolgt werden. Für ausländische Unternehmen ist die Beschaffung von Informationen über die geltenden Bestimmungen und ggf. in Zukunft geplante Veränderungen mit größerem Aufwand verbunden, und angesichts ihres kleineren Marktanteils kann die Belastung mit Kontrollkosten relativ hoch ausfallen. Produktstandards tragen zudem zur Segmentierung von Märkten bei und erschweren das Ausnutzen von Skaleneffekten, was sich insbesondere für Unternehmen aus kleineren Ländern als problematisch erweisen kann. Daher verfügen Unternehmen in Ländern mit einem großen Binnenmarkt – unabhängig von der Höhe des Regulierungsniveaus – über einen Wettbewerbsvorteil.

Das Ausmaß der handelshemmenden Wirkung von Produktregulierungen hängt auch davon ab, welches Instrument zur Verfolgung der angestrebten umwelt- oder gesundheitspolitischen Ziele gewählt wird. Relativ problemlos kann die Gleichbehandlung in- und ausländischer Waren sichergestellt werden, wenn eine Konsumexternalität durch eine Produktabgabe internalisiert und ein steuerlicher Grenzausgleich vorgenommen wird. In diesem Fall wird die Abgabe gleichermaßen auf im Inland hergestellte und importierte Waren angewendet, falls sie im Inland konsumiert werden. Exporte sind hingegen von der Besteuerung zu befreien, da sie im Inland keinerlei Umweltbelastungen verursachen; falls die Abgabe aus steuertechnischen Gründen im Inland erhoben wird, sollte beim Export der Ware eine Rückerstattung erfolgen. Handelspolitisch weisen Produktabgaben den Vorteil auf, den internationalen Handel nicht mehr als erforderlich zu beschränken; außerdem stellen sie ein transparentes Instrument dar, das verhältnismäßig wenig Manipulationsmöglichkeiten bietet. Allerdings ist es nicht immer möglich oder sinnvoll, Konsumexternalitäten mit Hilfe von Produktabgaben zu kontrollieren. Der Einsatz von Produktstandards, die bestimmte Produkteigenschaften wie etwa maximal zulässige Rückstandswerte oder Emissionsnormen festlegen, kann sich als vorteilhaft erweisen, wenn er mit geringeren Transaktionskosten verbunden ist. Produktstandards werden beispielsweise dann erforderlich sein, wenn bereits der Konsum geringer Mengen des betreffenden Produktes schwerwiegende Folgen hat und daher gänzlich unterbunden werden soll. Derartige Produktstandards können den internationalen Handel – vor allem aufgrund ihrer größeren Anfälligkeit für protektionistischen Missbrauch – erheblich stärker behindern als Produktabgaben.

Offenbar ist es bei Produktregulierungen erforderlich zu entscheiden, ob eine bestimmte Maßnahme nur protektionistische Ziele oder aber berechtigte Umweltschutzanliegen verfolgt, und, falls letzteres der Fall ist, ob die resultierenden umweltpolitischen Vorteile die Nachteile ihrer handelsbeschränkenden Auswirkungen übertreffen. Institutionen, die eine solche Abwägung ermöglichen, müssen nicht nur in internationalen Handelsabkommen implementiert werden, sondern spielen auch in föderalen Staaten wie den USA und regionalen Integrationsgemeinschaften wie der Europäischen Union (EU) eine bedeutende Rolle. Hier wie dort nämlich müssen die Vorteile dezentraler umweltpolitischer Verantwortlichkeiten, die regional differierende Umweltpräferenzen und -bedingungen reflektieren, den wohlfahrtsmindernden handelshemmenden Wirkungen unterschiedlicher Produktregulierungen gegenübergestellt werden. Die folgenden Regelungen können bei der Lösung möglicher Konflikte zum Einsatz kommen (Trachtman 1998, S. 58 ff.):

- Vergleichsweise viel Spielraum überlässt das Prinzip der *Inländergleichbehandlung* der nationalen Umweltpolitik. Ihre Maßnahmen müssen lediglich nicht-diskriminierend auf gleichartige in- und ausländische Waren angewendet werden; dies kann als Minimalanforderung in einem Handelsabkommen angesehen werden, um einen offensichtlichen protektionistischen Missbrauch zu verhindern.
- *Notwendigkeitstests* fordern, dass die ergriffene Maßnahme das am wenigsten handelsbeschränkende Mittel ist, das der nationalen Politik zur Verfügung steht, um ein gegebenes umwelt- oder gesundheitspolitisches Ziel zu erreichen. Die Angemessenheit der nationalen Zielsetzung steht dabei grundsätzlich nicht zur Debatte. Bei einer restriktiveren Handhabung kann allerdings zusätzlich verlangt werden, dass sich die Ziele wissenschaftlich rechtfertigen lassen.
- *Verhältnismäßigkeitstests* (Proportionalitätstests) untersuchen, ob die durch die handelshemmende Wirkung verursachten Kosten einer Regulierung in einem

angemessenen Verhältnis zu den daraus resultierenden umweltpolitischen Nutzen stehen. Das Proportionalitätsprinzip ist ein allgemeiner Grundsatz des EU-Rechts und wurde vom Europäischen Gerichtshof bei der Beurteilung der handelsbeschränkenden Effekte nationaler Produktregulierungen – zum Beispiel im Urteil zur „Dänischen Pfandflaschenregelung" – herangezogen. Demnach sollen auch legitimen Zielen dienende Umwelt- oder Gesundheitsschutzmaßnahmen nicht um jeden Preis durchgesetzt werden, falls sie für exportwillige Unternehmen in den Partnerländern mit exzessiven Kosten verbunden sind. Auch wenn es sich bei einem Verhältnismäßigkeitstest nicht um eine explizite Kosten-Nutzen-Analyse handelt und wenn auch nicht gefordert wird, dass die Nutzen der Maßnahme ihre Kosten übersteigen müssen, ist ein solches Vorgehen doch mit sehr schwierigen Abwägungsfragen verbunden und kann den Spielraum der inländischen Umweltpolitik erheblich einschränken.

- In Bundesstaaten und Integrationsgemeinschaften wird meist die *Harmonisierung* oder die *gegenseitige Anerkennung* von Produktregulierungen präferiert, weil sich auf diese Weise Störungen des freien Warenverkehrs vollständig vermeiden lassen. Dies wird beispielsweise in Bundesstaaten meist sinnvoll sein, weil einerseits die Handelsverflechtungen sehr intensiv sind und Hemmnisse daher besonders hohe Kosten verursachen können. Andererseits dürften auch die Präferenzunterschiede weniger ausgeprägt sein, so dass der Verzicht auf differenzierte Standards (bzw. der Konsum von Produkten, die den Anforderungen eines anderen Staates genügen) geringere Kosten verursacht. Einer weltweiten Harmonisierung oder der weltweiten Anerkennung nationaler Produktstandards muss demgegenüber mit größerer Skepsis begegnet werden, weil die internationalen Unterschiede hinsichtlich der Umwelt- und Gesundheitspräferenzen, der Ausgangsbelastungen und der natürlichen Gegebenheiten erheblich stärker ausgeprägt sind. Auch in heterogenen Integrationsgemeinschaften wie der EU ist die Harmonisierungsstrategie mit einer gewissen Vorsicht zu genießen, da zum Teil noch erhebliche Unterschiede zwischen den Mitgliedstaaten – zum Beispiel zwischen einem reichen nordeuropäischen Land wie Dänemark und einem ärmeren südeuropäischen Mitgliedstaat wie Portugal – bestehen. Allerdings wird die Zustimmung eines Staates, der seine Produktstandards anpassen oder als unangemessen angesehene ausländische Standards anerkennen muss, in Integrationsgemeinschaften erleichtert, weil in der Regel im Rahmen von Paketlösungen in anderen Bereichen Vorteile realisiert werden können.
- Trägt der Konsument eines Produktes sämtliche Folgen der Nutzung selbst, so kann ihm in der Regel auch die Entscheidung, welche Produktqualität er zu welchem Preis konsumieren möchte, überlassen werden. In diesem Fall stellen *Kennzeichnungspflichten* ein geeignetes Mittel dar, da sie ein auf die divergierenden Zahlungsbereitschaften zugeschnittenes Angebot unterschiedlicher Produktqualitäten (Produktdifferenzierung) ermöglichen. Die Kennzeichnung muss allerdings glaubwürdig und kontrollierbar sein. Außerdem bestehen auch hier Missbrauchsgefahren, wenn Kennzeichnungen irreführend gestaltet und bei der Auswahl der zugrundeliegenden Kriterien inländische Anbieter bevorzugt wer-

den; daher sollte in einem Handelsabkommen auf die Überwachung nationaler Kennzeichnungsprogramme nicht vollständig verzichtet werden.

- Auf jeden Fall sinnvoll ist die umfassende und leicht zugängliche *Bereitstellung von Informationen* über nationale Produktregulierungen sowie die rechtzeitige Bekanntgabe von Änderungen, um ausländischen Anbietern die Anpassung zu erleichtern und ihnen zusätzlichen Informationsaufwand zu ersparen.

Wie bereits erwähnt, haben in den letzten Jahren sanitäre und phytosanitäre Maßnahmen, die insbesondere bei landwirtschaftlichen Produkten eine Rolle spielen, in der handelspolitischen Diskussion an Bedeutung gewonnen. Diese Entwicklung dürfte sich im Zuge des fortschreitenden Abbaus der traditionellen Handelsbeschränkungen im Agrarsektor auch in Zukunft fortsetzen: Zum einen treten die handelshemmenden Wirkungen derartiger Maßnahmen nach dem Wegfall anderer Restriktionen stärker hervor als bisher, und sie werden daher eher als Handelsbarrieren wahrgenommen. Zum anderen steht zu erwarten, dass in Ländern, in denen der Agrarsektor hoch protektioniert ist, die Suche nach alternativen Schutzmaßnahmen für die heimischen Anbieter forciert wird. Dabei sind sanitäre und phytosanitäre Maßnahmen besonders schwer zu beurteilen, da die Gesundheit der Bevölkerung ein hohes Schutzgut darstellt, wissenschaftliche Zusammenhänge oftmals umstritten sind und der Ermessensspielraum bei der Festlegung von Risikoschwellen nur schwer einzugrenzen ist.

Deutlich traten diese Schwierigkeiten beispielsweise beim „Hormonfleisch-Streit“ zwischen den USA / Kanada und der EU zu Tage, der 1999 von der WTO-Berufungsinstanz geschlichtet wurde (siehe Frage 2). In dem Bericht, der den aktuellen Stand der WTO-Rechtsprechung markiert, wird kommt ein eher schwacher Notwendigkeitstest zur Anwendung. Demnach verlangt die WTO von einem Mitgliedsland, das den Import von Waren untersagt, weil diese nicht den eigenen Anforderungen entsprechen, die Durchführung von Risikofolgenabschätzungen. Bei der Bestimmung des angemessenen nationalen Schutzniveaus wird den Mitgliedstaaten jedoch weitgehend freie Hand gelassen, so dass sich Importbeschränkungen wohl weiterhin rechtfertigen lassen, solange keine offensichtlich protektionistischen Motive erkennbar sind oder jegliche wissenschaftliche Basis für eine Regulierung fehlt. Für die WTO erscheint diese Regelung durchaus angemessen.

## 2.3 Zusammenfassung

Bei nationalen Umweltproblemen spiegeln divergierende Prozessregulierungen in erster Linie unterschiedliche natürliche Absorptions- und Regenerationskapazitäten, Ausgangsbelastungen und Präferenzstrukturen wider; sie stellen damit eine Determinante der komparativen Kostenvorteile eines Landes dar. Eine durch die Verschärfung der heimischen Umweltpolitik bewirkte Veränderung der komparativen Kostenvorteile ist Ausdruck einer zunehmenden Umweltknappheit und legitimiert weder ökonomisch noch umweltpolitisch den Einsatz von Handelsmaßnahmen zum Ausgleich der sinkenden Wettbewerbsfähigkeit umweltintensiver Branchen.

Ebenso wenig lassen sich Ausgleichsmaßnahmen gegen sogenanntes Öko-Dumping rechtfertigen, unabhängig davon, ob eine politische oder eine umweltökonomische Definition dieses Begriffes zugrundegelegt wird. Bei nationalen Umweltproblemen stellt das im GATT verankerte *Ursprungslandprinzip* eine sinnvolle Regelung dar. Zwar ist nicht völlig auszuschließen, dass einzelne Staaten in bestimmten Situationen versuchen könnten, Umweltpolitik strategisch einzusetzen; allerdings ist der Erfolg solcher Bestrebungen sehr zweifelhaft. Darüber hinaus lassen Mess- und Bewertungsprobleme sowie Missbrauchsgefahren die Einführung einer Öko-Dumping-Ausnahmeklausel im GATT wenig ratsam erscheinen.

Bei umwelt- und gesundheitspolitisch motivierten Produktregulierungen, die eine Regierung zum Schutz ihrer Bewohner ergreift, lässt sich hingegen der Einsatz nicht-diskriminierender Handelsmaßnahmen gegen ausländische Waren auch ökonomisch begründen. Dabei sollten allerdings Verfahren implementiert werden, die die handelshemmenden Wirkungen soweit wie möglich begrenzen und die Gefahr eines protektionistischen Missbrauchs minimieren.

## 3. Internationale Umweltprobleme

In diesem Kapitel werden nun internationale oder grenzüberschreitende Umweltprobleme betrachtet. Das heißt, in diesem Fall lösen die Produktions-, Konsum- oder Entsorgungsaktivitäten in einem Land Umweltprobleme in benachbarten Ländern aus oder tragen zur Übernutzung von Umweltressourcen bei, die von mehreren oder allen Staaten gemeinsam genutzt werden. Die Überlegungen beschränken sich dabei auf den in der Praxis wichtigsten Fall umweltpolitischer Prozessregulierungen.

Bei den grenzüberschreitenden Umweltproblemen lassen sich *unidirektionale* und *reziproke Umweltwirkungen* unterscheiden. Unidirektionale oder einbahnige Umweltwirkungen liegen vor, wenn alle Verursacher und alle Betroffenen einer Umweltbelastung in verschiedenen Staaten angesiedelt sind. Das Musterbeispiel ist die Verschmutzung eines grenzüberschreitenden Flusses: der Oberlieger leitet Abwässer in den Fluss, die beim Unterlieger Schäden bzw. zusätzliche Aufbereitungskosten verursachen. Damit fällt bei dieser Konstellation der aus einer Verringerung der Umweltbelastung resultierende Nutzenzuwachs vollständig bei den Einwohnern der betroffenen Region an, während die Vermeidungskosten in vollem Umfang von den Wirtschaftssubjekten in der Verursacherregion getragen werden müssen. Eine im Grenzfall vollständige Abwälzung der Umweltbelastungen auf die Bewohner eines anderen Landes kann auch gezielt herbeigeführt werden, indem Emissionsschwerpunkte oder Risikoherde (etwa Atomkraftwerke), unter Berücksichtigung vorherrschender Strömungen oder Windrichtungen, an die Grenzen verlegt werden.

Bei reziproken Umweltwirkungen sind in jeder Region, allerdings unter Umständen in unterschiedlichem Ausmaß, zugleich Verursacher als auch Betroffene des Umweltproblems anzutreffen. Daher leisten die Vermeidungsaktivitäten in jedem der beteiligten Länder einen Beitrag zur Verringerung der Umweltbelastung, wobei aber gleichzeitig der Nutzen den Wirtschaftssubjekten in allen Staaten unabhängig von den eigenen Vermeidungsanstrengungen zufällt. Ein häufig insbesondere für Europa diskutiertes Beispiel ist der „Saure Regen", für den die Schwefeldioxidemissionen in ganz Europa verantwortlich sind, wobei jedoch aufgrund der vorherrschenden Westwinde die Immissionsbelastung in westlich gelegenen Staaten wie Großbritannien geringer als beispielsweise in Skandinavien ist. Bei globalen Umweltproblemen hängt hingegen das Ausmaß der Umweltbelastung von der Summe der weltweiten Schadstoffausstöße ab, ohne dass der Emissionsort für die Wirkung relevant ist. Klassisches Beispiel für diesen Fall ist die globale Klimaerwärmung. Allerdings kann auch hier die Höhe der Schäden zwischen Regionen variieren; so werden für Sibirien sogar positive Auswirkungen des Treibhauseffektes erwartet, während die Folgen für einige pazifische Inselstaaten besonders schwerwiegend sein dürften.

Die Unterscheidung zwischen nationalen und grenzüberschreitenden Umweltproblemen ist für die Beurteilung umweltpolitisch motivierter Handelsmaßnahmen von einiger Bedeutung. Ihr Nutzen wird auch nicht dadurch in Frage gestellt, dass es im Einzelfall durchaus schwierig sein kann, ein Umweltproblem eindeutig einer der genannten Kategorien zuzuordnen und die Einstufung mit fortschreitendem wissenschaftlichen Kenntnisstand auch Veränderungen unterworfen sein kann. Als kritisch kann sich jedoch ein anderer Einwand erweisen: In der Regel werden nur sogenannte physische grenzüberschreitende Umweltwirkungen betrachtet, die zustande kommen, wenn Schadstoffe durch die Umweltmedien in ein anderes Land transportiert werden. Im Unterschied dazu führen nicht-physische Umweltwirkungen zu Nutzeneinbußen bei den Einwohnern anderer Länder, ohne dass ein Schadstofftransport erfolgt; von einigen Autoren wird in diesem Fall auch von „psychologischen spillovers“ gesprochen. Typische Beispiele für solche nicht-physischen Wirkungen sind tierquälerische Fangtechniken ausländischer Jäger oder Fischer oder die Ausrottung von Tier- und Pflanzenarten. So problemlos sich nicht-physische spillovers in eine formal-analytische Untersuchung integrieren lassen, so fragwürdig ist es, daraus wirtschaftspolitische Empfehlungen ableiten zu wollen. Als problematisch erweist sich vor allem, dass keine Übereinstimmung darüber herrscht, welche Arten grenzüberschreitender Umweltwirkungen möglicherweise zu handelspolitischen Gegenmaßnahmen berechtigen könnten. Bei Einbeziehung nicht-physischer spillovers kann praktisch bei jeder wirtschaftlichen Aktivität eine internationale Dimension festgestellt werden, die z.B. zur Rechtfertigung von Handelsbeschränkungen herangezogen werden kann. Der Beschränkung auf physische spillovers kann man hingegen vorwerfen, dass ihr eine gewisse Willkürlichkeit anhaftet: ist es beispielsweise sinnvoll zu unterscheiden, ob eine von der Ausrottung bedrohte Tierart sich lediglich innerhalb eines Landes aufhält oder über Grenzen hinweg wandert?

Um den spillover-Begriff für wirtschaftspolitische Überlegungen nutzen zu können, muss offenbar eine Einigung darüber erzielt werden, welche Nebenwirkungen wirtschaftlicher Aktivitäten als berechtigt und welche als unberechtigt anzusehen sind – es geht also mit anderen Worten um die Definition von Handlungs- und Verfügungsrechten (property-rights). Die Einigung über die Verteilung der Rechte fällt nicht zuletzt deshalb schwer, weil sich zwar die positiv und negativ betroffenen Staaten häufig relativ leicht identifizieren lassen, aber auf internationaler Ebene moderierende Verfahren und Kompensationsmechanismen, die die notwendige Zustimmung auch der (potenziellen) Verlierer herbeiführen können, nur rudimentär vorhanden sind. Diese Überlegungen werden im weiteren Verlauf noch aufgegriffen.

Aus institutionenökonomischer Perspektive sind im übrigen selbst bei dem einfachen Oberlieger-Unterlieger-Problem die an naturwissenschaftlich-technischen Kriterien anknüpfenden Bezeichnungen „Verursacher“ und „Geschädigter“ nicht unbedingt sinnvoll. Beide Seiten beanspruchen einen knappen Faktor – das Schadstoffaufnahmepotenzial eines Umweltmediums – und verursachen damit die Anspruchskonkurrenz, die überhaupt erst das ökonomische Problem begründet. Wird dem Oberlieger als physischem Verursacher die Nutzung des Gutes untersagt, so fällt der resultierende Nutzenzuwachs vollständig an den Unterlieger, während die Vermeidungskosten in vollem Umfang vom Oberlieger übernommen werden müssen (Verursacherprinzip / polluter pays-principle). Die ökonomisch effiziente Rechteverteilung sollte hingegen losgelöst von Emissions-Immissions-Beziehungen den Beteiligten eines Knappheitsproblems zum „Verursacher“ erklären, der die Schäden bzw. die Vermeidungsmaßnahmen zu den niedrigsten Kosten tragen kann. Dennoch wird im Folgenden an der intuitiv scheinbar klaren Terminologie festgehalten, die denjenigen als Verursacher eines Umweltproblems bezeichnet, der Schadstoffe in ein Umweltmedium einleitet oder natürliche Ressourcen entnimmt. Anzufügen ist in diesem Zusammenhang, dass nicht nur Wohlfahrtsökonomen bei der Bestimmung des Verursachers so vorgehen, sondern auch Ökologen, Juristen und Umweltpolitiker; die Gleichsetzung von Emittent und Verursacher (und seine anschließende Bestrafung durch Anwendung des Verursacherprinzips) lässt sich wohl am einfachsten mit weitverbreiteten Gerechtigkeitsvorstellungen in Einklang bringen. Damit ist allerdings nicht automatisch eine Zuweisung der Verfügungsrechte über die knappen Umweltressourcen an die in diesem Sinne Geschädigten verbunden; statt dessen kann auch das Nutznießerprinzip (victim pays-principle) zum Zuge kommen, das dem (physischen) Verursacher das Nutzungsrecht zuspricht.

### 3.1 Einbahnige grenzüberschreitende Umweltwirkungen

Der einfachste Fall eines grenzüberschreitenden Umweltproblems ist die klassische Oberlieger-Unterlieger-Situation, in der Schadstoffe nur in einer Richtung von einem Land (Oberlieger) in ein anderes Land (Unterlieger) transportiert werden und dort die Umweltqualität verschlechtern (Siebert 1998). Bei unkoordiniertem Vorgehen werden beide Länder die aus nationaler Sicht optimale Umweltpolitik verfolgen, das heißt die Umweltschutzanforderungen so setzen, dass sich die nationalen Grenzschadens- und Grenzvermeidungskosten entsprechen bzw. das aus nationaler Sicht gewünschte Umweltqualitätsniveau erreicht wird. Da die grenzüberschreitenden Emissionen beim Oberlieger keine Schäden verursachen, bleiben sie in seinem Kalkül unberücksichtigt. Problematisch ist dabei nicht, dass bei unkoordinierter Umweltpolitik ein grenzüberschreitender Schadstofftransport stattfindet – die Reduktion auf Null ist in der Regel kein sinnvolles Ziel –, sondern dass der Oberlieger die von den eigenen Produktions- und Vermeidungsaktivitäten ausgehenden positiven und negativen Wirkungen im Ausland vernachlässigt. Die optimale nationale Umweltpolitik verzichtet also darauf, die grenzüberschreitenden Externalitäten zu internalisieren; damit fallen die Umweltschutzmaßnahmen des Oberliegers zu gering aus, während die Regierung des Unterliegerstaates möglicherweise strengere Anforderungen stellt, weil die grenzüberschreitenden Emissionen als „Ausgangsbelastung" berücksichtigt werden müssen. Eine Umverteilung der Vermeidungsanstrengungen – der Oberlieger vermeidet mehr, der Unterlieger weniger – würde die gemeinsame Wohlfahrt erhöhen (bzw. die Kosten der Verwirklichung vorgegebener Umweltschutzziele verringern), da die damit verbundenen Wohlfahrtsgewinne des Unterliegers die Verluste des Oberliegers übersteigen.

Offenbar beeinflussen diese grenzüberschreitenden Effekte auch den internationalen Handel und möglicherweise auch die Standortwahl von Unternehmen. Die umweltintensiv produzierenden Industriezweige im Oberliegerstaat profitieren von den niedrigeren Umweltschutzauflagen und können expandieren, während sich die Sektoralstruktur im Unterliegerstaat zugunsten der weniger umweltintensiven Branchen verschiebt. Obwohl sich die stark verschmutzenden Branchen im Oberliegerstaat konzentrieren, kann dabei die Umweltqualität – in Abhängigkeit vom Anteil der grenzüberschreitenden an den gesamten Emissionen – besser sein als im Unterliegerstaat. Daher entfallen die bei nationalen Umweltproblemen einer übermäßigen Ausweitung umweltschädigender Aktivitäten entgegenstehenden Korrekturmechanismen „politischer Widerstand der betroffenen Bürger" und „Abwanderung negativ betroffener Unternehmen".

Souveräne Staaten können prinzipiell nicht gezwungen werden, von ihrem Territorium ausgehende grenzüberschreitende Umweltbelastungen zu reduzieren. Folglich müssen die geschädigten Staaten versuchen, im Rahmen freiwilliger Vereinbarungen Verbesserungen zu erreichen. Angesichts der Existenz pareto-superiorer Lösungen sollte man eigentlich erwarten, dass die betroffenen Parteien auf dem Verhandlungsweg eine Einigung über die maximal zulässigen grenzüberschreitenden Umweltwirkungen erzielen können. Die Verhandlungen können allerdings aus verschiedenen Gründen scheitern:

- Zunächst kann strategisches Verhalten der beteiligten Staaten das Zustandekommen einer Verhandlungslösung verhindern. Insbesondere kann der Oberlieger seine Vermeidungskosten übertreiben, um höhere Kompensationszahlungen zu verlangen. Gelegentlich wird auch befürchtet, vor der Aufnahme von Verhandlungen könnte der Schadstoffexport bewusst gesteigert werden, um den Schaden zu erhöhen und zusätzliche Kompensationen zu fordern. Werden andererseits mehrere Staaten geschädigt, und profitieren sie gemeinschaftlich von der Rücknahme der Emissionsbelastungen, so besteht für jedes Land ein Anreiz, die eigene Zahlungsbereitschaft zu untertreiben, um sich in möglichst geringem Umfang an den Kompensationszahlungen beteiligen zu müssen.
- Muss der Unterlieger den Oberlieger für die Rücknahme seiner grenzüberschreitenden Umweltbelastungen entschädigen, so wird das Nutznießerprinzip verwirklicht, während im nationalen Rahmen, aber auch bspw. seitens der OECD das Verursacherprinzip propagiert wird. Zwar ist für das Zustandekommen eines effizienten Verhandlungsergebnisses irrelevant, welcher Partei das Nutzungsrecht für die knappe Ressource zugeteilt wird – schon die Unterscheidung zwischen Verursacher und Opfer ist wie erwähnt problematisch – aber die fehlende Akzeptanz der Rechteverteilung kann erheblichen Widerstand hervorrufen.

- Ein weiteres Hindernis für erfolgreiche Verhandlungen können auch hohe Transaktionskosten darstellen. Verlässt man den einfachen Fall, in dem sich ein Oberlieger und ein Unterlieger gegenüberstehen, und betrachtet statt dessen Situationen, die durch eine Vielzahl von Verursachern und Betroffenen gekennzeichnet sind, so werden die Organisationsprobleme auf beiden Seiten die Verhandlungsführung zusätzlich erschweren.

Im einfachen Oberlieger-Unterlieger-Fall können Verhandlungen möglicherweise ausreichen, um ein grenzüberschreitendes Umweltproblem zu lösen. Bei bilateralen Streitfällen sind darüber hinaus auch schiedsrichterliche Entscheidungen denkbar, insbesondere, wenn es sich um Staaten handelt, die wirtschaftlich und politisch in enger Beziehung zueinander stehen und die daher bereit sind, sich einem Urteil zu beugen. Sobald allerdings eine zunehmende Zahl von Staaten betroffen ist sowie die Umweltproblematik komplexer wird, werden andere Institutionen erforderlich sein, um mit möglichst geringen Transaktionskosten die Kooperationsvorteile erschließen zu können. Während in Bundesstaaten – oder weniger ausgeprägt beispielsweise auch in der EU – zentrale Instanzen existieren, denen Entscheidungskompetenzen gegenüber ihren Glied- bzw. Mitgliedstaaten übertragen wurden, um diese zur Berücksichtigung grenzüberschreitender Umweltwirkungen anhalten zu können, fehlen auf internationaler Ebene solche Institutionen noch weitgehend.

### 3.2 Reziproke grenzüberschreitende Umweltwirkungen

Häufiger als einbahnige Oberlieger-Unterlieger-Konflikte dürften in der Realität reziproke grenzüberschreitende Umweltprobleme unter Beteiligung mehrerer Staaten auftreten. In diesem Fall kann nicht mehr einfach zwischen physischen Verursachern und Betroffenen unterschieden werden; die Vermeidungsaktivitäten in jedem der beteiligten Länder tragen zur Verringerung der Umweltbelastung oder Ressourcennutzung bei, und der Nutzenzuwachs fällt allen Staaten unabhängig von den eigenen Vermeidungsanstrengungen zu. Im Grenzfall der globalen Umweltprobleme hängt das Ausmaß der Umweltbelastung nur von der Summe der weltweiten Schadstoffausstöße ab, ohne dass der Emissionsort für die Wirkung relevant ist.

Bei nicht-kooperativer Umweltpolitik richten sich die Länder nur nach ihren nationalen Grenzschadens- und Grenzkostenfunktionen und vernachlässigen dabei, dass die von ihrem Territorium ausgehenden Emissionen auch Schäden in anderen Ländern verursachen; die Vermeidungsaktivitäten fallen daher zu gering aus. Bei kooperativem Vorgehen müsste den Überlegungen hingegen die aggregierte Grenzschadensfunktion zugrundegelegt werden.

Der Verzicht auf Umweltschutzmaßnahmen kann Auswirkungen auf Handels- und Kapitalströme haben. Werden von allen Staaten in zu geringem Umfang Vermeidungsaktivitäten ergriffen, so werden die umweltintensiv produzierenden Branchen weltweit ein zu hohes Produktionsniveau erreichen; welche Auswirkungen auf Struktur und Niveau des internationalen Handels daraus resultieren, lässt sich allerdings nicht ohne weiteres bestimmen. Sollten einzelne Länder Umweltschutzmaßnahmen ergreifen, um z.B. den Kohlendioxidausstoß zu reduzieren oder den Energieverbrauch zu drosseln, während andere Staaten auf ein entsprechendes Vorgehen verzichten, so sind ähnliche Struktureffekte zu erwarten wie im Fall einbahniger grenzüberschreitender Umweltbelastungen: In den umweltpolitisch aktiven Staaten schrumpfen die mit höheren Umweltschutzkosten belasteten Sektoren, während ihre ausländischen Konkurrenten einen Wettbewerbsvorteil erlangen. Auf die Umweltqualität in dem aktiven Land hat die strengere Umweltpolitik jedoch kaum positive Auswirkungen, da diese von der gesamten weltweiten Emissionsmenge abhängt, die – je nachdem wie stark der zu erwartende Anstieg der Emissionen seitens der expandierenden ausländischen Industrien ausfällt – sogar zunehmen kann.

Ähnlich wie im Fall der einbahnigen grenzüberschreitenden Umweltwirkungen lassen sich mit Hilfe einer umweltpolitischen Zusammenarbeit grundsätzlich paretosuperiore Lösungen verwirklichen, aber eine stabile Kooperation wird hier noch schwerer zu erreichen sein. Die Länder, die an dem Umweltproblem beteiligt sind, müssen nicht nur eine Einigung über die anzustrebende Umweltqualität, sondern auch über die erforderlichen Maßnahmen sowie die Aufteilung der Kosten erzielen. Je mehr Staaten an dem Verhandlungsprozess beteiligt werden müssen, desto schwieriger lässt sich voraussichtlich ein derart umfassender Konsens herstellen, weil Transaktionskosten sowie das Problem der asymmetrischen Informationverteilung ein immer größeres Gewicht erhalten. Eine kooperative Lösung zeichnet sich dadurch aus, dass jedes Land auch die positiven Auswirkungen einer Verringerung der inländischen Emissionen auf die ausländische Umweltqualität berücksichtigt und daher ein höheres Vermeidungsniveau wählt (Ködding 1997, S. 38 ff.). Aus Sicht eines einzelnen Staates ist der Nutzen der Kooperation darin zu sehen, dass die anderen Länder ebenfalls zusätzliche Reduktionsverpflichtungen eingehen. Sobald für ein Land dieser Kooperationsnutzen geringer ausfällt als die Kosten, die mit den zusätzlichen Umweltschutzmaßnahmen verbunden sind, sind Seitenzahlungen (Transfers) erforderlich, um seine Mitarbeit sicherzustellen. Eine solche Situation wird insbesondere dann eintreten, wenn zwischen den Ländern größere Asymmetrien hinsichtlich ihrer Vermeidungskosten, der Höhe der Umweltschäden sowie der Richtung der grenzüberschreitenden Effekte bestehen. Der Kooperationsnutzen eines Landes ist dabei um so höher, je höher seine Vermeidungskosten sind, je höher die von den grenzüberschreitenden Umweltbelastungen verursachten Schäden ausfallen und je mehr das Land eine Unterliegerposition einnimmt.

Für ein Land hingegen, das eine starke Oberliegerposition inne hat, das heißt zwar Sender, aber kaum Empfänger grenzüberschreitender Emissionen ist, und darüber hinaus mit sehr niedrigen Vermeidungskosten und Schadenswirkungen konfrontiert wird, besteht in Abwesenheit von Seitenzahlungen kaum ein Anreiz, sich an einem Umweltschutzabkommen zu beteiligen. Dies gilt vor allem dann, wenn aus politischen Gründen einheitliche prozentuale Emissionsverminderungen oder gar einheitliche Emissionsquoten für alle Länder festgelegt werden. Auch wenn Transfers folglich oftmals unabdingbar für den Abschluss eines internationalen Umweltschutzabkommens sind, können sie den Verhandlungsprozess doch auch zusätzlich belasten. Insbesondere verstärken Seitenzahlungen den Anreiz, die wahren Kosten und Nutzen von Umweltschutzmaßnahmen zu verfälschen, um geringere Zahlungsverpflichtungen einzugehen bzw. höhere Transfers zu erhalten.

### 3.3 Erfolgsbedingungen für internationale Umweltschutzvereinbarungen

Die Aussichten für das Zustandekommen stabiler internationaler Umweltschutzkooperationen sowie die zahlreichen Hindernisse, die dabei zu bewältigen sind und häufig erhebliche Abstriche von Ideallösungen erforderlich machen, sind Gegenstand zahlreicher Untersuchungen (Heister 1997; Althammer 1998; Ködding 1997). Diese arbeiten meist mit dem Instrumentarium der nicht-kooperativen Spieltheorie, die das Verhalten rationaler Akteure in interdependenten und konfliktträchtigen Entscheidungssituationen analysiert. Die nicht-kooperative Spieltheorie ist ein leistungsfähiges Instrument, solange die betrachteten Situationen „überschaubar" sind, das heißt „jeder Akteur aus einer begrenzten Anzahl rationaler Spieler eine klar definierte und allen bekannte Menge von Handlungsoptionen in jeder möglichen Spielsituation besitzt, ... den Spielern die Gewinne in jeder möglichen Strategiekombination zumindest als Erwartungswerte bekannt sind, und ... alle Spieler von einer identischen Spielstruktur ausgehen" (Heister 1997, S. 5). Mit der (notwendigen) Vereinfachung auf solche modelltheoretisch handhabbare Situationen ist allerdings die Gefahr verbunden, dass wichtige Gründe für die in der Realität ja durchaus zu beobachtende Existenz und Stabilität internationaler Vereinbarungen übersehen werden. Die spieltheoretischen Untersuchungen stellen daher eher ein Mittel dar, die grundsätzlichen Wirkungszusammenhänge offenzulegen, als dass sie Hilfestellung bei der Entwicklung praxisrelevanter Instrumente zur Stabilisierung völkerrechtlicher Verträge leisten. Im Weiteren werden überblicksartig die wichtigsten Aspekte diskutiert, die das Zustandekommen und die Stabilität internationaler Umweltschutzverträge fördern oder gefährden können.

Zunächst sind hier *Merkmale des Umweltproblems* von Bedeutung. Die Aussichten für das Zustandekommen zwischenstaatlicher Übereinkünfte sind voraussichtlich besser, wenn die grenzüberschreitenden Wirkungen reziproker Natur sind, da in diesem Fall alle beteiligten Staaten ein direktes Interesse an der Lösung des Problems besitzen und Reduktionsverpflichtungen einbringen können. Anderenfalls befinden sich einzelne Staaten in der Oberlieger-Position und müssen – sollen sie zum Beitritt veranlasst werden – durch anderweitige Zugeständnisse kompensiert werden. Damit erhöhen sich voraussichtlich auch die Transaktionskosten der Verhandlungen beträchtlich, denn es muss zusätzlich über Art, Umfang und Aufteilung der Seitenzahlungen entschieden werden. Erschwert wird der Abschluss internationaler Umweltschutzvereinbarungen auch, wenn kein wissenschaftlicher Konsens hinsichtlich der Ursachen und Wirkungen eines Problems besteht. Bei wichtigen internationalen Umweltproblemen, wie der Zerstörung der Ozonschicht, dem Treibhauseffekt oder Saurem Regen, herrscht zwar weitgehend Einigkeit über die grundlegenden Ursache-Wirkungs-Zusammenhänge; die Unsicherheiten über das Ausmaß der zu erwartenden Schäden und ihre regionale Verteilung sind jedoch weiterhin sehr groß. Daher wird auch die Notwendigkeit eines raschen und mit hohen Kosten verbundenen Gegensteuerns unter Wissenschaftlern kontrovers beurteilt; vor allem in den Entwicklungsländern betreffen lokale Umweltprobleme wie Wasserverschmutzung und -knappheit die Bevölkerung sehr viel unmittelbarer als die in ferner Zukunft liegenden diffusen Gefahren einer globalen Klimaänderung. Kooperationsfördernd kann darüber hinaus das Vorhandensein alternativer Produktionsverfahren und Produkte wirken, da in diesem Fall die Anpassungskosten geringer ausfallen und zusätzliche Kompensationsmechanismen – wie zum Beispiel Technologietransfers – zur Verfügung stehen.

Wichtige Einflussfaktoren sind auch *Merkmale der Verhandlungspartner*. So ist die Anzahl der in die Kooperation einzubeziehenden Länder mit ausschlaggebend für den Anreiz jedes einzelnen Landes, sich als Trittbrettfahrer zu verhalten und dem Abkommen entweder von vorneherein nicht beizutreten oder – insbesondere wenn Verstöße nur unvollkommen feststellbar sind – die eingegangenen Verpflichtungen nicht einzuhalten. Auf diese Weise lassen sich Kosten sparen, ohne dass der Nutzen spürbar sinkt, solange sich die anderen Vertragspartner an die Vereinbarungen halten. Je größer die Anzahl der Parteien – und je kleiner damit der individuelle Beitrag zum betreffenden Umweltproblem und oftmals auch die Feststellbarkeit von Verstößen – desto leichter dürfte sich ein Land dazu verleiten lassen, die Trittbrettfahrer-Position einzunehmen. Ein weitere Schwierigkeit liegt in der unterschiedlichen Betroffenheit der einzelnen Länder, das heißt - in ökonomischer Terminologie - in unterschiedlich verlaufenden Grenzschadensfunktionen bzw. divergierenden marginalen Zahlungsbereitschaften für Umweltverbesserungen.

So stellen die vermutlich durch anthropogene Treibhausgasemissionen ausgelösten Klimaänderungen sicherlich ein globales Umweltproblem dar, da praktisch alle Länder die Auswirkungen spüren werden, aber der Grad der Betroffenheit schwankt ganz erheblich. Während ein Anstieg des Meeresspiegels um einen Meter bei tiefliegenden Inselstaaten Landverluste von bis zu 80 Prozent verursachen könnte – mit offenbar gravierenden wirtschaftlichen und sozialen Folgen – sind die negativen Auswirkungen in anderen Ländern eher moderat; einige Regionen wie Sibirien könnten möglicherweise sogar von einer Erwärmung profitieren.

Nicht nur die erwarteten Schäden können divergieren und damit Ursache unterschiedlicher Kooperationsinteressen sein, sondern auch die Vermeidungskosten; bei der Treibhausproblematik könnte es sich dabei zum Beispiel um die Kosten einer Substitution fossiler durch nicht-fossile Energieträger oder auch den Verzicht auf Mobilität handeln. Bei Problemen des Artenschutzes können sich die Kosten sogar ganz auf ein Land konzentrieren, beispielsweise weil auf die wirtschaftliche Erschließung einer Region verzichtet werden muss, während die Zahlungsbereitschaft für den Erhalt der bedrohten Tierart vor allem in anderen Staaten besteht. Darüber hinaus ist zu berücksichtigen, dass die Kosten im Gegensatz zu den Schäden häufig „sicherer" sind und zu einem früheren Zeitpunkt anfallen, so dass für eine Kosten-Nutzen-Abwägung eine Diskontierung erforderlich ist. Vergegenwärtigt man sich die langen Zeiträume, mit denen man es hier zu tun hat, so ist klar, dass die Wahl des Diskontierungsfaktors von entscheidender Bedeutung sein kann.

Die aus den unterschiedlichen Verläufen von Schadens- und Vermeidungskostenfunktionen resultierenden Interessenunterschiede stellen ein ernstzunehmendes

Hindernis für eine erfolgreiche Umweltschutzkooperation dar. Sie sorgen dafür, dass eine Einigung entweder „auf dem kleinsten Nenner" erfolgt oder nur mit Hilfe von Transferzahlungen herbeigeführt werden kann. Das gilt insbesondere dann, wenn Vereinbarungen gleiche prozentuale Emissionsreduktionen für alle beteiligten Länder vorsehen oder sich die Vermeidungskosten auf wenige Länder konzentrieren. Dieser Umstand sowie die Tatsache, dass weder Schadens- noch Vermeidungskostenfunktionen letztlich intersubjektiv überprüfbar abgeleitet werden können, eröffnet auch Spielräume für strategisches Verhalten (Übertreiben von Kosten, Untertreiben der erwarteten Schäden), wodurch sich die Aussichten auf das Zustandekommen einer Vereinbarung weiter verschlechtern.

Dass trotz aller Schwierigkeiten stabile internationale Umweltschutzabkommen existieren, lässt sich wohl vor allem auf Faktoren zurückführen, die als *Merkmale des Verhandlungsprozesses* bezeichnet werden können. So besteht zwischen Staaten häufig ein vielschichtiges Beziehungsgeflecht, das aus verschiedenen Gründen die Aussichten für Vereinbarungen auf dem Gebiet des Umweltschutzes verbessert – etwa wenn Staaten bereits über gemeinsame Verhandlungserfahrungen verfügen und auf diese Weise eine gewisse Reputation als zuverlässiger Vertragspartner aufgebaut haben. Das Risiko, diese Reputation aufs Spiel zu setzen und damit die zukünftige Zusammenarbeit auch in anderen Bereichen zu gefährden, erhöht die Kosten eines Vertragsbruchs ganz erheblich. Auch besteht ein Interesse, die Beziehungen zu wichtigen Partnern eines Handelsabkommens oder auch eines militärischen Verteidigungsbündnisses nicht durch strategisches Verhalten bei gemeinsamen Umweltproblemen zu belasten. Hinter dieser Feststellung verbirgt sich zudem ein zentrales Argument gegen die Vorschläge radikaler Freihandelsgegner, die die internationalen Handelsbeziehungen auf ein Minimum beschränken wollen. Die meisten Umweltprobleme werden auf diese Weise nicht gelöst, aber die Aussichten, zu kooperativen Lösungen zu gelangen, können sich verschlechtern.

Eine Möglichkeit – und oftmals wohl eine notwendige Bedingung – zur Verbesserung der Aussichten für eine stabile Kooperation bei internationalen Umweltproblemen ist das Schnüren von „Paketlösungen". Auf diese Weise kann sowohl den unterschiedlichen Betroffenheiten und Vermeidungskosten als auch den in vielen Ländern fehlenden Problemlösungskapazitäten Rechnung getragen werden. Folglich müssen im Rahmen der Verhandlungen nicht nur finanzielle, sondern vor allem auch Wissens- und Technologietransfers durchgesetzt werden, um die Regierungen in Schwellen-, Transformations- und Entwicklungsländern überhaupt in die Lage zu versetzen, ihren Verpflichtungen nachzukommen. Zwar kann man auch Argumente gegen Transferleistungen anführen: so können Transferzahlungen an den Verursacher eines Umweltproblems als ungerecht empfunden werden und daher politisch nicht durchsetzbar sein oder abgelehnt werden, weil befürchtet wird, dass sie ein falsches Signal für zukünftige Verhandlungen setzen. Ohne Transferzahlungen werden sich ehrgeizigere Umweltschutzziele unter Einbeziehung von Entwicklungsländern jedoch nicht verwirklichen lassen. In diesem Zusammenhang darf auch die historische Verantwortung der Industrieländer für die Verknappung zahlreicher Ressourcen nicht außer acht gelassen werden, weil die damit verbundenen Gerechtigkeitsvorstellungen auch die Kooperationsbereitschaft der Entwicklungsländer beeinflussen. Weitere Gestaltungsmerkmale erfolgreicher Umweltabkommen sind das Einräumen realistischer Übergangsfristen bei klaren zeitlichen Vorgaben, ggf. gestaffelt nach Ländergruppen, sowie allgemein die Berücksichtigung ökonomischer Anreizstrukturen.

Schließlich sind *institutionelle Voraussetzungen* zu berücksichtigen. Ein wichtiges Element dauerhaft erfolgreicher internationaler Umweltschutzvereinbarungen scheint die Schaffung supranationaler Organisationen (z.B. Generalsekretariate) zu sein, die Überwachungs- sowie formelle und informelle Streitschlichtungsmechanismen bereitstellen und gegebenenfalls über die Verteilung finanzieller Ressourcen (mit-) entscheiden. Sie können durch regelmäßige Berichterstattung und Organisation periodischer Treffen die Kommunikation der Vertragsparteien erheblich verbessern.

Als Fazit dieser Überlegungen lässt sich festhalten, dass es durchaus eine Vielzahl von Mechanismen gibt, die das Zustandekommen und die Stabilität umweltpolitischer Vereinbarungen fördern können, insbesondere wenn die spezifischen Bedingungen der Umweltproblematik und der beteiligten Parteien berücksichtigt werden. Die Identifikation zahlreicher Hindernisse im Rahmen der modelltheoretischen Untersuchungen sollte daher nicht zu einer allzu pessimistischen Haltung verleiten, sondern eher Anlass sein, über Möglichkeiten nachzudenken, die Schwierigkeiten zu überwinden. Eine vollständige und effiziente Kooperation wird allerdings in der Praxis kaum erreichbar sein. Bei ungünstigen Merkmalskombinationen kann darüber hinaus der Fall eintreten, dass Verhandlungen über internationale Umweltschutzanliegen scheitern bzw. gar nicht erst zustande kommen oder abgeschlossene Verträge zerbrechen, weil einige Staaten ihre Vereinbarungen nicht einhalten.

## 3.4 Handelsmaßnahmen bei internationalen Umweltproblemen

Wie gesehen, kann der Abschluss stabiler Umweltschutzvereinbarungen an verschiedenen Hindernissen scheitern, und umweltpolitische Alleingänge einzelner Staaten stellen oftmals keinen geeigneten Ausweg dar. Daher wird immer wieder gefordert, die WTO solle den Einsatz handelsbeschränkender Instrumente zulassen, wenn er darauf abzielt, inländische Umweltgüter vor grenzüberschreitenden Umweltbelastungen aus dem Ausland zu schützen, Wettbewerbsnachteile auszugleichen, die heimischen Industrien aufgrund strengerer Umweltstandards für internationale Umweltschutzziele entstehen, oder andere Länder mit Hilfe wirtschaftlicher Druckmittel zum Abschluss von Umweltschutzvereinbarungen zu zwingen. Wie solche Vorschläge einzuschätzen sind, wird in den folgenden Abschnitten geprüft.

### *3.4.1 Handelsmaßnahmen zum Schutz vor grenzüberschreitenden Belastungen*

Im Fall einbahniger grenzüberschreitender Umweltbelastungen kann der Unterlieger die im Territorium des Oberliegerstaates freigesetzten Emissionen nicht direkt beeinflussen. Zur Abwehr dieser importierten Umweltverschmutzung können Einfuhrbeschränkungen – zum Beispiel in Gestalt von Zöllen – für die Güter in Betracht gezogen werden, deren Produktion die Umweltbelastungen hervorruft (Baumol / Oates 1988, S. 276 ff.). Mit Hilfe solcher Umweltzölle, die theoretisch genau den durch die grenzüberschreitenden Umweltbelastungen ausgelösten externen Effekten entsprechen sollten, soll die Importnachfrage nach den betreffenden Gütern verringert werden, um so auch die ausländischen Produktionsmengen und damit die freigesetzten Emissionen zu reduzieren bzw. die ausländischen Produzenten zur Einhaltung strengerer Umweltschutzvorschriften anzuhalten. Ob ein solcher Zoll allerdings die gewünschte umweltpolitische Wirkung entfalten kann und darüber hinaus auch ökonomisch sinnvoll ist, hängt von verschiedenen Faktoren ab:

- Die Importbeschränkungen können überhaupt nur die grenzüberschreitenden Umweltbelastungen zurückdrängen, wenn sie von einem großen Land ergriffen werden, das über eine gewisse Marktmacht verfügt und Preis- und Mengeneffekte auslösen kann. Darüber hinaus sollte der Exportanteil der umweltbelastend produzierenden Branche im Oberliegerstaat möglichst groß sein, während die Ausweichmöglichkeiten auf andere Märkte möglichst gering sein müssen. Daher müssen möglicherweise auch Importbeschränkungen gegen Einfuhren aus Drittländern erlassen werden, wenn diese als Zwischenhändler auftreten können.
- Auch wenn sich der Zoll umweltpolitisch als erfolgreich erweist und die inländische Umweltqualität verbessert, indem er die importierte Umweltbelastung verringert, bedeutet dies noch nicht, dass die Zollerhebung in jedem Fall gesamtwirtschaftlich sinnvoll ist. Dies ist nur der Fall, wenn die umweltpolitischen Vorteile die konventionellen negativen Wohlfahrtswirkungen eines Importzolls übersteigen sowie der protektionistische Missbrauch verhindert werden kann.

Als Lösung für Oberlieger-Unterlieger-Konflikte wurden oben Verhandlungen vorgeschlagen, in deren Rahmen sich schadstoffexportierende Länder möglicherweise freiwillig bereit erklären, die grenzüberschreitende Umweltbelastung zu verringern, wenn ihnen im Gegenzug ebenfalls Kooperationsvorteile zufließen. Solche Kompensationsleistungen sind erforderlich, weil der Oberlieger das Verschmutzungsrecht besitzt. Werden nun bei grenzüberschreitenden Nutzungskonflikten Handelsmaßnahmen zugelassen und können diese vom Unterlieger wirkungsvoll eingesetzt werden, weil es sich um einen wirtschaftlich mächtigen Staat handelt, von dessen Absatzmärkten wichtige Industriezweige des Oberliegers abhängig sind, so kann dies als eine Umverteilung der Eigentumsrechte an der Umweltressource interpretiert werden. In Abwesenheit von Transaktionskosten führt das auf diese Weise eingeführte Verursacherprinzip zwar letztlich zum selben Emissionsniveau, die Verteilungswirkungen unterscheiden sich aber grundlegend, da der Oberlieger die zusätzlichen Vermeidungskosten tragen muss.

Keine der beiden Rechtstitelverteilungen ist unter Effizienzgesichtspunkten oder aufgrund allgemein akzeptierter Gerechtigkeitsnormen eindeutig vorzuziehen. Handlungs- und Verfügungsrechte sind immer ein gesellschaftliches Konstrukt und setzen vor allem die Übereinstimmung darüber voraus, dass bestimmte Ressourcen als knapp anzusehen sind. Eine Einigung über die Verteilung von Handlungs- und Eigentumsrechten, die auch bestimmte Nutzungsbeschränkungen für ihren Inhaber beinhalten kann, lässt sich möglicherweise erzielen, wenn nicht ein einzelnes aktuelles Problem betrachtet wird, sondern Regelungen für einen längeren Zeitraum und über verschiedene Problembereiche hinweg getroffen werden. Die Kooperationsbereitschaft der beteiligten Länder, die sich auf dieser Stufe zumindestens partiell hinter einem Schleier des Nichtwissens befinden, kann in diesem Fall größer sein, weil zu erwarten ist, dass sie in Zukunft sowohl Verursacher als auch Opfer grenzüberschreitender Umweltbelastungen werden können. In einem solchen Gesellschaftsvertrag können auch allgemeine Gerechtigkeitsüberlegungen einfließen – zum Beispiel, dass sich reichere Staaten an kostenintensiven Vermeidungsmaßnahmen ärmerer Staaten beteiligen sollen – sowie strengen Kontrollmechanismen unterworfene Ausnahmbestimmungen für Handelsbeschränkungen verankert werden.

Eine fallweise Festlegung der Nutzungsrechte mit Hilfe handelspolitischer Interventionen stellt jedoch keine befriedigende und konsensfähige Lösung der Verteilungsproblematik dar. Insbesondere dürfte sich nur schwer rechtfertigen lassen, dass große und wirtschaftlich mächtige (Industrie-) Staaten mit Hilfe von Handelsmaßnahmen praktisch einseitig und je nach aktueller Interessenlage über die Verteilung der Eigentumsrechte entscheiden können. Dies erscheint insbesondere problematisch, wenn auch nicht-physische spillovers zur Rechtfertigung herangezogen werden, so dass grundsätzlich bei jeder Ressourcennutzung, oder auch beim Verzicht auf bestimmte Schutzmaßnahmen, eine grenzüberschreitende Wirkung konstatiert werden kann. Auf diese Weise wird nicht nur einer schwer kontrollierbaren, weil an kaum überprüfbaren Kriterien festzumachenden Ausweitung von Handelsbeschränkungen Vorschub geleistet, sondern vor allem werden auch den schwächeren Staaten Wertvorstellungen aufgezwungen, die sie zwar nicht teilen, aber unter Aufwendung ggf. erheblicher Kosten beachten müssen.

Fasst man zusammen, so können grenzüberschreitende Umwelteffekte zwar in Einzelfällen ein Argument für Handelsmaßnahmen darstellen, aber im Allgemeinen werden kooperative Lösungen vorzuziehen sein. Folglich sollte auch zunächst versucht werden, auf dem Verhandlungswege eine Einigung über den zugrundeliegenden Nutzungskonflikt zu erzielen. Nur wenn das Land, von dessen Territorium die Emissionen ausgehen, sich weigert, ernsthaft über Reduktionsmöglichkeiten zu verhandeln, wären ausnahmsweise Handelsrestriktionen in Betracht zu ziehen. Ihre Anwendung sollte jedoch an strenge Voraussetzungen gebunden werden – wie die mangelnde Verhandlungsbereitschaft eines Oberliegers oder die Verursachung besonders schwerwiegender und irreversibler Schäden –, deren Einhaltung von einer neutralen Instanz kontrolliert werden kann. Anderenfalls ist zu befürchten, dass die polit-ökonomische Attraktivität solcher Handelsbeschränkungen ihre allzu schnelle Ausbreitung fördert und zu einer Benachteiligung wirtschaftlich schwächerer Länder führt.

### *3.4.2 Handelsmaßnahmen zur Absicherung einer Vorreiterrolle*

Die Regierungen einzelner Länder können den Einsatz von Handelsmaßnahmen auch in Erwägung ziehen, um dem internationalen Wettbewerb ausgesetzte heimische Unternehmen vor Kostennachteilen zu schützen, die diese in Kauf nehmen müssen, wenn das Inland eine Vorreiterrolle bei der Bekämpfung globaler Umweltprobleme übernimmt. Eine solche Politik eines einzelnen Landes kann allerdings nur einen geringen direkten Beitrag zur Verbesserung der inländischen (und der globalen) Umweltqualität leisten, indem sie die Abwanderung der emissionsintensiven Produktion in weniger streng regulierende Staaten unterbindet. Die mit den positiven Umweltwirkungen verbundenen Wohlfahrtsgewinne können zudem schnell durch die konventionellen Wohlfahrtseinbußen handelsbeschränkender Maßnahmen aufgezehrt werden. Die Erhebung eines Umweltzolles oder die Durchführung von Grenzausgleichsmaßnahmen liegt daher nicht unbedingt im gesamtwirtschaftlichen Interesse, sondern soll eher den politischen Widerstand derjenigen Industriezweige verringern, die einen stärkeren Kostenanstieg zu befürchten haben, und damit die Verabschiedung entsprechender Umweltschutzregulierungen ermöglichen.

Während weiter oben bei der Diskussion nationaler Umweltprobleme auf die Wettbewerbsfähigkeit inländischer Industrien bezogene Handelsmaßnahmen abgelehnt wurden, weil sie dem Prinzip der komparativen Kostenvorteile widersprechen und zu einer Beeinträchtigung der für alle Beteiligten vorteilhaften internationalen Arbeitsteilung führen, lassen sich diese Maßnahmen im Zusammenhang mit globalen Umweltproblemen eher begründen. Setzt ein Land niedrigere Umweltschutzanforderungen, weil es die Umweltschäden missachtet, die auf seinem Territorium stattfindende Produktionsaktivitäten in anderen Staaten verursachen, so stellt dies eine Verzerrung der „wahren" komparativen Kostenverhältnisse dar und führt zu einer Übernutzung der internationalen Umweltressourcen. Die negativen Folgen einer solchen Politik haben auch die Einwohner der Länder zu tragen, in denen restriktivere Umweltschutzvorschriften gelten; wird die Produktion an weniger streng regulierte Standorte verlagert, so lassen sich auch durch einseitige umweltpolitische Vorleistungen langfristig keine Verbesserungen der globalen Umweltqualität erreichen. Aus diesem Grund hat aber letztlich auch kein Land ein Interesse daran, strengere Prozessregulierungen einzuführen. Um einzelnen Staaten den – in der Regel allerdings mit Wohlfahrtsverlusten verbundenen – Ausbruch aus diesem Dilemma zu ermöglichen, können Handelsmaßnahmen, die den importierten Waren den im Inland verursachten Schaden zurechnen, ökonomisch gerechtfertigt sein (Althammer 1998, S. 229 f.; Helm 1995, S. 128). Eine Reihe von Argumenten spricht dennoch eher gegen den unkontrollierten Einsatz solcher Ausgleichsmaßnahmen:

- Zunächst wird jeder Industriezweig ein Interesse daran haben, ihm auferlegte Regulierungen als globalen Umweltschutzzielen dienend auszugeben. Dabei besteht die Gefahr, dass einflussreiche Interessengruppen in der Lage sind, ihre Ansicht – ggf. mit Unterstützung von Umweltschutzgruppen – durchzusetzen, so dass schließlich eine Vielzahl angeblich umweltpolitisch motivierter Ausgleichsmaßnahmen den internationalen Handel beeinträchtigt. Um dies zu verhindern, ist zumindestens eine Einigung darüber erforderlich, welche globalen Umweltprobleme zu einem solchen Vorgehen berechtigen sollen.
- Ausgleichszölle sollten auch nur zulässig sein, wenn in Exportländern keine mit den inländischen Bestimmungen vergleichbaren Regulierungen zum Schutz internationaler Umweltressourcen existieren und durchgesetzt werden. Es dürfte in der Praxis jedoch kaum möglich sein, die Auswirkungen oftmals völlig unter-

schiedlicher Regulierungssysteme zu überprüfen und darauf basierend Ausgleichszölle zu berechnen.

- Bei der Ermittlung von Ausgleichszöllen muss in der Praxis als Bemessungsgrundlage wohl der „Verschmutzungsgehalt" der Importe – etwa die je Produkteinheit freigesetzten Treibhausgase – herangezogen werden. Analog dazu werden sich Importverbote gegen Waren richten, bei deren Herstellung beispielsweise mehr Kohlendioxid freigesetzt wird als bei einem vergleichbaren heimischen Produkt. Ein solches Vorgehen ist jedoch umweltökonomisch kaum gerechtfertigt: Auch wenn in einem Land je Einheit eines bestimmten handelbaren Produktes mehr Schadstoffe freigesetzt werden, können die Gesamt- und Pro-Kopf-Emissionen dieses Landes unter denen anderer Staaten liegen. Ein Umweltabkommen müsste bei einem globalen Umweltschadstoff als Bezugsgröße die weltweiten Gesamtemissionen wählen und diese über Länderquoten – die sich z.B. an der Einwohnerzahl orientieren können – den einzelnen Vertragsparteien zuteilen. Wie ein Land seine Emissionsrechte dann auf Exportgüter oder nicht gehandelte Güter und Dienstleistungen aufteilt oder sie, falls dies möglich ist, an Emittenten in anderen Ländern verkauft, ist eine nachgeordnete Frage.

Obwohl Importbeschränkungen, die einem Land die Verfolgung internationaler Umweltschutzanliegen ermöglichen sollen, theoretisch eine gewisse Legitimation beanspruchen können, dürften bei ihrer praktischen Umsetzung regelmäßig schwerwiegende Probleme auftreten. Ein einseitiges, nicht auf multilateralen Vereinbarungen basierendes Vorgehen sollte daher grundsätzlich untersagt werden.

### *3.4.3 Handelsmaßnahmen zur Beeinflussung der Kooperationsbereitschaft*

Zunehmend wird der Einsatz handelspolitischer Maßnahmen erwogen, mit deren Hilfe die Anwendung der eigenen Standards im Ausland oder die Teilnahme kooperationsunwilliger Staaten an multilateralen Umweltschutzvereinbarungen erzwungen werden soll. In der Regel handelt es sich dabei um Importbeschränkungen, die gegen Produkte verhängt werden, deren Herstellung gegen die inländischen Umweltschutzbestimmungen verstößt. Als erfolgreich können solche Maßnahmen bezeichnet werden, sofern sie die Exportländer veranlassen, sich zur Kooperation bereit zu erklären oder ihre Politik an die des Importlandes anzupassen. Inwieweit dies gelingt, hängt vor allem davon ab, wie groß die Verluste sind, die die Exportländer erleiden: Handelsbeschränkungen sind um so erfolgreicher, je größer die Marktmacht des Importlandes ist, je stärker ausgeprägt die Exportabhängigkeit des Exportlandes ist und je höher der Exportanteil des betreffenden Produktes ausfällt. Außerdem sollten – auch bei sinkendem Weltmarktpreis – möglichst wenig Ausweichmöglichkeiten auf andere Märkte und sonstige Umgehungsmöglichkeiten existieren; erweisen sich Handelsbeschränkungen als wirkungslos, zum Beispiel weil auf diese Weise nur ein kleiner Teil der ausländischen Produktion beeinflusst werden kann, so kommen als Alternative auch Sanktionen in Betracht, das heißt Importrestriktionen, die sich nicht nur gegen das umweltbelastend produzierte Gut, sondern auch gegen andere Waren richten. Selbst wenn die umweltpolitischen Erfolgsaussichten eher als gering einzuschätzen sind, kann der Einsatz von Handelsmaßnahmen aus Sicht der inländischen Politiker durchaus attraktiv erscheinen. Handelsbeschränkungen können nämlich auch als ein Signal an inländische Umweltschutzgruppen interpretiert werden, das ihnen Aktivität vorspiegelt, ohne dabei nennenswerte politische Kosten zu verursachen.

Handelsmaßnahmen können nach Ansicht zahlreicher Autoren, die Freihandel nicht grundsätzlich ablehnen, im Einzelfall ein geeignetes Mittel darstellen, kooperationsunwillige Staaten zur Zusammenarbeit zu bewegen und auch auf internationaler Ebene das Verursacherprinzip zu verwirklichen. Der Missbrauch solcher Maßnahmen, das heißt ihr Einsatz zu anderen Zwecken als Druckmittel gegenüber Trittbrettfahrern, soll ausgeschlossen werden, indem ihre Zulässigkeit an die Erfüllung verschiedener Bedingungen geknüpft wird. Demnach besteht bei Vorliegen grenzüberschreitender Umwelteffekte ein berechtigtes ökologisches Interesse, das Handelsbeschränkungen legitimiert, wenn zusätzlich ein angemessener eigener Beitrag zur Lösung des Problems geleistet wird, ein Bezug zu konkreten Umweltzielen erkennbar ist, der Umfang angemessen ist, die Anwendung nicht diskriminierend erfolgt sowie die Bereitschaft zu kooperativen Lösungen signalisiert wird.

Eine Reihe von Gründen spricht jedoch für eine eher reservierte Haltung gegenüber einseitigen Handelsmaßnahmen, auch wenn diese internationale Schutzziele verfolgen (Bhagwati / Srinivasan 1996). So ist zu berücksichtigen, dass handelspolitische Maßnahmen die Komplexität von Umweltproblemen nur unzureichend berücksichtigen können und daher die angestrebten Ziele leicht durch unerwartete Ausweichreaktionen konterkarieren. Besonders negativ zu beurteilen sind Handelsrestriktionen, wenn sie an die Einhaltung ganz bestimmter (Vermeidungs-) Techniken gekoppelt werden, die zwar im Importland angebracht sein mögen, aber nicht unbedingt in den Exportländern. Die Festschreibung eines bestimmten Instrumentariums stellt darüber hinaus unter Umständen nicht einmal im Importland die langfristig sinnvollste Strategie dar und behindert in jedem Fall die Suche nach geeigneteren Maßnahmen. Handelsbeschränkungen erschweren damit auch die Nutzung der international verstreuten Kenntnisse und Fähigkeiten. Zudem dürfte sich die Kontrolle der Einhaltung von Umweltschutzvorschriften im Ausland als noch schwieriger erweisen, wenn die Standards dem betreffenden Land praktisch aufoktroyiert wurden; kooperative Lösungen, die ggf. in Verbindung mit Transfers umgesetzt werden, dürften hier bessere Aussichten bieten.

Außerdem sollten auch die wohlfahrtssteigernden Auswirkungen der internationalen Arbeitsteilung nicht ausgeblendet werden, die für verstärkte Umweltschutzbemühungen sorgen können. Wirtschaftliches Wachstum eröffnet zusätzliche finanzielle Spielräume, die es Entwicklungsländern überhaupt erst ermöglichen, wirksame Maßnahmen zur Bewältigung ihrer gravierenden Umweltprobleme zu ergreifen - auch wenn sich diese Länder zunächst sicherlich auf andere (lokale) Probleme konzentrieren und weniger beispielsweise auf den internationalen Tierschutz). Darüber hinaus wird ein höherer Lebensstandard häufig auch als unentbehrlich für den Rückgang des Bevölkerungswachstums angesehen, was wiederum eine Entlastung der Umwelt mit sich bringt. Schließlich kann Handel den Transfer umweltfreundlicher Technologien und wissenschaftlicher Erkenntnisse beschleunigen.

Des Weiteren ist auch bei unilateralen Handelsbeschränkungen, die offiziell andere Staaten zur Kooperation bei internationalen Umweltproblemen bewegen sollen, zu befürchten, dass protektionistische Motive Oberhand gewinnen. Das Missbrauchspotenzial ist dabei angesichts der praktisch unlösbaren Bewertungsfragen im Zusammenhang mit Umweltproblemen sehr hoch, nicht zuletzt, weil damit zu rechnen ist, dass der Einfluss protektionistischer Interessen vor allem bei der administrativen Umsetzung handelsbeschränkender Maßnahmen besonders ausgeprägt ist.

Da Handelsbeschränkungen als Mittel angesehen werden, eine überlegene Kooperationsstrategie zu erzwingen, lautet die wohl entscheidende Frage, ob das Zulassen von Handelsbeschränkungen eher kooperationsfördernd oder -zerstörend wirkt? Diese Frage lässt sich kaum pauschal beantworten. Ein Argument, das eher gegen eine kooperationsfördernde Wirkung spricht, ist, dass derartige unilaterale Handelsbeschränkungen eine Abweichung vom status quo des WTO-Regelwerkes darstellen und sozusagen als einseitige Kündigung seitens der Industrieländer und Umverteilung von Eigentumsrechten verstanden werden können. Die Entwicklungsländer sehen sich dadurch benachteiligt und werden kaum bereit sein, an anderer Stelle Entgegenkommen zu zeigen; das aber kann nicht nur den Abschluss von Umweltschutzabkommen in Frage stellen, sondern insbesondere bei ihrer Umsetzung zu erheblichen Reibungsverlusten führen.

Angesichts dieser Probleme erscheint es nicht ratsam, den Einsatz unilateraler Handelsmaßnahmen zu erlauben, die das Umweltverhalten anderer Länder beeinflussen sollen. Ein solches Vorgehen ist nur in Ausnahmefällen zu befürworten, wenn ernsthafte – das heißt in der Regel durch das Angebot von Kompensationsmechanismen gekennzeichnete – Kooperationsbemühungen an der fehlenden Bereitschaft oder strategischem Verhalten eines Verursacherstaates gescheitert sind. Die WTO-Rechtsprechung scheint derzeit eine ähnliche Position zu vertreten: umweltpolitisch motivierte unilaterale Handelsmaßnahmen sind grundsätzlich verboten und lassen sich nur durch Inanspruchnahme sehr eng auszulegender und von den Schiedsinstanzen kontrollierter Ausnahmeregeln rechtfertigen (Ranné 1999).

### *3.4.3 Handelsmaßnahmen im Rahmen multilateraler Umweltabkommen*

Es existieren inzwischen über 100 bi- und multilaterale Umweltschutzabkommen, die den Vertragsparteien zum Teil lediglich Informationspflichten auferlegen oder unverbindliche und nicht-quantifizierte Zielvorstellungen enthalten, zum Teil aber auch konkrete Reduktionsvorgaben und Sanktionsmechanismen einschließen (siehe auch Kulessa 1995, S. 199 ff.). Noch Anfang der neunziger Jahre sahen 17 multilaterale Umweltabkommen auch explizit Handelsbeschränkungen vor (GATT 1992). Handelsmaßnahmen im Rahmen internationaler Umweltschutzabkommen können einerseits den (angeblich) für ihre Übernutzung verantwortlichen Handel mit bestimmten Ressourcen beschränken und andererseits als Stabilisierungsmechanismus dienen, der den Nutzen der Nichtunterzeichnung oder eines Vertragsbruches verringert. Handelsmaßnahmen dieser zweiten Kategorie ähneln dabei in mancherlei Hinsicht unilateralen Maßnahmen, wenn sie die Parteien authorisieren, Handelsmaßnahmen zu ergreifen, um nicht (mehr) kooperationswillige Staaten zur Mitarbeit zu zwingen; insbesondere können sie effektiv nur von großen Ländern angewendet werden. Allerdings wächst mit zunehmender Teilnehmerzahl eines multilateralen Abkommens die Wahrscheinlichkeit, dass mit den Handelsbeschränkungen keine protektionistischen Motive verfolgt werden. Außerdem enthalten die Umweltabkommen in der Regel weitere Bestimmungen, die positive Kooperationsanreize setzen oder den Einsatz von Handelsmaßnahmen eingrenzen; daher fällt die Beurteilung multilateraler Handelsmaßnahmen positiver aus.

Der Handel mit natürlichen Ressourcen wie Tropenholz oder mit gefährdeten Tier- und Pflanzenarten wird oftmals als mitverantwortlich für deren Übernutzung angesehen. Erweist sich diese Diagnose als zutreffend, so stellen Handelsbeschränkungen eine ursachenadäquate Therapie dar und sollten im Interesse einer effektiven und effizienten Umweltpolitik nicht durch handelspolitische Vorgaben verhindert werden. Bei genauerem Hinsehen liegen die Gründe für die Übernutzung und Ausrottung allerdings eher in den fehlenden formellen und informellen Handlungs- und Verfügungsrechten an den Ressourcen sowie in den Schwierigkeiten, die vor allem in den Industrieländern bestehende Nachfrage nach ihrem Erhalt zu mobilisieren. Vor allem in Entwicklungsländern führen die hohen Kosten einer Durchsetzung und Kontrolle von privaten Eigentumsrechten sowie hohe interne Koordinierungskosten – wenn Gruppen das Nutzungsrecht an einer Ressource besitzen – dazu, dass letztlich „freier Zugang" herrscht. Darüber hinaus wird ein solches der Ressourcenerhaltung abträgliches Regime auch bewusst geschaffen oder aufrechterhalten, um kurzfristig soziale Spannungen zu vermeiden. Bei Tierarten, die sich beispielsweise in internationalen Gewässern aufhalten, gestaltet sich die exklusive Zuweisung von Eigentumsrechten offenbar noch schwieriger.

Ein Handelsverbot für Tropenholz und bedrohte Tierarten oder daraus hergestellte Produkte kann die genannten Probleme nicht alleine lösen. Der sinkende Wert der Ressourcen kann sogar unerwünschte Folgen haben, wenn damit auch das Interesse an ihrer dauerhaften Nutzung sinkt. Folglich müssen zusätzliche Anreizmechanismen implementiert werden, die direkt auf den Schutz der betreffenden Ressourcen abzielen; dabei ist auch zu prüfen, ob nicht ein begrenzter und kontrollierter Handel, der die Erzielung von Exporterlösen ermöglicht, sinnvoller ist als ein vollständiges Handelsverbot. Allerdings werden Handelsmaßnahmen im Rahmen von Artenschutzabkommen mehrheitlich für erforderlich gehalten, um die angestrebten Schutzziele zu erreichen (Kulessa 1995, S. 203 ff.). Folglich sollten sie im Falle eines Konfliktes mit Freihandelsregeln auch grundsätzlich Vorrang genießen, solange keine willkürliche und für die Zielerreichung nicht notwendige Diskriminierung von Nichtunterzeichnern oder ein ähnlicher Verstoß nachgewiesen werden kann.

Handelsmaßnahmen können auch als Sanktionsmechanismus eingesetzt werden, indem sie Kosten der Missachtung von Vertragsbestimmungen oder der Weigerung, dem Abkommen beizutreten, erhöhen. Erfolgreich sind solche Regelungen dabei, wenn die Sanktionen nicht ausgeübt werden müssen, weil sich alle Parteien an die Vorgaben halten. Auch wenn als Sanktionsmechanismus in Umweltschutzvereinbarungen vorgesehene Handelsbeschränkungen bislang kaum Verbreitung gefunden haben, wird die Thematik doch recht intensiv diskutiert.

Im Rahmen eines Umweltschutzabkommens einigen sich die Unterzeichnerstaaten auf die Verteilung und Beschränkung von Nutzungsrechten für Umweltressourcen sowie Kompensationsleistungen. Ermächtigen sich die Parteien dabei gegenseitig, Handelsmaßnahmen zu ergreifen, sofern ein Mitglied den vereinbarten Verpflichtungen nicht nachkommt, so erscheint es sinnvoll, diese Entscheidung auch handelsrechtlich zu respektieren. Folglich ist die Forderung nach einer „Vorfahrtsregel" für in internationalen Abkommen enthaltene Handelsregeln nicht von der Hand zu weisen. Allerdings setzt dies zum einen voraus, dass genau festgelegt wird, welche konkreten Maßnahmen unter welchen Voraussetzungen ergriffen werden dürfen, zum anderen ist nicht klar, wie gegenüber Ländern verfahren werden soll, die dem Abkommen – aus welchen Gründen auch immer – nicht beigetreten sind:

- Falls zwischen den Mitgliedstaaten eines Abkommens Streitigkeiten über die Angemessenheit bestimmter Maßnahmen und ggf. Vergeltungsmaßnahmen auftreten sollten, so ist zunächst ein Rückgriff auf interne Streitschlichtungsprozeduren zu empfehlen. Sofern solche Verfahren nicht existieren bzw. nicht geeignet sind, den Konflikt zu entschärfen, kann ein Eingreifen der WTO-Streitschlichtungsgremien erforderlich sein. In diesem Fall sollte versucht werden, in dem Verfahren auch die Anliegen des Umweltabkommens zu berücksichtigen und nicht nur diejenigen der Welthandelsordnung.
- Bei Streitigkeiten zwischen Unterzeichnern und Nicht–Unterzeichnern eines Umweltabkommens, die jeweils Mitglieder der WTO sind, kann auf eine Überprüfung durch die WTO-Gremien kaum verzichtet werden. Zu untersuchen ist dabei zum Beispiel, ob die Maßnahmen wirklich notwendig und nicht etwa unverhältnismäßig sind und ob das Abkommen offen und nicht-diskriminierend gegenüber Nichtunterzeichnern ist. Auch hier kann es sich als sinnvoll erweisen, Vertreter der jeweiligen Abkommen als Sachverständige einzuladen.

## 3.5 Zusammenfassung

Für das grundsätzliche Verbot einseitiger Importbeschränkungen für ausländische Produkte, deren Herstellung weniger strengen Umweltschutzanforderungen unterliegt, lässt sich eine Reihe von Argumenten anführen. Das gilt selbst dann, wenn sie grenzüberschreitende Umweltbelastungen oder den Schutz internationaler Umweltressourcen zum Gegenstand haben. Diese Probleme lassen sich nur durch eine freiwillige Zusammenarbeit lösen, die allen Beteiligten Kooperationsgewinne in Aussicht stellen muss; Handelsrestriktionen sind vor diesem Hintergrund ein denkbar ungeeignetes Mittel, da sie den Entwicklungsländern keinerlei Vorteile versprechen. Folglich werden die Industriestaaten den Großteil der Kosten – sei es durch Technologietransfer, die Bereitstellung finanzieller Mittel oder anderweitige Konzessionen – übernehmen müssen. Der Versuch, durch den Einsatz handelspolitischer Instrumente den Entwicklungsländern einen größeren Anteil der Anpassungskosten aufzubürden, widerspricht nicht nur Gerechtigkeitsvorstellungen, sondern dürfte sich auch als kontraproduktiv erweisen: Die armutsbedingte Ressourcenausbeutung steigt, die Durchsetzung vom Ausland auferlegter Bestimmungen ist noch schwerer zu kontrollieren als es bei Umweltschutzregulierungen sowieso schon der Fall ist und die Kooperationsbereitschaft sinkt bei Androhung als unberechtigt empfundener Sanktionen. Darüber hinaus lässt sich ein protektionistischer Missbrauch unter dem Deckmantel ökologischer Ziele voraussichtlich kaum vermeiden. Auch flankierende Handelsmaßnahmen zum Schutz der heimischen Industrie, die einem Land die Übernahme einer Vorreiterrolle bei internationalen Umweltproblemen ermöglichen sollen und theoretisch zunächst legitim erscheinen, sehen sich bei der praktischen Ausgestaltung mit erheblichen Problemen konfrontiert, so dass auf ihren Einsatz verzichtet werden sollte. Bei der Diskussion der Vor- und Nachteile eines unilateralen Einsatzes von Handelsmaßnahmen ist insbesondere auch zu berücksichtigen, dass diese Option lediglich von wenigen wirtschaftlich mächtigen Staaten ausgeübt werden kann. Daher ist es wenig verwunderlich, dass entsprechende Vorschläge vor allem in den USA eine gewisse Popularität besitzen, seitens der Entwicklungsländer hingegen vehement abgelehnt werden.

Handelsmaßnahmen im Rahmen multilateraler Umwelt- oder Tierschutzabkommen sind positiver zu beurteilen, unabhängig davon, ob sie für erforderlich gehalten werden, um das angestrebte Schutzziel zu erreichen, oder ob sie lediglich als Sanktionsmechanismus dienen sollen. In beiden Fällen sichert die Zustimmung einer (möglichst) großen Zahl von Ländern, dass unterschiedliche nationale Interessen berücksichtigt werden und protektionistische Motive in den Hintergrund treten. Die Frage, ob Handelsmaßnahmen als eine glaubwürdige Drohung gegen Trittbrettfahrer und Vertragsbrecher anzusehen sind und daher der Stabilisierung internationaler Umweltschutzvereinbarungen dienen, oder ob sie – vor allem wenn sie nicht hinreichend kontrollierbar sind – eine Bedrohung des Welthandelssystems darstellen, lässt sich allerdings nicht allgemein beantworten. Insbesondere Länder, die einem Abkommen fernbleiben, können sich in ihren Rechten verletzt fühlen. Daher kann auf eine handelsrechtliche Überprüfung der Handelsregeln in internationalen Umweltabkommen bzw. ihrer Anwendung nicht vollständig verzichtet werden, auch wenn möglicherweise weniger strenge Maßstäbe anzulegen sind, weil die Gefahr des protektionistischen Missbrauchs nicht so groß ist wie bei unilateralen Maßnahmen.

## **Weiterführende Literatur** (zitierte Quellen siehe Anhang)

*Althammer, W.* (1998), Internationale Aspekte der Umweltpolitik, Tübingen.

*Baumol, W. / W. E. Oates* (1988), The theory of environmental policy, Cambridge usw.

*Feess, E.* (1998), Umweltökonomie und Umweltpolitik, München.

*Heister, J.* (1997), Der internationale CO2-Vertrag. Strategien zur Stabilisierung multilateraler Kooperation zwischen souveränen Staaten, Tübingen.

*Helm, C.* (1995), Sind Freihandel und Umweltschutz vereinbar? Ökologischer Reformbedarf des GATT / WTO-Regimes, Berlin.

*Karl, H.* (1998), Umweltpolitik, P. Klemmer (Hrsg.): Handbuch Europäische Wirtschaftspolitik, München, S. 1001–1149.

*Ködding, G.* (1997), Lösungsansätze für grenzüberschreitende Umweltprobleme bei internationaler Handelsverflechtung, Frankfurt/M. usw.

*Kulessa, M. E.* (1995), Umweltpolitik in einer offenen Volkswirtschaft: Zum Spannungsverhältnis von Freihandel und Umweltschutz, Baden-Baden.

*Siebert, H.* (1998), Economics of the environment. Theory and policy. 5. Aufl., Berlin usw.

## **Verständnisfragen** (Lösungen siehe Anhang)

**Frage 1:**

In einem 1990 im US-Senat gescheiterten Gesetzentwurf zur „Abschreckung der internationalen Umweltverschmutzung" wurde die Erhebung von Strafzöllen auf umweltschädlich hergestellte Importe gefordert. Der Entwurf sah vor, Zölle auf Importe zu erheben, deren Herstellung unter Bedingungen erfolgt, die nicht den im amerikanischen Gesetz zur Luftreinhaltung (Clean Air Act) vorgeschriebenen Standards entsprechen. Die Höhe des „ausländischen Öko-Dumpings" sollte berechnet werden aus „den Kosten, welche der ausländische Hersteller aufzubringen hätte, wenn er dieselben Auflagen erfüllen müsste wie ein Produzent der gleichen Güter in den USA". Die Verabschiedung eines solchen Gesetzes wurde nicht nur von Umweltschutzgruppen, sondern bspw. auch von der Stahlindustrie gefordert, die als wichtiger Verursacher von Schwefeldioxidemissionen hohe Vermeidungskosten (z.B. für Filteranlagen) aufwenden muss, vor allem wenn Werke im „Mittleren Westen" angesiedelt sind, die überwiegend besonders schwefelhaltige Kohle aus dem Appalachen-Gebirge einsetzen. Wie beurteilen Sie diesen Vorschlag? Welche Probleme können bei der Umsetzung eines solchen Gesetzes auftreten? (Gehen Sie bei Ihrer Antwort davon aus, dass es sich bei der hier betrachteten Luftverschmutzung um ein nationales Umweltproblem handelt)

**Frage 2:**

1997 / 98 war eine Klage der USA und Kanadas gegen ein europäisches Importverbot für hormonbehandeltes Rindfleisch Gegenstand umfassender Untersuchungen durch WTO-Schiedsgerichte („Hormonfleisch-Streit"). Die EU untersagt ihren Landwirten den Einsatz wachstumsfördernder Hormone bei der Rindermast aufgrund möglicher gesundheitlicher Risiken für die Verbraucher. Sie hat zudem ein Verbot auch für Fleischimporte angeordnet, wenn die Exporteure nicht den Nachweis erbringen, dass sie keine wachstumsfördernden Hormone einsetzen. Die zuständigen amerikanischen und kanadischen Behörden halten hingegen die betreffenden Hormone für unbedenklich und sehen in dem Importverbot ein unzulässiges nicht-tarifäres Handelshemmnis. Da von den Farmern ein lückenloser Nachweis für den

Hormonverzicht zu erbringen ist, entstehen ihnen im Vergleich zu den laut Gesetz hormonfrei produzierenden europäischen und südamerikanischen Konkurrenten zusätzliche Kosten. Erwähnenswert ist in diesem Zusammenhang noch, dass von einem internationalen Expertengremium, der Codex Alimentarius Kommission, Höchstwerte für Hormonrückstande festgelegt wurden, die vom amerikanischen und kanadischen Rindfleisch unterschritten werden.

Charakterisieren Sie die hier beschriebene Problematik. Skizzieren Sie, wie die Entscheidung eines Schiedsgerichtes aussehen könnte, wenn a) das Prinzip der Inländergleichbehandlung oder b) ein Verhältnismäßigkeitstest zugrundegelegt wird. Welche andere Möglichkeiten zur Lösung des Konfliktes sind denkbar?

**Frage 3:**

Internationale Umweltprobleme wie die globale Klimaveränderung oder die Zerstörung der Ozonschicht zählen zu den zentralen umweltpolitischen Herausforderungen. Dabei erweist es sich oftmals als überaus schwierig, die zu ihrer Lösung erforderliche Zusammenarbeit einer Vielzahl heterogener Länder herbeizuführen. Umweltschützer fordern daher, umweltpolitisch aktivere Vorreiterstaaten sollten Handelsmaßnahmen ergreifen, um Wettbewerbsnachteile auszugleichen, die ihren Industrien aufgrund strengerer Umweltschutzvorschriften entstehen, oder um andere Länder mit Hilfe wirtschaftlicher Druckmittel zum Abschluss von Umweltschutzvereinbarungen zu zwingen. Derzeit sind solche umweltpolitisch motivierten unilateralen Handelsmaßnahmen allerdings nur in Ausnahmefällen mit den Regeln der Welthandelsordnung vereinbar; daraus wird häufig der Schluss gezogen, es seien „grüne Reformen“ der WTO erforderlich, die ein entsprechendes Vorgehen ermöglichen.

Welche Probleme sehen Sie, wenn Handelsmaßnahmen regelmäßig erlaubt werden, sobald sie mit dem Verweis auf internationale Umweltschutzziele begründet werden?

# Wettbewerbspolitik

Zum Problem wachsender Unternehmenskonzentration auf globalisierten Märkten

*Wolfgang Kerber / Oliver Budzinski*



## 1. Internationale Megafusionen auf globalisierten Märkten

Durch die Globalisierung der Märkte ergeben sich zur Zeit vielfache und vielschichtige Veränderungen der realen ökonomischen Entwicklung sowohl weltweit als auch auf der nationalen Ebene. Damit zusammenhängend stellen sich veränderte Anforderungen an die verschiedenen Bereiche der Wirtschaftspolitik. In der Wettbewerbspolitik kommt hierbei der jüngsten Zunahme internationaler Fusionen von auf den Heimatmärkten bereits großen bis sehr großen Unternehmen (*internationale Megafusionen*) zu global tätigen und kaum noch bestimmten Nationen zuordenbaren Großunternehmen (*global players*) eine breite öffentliche Aufmerksamkeit zu, wobei Formulierungen wie *Fusionitis* oder *Mergermania* eine über die reine ökonomische Rationalität hinausgehende Fusionseuphorie anzeigen.

Zwar sind wirtschaftshistorisch seit der ersten großen Konzentrationswelle (ca. 1884 - 1904) immer wieder Phasen intensiver Fusionstätigkeit identifizierbar (jeweils ca. 1916 - 1929, 1965 - 1973, Mitte 1980er Jahre), die sich mit diesbezüglich eher ruhigen Perioden abwechseln, jedoch weist die seit Mitte der 1990er Jahre beobachtbare Welle internationaler Megafusionen einige Besonderheiten auf. Neben der Internationalität der zunehmend kontinentübergreifenden Zusammenschlüsse, die sich sowohl in der Herkunft der beteiligten Unternehmungen als aber vor allem auch in der Anzahl der betroffenen nationalen Märkte manifestiert, stößt vor allem die Größe der beteiligten Unternehmen sowie die Transaktionsvolumina der Fusionen in neue Dimensionen vor: So erreichte allein die Fusion Vodafone Airtouch / Mannesmann im Frühjahr 2000 ein Transaktionsvolumen von rund 190 Mrd. US-$. AOL / Time Warner (ca. 150 Mrd. US-$), MCI Worldcom / Sprint (ca. 129 Mrd. US-$), DaimlerChrysler, Philip Morris / Nabisco, Chevron / Texaco und Vivendi / Seagram stellen weitere Beispiele solcher Megafusionen dar, welche nicht nur traditionelle Industriebranchen, sondern auch die sogenannten Zukunftsbranchen Medien (inklusive Internet), Kommunikation und Biotechnologie betreffen. Während bisher Fusionen dominierten, bei denen ein großes Unternehmen ein deutlich kleineres übernimmt, sind internationale Megafusionen durch Zusammenschlüsse ungefähr gleich großer Konzerne gekennzeichnet (*equal mergers*). Dabei übersteigt das summierte Transaktionsvolumen der Fusionen für das Jahr 1998 mit rund 2,4 Billionen US-$ die Werte der frühen 1990er Jahre um das Fünffache. Für 1999 liegt dieser Wert bereits bei 3,3 Billionen US-$ und für das Jahr 2000 ist nochmals eine Steigerung zu erwarten, wobei sich das durchschnittliche Transaktionsvolumen der Fusionen in den letzten zehn Jahren mehr als verdoppelt hat (Kleinert / Klodt 2000, S. 5 ff.). Gemäß empirischer Studien ist allerdings der ökonomische Erfolg solcher Megafusionen oft zweifelhaft, so dass ex post viele auch aus einzelwirtschaftlicher Sicht als Misserfolge einzustufen sind.

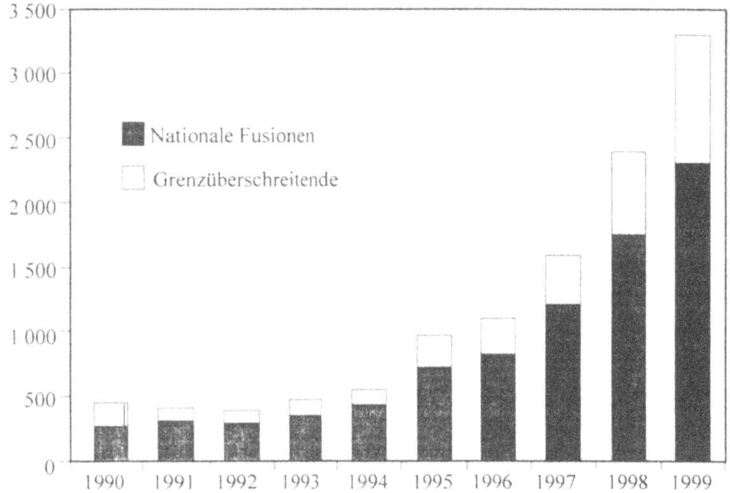


*Abbildung 1: Globale Fusionstätigkeit (Quelle: nach Kleinert / Klodt 2000, S. 5; Preis der übernommenen Unternehmen in Mrd. US-Dollar)*

Mit der für die Zukunft zu erwartenden weiteren Zunahme internationaler Megafusionen stellt sich aus wettbewerbspolitischer Perspektive die Frage, ob und inwieweit die entstehenden globalen Großunternehmen eine Gefahr für den zukünftigen Wettbewerb darstellen. Dabei sind Befürchtungen, dass es zu einer Vermachtung von globalen Märkten (mit negativen Konsequenzen für Konkurrenten und Nachfrager) kommt, aus ökonomischer Perspektive systematisch zu analysieren. Hierzu ist es zunächst notwendig, die Aufgaben des Wettbewerbs sowie Arten und Wirkungen von Wettbewerbsbeschränkungen und ihre wettbewerbspolitischen Bekämpfungsmöglichkeiten darzustellen (Abschnitt 2.). Nach einer Analyse, wie Unternehmenskonzentration und Fusionen wettbewerbspolitisch zu beurteilen sind (Abschnitt 3.), soll am Beispiel der europäischen Fusionskontrolle verdeutlicht werden, wie in der konkreten wettbewerbspolitischen Praxis mit diesem Problem umgegangen wird (Abschnitt 4.). Abschließend wird auf die spezifischen Probleme der Beurteilung internationaler Megafusionen eingegangen und welche besonderen Schwierigkeiten sich bei ihrer wettbewerbspolitischen Kontrolle ergeben (Abschnitt 5.).

## 2. Wettbewerb und Wettbewerbspolitik

### 2.1 Wettbewerb und Wettbewerbskonzeptionen

Marktwirtschaften können als sich selbst steuernde ökonomische Systeme verstanden werden, in denen die dezentralen Entscheidungen von Unternehmen und Konsumenten durch das System freier Preise und durch Wettbewerb koordiniert und gesteuert werden. Durch die freie Preisbildung wird zum einen ein Ausgleich von Angebot und Nachfrage herbeigeführt. Zum anderen werden durch die Preise die tatsächlichen Knappheiten von Gütern und Ressourcen signalisiert, wodurch alle beteiligten Wirtschaftssubjekte Anreize erhalten, mit ihnen effizient umzugehen, so dass sie in ihre jeweils produktivsten Verwendung gelenkt werden (effiziente Allokation). Demgegenüber hat der Wettbewerb die Aufgabe, durch Senkung der Preise auf die Kosten, durch Reduktion der Kosten durch Rationalisierungen (Verfahrensinnovationen) und durch die Entwicklung und Markteinführung neuerer, besserer Produkte für eine bessere Erfüllung der Präferenzen der Konsumenten zu sorgen. In der Praxis zeigt sich der Wettbewerb zwischen Unternehmen als ein Rivalitätsprozess, in dem die Anbieter versuchen, durch das Angebot besserer oder billigerer Leistungen die Nachfrager auf der Marktgegenseite zu Kaufabschlüssen zu bewegen, was sich unter anderem als Kampf um Marktanteile zeigt. Zentrales Gegenstück zum Wettbewerb ist das permanente Monopol, bei dem die Nachfrager keine Wahlmöglichkeit gegenüber diesem alleinigen Anbieter haben, so dass dieser seine Marktmachtposition durch schlechte Leistungen und / oder zu hohe Preise ausnutzen kann. Insofern verbindet sich mit dem Wettbewerb auch die Aufgabe, das Ausmaß wirtschaftlicher Macht zu begrenzen. Jenseits dieses allgemeinen Verständnisses von Wettbewerb aber gibt es in der wissenschaftlichen Diskussion bisher keinen klaren Konsens, was genau unter Wettbewerb zu verstehen ist. Insofern ist kurz auf verschiedene Wettbewerbskonzeptionen einzugehen, die von jeweils unterschiedlichen theoretischen Ansätzen, normativen Zielen und wettbewerbspolitischen Empfehlungen ausgehen (als Überblicke: Berg 1999b, S. 305 ff.; I. Schmidt 1999, S. 1 ff.; Mantzavinos 1994).

Die praktische Wettbewerbspolitik – gleichgültig ob in Deutschland, der EU oder den USA – geht heute im wesentlichen immer noch von den Grundkategorien des in den 1950er Jahren entwickelten Konzepts des funktionsfähigen Wettbewerbs (*workable competition*, Harvard Schule) aus (Clark 1940; Kantzenbach / Kallfass 1981;

Shepherd 1997; I. Schmidt 1999, S. 55 ff.). Sein Ausgangspunkt war die Kritik an den unrealistischen Annahmen des mikroökonomischen Modells der vollkommenen Konkurrenz (atomistische Anbieter, homogene Güter, vollständige Markttransparenz etc.). Demgegenüber nimmt es an, dass ein funktionsfähiger Wettbewerb auch bei der Existenz von Marktunvollkommenheiten (wie Heterogenität der Güter oder eine begrenzte Anzahl von Anbietern) bestehen kann. Die Funktionen, die der Wettbewerb dabei erfüllen soll, können als ein Zielbündel verstanden werden, das letztlich von der Politik bestimmt wird. Konkret wird dabei meist von den Zielen einer möglichst kostengünstigen Produktion von Gütern, der Ausrichtung des Angebots an die Wünsche der Nachfrager und der Generierung von Produkt- und Verfahrensinnovationen ausgegangen. Diese Funktionsfähigkeit des Wettbewerbs soll die Wettbewerbspolitik durch Erhaltung wettbewerblicher Marktstrukturen und die Verhinderung wettbewerbsbeschränkenden Verhaltens sichern. Der theoretischen und empirischen Industrieökonomik kommt die Aufgabe zu, durch Untersuchung der Zusammenhänge zwischen Marktstruktur, Marktverhalten und Marktergebnissen die wettbewerbsbeschränkenden Verhaltensweisen und vor allem die für die Sicherung des Wettbewerbs geeigneten Marktstrukturen zu ermitteln (Marktstruktur-Marktverhalten-Marktergebnis Paradigma). Da man in diesem Konzept tendenziell davon ausgeht, dass sich selbst überlassene Märkte zur Vermachtung neigen, und deshalb bei vielen Handlungsweisen von Unternehmen das Motiv des Erwerbs oder der Absicherung von Marktmacht vermutet wird (*Marktmachtdoktrin*), vertritt die Harvard Schule den Standpunkt, dass der Staat eine aktive Wettbewerbspolitik zur Sicherung des Wettbewerbs zu betreiben habe.

In der wettbewerbspolitischen Diskussion in den USA hat vor allem die Chicago Schule in den 1970er und 1980er Jahren dieses Konzept des funktionsfähigen Wettbewerbs stark angegriffen (Bork 1978; Posner 1979; Schmidt / Rittaler 1986). Im Gegensatz zur Harvard Schule geht sie davon aus, dass die Wettbewerbspolitik nicht ein ganzes Bündel von Zielen verfolgen, sondern sich einzig am Ziel der ökonomischen Effizienz orientieren soll (effiziente Allokation). Theoretisch geht die Chicago Schule damit wieder auf das Modell der vollkommenen Konkurrenz zurück, dessen Verwirklichung auf allen Märkten nach der wohlfahrtsökonomischen Theorie zur effizienten Allokation in der Gesamtwirtschaft führen würde. Allerdings würde die Chicago Schule weder behaupten, dass die Bedingungen für die vollkommene Konkurrenz in der Realität vorliegen noch dass man diese durch wettbewerbspolitische Eingriffe herstellen sollte. Vielmehr geht sie davon aus, dass bei Nichtvorliegen staatlicher Marktzutrittsbeschränkungen der Wettbewerb durch noch nicht im Markt befindliche Wettbewerber (potenzieller Wettbewerb) so stark ist, dass bei nicht atomistischen Marktstrukturen die Marktmacht von etablierten Unternehmen immer nur eine zeitlich begrenzte sein kann. Diese Argumentation wird von der Theorie der Contestable Markets (Baumol / Panzar / Willig 1982) unterstützt, in der präzise die Voraussetzungen dafür herausgearbeitet werden, unter denen der potentielle Wettbewerb die aktuellen Wettbewerber auf einem Markt zwingt, sich wie unter vollkommener Konkurrenz zu verhalten. Im Gegensatz zur Harvard Schule, die von einem tendenziellen Misstrauen gegenüber der Funktionsfähigkeit der Märkte geprägt ist, setzt die Chicago Schule auf die Selbstheilungskräfte von Märkten, was sich in ihrer Überzeugung niederschlägt, dass sich im Wettbewerb auf Dauer nur effiziente Verhaltensweisen und Strukturen durchsetzen können (*Effizienzdoktrin* statt Marktmachtdoktrin). Sie befürwortet deshalb eine wesentlich zurückhaltendere staatliche Wettbewerbspolitik, die aus ihrer Sicht sonst die Gefahr eines staatlichen Interventionismus heraufbeschwört.

Die deutsche wettbewerbspolitische Diskussion wurde in den 1950er Jahren stark von der Forderung nach einem Wettbewerbsgesetz durch die Freiburger Schule (Ordoliberalismus; Eucken 1952) und später in den 1970er Jahren durch die Auseinandersetzung zwischen der deutschen Variante des Konzepts des funktionsfähigen Wettbewerbs (Kantzenbach 1967) und dem Wettbewerbsfreiheitskonzept von Hoppmann (Hoppmann 1967; Clapham 1981) geprägt. Von besonderer Bedeutung ist dabei, dass in Deutschland seit den 1950er Jahren eine eigenständige dynamische (bzw. evolutorische) Theorie des Wettbewerbs entwickelt wurde, die den Wettbewerb in Anlehnung an Schumpeter (1952) als einen dynamischen Prozess des Vorstoßens von Pionierunternehmern mit Produkt- und Verfahrensinnovationen und des Nachziehens von Imitatoren versteht, durch den technischer Fortschritt generiert wird (Heuss 1965; Hoppmann 1977; Metcalfe 1998). Wettbewerb wird in diesem theoretischen Ansatz nicht als Mittel zur Verwirklichung der effizienten Allokation, sondern als Motor wirtschaftlicher Entwicklung gesehen. Da es in einem solchen (Innovations-) Wettbewerb zu einem laufenden Auf- und Abbau von marktmächtigen Positionen kommt, sind Marktstrukturen nicht als statisch gegeben anzusehen, sondern unterliegen selbst einem endogenen Wandel. Verbindet man diese Konzeption des dynamischen Wettbewerbs mit Hayeks Konzept vom Wettbewerb als Entdeckungsverfahren (Hayek 1968; Kirzner 1997), so lässt sich Wettbewerb als ein ständiger Prozess verstehen, in welchem die Anbieter neue Produkte als Hypothesen über die möglichst gute Erfüllung von Konsumentenbedürfnissen auf dem Markt ausprobieren. Die Nachfrager lassen sich dann in diesem Wettbewerb als Schiedsrichter um möglichst gute Problemlösungen verstehen, die mit ihren Kaufentscheidungen den Anbietern Informationen über den Erfolg ihrer Leistungen rückkoppeln. Insofern kann Wettbewerb auch als ein evolutorischer Prozess des Experimentierens zur Generierung und Ausbreitung neuen Wissens gesehen werden (Wettbewerb als Hypothesentest; Kerber 1997). Wettbewerbspolitisch ist aus dieser Sicht vor allem die Aufrechterhaltung der Dynamik des Innovationen generierenden wissenschaffenden Wettbewerbsprozesses von zentraler Bedeutung.

## 2.2 Wettbewerbsbeschränkungen und ihre Bekämpfung durch die Wettbewerbspolitik

Jenseits der theoretischen Auseinandersetzungen um die geeignetste Konzeption von Wettbewerb herrscht jedoch Einigkeit darüber, dass Unternehmen und ganze Wirtschaftszweige hohe Anreize besitzen, sich dem Wettbewerb mit seinem Druck zur Leistungssteigerung bzw. Preissenkung so weit wie möglich zu entziehen. Ein solcher Schutz vor Wettbewerb ist aber nicht nur durch private Wettbewerbsbeschränkungen zwischen den Unternehmen möglich, vielmehr hat auch der Staat vielfältige Möglichkeiten, mit wirtschaftspolitischen Maßnahmen Wettbewerb zu verhindern oder zu verzerren. So können inländische Produzenten durch Zölle, Importkontingente oder nicht-tarifäre Handelshemmnisse vor ausländischen Wettbewerbern geschützt werden (Protektionismus), so dass Freihandel einen wichtigen Schutz vor Wettbewerbsbeschränkungen darstellt. Weiterhin verzerren staatliche Subventionen den Wettbewerb zugunsten der begünstigten Unternehmen, was bis zu seiner faktischen Ausschaltung bei gezielten Erhaltungssubventionen gehen kann (Kohlebergbau, Agrarprodukte). Außerdem sind bisher viele Leistungen durch staatliche Monopole erbracht worden (Post, Telekommunikation, Elektrizität), die nicht als wettbewerbliche Ausnahmebereiche gerechtfertigt werden können. Da alle Wirtschaftssubjekte daran interessiert sind, einerseits zwar als Nachfrager vom Wettbewerb in anderen Sektoren zu profitieren, andererseits selbst aber gerne vor Wettbewerb geschützt wären, ist es von großer Bedeutung, den Selbststeuerungsmechanismus „Wettbewerb" als generelles Prinzip einzuführen. Insofern muss eine zentrale Forderung der Wettbewerbspolitik lauten, dass durch Liberalisierung, Deregulierung und Privatisierung das Wettbewerbsprinzip in möglichst vielen Bereichen durchgesetzt wird. Insbesondere in der europäischen Wettbewerbspolitik wird diesem Ziel der allgemeinen Durchsetzung des Wettbewerbsprinzips und der Verhinderung von Wettbewerbsverzerrungen durch einzelstaatliche Maßnahmen eine große Bedeutung zugemessen (z.B. durch die europäische Beihilfenkontrolle).

Hauptsächlich befasst sich aber die Wettbewerbspolitik mit der Bekämpfung von privaten Wettbewerbsbeschränkungen, mit denen Unternehmen ihren Wettbewerb mit anderen Unternehmen einschränken oder ausschalten. Drei Arten möglicher Wettbewerbsbeschränkungen werden üblicherweise unterschieden:
- Kartelle und abgestimmte Verhaltensweisen
- Unternehmenskonzentration bzw. Fusionen
- Behinderung von Wettbewerbern

In Anlehnung an das Marktstruktur-Marktverhalten-Marktergebnis-Paradigma kann zwischen drei Strategien zur Bekämpfung von privaten Wettbewerbsbeschränkungen differenziert werden (Herdzina 1999, S. 47 ff.): In den meisten Ländern dominiert eine marktstrukturorientierte Wettbewerbspolitik, bei der in Anlehnung an die Kategorien des Konzepts des funktionsfähigen Wettbewerbs die wettbewerbspolitischen Bemühungen sich vor allem auf die Erhaltung wettbewerblicher Marktstrukturen richten. Insofern spielt die Frage nach der Entstehung oder Verstärkung marktbeherrschender Stellungen und damit das Kriterium des Marktanteils eine zentrale Rolle. Dagegen verfolgt eine marktverhaltensorientierte Wettbewerbspolitik die Strategie, vor allem wettbewerbsschädliche Verhaltensweisen zu identifizieren und diese generell zu verbieten. Eine marktergebnisorientierte Wettbewerbspolitik würde versuchen, nicht erwünschte Marktergebnisse aufgrund nichtfunktionsfähigen Wettbewerbs durch direkte Eingriffe zu korrigieren.

Inzwischen gibt es in den meisten industrialisierten Staaten Gesetze gegen solche privaten Wettbewerbsbeschränkungen (als Überblick: I. Schmidt 1999, S. 161 ff.). Vorreiter waren die USA, die bereits 1890 mit dem Sherman Act angefangen hatten, ihre Antitrustgesetzgebung aufzubauen, und die seit langem über eine intensive und ausdifferenzierte Wettbewerbspolitik mit teilweise sehr weitgehenden Eingriffsmöglichkeiten verfügen (bis hin zu Entflechtungen von Großunternehmen: der Fall „Microsoft“). In Europa hat sich nach dem II. Weltkrieg neben Großbritannien vor allem in Deutschland nach Inkrafttreten des Gesetzes gegen Wettbewerbsbeschränkungen (GWB) 1958 eine starke, eigenständige wettbewerbspolitische Tradition entwickelt. Die drei zentralen Säulen des deutschen GWB sind ein Kartellverbot mit Ausnahmen (§ 1 ff. GWB), eine Fusionskontrolle (§ 36 GWB) sowie ein Missbrauchsverbot für marktbeherrschende Unternehmen (§ 19 GWB). Die deutsche Wettbewerbspolitik hatte auch erheblichen Einfluss auf die Entwicklung der europäischen Wettbewerbspolitik, die in vergleichbarer Weise auf den drei Säulen Art. 81 EGV (Kartellverbot mit Ausnahmen), Art. 82 EGV (Missbrauchsverbot für marktbeherrschende Unternehmen) und der erst 1990 in Kraft getretenen Fusionskontrollverordnung basiert. Während für die deutsche Wettbewerbspolitik das Bundeskartellamt in Bonn zuständig ist, wird die europäische Wettbewerbspolitik von der Europäischen Kommission (genauer: Generaldirektion IV) durchgeführt. Im Laufe der 1990er Jahre hat sich die europäische Wettbewerbspolitik als die innerhalb Europas zunehmend relevante und dominierende herausgebildet, die die nationalen Wettbewerbspolitiken der Mitgliedstaaten bereits erheblich in den Hintergrund gedrängt hat.

Im Folgenden soll kurz genauer auf die verschiedenen Arten möglicher Wettbewerbsbeschränkungen und die Möglichkeiten ihrer Bekämpfung eingegangen werden (Berg 1999b, S. 321 ff.; I. Schmidt 1999, S. 117 ff.; aus wettbewerbsrechtlicher Sicht: Emmerich 1999):

*Kartelle und abgestimmte Verhaltensweisen:* Bei Kartellen oder abgestimmten Verhaltensweisen koordinieren miteinander im Wettbewerb stehende Unternehmen den Einsatz ihrer Wettbewerbsparameter gegenüber der Marktgegenseite, um ihren Gewinn zu erhöhen. Insbesondere durch Absprachen über Preise können Anbieter den zwischen ihnen bestehenden Preiswettbewerb beschränken, die Preise erhöhen und damit die Nachfrager schädigen. Absprachen zwischen Wettbewerbern können sich aber auch auf andere Wettbewerbsparameter beziehen, wie bspw. Produktionsmengen, Verkaufsgebiete, Rabatte, Konditionen, Produktvielfalt, Werbung oder Forschung & Entwicklung. Während weitgehende Einigkeit darüber besteht, dass Absprachen über Preise, Quoten und Verkaufsgebiete immer als zu bekämpfende Wettbewerbsbeschränkungen anzusehen sind, werden für Vereinbarungen über andere Wettbewerbsparameter auch ökonomische Rechtfertigungsargumente angeführt, die zu einer differenzierten Beurteilung führen können (Kooperationen mit Effizienzvorteilen oder Synergieeffekten). Neben solchen „horizontalen“ Vereinbarungen zwischen Wettbewerbern können auch „vertikale“ Vereinbarungen zwischen Unternehmen aufeinander folgender Wirtschaftsstufen, bspw. Ausschließlichkeitsverträge zwischen Herstellern und Händlern, geschlossen werden. Welche Arten solcher vertikalen Vereinbarungen als wettbewerbsbeschränkend zu beurteilen sind, ist besonders umstritten und erfordert detaillierte Einzeluntersuchungen. Während im deutschen GWB wettbewerbsbeschränkende horizontale Vereinbarungen durch ein allgemeines Kartellverbot (§ 1 GWB) untersagt sind, von dem wiederum eine Anzahl von Ausnahmen möglich sind (§ 2 ff. GWB), und die Behandlung von vertikalen Vereinbarungen in eigenen Paragraphen geregelt ist (§ 14 ff. GWB), fallen horizontale und vertikale Vereinbarungen im europäischen Wettbewerbsrecht gleichermaßen unter den Art. 81 EGV. Dieser enthält in Art. 81(1) ein generelles Kartellverbot, von dem nach Art. 81(3) bei Vorliegen bestimmter allgemeiner Kriterien Ausnahmen möglich sind, wobei diese hauptsächlich über sog. Gruppenfreistellungsverordnungen (bspw. über F&E-Kooperationen) konkret geregelt werden.

*Behinderungen:* Im Wettbewerb zwischen Unternehmen können – ähnlich wie beim Sport – auch Mittel eingesetzt werden, die andere Wettbewerber in der Entfaltung ihrer Leistung behindern, um sich auf diese Weise auf dem Markt gegen die Konkurrenz durchzusetzen. In solchen Fällen kann man von wettbewerbsschädlichen Verhaltensweisen oder von Behinderungswettbewerb sprechen, wodurch der eigentlich intendierte Wettbewerb um Kunden mit besseren Leistungen beeinträchtigt wird (Böhm: Leistungswettbewerb). Im Rahmen des Gesetzes gegen den unlauteren Wettbewerb (UWG; seit 1909) hat die Rechtsprechung bei der Anwendung des § 1 UWG, d.h. des Verbots von Wettbewerbshandlungen, die gegen die „guten Sitten“ verstoßen, eine Liste unfairer Wettbewerbshandlungen entwickelt (u.a. irreführende und unwahre Angaben, Verleumdung, Bestechung von Mitarbeitern, progressive Kundenwerbung usw.), die zu Unterlassungs- und Schadensersatzansprüchen führen können. Allerdings hat es sich aus wissenschaftlicher Sicht als sehr schwierig erwiesen, zwischen wettbewerbsbehindernden und wettbewerblichen Verhaltensweisen zu differenzieren. Sowohl in der deutschen als auch in der europäischen Wettbewerbspolitik ist man der Auffassung, dass vor allem der zusätzliche Verhaltensspielraum, der marktbeherrschenden Unternehmen zur Verfügung steht, zu Behinderungspraktiken genutzt werden kann und folglich durch eine zusätzliche Verhaltenskontrolle eingeschränkt werden muss. Insofern werden mit den Missbrauchsverboten für marktbeherrschende Unternehmen in Art.82 EGV und § 19 GWB vor allem Praktiken des Behinderungsmissbrauchs erfasst, wie zum Beispiel Liefer- und Bezugsverweigerungen, ruinöse Preiskonkurrenz, oder bestimmte Rabattsysteme und Diskriminierungen. Jenseits der Bekämpfung eines solchen Behinderungsmissbrauchs haben die deutschen und die europäischen Wettbewerbsbehörden zusätzlich die Möglichkeit, eine nicht wettbewerbliche, überhöhte Preisgestaltung von marktbeherrschenden Unternehmen als Ausbeutungsmissbrauch direkt zu korrigieren (Preismissbrauchsaufsicht).

*Unternehmenskonzentration:* Als dritte zentrale Form möglicher Wettbewerbsbeschränkungen gilt die Unternehmenskonzentration, d.h. dass durch eine Verringerung der Anzahl der Wettbewerber die Funktionsfähigkeit des Wettbewerbs eingeschränkt werden kann. Ausgehend von dieser Gefahr hat sich das wettbewerbspolitische Instrument der Fusionskontrolle entwickelt. Die wettbewerbspolitische Beurteilung der Unternehmenskonzentration hat sich in der wissenschaftlichen Diskussion als besonders kontrovers erwiesen. Im folgenden Abschnitt werden die hierbei angeführten Argumente einer ausführlicheren Analyse unterzogen.

## 3. Inwieweit stellt Unternehmenskonzentration ein wettbewerbspolitisches Problem dar?

Unter horizontaler Unternehmenskonzentration versteht man das Ausmaß, in dem sich die Marktanteile auf wenige Unternehmen in einem Markt konzentrieren. Die Marktformen Monopol und Polypol stellen dabei die beiden Extrempole dar. Zur konkreten Messung der horizontalen Unternehmenskonzentration stehen verschiedene Konzentrationsmaße zur Verfügung (Schmidt 1999, S. 135 ff.). Ein einfaches Maß ist die Konzentrationsrate (concentration ratio), bei der die Marktanteile z.B. der drei, fünf oder acht größten Unternehmen auf dem Markt aufsummiert werden (CR 3, CR 5, CR 8). Eine Konzentrationsrate CR 5 = 85 würde bedeuten, dass die fünf größten Unternehmen auf diesem Markt insgesamt einen Marktanteil von 85 % haben. Ein vor allem in der US-amerikanischen Antitrustpolitik verwendetes Maß für die horizontale Unternehmenskonzentration stellt der Herfindahl-Hirschman-Index (HHI) dar, bei dem die quadrierten Marktanteile aller Unternehmen in dem Markt aufsummiert und mit 10000 multipliziert werden. Nach den U.S. Merger Guidelines von 1982 gilt ein Markt mit einem HHI < 1000 als niedrig konzentriert, zwischen 1000 und 1800 als mäßig konzentriert, während hochkonzentrierte Märkte einen Herfindahl-Hirschman-Index von über 1800 aufweisen. Ist ein Unternehmen gleichzeitig auf mehreren aufeinanderfolgenden Wirtschaftsstufen tätig, spricht man von vertikaler Konzentration (z.B. Aluminiumproduktion und Aluminiumdosenherstellung). Konglomerate Konzentration liegt dagegen vor, wenn ein Unternehmen gleichzeitig in völlig unterschiedlichen Märkten aktiv ist, die in keiner direkten Beziehung zueinander stehen (z.B. Automobilproduktion, Pauschalreisen und Reinigungsmittel).

Veränderungen der horizontalen Unternehmenskonzentration lassen sich auf verschiedene Komponenten zurückführen (Berg 1999b, S. 330 ff.). So kann der Marktanteil eines Unternehmens aufgrund besserer Leistung steigen, wodurch die Marktanteile der weniger erfolgreichen Unternehmen sinken. In diesem Fall liegt ein *internes Unternehmenswachstum* vor. Dabei kann allerdings nicht ausgeschlossen werden, dass solche Marktanteilszuwächse auch durch die Anwendung von Behinderungsstrategien zustande kommen können. Die Unternehmenskonzentration wird auch durch Marktaustritte erhöht und umgekehrt durch neu eintretende Unternehmen verringert. Eine zentrale Möglichkeit der Erhöhung der Konzentration besteht darin, dass ein Unternehmen einen Wettbewerber aufkauft oder sich mit ihm zusammenschließt. Im Gegensatz zum internen Wachstum gilt ein solches *externes Unternehmenswachstum* aus wettbewerbspolitischer Sicht als möglicherweise besonders problematisch, da mit der Fusion der Wettbewerb zwischen den vorher unabhängigen Unternehmen direkt beseitigt wird. Insofern wird gerade die Kontrolle von Unternehmenszusammenschlüssen als ein geeigneter wettbewerbspolitischer Ansatzpunkt für die Kontrolle der Unternehmenskonzentration angesehen. Für die Frage, inwieweit eine solche Fusionskontrolle überhaupt nötig ist und nach welchen Kriterien sie vorgehen sollte, ist eine ausführliche Diskussion der Wirkungen von Unternehmenskonzentration und Fusionen erforderlich.

Aus der mikroökonomischen Preistheorie lassen sich mit Hilfe der Abb. 2 folgende Wirkungen ableiten. Ausgangssituation möge ein Polypol sein, mit den Grenzkosten $GK_1$ und den Durchschnittskosten $DK_1$. Aus dem Schnittpunkt von Angebots- und Nachfragefunktion C ergibt sich die Polypolmenge $X_1$ und der Polypolpreis $P_1$. Geht man nun davon aus, dass durch einen Konzentrationsprozess ein Monopol entsteht, so bestimmt sich der Cournotsche Punkt A aus dem Schnittpunkt der Grenzerlösfunktion GE mit der Grenzkostenfunktion $GK_1$ (Punkt B), woraus der Monopolpreis $P_2$ und die Monopolmenge $X_2$ folgt. Als Ergebnis des Konzentrationsprozesses ergeben sich damit (1) eine Erhöhung des Preises, (2) eine Senkung der produzierten Menge, (3) eine Umwandlung von Konsumentenrente (Rechteck $P_2ABP_1$) in Monopolgewinn und (4) eine allokative Ineffizienz im Umfang des grauen Dreiecks ABC („dead weight-loss"), so dass ein gesamtwirtschaftlicher Wohlfahrtsverlust resultiert. Aus dieser preistheoretischen Perspektive entstehen im Prinzip vergleichbare Effekte, wenn man realistischerweise nur den Übergang zu einem Oligopol betrachtet, wobei es dann von den speziellen Annahmen über die konkreten Bedingungen und Verhaltensweisen der Oligopolisten abhängt, in welchem Umfang der entstehende Oligopolpreis über dem Polypolpreis liegt und welche Größe deshalb der Oligopolgewinn und die entstehende allokative Ineffizienz annehmen. Unter bestimmten Annahmen kann im homogenen Oligopol gezeigt werden, dass die Preis-Kosten-Marge (P - GK) / P als Indikator für Marktmacht mit dem steigenden Grad der horizontalen Konzentration zunimmt (Neumann 2000, S. 87 ff.). In der theoretischen Industrieökonomik sind insbesondere auf der Basis der Spieltheorie eine Fülle von Modellen entwickelt worden, um hieraus die Wahrscheinlichkeit eines kollusiven (d.h. abgestimmten) Verhaltens der Oligopolisten und die Höhe des Oligopolpreises abzuleiten, wobei die Ergebnisse stark von den spezifischen Annahmen abhängen (Tirole 1990, S. 204 ff.; Martin 1993, S. 98 ff.; Phlips 1995).

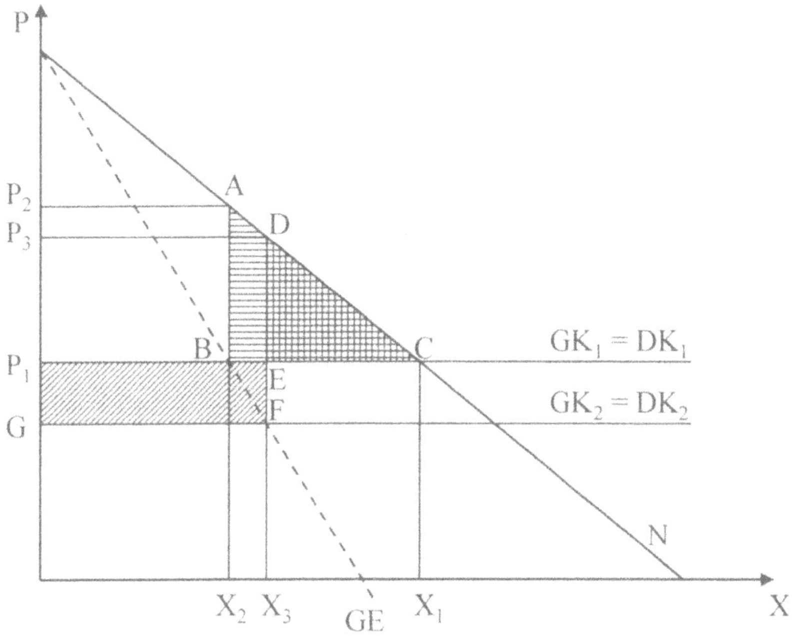


*Abbildung 2: Wirkungen der Unternehmenskonzentration: Polypol, Monopol und der Williamson-Trade off*

Die meisten Ansätze in der Wettbewerbstheorie haben das Hauptproblem einer steigenden Konzentration deshalb in der Entstehung von Marktmacht in Form von Preisspielräumen gesehen, die durch die Unternehmen auf Kosten der Konsumenten zu Preissteigerungen ausgenutzt werden können (Marktmachtgewinne, Preis-Kosten-Marge). Insbesondere das Konzept des funktionsfähigen Wettbewerbs (Harvard Schule) hat immer das Problem der Schädigung der Konsumenten betont, deren Konsumentenrente sich in Abb.2 durch die Konzentration insgesamt um die Fläche $P_2ACP_1$ reduziert hat. Allerdings hat dieses Konzept nicht nur auf den Preis abgestellt, sondern ausgehend von seinem wettbewerbspolitischen Zielbündel und dem Marktstruktur-Marktverhaltens-Marktergebnis-Ansatz wesentlich breiter argumentiert. Grundüberzeugung dieses Ansatzes ist jedoch immer gewesen, dass steigende Unternehmenskonzentration zu steigender Marktmacht führt, was sich negativ auf den Wettbewerb und damit auf die wünschenswerten Marktergebnisse wie Preise, Kosten, Produktvielfalt oder Innovationsaktivitäten auswirken würde. Unterstützt wurde diese Argumentation auf der theoretischen Ebene durch das von Bain eingeführte Konzept der Markteintrittsbarrieren (absolute Kostenvorteile, Produktdifferenzierung, steigende Skalenerträge), hinter denen die etablierten marktmächtigen Wettbewerber ihren Preisspielraum auf Dauer ausnützen könnten. Aufgrund ihrer negativen Beurteilung der Unternehmenskonzentration hat die Harvard Schule Unternehmenszusammenschlüssen immer sehr kritisch gegenübergestanden und sich folglich für eine aktive und restriktive Fusionskontrolle eingesetzt, wie sie dann auch in den 1960er Jahren in den USA praktiziert wurde (Kantzenbach / Kallfass 1981).

Zur Fundierung ihrer Argumentation über die zentrale Bedeutung der Aufrechterhaltung wettbewerblicher Marktstrukturen gegenüber übermäßigen Konzentrationstendenzen hat das Konzept des funktionsfähigen Wettbewerbs immer wieder auf die empirische Industrieökonomik zurückgegriffen. Deren Forschungsprogramm bestand lange Zeit darin, auf der Basis des Marktstruktur-Marktverhalten-Marktergebnis Paradigmas mit empirisch-quantitativen Methoden nach den Marktstrukturen zu suchen, die zu den gewünschten Marktergebnissen führen. Im Mittelpunkt standen dabei insbesondere Korrelationsanalysen über die Zusammenhänge zwischen der Unternehmenskonzentration und anderen Determinanten der Marktstruktur (wie z.B. Markteintrittsbarrieren) einerseits und den Gewinnen in der betreffenden Industrie andererseits. Trotz jahrzehntelanger Forschung haben sich insgesamt relativ wenige klare empirische Ergebnisse finden lassen. Auch wenn sich in vielen Untersuchungen Tendenzen eines positiven Zusammenhangs zwischen Konzentration und Gewinnen feststellen ließen, sind die Ergebnisse insgesamt so uneinheitlich und widersprüchlich, dass es schwer fällt, aus wettbewerbspolitischer Sicht klare Folgerungen zu ziehen. Insbesondere ist es nicht gelungen, auf der Basis der empirischen Industrieökonomik eine optimale Marktstruktur und damit einen optimalen Grad an Unternehmenskonzentration zu bestimmen, welcher ein verlässlicher Referenzmaßstab für die wettbewerbspolitische Beurteilung von Unternehmenszusammenschlüssen hätte sein können (zu dieser Diskussion: Schmalensee 1989; Scherer / Ross 1990; Martin 1993, S. 447 ff.; Ferguson / Ferguson 1994, S. 83 ff.; Neumann 2000, S. 91 ff.).

Während die Harvard Schule bei der Beurteilung der Unternehmenskonzentration vor allem die Gefahr der Marktmacht hervorhob, hat die Chicago Schule in ihrer Kritik an der restriktiven Fusionskontrollpraxis in den USA in den sechziger Jahren vor allem die Effizienzvorteile betont, die mit wachsenden Unternehmensgrößen verbunden sein können (Bork 1978). Es wurde vor allem die Gefahr gesehen, dass eine zu restriktive Fusionskontrolle die Entstehung effizienter Unternehmensgrößen verhindert, mit denen steigende Skalenerträge ausgenützt werden können. Demgegenüber wurden folgende Argumente angeführt, weshalb das Marktmachtproblem nur von begrenzter Bedeutung sei. So bestreitet die Chicago Schule, dass es sich bei den von Bain postulierten Marktzutrittsschranken tatsächlich um den Wettbewerb beeinträchtigende Barrieren für neu eintretende Unternehmen handelt, so dass – ohne zusätzliche staatliche Marktzutrittsbarrieren – der potentielle Wettbewerb regelmäßig als stark genug angesehen wird, um dauerhafte Marktmacht zu verhindern (Demsetz 1982). In diesem Zusammenhang argumentiert die Theorie der Contestable Markets, dass hohe Unternehmenskonzentration dann kein wettbewerbspolitisches Problem darstellt, wenn die Märkte „angreifbar“ sind („Contestability“-Kriterium), woraus sich wettbewerbspolitisch das Kriterium der Höhe der (bei einem Markteintritt anfallenden) versunkenen Kosten ableiten lässt. Sowohl der immer nur temporäre Charakter von Marktmacht als auch die Überzeugung, dass auf den Märkten im Wettbewerb nur die effizienten Unternehmensgrößen auf Dauer überleben können („survivor"-Prinzip), hat die Chicago Schule zur wettbewerbspolitischen Forderung nach einer sehr zurückhaltenden Fusionskontrolle geführt, die lediglich bei sehr hoher horizontaler Unternehmenskonzentration eingreifen sollte. Insbesondere auch aufgrund dieser Argumentationen der Chicago Schule kam es seit den 1970er Jahren zu einer Wende in der US-amerikanischen Diskussion über die Unternehmenskonzentration, die sich seit Anfang der 1980er Jahre auch in einer wesentlich weniger restriktiven US-amerikanischen Fusionskontrollpraxis niedergeschlagen hat.

Ein wichtiges Ergebnis dieser Debatte bestand darin, dass seither bei der Frage nach den Wirkungen von Unternehmenszusammenschlüssen die Gegenüberstellung von negativen Wirkungen möglicher Marktmacht und eventuellen Effizienzvorteilen in den Vordergrund getreten ist. Hierfür paradigmatisch ist die Trade off-Analyse von Williamson (1968), die sich ebenfalls anhand von Abb. 2 kurz verdeutlichen lässt. Ausgangspunkt ist erneut eine Polypolsituation mit der Grenzkostenfunktion $GK_1$ und dem Preis $P_1$ und der Menge $X_1$. Nun tritt ebenfalls ein Konzentrationsprozess ein mit der Folge der Bildung von Marktmacht, so dass es zu einer Monopolpreisbildung kommt. Im Unterschied zum ersten Fall wird jetzt jedoch davon ausgegangen, dass durch den Konzentrationsprozess steigende Skalenerträge ausgenützt werden können, so dass sich die Grenz- und Durchschnittskostenfunktion nach unten verschiebt ($GK_2$ bzw. $DK_2$). Als Folge ergibt sich der neue Cournotsche Punkt D mit dem Preis $P_3$ und der Menge $X_3$. Hiermit ergibt sich jetzt gegenüber der obigen Analyse ein zusätzlicher Effekt, nämlich eine Verbesserung der Effizienz, welche sich in der Fläche des Vierecks $P_1EFG$ zeigt, das die eingesparten Ressourcen aufgrund der gesunkenen Durchschnittskostenfunktion repräsentiert. Aus wohlfahrtsökonomischer Sicht (Chicago Schule), nach der bei der normativen Beurteilung nur auf die Summe von Konsumenten- und Produzentenrente abgestellt wird, kommt es deshalb bei der Beurteilung von Fusionen nur auf den Vergleich der durch die Fusion gewonnenen (einzelwirtschaftlichen oder technischen) Effizienzvorteile (Fläche $P_1EFG$) mit den durch sie verursachten allokativen Effizienzverlusten an (Fläche DEC). Überwiegen die Effizienzgewinne aus den steigenden Skalenerträgen die allokativen Ineffizienzen, so wäre die Fusion insgesamt positiv zu beurteilen, im umgekehrten Fall würde sie sich negativ auf die gesamtwirtschaftliche Wohlfahrt auswirken.

Die Trade off-Analyse von Williamson ist mit vielen Problemen behaftet. Zum einen wird aus dieser wohlfahrtsökonomischen Sicht nicht berücksichtigt, dass es mit der steigenden Marktmacht auch zu einer Umverteilung von Konsumentenrente in Monopolgewinn kommt, nämlich im Umfang der Fläche $P_3DEP_1$. Zum anderen ergeben sich sehr schwierige Probleme bei der konkreten Bestimmung der Größe der Flächen in praktischen Fusionskontrollfällen (für eine neuere oligopoltheoretische Weiterentwicklung siehe Farrell / Shapiro 1990). Der entscheidende Vorzug der Trade off-Analyse von Williamson ist eher heuristischer Natur: Sie verdeutlicht das in unterschiedlichen Formen auftretende Problem eines Konflikts zwischen den gesamtwirtschaftlichen Nachteilen, die bei einem Zusammenschluss aus der geringeren Wettbewerbsintensität und damit aus Marktmacht entstehen, und den einzelwirtschaftlichen Effizienzvorteilen einer Fusion, die neben „economies of scale" auch in „economies of scope" (spezielle Vorteile aus der simultanen Produktion mehrerer Produkte) oder in Synergieeffekten bestehen können. Solche Effizienzvorteile werden unter Verwendung des transaktionskostentheoretischen Ansatzes von Williamson auch für vertikale Unternehmenszusammenschlüsse behauptet, da unter bestimmten Voraussetzungen eine Koordination wirtschaftlicher Tätigkeiten innerhalb eines Unternehmens („Hierarchie") zu niedrigeren Transaktionskosten führen kann als über den Markt (Williamson 1989).

Insbesondere in der neueren Diskussion um Megafusionen wird immer wieder die Existenz von Effizienzvorteilen behauptet, obwohl empirische Untersuchungen zeigen, dass der ökonomische Erfolg solcher Megafusionen sowohl insgesamt als auch in Relation zu kleineren Fusionen zweifelhaft ist. Während schon insgesamt nur bei etwa 50 bis 60% aller Fusionen die Profitabilität der fusionierten Unternehmen sich positiver als der Branchendurchschnitt entwickelt, verschlechtert sich diese Quote, je größer die Gesamtfusion und je größer das übernommene Unternehmen in Relation zum Aufkäufer ist. Deutlich weniger als die Hälfte, je nach Studie lediglich zwischen 1/4 und 1/3 aller Megafusionen erbringen die erhofften Synergieeffekte, bis zu 70% scheitern hingegen (Mueller 1996, S. 237 ff., Scherer / Ross 1990, S. 172 ff., Wenger 2000, S. 177 f.). Ebenso wie die Begründungen der Harvard Schule über die Gefährlichkeit von Unternehmenszusammenschlüssen für den Wettbewerb sich als theoretisch und empirisch angreifbar erwiesen haben, so gilt ähnliches für die ebenso pauschale gegenteilige Behauptung der Chicago Schule. Die These, dass hinter Unternehmenszusammenschlüssen in erster Linie das Streben nach Effizienz steht, ist in ihrer Generalität ebenso in Frage zu stellen wie auch die Auffassung, dass sich auf Märkten nur effiziente Unternehmensgrößen oder Verhaltensweisen durchsetzen können. Auch das Argument, dass es keine privaten Marktzutrittsschranken gibt, so dass die etablierten Anbieter regelmäßig einer ausreichenden Kontrolle durch potentiellen Wettbewerb ausgesetzt sind, muss seit der Entwicklung der Theorie strategischer Marktzutrittsschranken (Martin 1993, S. 46 ff.) als stark erschüttert angesehen werden.

Jenseits der Auseinandersetzung um Effizienz- und Marktmachtwirkungen ist auch nach den Wirkungen von Unternehmenskonzentration und Fusionen auf die Generierung und Ausbreitung von Innovationen zu fragen. Die Bedeutung dieser Frage ergibt sich daraus, dass aus empirischer Sicht der technische Fortschritt eine der wichtigste Determinanten von Wirtschaftswachstum ist. Die Frage der Auswirkung von Unternehmensgröße bzw. Unternehmenskonzentration auf die Innovationstätigkeit ist in der Innovationsforschung lange unter der Bezeichnung „Neo-Schumpeter-Hypothesen" diskutiert worden (Elßer 1993, S 40 ff.; I. Schmidt 1999, S. 105 ff.). Während die Neo-Schumpeter-Hypothese I einen positiven Zusammenhang zwischen Unternehmensgröße und Innovationen behauptet, stellt die Neo-Schumpeter-

Hypothese II einen positiven Zusammenhang zwischen der Unternehmenskonzentration und Innovationen her. Würden diese Hypothesen sich als richtig erweisen, würde dies ähnlich wie bei steigenden Skalenerträge zu einem Konflikt zwischen der Förderung des technischen Fortschritts einerseits und der Aufrechterhaltung von Wettbewerb und damit der Bekämpfung von Marktmacht andererseits führen. Tatsächlich hat aber die empirische Forschung über die Determinanten der Innovationstätigkeit gezeigt, dass beide Hypothesen nicht haltbar sind. Es konnten weder bestimmte Unternehmensgrößen noch bestimmte Konzentrationsgrade, bei denen eine besonders hohe Innovationstätigkeit auftritt, klar empirisch nachgewiesen werden. Vielmehr sind die Ursachen für die Intensität von Innovationstätigkeit als sehr vielfältig anzusehen, so dass je nach Branche, den Technologien und anderen Faktoren eher kleine, mittlere oder große Unternehmen eine höhere Innovationsaktivität aufweisen. Mit Sicherheit kann nicht von der Überlegenheit großer Unternehmen mit umfangreichen F&E-Abteilungen ausgegangen werden, vielmehr haben sich oft gerade kleine Unternehmen als besonders innovationsfreudig und flexibel in der Umsetzung neuer Ideen erwiesen (ausführlich: Dosi 1988; Scherer / Ross 1990, S. 613 ff.; Elßer 1993, S. 40 ff.; Audretsch 1995).

Innerhalb der dynamischen (bzw. evolutorischen) Konzeption des Wettbewerbs, die auf Schumpeter (1952; Innovationswettbewerb) und Hayek (1968; Entdeckungsverfahren) aufbaut, sind folgende Argumentationen zur Wirkung von Unternehmenszusammenschlüssen und Fusionen entwickelt worden. Da es in einem dynamischen Innovationswettbewerb normal ist, dass immer wieder durch neue Innovationen temporäre, leistungsbedingte Monopole entstehen, die nach einer gewissen Zeit durch Imitatoren wieder wegkonkurriert werden, kommt es aus Sicht eines dynamischen Wettbewerbskonzept nicht darauf an, ob zu einem bestimmten Zeitpunkt marktmächtige Positionen bestehen, sondern lediglich darauf, ob diese erstens durch bessere Leistung entstanden sind und zweitens nicht – mangels Imitationsprozessen – zu dauerhaften Marktmachtpositionen werden (Hoppmann 1977). Auch ergibt sich aus dem dynamischen Wettbewerbsverständnis, dass die Marktstrukturen nicht – wie in der ursprünglichen Vorstellung des Marktstruktur-Marktverhalten-Marktergebnis Paradigmas – exogen gegeben sind, sondern selbst endogenes Ergebnis von dynamischen Marktprozessen sind. Auch insofern ist die im Konzept des funktionsfähigen Wettbewerbs angestrebte Suche nach optimalen Marktstrukturen aus dieser Perspektive des dynamischen Wettbewerbs nur begrenzt sinnvoll. Dies bedeutet allerdings nicht, dass die Höhe der Unternehmenskonzentration für die Wirksamkeit eines dynamischen Wettbewerbs um Innovationen keine Rolle spielen würde. So könnte eine Verringerung der Anzahl von Unternehmen den wechselseitigen Wettbewerbsdruck, den die Wettbewerber durch Vorstöße, Nachziehen und Überholen aufeinander ausüben, stark verringern und den dynamischen Charakter dieses Prozesses eventuell völlig zum Erliegen bringen.

Einen weiteren Effekt erhält man, wenn man – im Anschluss an Hayeks Idee vom Wettbewerb als Experimentierungsprozess – von einem evolutorischen Konzept wissenschaffenden Wettbewerbs ausgeht, in dem die Wettbewerber neue Produkte als Hypothesen über die möglichst gute Erfüllung von Konsumentenpräferenzen auf dem Markt testen, wobei ihnen die Konsumenten mit ihren Kaufentscheidungen rückkoppeln, welche ihrer Produkte sich dabei als die relativ geeignetsten erwiesen haben, so dass die Unternehmen wechselseitig durch Imitation von ihren Erfolgen bzw. Misserfolgen lernen können (Kerber 1997). Aus dieser Perspektive führt eine Erhöhung der Unternehmenskonzentration durch eine Fusion zu einer Verringerung von unabhängig nach Innovationen suchenden Wettbewerber, wodurch sich die Anzahl der auf dem Markt getesteten unterschiedlichen Problemlösungshypothesen verringert. Unter bestimmten Annahmen kann davon ausgegangen werden, dass auf diese Weise langsamer Erfahrungen über die geeignetsten Lösungen für die Probleme der Nachfrager gemacht werden, so dass sich die Schnelligkeit des mit diesem Wettbewerb verbundenen Prozesses der Wissensakkumulation vermindert. Dies würde zum Beispiel bedeuten, dass der Prozess der innovativen Verbesserung von Kraftfahrzeugen schneller vonstatten geht, wenn acht Automobilfirmen unabhängig voneinander nach besseren Lösungen suchen als wenn nur vier Unternehmen unabhängig voneinander neue Modelle entwickeln. In der evolutorischen Innovationsforschung ist deshalb die ständige Produktion von Varietät (d.h. unterschiedlichen Problemlösungen) als wichtige Voraussetzung für die Funktionsfähigkeit von innovativen Wettbewerbsprozessen angesehen worden (Röpke 1977; Metcalfe 1989). Allerdings hat es sich bisher als schwierig erwiesen, diese Argumente für die konkrete Beurteilung von Zusammenschlussvorhaben fruchtbar zu machen, außer dass sie nochmals auf neue Weise die zentrale Bedeutung von Dezentralität und Vielfalt begründen. Aus Sicht der dynamischen bzw. evolutorischen Wettbewerbskonzeption wird aber deutlich, dass die Bedingungen für einen erfolgreichen Innovationswettbewerb wesentlich von denen eines gut funktionierenden Preiswettbewerbs abweichen können, woraus sich der seit langem diskutierte Trade off zwischen der „statischen Effizienz“ (effiziente Allokation) einerseits und der „dynamischen Effizienz“ (Innovationen) andererseits ergibt.

Zusammenfassend kann festgehalten werden, dass für die wettbewerbspolitische Beurteilung von Unternehmenskonzentration und Fusionen eine Fülle unterschiedlicher Argumente entwickelt wurde, die an der Tatsache, dass die Unternehmenskonzentration seit langem einer der umstrittensten Problembereiche der Wettbewerbspolitik ist, wenig geändert haben. Die dominierende Front der wissenschaftlichen Auseinandersetzung wird bestimmt von dem Spannungsfeld zwischen Marktmacht und Effizienz, wobei inzwischen breit anerkannt ist, dass hierbei differenziert zu argumentieren ist, d.h. Unternehmenskonzentration und Fusionen weder ausschließlich auf Marktmacht- noch auf Effizienzmotive zurückgeführt werden können. In der praktischen Fusionskontrolle zeigt sich dies darin, dass zwar im Grunde immer noch Marktstrukturkriterien (insbesondere Marktanteile), die sich an das Marktstruktur-Marktverhalten-Marktergebnis-Paradigma des Konzepts des funktionsfähigen Wettbewerbs anlehnen, bei der wettbewerbspolitischen Beurteilung von Fusionen im Vordergrund stehen, aber inzwischen zunehmend mit Argumenten der Chicago

Schule und der Contestable Markets verknüpft und damit abgeschwächt werden (für die europäische Fusionskontrolle Kerber 2000, S. 80 ff.). Das zweite Spannungsfeld bei der wettbewerbspolitischen Beurteilung von Konzentration, das durch den Gegensatz zwischen statischer Preistheorie (mit dem Ziel der effizienten Allokation) und einer dynamischen bzw. evolutorischen Wettbewerbskonzeption (mit dem Ziel der Generierung von Innovationen) bestimmt wird, hat bisher kaum Niederschlag in der konkreten Fusionskontrollpraxis gefunden und ist deshalb als ein wichtiges Feld zukünftiger Forschung anzusehen.

## 4. Fusionskontrolle in der europäischen Wettbewerbspolitik

Obwohl die ökonomischen Wirkungen von Unternehmenskonzentration und Fusionen im einzelnen umstritten sind, gibt es sowohl auf der wissenschaftlichen Ebene als auch in der wirtschaftspolitischen Praxis einen breiten Konsens über die Notwendigkeit einer Kontrolle von Unternehmenszusammenschlüssen. Deshalb findet sich in den wettbewerbsrechtlichen Regelungen aller wichtigen Industrieländer die Fusionskontrolle als ein zentrales Instrument zur Sicherung des Wettbewerbs. In den USA gibt es eine Bekämpfung von hoher Unternehmenskonzentration durch Entflechtung und Fusionskontrolle bereits seit Anfang des 20. Jahrhunderts. Nach Einführung der Fusionskontrolle mit der zweiten GWB-Novelle 1973 hat sich in Deutschland eine sehr ausdifferenzierte und restriktive Praxis der Zusammenschlusskontrolle herausgebildet. Dagegen wurde auf europäischer Ebene erst 1989 im Zusammenhang mit den Bemühungen zur Vollendung des Binnenmarktes eine Fusionskontrolle eingeführt, die sich inzwischen allerdings zur dominierenden Zusammenschlusskontrolle in Europa entwickelt hat und in ihrer Grundstruktur von vielen Mitgliedstaaten auch als Vorbild für ihre oft erst neueingeführten nationalen Fusionskontrollen benutzt wurde. Aufgrund ihrer hohen und weiter steigenden Bedeutung soll deshalb in diesem Abschnitt die europäische Fusionskontrolle als Beispiel für die konkrete wettbewerbspolitische Behandlung von Fusionen vorgestellt werden (ausführlicher: Europäische Kommission 1994; Kerber 1994, 2000; Cook / Kerse 1996; I. Schmidt / A. Schmidt 1997, S. 63 ff.).

Die Zuständigkeit der europäischen Fusionskontrolle ist durch Umsatzkriterien eindeutig geregelt. Alle Zusammenschlüsse, bei denen (1) die beteiligten Unternehmen über einen weltweiten Gesamtumsatz von mehr als 5 Mrd. Euro verfügen und (2) mindestens zwei der beteiligten Unternehmen einen Umsatz von jeweils mehr als 250 Mill. Euro innerhalb der Europäischen Gemeinschaft erwirtschaften, fallen unter die europäische Fusionskontrolle, es sei denn dass sie (3) zwei Drittel dieses gemeinschaftsweiten Umsatzes in demselben Mitgliedstaat erzielen. Im letzteren Fall werden sie von den nationalen Fusionskontrollen der Mitgliedstaaten erfasst. Da ein Fusionskontrollfall entweder nur ein europäischer oder ein nationaler Fall sein kann, gibt es zwischen der europäischen und den nationalen Wettbewerbspolitiken in Bezug auf die Fusionskontrolle eine klare Aufgabenteilung. Die obigen Umsatzkriterien bedeuten aber auch, dass die europäische Fusionskontrolle für alle irgendwo auf der Welt stattfindenden Zusammenschlüsse gilt, die sich auf den Wettbewerb innerhalb der EU auswirken können (Auswirkungsprinzip; siehe näher Abschnitt 5).

| | | |
|---|---|---|
| 1. Prüfungsphase: | - Genehmigung | 975 |
| | - (davon mit Zusagen: 44) | |
| 2. Prüfungsphase: | - Genehmigung ohne Auflagen | 11 |
| | - Genehmigung mit Auflagen | 34 |
| | - Untersagung | 11 |
| weiterhin: | - Zurückziehen der Anmeldung | 49 |
| | - Verweisung an Mitgliedsstaaten | 21 |

*Abbildung 3: Statistik über bisherige Fusionskontrollverfahren (Quelle: Wirtschaft und Wettbewerb; Stand: 31.10.1999)*

Bei der europäischen Fusionskontrolle handelt es sich um eine präventive Zusammenschlusskontrolle, d.h. bevor der Zusammenschluss vollzogen werden darf, muss er von der Kommission genehmigt werden. Das Fusionskontrollverfahren besteht aus zwei Phasen. Nach der Beantragung der Genehmigung gilt zunächst eine Einmonatsfrist, innerhalb der die zuständige Generaldirektion IV der Kommission die Fusion einer ersten Prüfung unterzieht. In weit über 90% der Fälle kommt sie dabei zu dem Schluss, dass es sich um einen unproblematischen Fall handelt, der sodann innerhalb dieses Monats für genehmigt erklärt wird. In den anderen Fällen stellt sie fest, dass der Zusammenschluss „Anlass zu ernsthaften Bedenken" gibt, woran sich dann eine weitere Frist von vier Monaten anschließt, innerhalb der sie den Fall einer intensiven Prüfung unterzieht. In relativ wenigen Fällen kommt sie dann zu dem Schluss, dass der Zusammenschluss doch in der geplanten Weise genehmigt werden kann oder – umgekehrt – überhaupt nicht genehmigt werden kann (Untersagung). In den meisten Fällen aber kommt es zu einer Genehmigung mit Auflagen, d.h. die beteiligten Unternehmen müssen ihren Zusammenschluss in einigen Punkten abändern, um Wettbewerbsprobleme auf bestimmten Märkten auszuschließen. Beispielsweise können sie verpflichtet werden, ein bestimmtes Tochterunternehmen an Dritte zu verkaufen oder bestimmte kapitalmäßige Verflechtungen zu beseitigen.

Bei der Einführung der europäischen Fusionskontrolle war zunächst noch sehr umstritten, ob bei der Prüfung von Zusammenschlüssen ausschließlich auf Wettbewerbskriterien abgestellt werden soll oder ob auch andere Kriterien wie bspw. industriepolitische Überlegungen berücksichtigt werden können. Obwohl bis heute nicht völlig unumstritten, hat sich in der inzwischen zehnjährigen Praxis eine klare Ausrichtung der Prüfung an Wettbewerbskriterien durchgesetzt (Kerber 2000, S. 86).

Die entscheidende Frage, die bei der Prüfung zu beantworten ist, lautet, ob durch den Zusammenschluss eine marktbeherrschende Stellung entsteht oder verstärkt wird, durch die wirksamer Wettbewerb wesentlich behindert wird. Ist dies der Fall, muss die Kommission den Zusammenschluss untersagen, andernfalls hat sie ihn zu genehmigen. Es gibt in der europäischen Fusionskontrolle keine darüber hinaus gehenden Beurteilungsspielräume oder Abwägungsmöglichkeiten. Weder gibt es eine der deutschen Ministererlaubnis vergleichbare zweite politische Beurteilungsebene, bei der die Nachteile der Fusion für den Wettbewerb mit anderen Interessen der Allgemeinheit abgewogen werden können, noch gibt es wie im US-Antitrustrecht eine „efficiency defense", d.h. die Möglichkeit, dass in Anlehnung an die Trade off-Analyse von Williamson die Effizienzvorteile durch den Zusammenschluss als die Nachteile des Zusammenschlusses überwiegend angesehen werden können. Vielmehr kommt es bei der europäischen Fusionskontrolle ausschließlich darauf an, ob eine marktbeherrschende Stellung entsteht oder verstärkt wird.

Bei der konkreten Vorgehensweise der Prüfung eines Zusammenschlusses (Abb. 3) wird zunächst in einem ersten Schritt festgestellt, welche Märkte von dem Zusammenschluss betroffen sind (Abgrenzung der relevanten Märkte). In einem zweiten Schritt wird dann geprüft, ob auf diesen Märkten die Fusion zur Entstehung oder Verstärkung einer marktbeherrschenden Stellung führt (zum Folgenden ausführlicher: EU-Kommission 1994; Kantzenbach / Kottmann / Krüger 1996; Albers 1999; Kerber 2000, S. 71-80). Die relevanten Märkte sind dabei sowohl in sachlicher als auch in räumlicher Hinsicht abzugrenzen. Bei der sachlichen Marktabgrenzung geht es vor allem darum, festzustellen, welche Produkte aus Sicht der Nachfrager noch als ausreichend austauschbar angesehen werden können, um sie als Teil desselben sachlichen Marktes anzusehen. Im Fusionskontrollfall Nestlé / Perrier stellte sich zum Beispiel die Frage, ob Mineralwasser und Softdrinks zum selben relevanten Markt gehören, was die Kommission verneinte. Die Bedeutung der Marktabgrenzung wird daran deutlich, dass je nachdem, ob Märkte eng oder weit abgegrenzt werden, die festgestellten Marktanteile der fusionierenden Unternehmen sehr unterschiedlich ausfallen. Weiterhin sind die Märkte auch in räumlicher Hinsicht abzugrenzen. Hohe Transportkosten, unterschiedliche rechtliche Regulierungen und technische Standards, verschiedene Vertriebssysteme sowie außenhandelspolitische Beschränkungen (wie Zölle) können Determinanten für die räumliche Größe von Märkten sein und damit für die Anzahl von Anbietern, zwischen denen Nachfrager auswählen können.

Prüfkriterium: Begründung oder Verstärkung einer marktbeherrschenden Stellung, durch die wirksamer Wettbewerb wesentlich behindert wird (Art. 2 FKVO)

*1. Schritt: Abgrenzung der relevanten Märkte:*
- sachliche Marktabgrenzung
- räumliche Marktabgrenzung

*2. Schritt: Feststellung der Marktbeherrschung auf den abgegrenzten relevanten Märkten*

Marktbeherrschung eines einzelnen Unternehmens:

Beurteilungskriterien (Auswahl):
- Marktanteile der fusionierenden Unternehmen
- Stärke der aktuellen Wettbewerber
- Marktzutrittsschranken (potentieller Wettbewerb)
- Struktur der Marktgegenseite (Nachfragemacht)

Marktbeherrschung eines Oligopols:

Außenwettbewerb: Wäre ein einheitlich handelndes Oligopol marktbeherrschend ?

Binnenwettbewerb: Besteht wirksamer Wettbewerb zwischen den Oligopolisten?

Beurteilungskriterien (Auswahl):
- Anzahl der Oligopolisten
- Homogenität der Produkte / Oligopolisten
- Markttransparenz
- Verhalten in der Vergangenheit

*Abbildung 4: Beurteilungskriterien in der Praxis der europäischen Fusionskontrolle (eigene Zusammenstellung; Kerber 1994, S. 25–123; 2000, S. 71 ff.)*

Bei der anschließenden Prüfung auf Entstehung einer marktbeherrschenden Stellung kann sowohl auf die Marktbeherrschung eines einzelnen Unternehmens oder auf eine gemeinsame Marktbeherrschung mehrerer Unternehmen (marktbeherrschendes Oligopol) abgestellt werden. Im europäischen Wettbewerbsrecht wird mit dem Begriff der Marktbeherrschung verbunden, dass ein Unternehmen eine solche Marktstellung besitzt, dass es sich in einem wesentlichen Umfang unabhängig von Abnehmern und Wettbewerbern verhalten kann (Preisspielraum). Faktisch wird die Marktbeherrschung von der Kommission durch Anwendung einer Anzahl von Kriterien geprüft, die jedoch von unterschiedlichem Gewicht sind. Zentrales Kriterium ist dabei der Marktanteil der fusionierenden Unternehmen. Liegt dieser unter 40%, wird in der Fusion auch ohne weitere Prüfung normalerweise kein Problem gesehen. Bei größeren Marktanteilen wird eine ernsthafte Prüfung vorgenommen, wobei allerdings auch Fusionen mit sehr hohen Marktanteilen (von über 80%) noch genehmigt werden können, wenn andere Kriterien dafür sprechen, dass weiterhin wirksamer Wettbewerb bestehen bleibt. Andere starke Wettbewerber, ein intensiver potentieller Wettbewerb aufgrund niedriger Marktzutrittsschranken sowie große Nachfrager mit hohem Einkaufsvolumen können ein ausreichendes Gegengewicht darstellen, die den Verhaltensspielraum der fusionierenden Unternehmen in genügender Weise begrenzen und folglich wirksamen Wettbewerb weiterhin bestehen lassen. Darüber hinaus werden jedoch auch noch weitere Kriterien wie die Marktphase, der Zugang zu Absatz- und Beschaffungsmärkten (bei vertikalen Zusammenschlüssen) sowie Effizienzvorteile (wie Synergieeffekte) und – im Einzelfall und als potentiell industriepolitisches Kriterium besonders umstritten – die „Entwicklung des technischen und wirtschaftlichen Fortschritts“ einbezogen.

Prüft die Kommission auf das Vorliegen eines marktbeherrschenden Oligopols, so ist zum einen zu prüfen, ob das Oligopol, wenn es einheitlich auftreten würde, insgesamt marktbeherrschend wäre (Außenwettbewerb), wofür die obigen Kriterien angewendet werden können. Darüber hinaus ist aber zu prüfen, ob zwischen den Oligopolisten ein wirksamer Wettbewerb herrscht (Binnenwettbewerb) oder ob man von einem kollusiven Parallelverhalten ausgehen kann. Zur Beurteilung der Wahrscheinlichkeit eines solchen Parallelverhaltens werden von der Kommission eine Anzahl von Kriterien verwendet: So kann bspw. davon ausgegangen werden, dass ein oligopolistisches Parallelverhalten um so unwahrscheinlicher ist, je größer die Anzahl der Oligopolisten ist, je heterogener die Produkte bzw. die Oligopolisten sind und je geringer die Markttransparenz ist. Weiterhin können die Stärke der Innovationsaktivitäten, Verflechtungen zwischen den Oligopolisten, die Struktur der Nachfrager, die Preiselastizität, Überkapazitäten sowie das Verhalten der Oligopolisten in der Vergangenheit als weitere Beurteilungskriterien dafür herangezogen werden, ob mit einem abgestimmten Verhalten zwischen den Oligopolisten zu rechnen ist.

Insgesamt hat sich die europäische Fusionskontrolle in ihrer inzwischen zehnjährigen Praxis eine breite Anerkennung erworben. Allerdings lassen sich auch eine Anzahl von Kritikpunkten formulieren. Als erhebliches Problem hat sich die Auflagen- und Zusagenpraxis der Kommission erwiesen, denn in ihrem Bemühen, Untersagungen eher zu vermeiden und Wettbewerbsprobleme durch Verhandlungen mit den beteiligten Unternehmen über Abänderungen des Zusammenschlussvorhabens zu lösen, kommt es oft zur Aushandlung ganzer Marktstrukturen, was aus ordnungspolitischer Sicht als problematisch angesehen werden muss. Ein noch gravierenderes Problem ist, dass es immer wieder Fälle gibt, in denen anscheinend nicht nach rein sachlichen Kriterien entschieden wurde, sondern politische Einflussnahmen auf Fusionskontrollentscheidungen stattfanden. Insofern ist gerade auch im Zusammenhang mit der Fusionskontrolle immer wieder die Forderung nach der Einführung eines unabhängigen europäischen Kartellamtes gestellt worden (A. Schmidt 1999). Im Vergleich zum deutschen Bundeskartellamt kann des weiteren festgestellt werden, dass die europäische Fusionskontrolle bei der Anwendung der Kriterien für Marktbeherrschung generell großzügigere Maßstäbe hat als die deutsche Zusammenschlusskontrolle. Andererseits ist aber positiv zu vermerken, dass die europäische Fusionskontrolle bei ihren Entscheidungsbegründungen im Allgemeinen sehr auf eine gute ökonomische Fundierung achtet, auch wenn die angewendeten Kriterien im einzelnen wieder kritisch hinterfragt werden können.

## 5. Zur Problematik der Kontrolle der Unternehmenskonzentration auf globaler Ebene

Der Prozess der Unternehmenskonzentration ist gegenwärtig und zukünftig nicht auf einzelne Nationalstaaten (einschließlich der EU) bezogen zu betrachten, sondern entfaltet globale Ausmaße (siehe Abschnitt 1). Daraus resultiert eine sowohl wissenschaftliche als auch öffentliche Diskussion darüber, ob nationale Wettbewerbspolitiken diesen Prozess überhaupt noch kontrollieren können oder ob nicht statt dessen nur eine internationale Wettbewerbspolitik den Wettbewerb auf internationalen Märkten schützen kann. Hierbei sind allerdings zwei unterschiedliche Ebenen der Diskussion um internationale Megafusionen zu differenzieren: Erstens ergeben sich spezielle Fragen bezüglich der wettbewerbspolitischen Beurteilung von Fusionen (jenseits der Diskussion in Abschnitt 3) und zweitens sind spezifische Probleme zu lösen, die aus der Internationalität der Unternehmenskonzentration in Relation zur lediglich nationalen Fusionskontrolle resultieren. Die wesentlichen Aspekte beider Analyseebenen werden nachfolgend vorgestellt.

Um eventuelle Besonderheiten internationaler Megafusionen beurteilen zu können, sind zunächst mögliche Ursachen der internationalen Großfusionswelle zu analysieren (Siegwart / Neugebauer 1998; Kleinert / Klodt 2000):

- Der Prozess der ökonomischen Globalisierung beinhaltet eine räumliche Vergrößerung der Märkte, auf denen die Unternehmen agieren. Mit dieser Veränderung der wettbewerbspolitisch relevanten Märkte ändern sich auch die Größenrelationen: National große und marktanteilsmächtige Unternehmen können im globalen Maßstab zu den eher kleinen und unbedeutenden Wettbewerbern gehören.
- Durch Liberalisierung und Deregulierung werden bisher national abgeschottete oder staatlich organisierte Märkte (bspw. Telekommunikation, Energie, Verkehr, Versicherungen usw.) geöffnet und die staatlichen Marktzutrittschranken für ausländische Wettbewerber verringert bzw. abgeschafft. Fusionen können hier eine schnelle Art der Anpassung der oftmals verkrusteten Strukturen an die veränderten Wettbewerbsbedingungen darstellen. Zudem werden gegenwärtig insbesondere Märkte mit leitungsgebundenen Produkten (bspw. Elektrizität) dereguliert, auf denen Größenvorteile eine besonders große Rolle spielen.
- Besonders weit fortgeschritten ist der Prozess der Globalisierung auf den Finanz- und Kapitalmärkten, wodurch sich die Bedingungen für Megafusionen erleichtern, vor allem bezüglich der Finanzierungsmöglichkeiten und der Verwendung eigener Aktien als Akquisitionswährung.
- Anders als in den 1980er Jahren, in denen konglomeraten Fusionen eine große Bedeutung zukam, sind die internationalen Megafusionen der Gegenwart meist horizontaler Art. Die Ursache dieser Entwicklung liegt in einem Wechsel der dominierenden Unternehmensstrategie: Diversifikation und Risikostreuung durch Marktbreite werden durch eine strikte Orientierung auf die Kernkompetenzen eines Unternehmens substituiert. Somit geht die horizontale Integration

durch internationale Megafusionen einher mit einer tendenziellen Auflösung der vorher entstandenen Konglomerate und zudem auch oftmals mit einer vertikalen Desintegration (*out-sourcing*).

Im Zusammenhang mit den hier diskutierten Ursachen lassen sich ergänzend zu den auch hier relevanten traditionellen Aspekten, Aufbau von Marktmacht und Ausnutzung von Effizienzvorteilen, weitere Motive für internationale Megafusionen identifizieren: Im Zuge von Globalisierung und Liberalisierung sind viele Märkte schneller gewachsen als die bisher national bzw. regional tätigen Unternehmen. Daher wird es auch für – im nationalen Maßstab – große Unternehmen interessant, mit ähnlich großen ausländischen Unternehmen zu fusionieren, um durch solches externes Wachstum eine konkurrenzfähige Durchdringung der globalisierten Märkte zu geringeren Kosten als durch internes Wachstum (Aufbau eigener Marken, Vertriebsstrukturen, Zulieferer- und Kundenbeziehungen usw. auf unbekanntem Territorium) zu erzielen (Weizsäcker 1998, S. 386 f.). Die resultierenden Synergieeffekte können bei Unternehmen, die bisher in unterschiedlichen Staaten auf vergleichbaren Märkten tätig waren, größer sein als bei sonstigen Fusionen, da insbesondere bei Vertriebsstrukturen und Kundenbeziehungen keine Doppelausstattung mit der Notwendigkeit einer aufwendigen Reorganisation entsteht. Zudem können im gegenwärtigen Umfeld Eigeninteressen der Beteiligten eine Verstärkung der Welle besonders großer Fusionen begünstigen (Wenger 1999, 2000): Die Eigentümer können von kurzfristig stark steigenden Kursen profitieren (steigender *shareholder value*). Geschäftsleitung und Management können ein Eigeninteresse an Großfusionen haben, wenn diese ihr Einkommen oder Prestige (hohes Medieninteresse) steigern und damit ihre zukünftigen Karrierechancen verbessern können. Darüber hinaus werden mit Anbahnung und Abwicklung von Fusionen hohe Geldbeträge verdient, wobei insbesondere Anwälte, Banken und Unternehmensberatungen zu nennen sind. Insbesondere die letzten beiden verfügen obendrein als Finanziers und Miteigentümer bzw. als Experten für Erfolgschancen der Fusion und für eventuelle Reorganisationsprozesse über einen nicht unerheblichen Einfluss auf die Fusionsentscheidung.

Aus den diskutierten Ursachen und Motiven ergeben sich auch bezüglich der ökonomischen Bewertung von internationalen Fusionsprozessen besondere Aspekte:

- Im Zuge der Globalisierung vergrößern sich die relevanten Märkte für die Beurteilung wettbewerbsbeschränkender Wirkungen von Fusionen. Damit müssen jedoch auch national sehr hohe Marktanteile nicht unbedingt eine marktbeherrschende Stellung begründen. Dies könnte eine großzügigere Fusionskontrolle aufgrund globalisierter Märkte erlauben. Allerdings wäre darauf zu achten, dass globale Konzentrationsprozesse nur eine gewisse Zeit durch die Expansion der Märkte überkompensiert werden und anschließend auch im Weltmaßstab unter Umständen Vermachtung droht. Enge Oligopole bis hin zu Duopolen sind auch auf globalisierten Märkten nicht ausgeschlossen, wie der Markt für große Passagierflugzeuge (Boeing und Airbus als einzige Anbieter) zeigt.

- Die internationale Handelsliberalisierung (bspw. im Rahmen der WTO) und die Deregulierung vieler Branchen verringern staatliche Marktzutrittschranken und ermöglichen damit verstärkt potentiellen Wettbewerb, weswegen große Unternehmungen mit hohen Marktanteilen nicht unbedingt eine Gefahr für den Wettbewerb darstellen müssen. Allerdings ist auch zu berücksichtigen, dass nach erfolgter Globalisierung keine potentielle Konkurrenz "von außen" im Sinne ausländischer Konkurrenz mehr möglich ist; das heißt, das mit Liberalisierung und Deregulierung verbundene Aufbrechen verkrusteter und vermachteter Strukturen ist im globalen Maßstab nicht reproduzierbar, so dass der Verhinderung der Entstehung solcher Strukturen eine höhere Bedeutung zukommt.
- Die aus internationalen Megafusionen resultierenden Unternehmen verfügen nicht nur eventuell über ökonomische Macht sondern auch über große politische Einflussmöglichkeiten. Sie vereinigen große Mengen an Kapital und eine hohe Zahl an Arbeitskräften auf sich und besitzen damit Drohpotenzial gegenüber der Politik. Dies gilt insbesondere, da diese Unternehmen als Global Players international mobil und weitgehend unabhängig sind und im Standortwettbewerb nationale Regierungen gegeneinander ausspielen können.
- Im Zusammenhang vieler Fusionen kommt es zu einer Reallokation von Unternehmensbeteiligungen: einer stärkeren horizontalen Integration (Konzentration auf die Kernkompetenzen) steht eine abnehmende vertikale und konglomerate Konzentration gegenüber. Sind Zusammenschlüsse von Konzernen jedoch mit der Ausgliederung bestimmter Bereiche der bisherigen Konzerne verbunden, ist der Gesamteffekt auf die Zahl der unabhängigen Unternehmen zunächst offen. Jedoch ist auch zu beachten, dass mit einer Reallokation von vertikaler und konglomerater zu horizontaler Konzentration der wettbewerbsgefährdende Charakter der Unternehmenskonzentration tendenziell zunimmt.

Insgesamt ist eine abschließende Beurteilung der Unternehmenskonzentration auf globaler Ebene gegenwärtig schwierig, da – wie dargestellt – sehr verschiedene und teilweise gegenläufige Effekte zu analysieren sind.

Abschließend ist noch die Problematik zu skizzieren, dass internationale Megafusionen gegenwärtig nur durch nationale Wettbewerbspolitiken kontrolliert werden (können). Über die nationalen Grenzen hinausreichende Wettbewerbsbeschränkungen werden dabei in den meisten nationalen Wettbewerbsordnungen mit Hilfe des *Auswirkungsprinzips* (*effects doctrine*) kontrolliert, welches eine extraterritoriale Anwendung nationaler Wettbewerbsregeln darstellt (ausführlich: Basedow 1998, S. 19 ff.). Demnach wird jede Wettbewerbsbeschränkung, die sich im Inland auswirkt, von den inländischen Wettbewerbsbehörden nach inländischem Wettbewerbsrecht beurteilt, unabhängig davon, ob die wettbewerbsbeschränkenden Handlungen im In- oder Ausland vereinbart und durchgeführt werden. Eine internationale Fusion würde dementsprechend in allen Staaten zu (prinzipiell voneinander unabhängigen) Kontrollverfahren führen, in denen Inlandsmärkte betroffen sind bzw. die Teile eines internationalen Marktes darstellen. Mit dem in der wettbewerbspolitischen Praxis gut erprobten Auswirkungsprinzip sind jedoch folgende Probleme verbunden (Basedow 1998; Campbell / Trebilcock 1997):

- Die extraterritoriale Anwendung nationalen Rechts bringt Ermittlungs- und Vollstreckungsprobleme mit sich: Die nationalen Wettbewerbsbehörden können nur in begrenzter Weise die Herausgabe relevanter Informationen zu ausländischen Fusionen erzwingen. In gleicher Weise ist auch die Sanktionierung wettbewerbsbeschränkender Fusionen (Verbote, Auflagen, Zwangsmaßnahmen) gemäß den inländischen Wettbewerbsregeln im Ausland nur sehr begrenzt durchsetzbar.
- Da internationale Fusionen durch mehrere Wettbewerbsbehörden geprüft werden, kann es zu einer kumulativen Prüfung mit der Folge möglicher Regelungskonflikte kommen. Die einzelnen Fusionskontrollverfahren kommen möglicherweise zu divergierenden Ergebnissen (wie bspw. die US-Wettbewerbsbehörde und die EU-Kommission im Fusionsfall Boeing / McDonnell Douglas), so dass im Extremfall eine Großfusion in einem Staat genehmigt, in einem anderen jedoch untersagt wird; zudem können eventuelle Auflagen kumulieren oder sich widersprechen. Die resultierende Rechtsunsicherheit über die Zulässigkeit einer internationalen Megafusion erhöht ebenso wie unterschiedliche Meldevorschriften und eine verlängertes Gesamtprüfungsverfahren die Transaktionskosten einer Fusion.
- Umgekehrt können Regelungslücken entstehen, wenn sich regional unbedeutende Wettbewerbsbeschränkungen auf globalisierten Märkten kumulieren.

*Weltwettbewerbsordnung*

- Internationales Wettbewerbsrecht.
- Internationale Wettbewerbsbehörde ("Weltkartellamt").
- Internationale Wettbewerbsgerichte.
- Aufgabe oder Unterordnung der nationalen Wettbewerbsbehörden.

*Internationale Mindeststandards*

- Einheitliche Mindestbedingungen für die nationale Wettbewerbspolitik.
- Organe und Verfahren zur Durchsetzung und einheitlichen Anwendung der Mindeststandards.
- Schlichtungsverfahren bei Konflikten.
- Graduelle Harmonisierung der nationalen Wettbewerbsregeln.

*Kooperation nationaler Wettbewerbsbehörden*

- Gegenseitige Informations- und Konsultationspflichten.
- Freiwillige und fallweise Abtretung von Kompetenzen.
- Fallweise Bestimmung einer verfahrensführenden Behörde.
- Gegenseitige Amtshilfe, bspw. bei Ermittlungs- oder Vollzugsproblemen.

*Abbildung 5: Ansätze zu einer internationalen Wettbewerbspolitik (eigene Darstellung)*

Somit ergibt sich angesichts global agierender Unternehmen eine Notwendigkeit für eine internationale oder aber zumindest international koordinierte Wettbewerbspolitik (bspw. Fikentscher / Heinemann 1994; Scherer 1994; Jacquemin 1995). Der Weg zu einer internationalen Wettbewerbspolitik kann dabei bspw. über die Implementation einer globalen Wettbewerbsordnung, das Setzen internationaler Mindeststandards oder eine intensivierte Kooperation weiterhin nationaler Wettbewerbsbehörden gegangen werden (Basedow 1998; Kerber 1999; siehe Abb. 4).

Ein zentrales globales Wettbewerbsrecht mit entsprechender institutioneller und organisatorischer Ausgestaltung ist jedoch gegenwärtig aufgrund des damit verbundenen Souveränitätsverzichts der Nationalstaaten und eines mangelnden Konsenses über die "richtige" wettbewerbspolitische Grundkonzeption (siehe die unterschiedlichen Ansätze in Abschnitt 3) unrealistisch. Internationale Mindeststandards befinden damit zusammenhängend meist in einem Trade off aus Konsensfähigkeit und wettbewerbspolitischer Wirksamkeit: Niedrige Standards sind eher konsensfähig aber nur bedingt wirksam, anspruchsvolle Standards hingegen sind weniger konsensfähig. Eine Lösung ist daher wohl realistischerweise auf einem geschickten Einsatz nationaler Wettbewerbsrechte aufzubauen, welche über Koordinationsmechanismen (wie bspw. Kooperationsregeln) miteinander verbunden werden. Insofern könnte man sich eine zukünftige internationale Wettbewerbsordnung eher als eine internationale Verfahrensordnung vorstellen, die durch geeignete internationale Regeln für die Funktionsfähigkeit eines Systems nationaler Wettbewerbspolitiken sorgt (Kerber 1999). Dies bedingt zwar eine gewisse Mindestharmonisierung der dezentralen Wettbewerbsregeln, allerdings kann die Kombination mit Koordinationsmechanismen die Nachteile einer konsensfähigen Mindestharmonisierung (relativ niedrige Standards) unter Umständen kompensieren. Ein Anknüpfungspunkt für die Implementation einer solchen eher dezentralen internationalen Wettbewerbsordnung könnte im Sinne einer graduellen Weiterentwicklung vorhandener internationaler Institutionen und Organisationen die Welthandelsorganisation (WTO) darstellen (Hoekman / Mavroidis 1994; Wins 2000). Die dort verankerten Regeln gegen staatliche Beschränkungen des internationalen Wettbewerbs inklusive der entsprechenden Koordinations- und Schlichtungsmechanismen könnten durch Grundregeln gegen private Beschränkungen des internationalen Wettbewerbs inklusive Kooperationsregeln zur Koordination der nationalen Wettbewerbspolitiken ergänzt werden.

Insgesamt ist zu resümieren, dass die zunehmend zu beobachtenden internationalen Megafusionen auf globalisierten Märkten die Wettbewerbspolitik vor veränderte Aufgaben stellen, wobei die bisherige, eher nationale Ausrichtung der Fusionskontrolle an Grenzen stößt. Dabei treten sowohl wettbewerbsintensivierende Faktoren als auch wettbewerbspolitische Gefahren auf, so dass die Diskussion der ökonomischen Wirkungen von Fusionen auch in Zukunft aktuell bleibt. Die Verlagerung der Konzentrationsproblematik auf die globale Ebene kompliziert die ohnehin schon komplexe Problematik weiter, so dass keine einfache Lösungen zu erwarten sind, sondern ein sorgfältiges und differenziertes Abwägen der in diesem Beitrag dargelegten Argumente erfolgen muss.

## **Weiterführende Literatur** (zitierte Quellen siehe Anhang)


*Berg, H.* (1999b), Wettbewerbspolitik, in: D. Bender et al. (Hrsg.), Vahlens Kompendium der Wirtschaftstheorie und Wirtschaftspolitik, Bd. 2, München, S. 299-362.

*Ferguson, P. R. / G. J. Ferguson* (1994), Industrial Economics, Houndsmill / London.

*Herdzina, K.* (1999), Wettbewerbspolitik, Stuttgart.

*Kleinert, J. / H. Klodt* (2000), Megafusionen: Trends, Ursachen und Implikationen, Tübingen.

*Knieps, G.* (1997), Wettbewerbspolitik, in: J. Hagen et al. (Hrsg.): Springers Handbuch der Volkswirtschaftslehre, Bd. 2, Berlin u.a., S. 34-79.

*Martin, S.* (1993), Advanced Industrial Economics, Cambridge / Mass.

*Neumann, M.* (2000), Wettbewerbspolitik, Wiesbaden.

*Scherer, F. M. / D. Ross* (1990), Industrial Market Structure and Economic Performance, Boston.

*Schmidt, I.* (1999), Wettbewerbspolitik und Kartellrecht, 6. Aufl., Stuttgart.

*Schmidt, I. / A. Schmidt* (1997), Europäische Wettbewerbspolitik, München.

*Siegwart, H. / G. Neugebauer* (1998) (Hrsg.), Mega-Fusionen: Analysen, Kontroversen, Perspektiven, Bern.


## **Verständnisfragen** (Lösungen siehe Anhang)

**Frage 1:**

Welche Arten privater Wettbewerbsbeschränkungen unterscheidet man üblicherweise? Skizzieren Sie, wie diese in Deutschland und in der EU wettbewerbspolitisch gehandhabt werden?

**Frage 2:**

Bei der Beurteilung von Unternehmenszusammenschlüssen sind unterschiedliche Aspekte abzuwägen. Diskutieren Sie die gesamtwirtschaftlichen Effekte von Unternehmenskonzentrationen mit Hilfe des Williamson-Trade-offs! Wie verändert sich die Betrachtung, wenn dynamische Aspekte (Innovationen) berücksichtigt werden?

**Frage 3:**

Gegenwärtig ist eine regelrechte Welle internationaler Megafusionen mit immer neuen Rekordumsätzen zu beobachten. Erläutern Sie anhand von Beispielen mögliche Gründe für dieses Phänomen. Welche wettbewerbspolitischen Konsequenzen sind zu beachten?

# Lösungsteil

## Zu: Arbeitsmarktpolitik

### Zu Frage 1:

Meist steckt hinter diesen Vorwürfen zweierlei: 1. Kritik an der Arbeitsmarktordnung, 2. Kritik an der Lohnpolitik der Gewerkschaften.

In der Bundesrepublik Deutschland werden die Tariflöhne von den Tarifvertragsparteien, also den Unternehmensvertretern und den Gewerkschaften, autonom ausgehandelt, ebenso werden Ausbildungsvergütungen, bindende Mindestarbeitsbedingungen und viele andere Regelungen im Rahmen der tarifvertraglichen Vereinbarungen festgelegt. Die rechtlichen Grundlagen hierfür bilden im Wesentlichen Artikel 9 Absatz 3 GG (Tarifautonomie), das Betriebsverfassungsgesetz, das Tarifvertragsgesetz und das Kündigungsgesetz. Durch die Veränderung dieses rechtlichen Rahmens ist dem Staat die Möglichkeit gegeben, das Handeln der am Arbeitsmarkt vertretenen Parteien zu beeinflussen. Die Arbeitsmarktordnungspolitik ist aufgefordert, die Rahmenbedingungen am Ziel eines möglichst hohen Beschäftigungstandes zu orientieren und dementsprechende Anpassungen vorzunehmen.

Der Arbeitslose befindet sich gegenüber dem Beschäftigten bereits deshalb in einer unvorteilhafteren Position, weil er Kenntnisse und Fähigkeiten mit zunehmender Zeit der Beschäftigungslosigkeit verliert. Durch Regelungen wie dem Kündigungsschutz und Vorschriften, die einer Beschäftigung außerhalb der tarifvertraglichen Bestimmungen entgegenstehen (Allgemeinverbindlichkeit, insbesondere § 77 Absatz 3 BetrVG), wird die flexible Handhabung von spezifischen Problemlagen im einzelnen Betrieb erschwert (Günstigkeitsprinzip, insbesondere § 4 Absatz 3 TVG). Der Kündigungsschutz beispielsweise gewährt im Beschäftigungsverhältnis stehenden Arbeitnehmern einen gewissen Schutz davor, „einfach" entlassen zu werden. Abfindungszahlungen und Sozialpläne tragen zur Erhöhung jener Schwelle bei, an der ein Unternehmen entscheiden wird, Entlassungen vorzunehmen. Solche Schutzvorschriften und Schutzregelungen sichern zwar eindeutig die Position der Beschäftigten, schwächen aber gleichzeitig die Einstellung neuer Mitarbeiter.

Eine Lockerung dieser Vorschriften und Regelungen hätte zweifellos eine Erhöhung der Flexibilität im Sinne vermehrter Entlassungen und Einstellungen zur Folge. Ob der als Ergebnis des Flexibilisierungsprozesses eintretende Nettoeffekt (mehr Einstellungen als Entlassungen) allerdings tatsächlich zu einem deutlichen Abbau der Arbeitslosigkeit führen wird, gilt als umstritten. Unbestritten hingegen bleibt der Vorwurf bestehen, dass in den Vorschriften, die den Schutz der Arbeitnehmer regeln, die Interessen beschäftigungsloser Arbeitnehmer nicht berücksichtigt sind. Die Kritik richtet sich demnach sowohl an den Gesetzgeber als auch verstärkt an die Gewerkschaften, die, als Repräsentanten der Arbeitnehmer, auch die Interessen der Arbeitslosen beachten sollten. Überdies darf die gesellschaftliche Verantwortung der Arbeitgeber, Arbeitsplätze zu schaffen, nicht aus dem Blick geraten. Die Notwendigkeit, alle am Arbeitsmarkt auftretenden Parteien, eingeschlossen der Gesetzgeber, an einem Tisch zu versammeln, um Ziele und Vorgehensweisen gemeinsam abzustimmen, scheint angesichts der aktuellen Arbeitsmarktdaten als vordringlicher denn je. Hierin liegt wohl der wesentliche Vorzug des „Bündnis für Arbeit".

Im Zuge des „Prinzips Verantwortung" wird den Gewerkschaften nicht nur vorgehalten, die Interessen der Arbeitslosen unberücksichtigt zu lassen; die Gewerkschaften sehen sich häufig auch dem Vorwurf ausgesetzt, die Stellung vieler beschäftigter Arbeitnehmer zu gefährden, indem sie mit ihrer Lohnpolitik eine Öffnung der Löhne nach unten verhindern würden. Dagegen wird häufig argumentiert, dass es nicht zuletzt auch die Arbeitgeber sind, die diesen „zu hohen" Löhnen in den Tarifverhandlungen immer wieder zustimmen. Ist es also eine übergroße Macht, über die Gewerkschaften in der Bundesrepublik Deutschland verfügen, und ist es der Missbrauch dieser Macht, der sie die Unternehmen in Tarifverhandlungsprozessen einschüchtern lässt? Ist es die hohe Streikbereitschaft der Gewerkschaften oder die Radikalität der Arbeitnehmer, die die Unternehmen immer wieder zu eigentlich ungewollten Zugeständnissen zwingt? Diejenigen, die in solchen Fragen gleichsam die Antworten sehen, vergessen zu leicht, dass die Bestimmung der Löhne auch von vielen anderen Faktoren abhängt und, vor allem, dass Arbeitslosigkeit nicht nur durch zu hohe Löhne verursacht wird.

**Zu Frage 2:**

Mit dem 1. Januar 1999 trat die Europäische Währungsunion in Kraft, der die Länder Belgien, Deutschland, Finnland, Frankreich, Irland, Italien, Luxemburg, Niederlande, Österreich, Portugal und Spanien beigetreten sind (EU-11); lediglich Dänemark, Griechenland, Großbritannien und Schweden, die anderen Länder der Europäischen Union (EU-15) haben auf einen Beitritt verzichtet (Griechenland hat die Konvergenzkriterien von Maastricht nicht erfüllt). Die jeweiligen Währungen der Mitgliedsländer der Währungsunion wurden zum Euro in einen festen Wechselkurs gesetzt sowie die Kompetenzen für die Geldpolitik an die Europäische Zentralbank übertragen. Ab März 2002 soll der Euro innerhalb der Europäischen Währungsunion das einzige gesetzliche Zahlungsmittel sein.

Gemäß der „Theorie vom optimalen Währungsraum" bestehen die Vorteile einer Währungsunion in der Minderung der Transaktionskosten im länderübergreifenden Güter- und Dienstleistungsverkehr (innerhalb des Währungsraumes), das heißt, die Kosten der Informationsbeschaffung über den jeweiligen Stand der Währungen, die Kosten des Umtauschs, der Umrechnung und auch mögliche Währungsrisiken werden erheblich gemindert oder entfallen vollständig. Im unternehmerischen Entscheidungskalkül muss der Faktor „Währung" also nicht mehr berücksichtigt werden.

Die gemeinsame Währung kann somit als Beitrag zur Erhöhung der Kosteneffizienz auf internationalem Niveau verstanden werden. Hierdurch werden natürlich die Wettbewerbskräfte gestärkt und tendenziell eine Senkung der Preise der gehandelten Güter und Dienstleistungen bewirkt. Nicht zuletzt wird es den Wirtschaftssubjekten unmöglich gemacht, von Währungsschwankungen und –risiken zu profitieren, wodurch der Raum für Währungsspekulationen klar eingegrenzt ist. Geht man nun davon aus, dass aus steigendem Wettbewerb auch Steigerungen des Wirtschaftswachstums generiert werden, so kann innerhalb des Währungsraumes durchaus von positiven Wirkungen auf die Zahl der Beschäftigten ausgegangen werden.

Die Währungsunion geht aber auch mit Kosten einher. Zunächst sind sämtliche Kosten der Planung und Vorbereitung eines solchen Vorhabens zu nennen, und dies insbesondere angesichts der Schwierigkeiten, einen tragfähigen Konsens zwischen den beteiligten Ländern zu erwirken (Verhandlungen sind notwendig, um einen Konsens im jeweiligen Land herzustellen, dann sind die verschiedenen Länderinteressen auf internationalem Niveau abzuwägen etc.). Neben den Verhandlungskosten sind die Kosten der Implementierung und Durchsetzung der Währungsunion anzuführen Behörden und Bürokratien müssen umgewidmet und/oder neu geschaffen werden, wie z.B. die Europäische Zentralbank, die entsprechende Infrastruktur muss eingerichtet sein usw.). Und nicht zuletzt müssen die laufenden Kosten des Betriebs getragen werden. Auch die Unternehmen haben zum Teil ganz erhebliche Kosten zu tragen: So müssen etwa alle Abrechungssysteme auf die neue Währung umgestellt werden; in den Jahren des Übergangs von einer Währung in die andere muss teilweise parallel in beiden Währungen gerechnet werden etc. Schließlich werden auch einige (Transaktions-) Kosten vom Konsumenten in Form der Umstellung bzw. der Aufgabe alter Gewohnheiten eingefordert. Die meisten dieser Kosten, so erheblich sie auch ins Gewicht fallen mögen, sind von kurzfristiger Natur, da sie nach der Zeit der Umstellung nicht mehr oder nur noch mit sinkendem Anteil zu Buche schlagen. Nur die laufenden Kosten des „Betriebs" der Währungsunion – beispielsweise die Kosten der Europäischen Zentralbank und anderer Organisationen auf internationaler wie auf Länderebene – fallen langfristig ins Gewicht.

Als ein gravierender Nachteil der Währungsunion und somit als ein Kostenfaktor ist der Wegfall des freien Preismechanismus der Währung, also der Verzicht auf die positiven Wirkungen des Mechanismus flexibler Wechselkurse anzusehen. Haben vor der Währungsunion konjunkturelle Schwächephasen in einem Land zu Abwertungstendenzen der Inlandswährung mit positiven Effekten auf die Exportfähigkeit und die Beschäftigtensituation gewirkt, so ist im Falle der Währungsunion eine Anpassung in erster Linie nur über die Preise der Güter und Dienstleistungen eines Landes möglich; dies setzt wiederum die Bereitschaft der Arbeitnehmer voraus, Reallohnsenkungen hinzunehmen bzw. Zurückhaltung bei Lohnsteigerungen zu üben. Ist dies nicht möglich, weil das Lohnniveau auf insgesamt zu hohem Level verharrt, kann es zu einem Anstieg der Arbeitslosigkeit kommen. Eine als möglich diskutierte Strategie, dem zu begegnen, wäre es, den am stärksten von der Arbeitslosigkeit betroffenen Staaten Transferleistungen zuzuweisen. Die Notwendigkeit häufig vorzunehmender Interventionen in Form gewährter Transfer- oder Subventionierungsleistungen wäre ein unerwünschtes Ergebnis, zumal der europäische Binnenmarkt ohnehin in der Kritik steht, ein Markt mit hohen und fortbestehenden protektionistischen Tendenzen zu sein, welche zu reduzieren auch mittels der Währungsunion nicht gelungen ist.

Die Europäische Währungsunion allein reicht keinesfalls aus, um einen Durchbruch auf dem europäischen Arbeitsmarkt zu bewirken, der 1999 noch eine EU-harmonisierte Arbeitslosenquote von 10,2 v. H. (EU-11, entspricht den Mitgliedstaaten der Währungsunion) bzw. 9,3 v. H. (EU-15) aufwies. Über die beschäftigungspolitischen Leitlinien der europäischen Staats- und Regierungschefs hinaus, die in Schwerpunkten Maßnahmen zur Förderung der Beschäftigungsfähigkeit von Arbeitnehmern (Stichwort: Qualifizierung), der Anpassungsfähigkeit von Unternehmen, der Entwicklung des Unternehmergeistes und der Förderung der Chancengleichheit zwischen den Geschlechtern vorsehen, sind allgemeinere Schritte notwendig, wie etwa weitere Anstrengungen zu einer weltweiten Öffnung und Liberalisierung der Märkte für Güter und Dienstleistungen, eine verstärkte Zusammenarbeit mit Ländern außerhalb Europas und vor allem eine Verbesserung der Rahmenbedingungen für einen effizienteren Ablauf der Arbeits- und Gütermärkte im europäischen Binnenmarkt, was insbesondere einen Rückgang des Protektionismus einschließt.

Die Einführung des Euro als Währung innerhalb des Europäischen Währungsraumes birgt im Hinblick auf die Schaffung zusätzlicher Arbeitsplätze sowohl Chancen als auch Gefahren. Ein eindeutiges Fazit über die Einführung des Europäischen Währungsraumes zum Abbau der Arbeitslosigkeit kann somit nicht gezogen werden.

## Zu: Entwicklungspolitik

### Zu Frage 1:

Eine Importsubstitutionspolitik umfasste i.d.R. folgende Maßnahmen: Inländische Industrieunternehmen sollten vor der ausländischen Konkurrenz mittels tarifärer und nicht-tarifärer Handelshemmnisse geschützt werden. Um einen massiven Entwicklungsschub zu gewährleisten, wurden vorhandene Schlüsselindustrien verstaatlicht bzw. ihr Aufbau seitens des Staates vorangetrieben. Zusätzlich sollten ausländische Direktinvestitionen gezielt über Subventionen ins Land geholt werden.

Diese Maßnahmen der Importsubstitutionspolitik bedingten Eingriffe in das Marktgeschehen, die i.d.R. fatale Folgen hatten: Der Schutz vor Wettbewerbern führt keineswegs dazu, dass Unternehmen diesen höheren finanziellen Spielraum zur Entwicklung wettbewerbsfähiger Produkte und Unternehmensstrukturen nutzen. Es kommt vielmehr zu Fehlallokationen: Bei aufgeblähten Kostenstrukturen werden qualitativ minderwertige Produkte angeboten. Da die Nachfrager infolge der Marktabschottung kaum mehr die Möglichkeit haben, attraktivere Angebote zu wählen, werden diese Produkte zu weitaus höheren Preisen als auf vergleichbaren Märkten im Ausland verkauft. Diese ineffizienten Unternehmensstrukturen sind ohne den Schutz vor ausländischer Konkurrenz nicht überlebensfähig. Der ursprünglich geplante Abbruch der Subventionen war daher angesichts der zu erwartenden Widerstände seitens der subventionierten Unternehmen politisch nicht vertretbar.

Der massive staatliche Eingriff in den Markt auf der Basis der Verstaatlichung von Schlüsselindustrien (Primärgüterproduktion, industrielle Fertigung, Transportwesen etc.) und vielfacher Marktregulierungen (bspw. Preisobergrenzen, Mengenbeschränkungen, Lizenzvergabe etc.), für die wiederum umfangreiche öffentliche Verwaltungen notwendig waren, hat vielfache Möglichkeiten der Rentensuche eröffnet. Vetternwirtschaft, Korruption, aufgeblähte und ineffizient arbeitende Bürokratien lähmten folglich die Wirtschaft, anstatt Impulse zu setzen. Die Haushaltsdefizite vergrößerten sich infolge der enormen Belastungen auf der Ausgabenseite bei gleichzeitig stagnierenden Einnahmen. Ohnehin vorhandene Zahlungsbilanzprobleme aufgrund einer sich stetig ausweitenden Auslandsverschuldung und Abschottung vom Weltmarkt verstärkten sich. Hohe Inflationsraten, mangelndes Kapitel und hohe Arbeitslosigkeit stellten sich ein. Angesichts dieser katastrophalen makroökonomischen Situation – vor allem in Lateinamerika – konnten auch keine nennenswerten Direktinvestitionen mehr erschlossen werden.

### Zu Frage 2:

(a) Das Ziel der finanziellen Förderung ist es, Mittel für die im Zuge von Reformen des Landwirtschaftssektors entstehenden Aufwendungen zu gewähren. Hierbei sind zwei Aspekte zu beachten: Zum einen muss überprüft werden, inwieweit die zugrundeliegenden Reformmaßnahmen tatsächlich geeignet sind, die Primärgüterproduktion zu beleben. Zum anderen ist nach der Vertragsmoral des Empfängerlandes zu fragen. Da es sich um einen zur Rückzahlung fälligen Kredit handelt, muss erstens eingeschätzt werden, ob mit einem vertragsgemäßen Zins- und Tilgungsdienst zu rechnen ist. Zweitens ist nach der Wahrscheinlichkeit zu fragen, mit der die zur Bedingung gemachten Reformen des landwirtschaftlichen Sektors tatsächlich de jure und de facto realisiert werden. Als Mitarbeiter der Weltbank wissen Sie aus eigener Erfahrung, dass die erfolgreiche Abwicklung von konditionalen Krediten eher eine Seltenheit ist. Nicht nur, dass die Weltbank häufig nicht über entsprechende Informationen verfügt, die eine angemessene Kontrolle der Vertragserfüllung erlauben. Darüber hinaus ist mit erheblichen Widerständen innerhalb und außerhalb der Regierung des Empfängerlandes zu rechnen. Mit der Reformierung des landwirtschaftlichen Sektors verlieren staatliche Organisationen an Macht und Einkommen. Möglichkeiten der Rentenabschöpfung schwinden, und mit ihnen die politische Unterstützung der Regierung durch die bis dato privilegierten Gruppen. Bei der Entscheidung, den Kreditantrag zu bewilligen, müssen folglich folgende Faktoren berücksichtigt werden: Auf der Grundlage einer allgemeinen Einschätzung der politischen und wirtschaftlichen Situation im Lande sind mögliche Gewinner und Verlierer der Reformmaßnahmen zu identifizieren. Stehen sie fest, ist weiterhin nach ihrer jeweiligen politischen Bedeutung für den Machterhalt der Regierung zu fragen. Hierbei sind auch Erfahrungen dienlich, die mit dem Vertragsverhalten der Regierung in der Vergangenheit gemacht wurden. Auch ist zu beachten, ob frühere Reformmaßnahmen nicht nur de jure, sondern auch de facto umgesetzt wurden. D.h., auch mögliche Reformhindernisse seitens der öffentlichen Verwaltungen müssen bei der Beurteilung der Kreditwürdigkeit berücksichtigt werden.

(b) Auf der Grundlage der genannten Überprüfungskriterien werden Sie eine Ablehnung des Kreditantrages aus folgenden Gründen empfehlen:

Zunächst hat Kenia bisherige Auflagen zur Reformierung des landwirtschaftlichen Sektors gar nicht, nur partiell erfüllt bzw. Reformen auch wieder zurückgenommen. Insofern muss die vertragsgemäße Umsetzung der Auflagen im Falle einer Kreditgewährung stark angezweifelt werden. Zwar hat sich die innenpolitische Lage seit Herbst 1997 beruhigt. Ebenso wurden auch Liberalisierungsmaßnahmen in entscheidenden Bereichen der Wirtschaft (Banken, Versicherungen, Import- und Exportregime) umgesetzt, die das Ergebnis von Reformvereinbarungen mit ausländischen Gebern waren. Die strukturellen Probleme der kenianischen Wirtschaft (unzureichende Infrastruktur, hohe Arbeitslosigkeit, Inflation, schwache Investitionstätigkeit, Bevölkerungszunahme) verharren jedoch nach wie vor auf unverändert hohem Niveau. Angesichts der hohen Abhängigkeit der kenianischen Wirtschaft von der Landwirtschaft könnte eine Reformierung dieses zentralen Sektors zwar Entwicklungsimpulse setzen. Allerdings wäre auch die Vertragserfüllung des vorliegenden Kreditantrages entsprechend der Auflagen unwahrscheinlich. Erstens wird in politischen Systemen grundsätzlich eine Diskriminierungsstrategie bei der Vergabe von Renten zur Sicherung der politischen Unterstützung verfolgt, die die unterschiedliche Organisationsfähigkeit der Bevölkerung berücksichtigt. Demnach steht in vielen Entwicklungsländern vor allem die ländliche Bevölkerung vor einem Problem kollektiven Handelns, da sie außerhalb der Zentren auf kleinsten Parzellen und zudem häufig am Existenzminimum Landwirtschaft betreibt. So bleibt ihr weder Zeit und Geld noch – bedingt durch eine mangelhafte Infrastruktur - die Möglichkeit, ihre Interessen zu bündeln. Aus der Sicht des herrschenden Machtbündnisses lassen sich mithin gerade Renten zu Lasten des landwirtschaftlichen Sektors relativ „gefahrlos" generieren. Eine Beseitigung dieser Renten durch entsprechende Reformen im Landwirtschaftssektor, der – wie gesagt – in Kenia eine dominante Position einnimmt, würde mithin zu einer massiven Destabilisierung des Machtbündnisses führen. Kenia ist verfassungsrechtlich und faktisch durch einen zentralistischen Staat mit einem nur begrenzt einflussreichen Einkammer-Parlament und einem Staatspräsidenten mit weitreichenden Exekutivvollmachten gekennzeichnet. Mangelnde Rechtsstaatlichkeit und demokratische Legitimierung der Regierung bedingen, dass der Machterhalt im wesentlichen nur über die Fähigkeit der Rentengenerierung zu Gunsten des Machtbündnisses gesichert werden kann. Ein weiterer Destabilisierungsfaktor ist zudem in der starken Spaltung der kenianischen Gesellschaft in mehr als vierzig Ethnien zu sehen. Um nicht einen Zusammenbruch staatlicher Ordnung zu erleben, wird sich die Regierung mithin davor scheuen, tiefgreifende Reformen anzugehen.

Die Form der Rentengenerierung, wie sie in Kenia zu beobachten ist, hat in Afrika kontinuierlich in den letzten dreißig Jahren gewirkt. Bildlich gesehen, ist der Kuchen, der zu verteilen war, immer kleiner geworden. Entsprechend geraten immer mehr Machtbündnisse in die Krise. Auch durch die enormen Veränderungen der politischen Rahmenbedingungen infolge des Ende des kalten Krieges lösen sich folglich immer mehr Staaten in Afrika auf und geraten in einen quasi „anarchischen Zustand" marodierender Räuberbanden, wie in Olson (1991) beschrieb. Angesichts dieser allgemeinen wirtschaftlichen und politischen Situation sollten Anpassungskredite als entwicklungspolitische Maßnahmen in vielen Ländern Afrikas nur sehr restriktiv eingesetzt werden.

## Zu: Geldpolitik

### Zu Frage 1:

Die Vorteile einer Politik dauerhaft stabilen Geldes lassen sich unmittelbar aus den mit Inflation verbundenen allokativen und distributiven Wirkungen ableiten. Dabei empfiehlt es sich, wie in der Literatur üblich, zwischen antizipierter und nicht antizipierter Inflation zu unterscheiden. Wohlfahrtsverluste („deadweight losses") entstehen in erster Linie in Form höherer Transaktionskosten. Zusätzlich kann eine antizipierte Inflation aber auch die ohnehin bestehenden Verzerrungseffekte eines nicht allokationsneutral ausgestalteten Steuer- und Sozialsystems auf Konsum-, Spar- und Investitionsentscheidungen der Wirtschaftsakteure verstärken („excess burden") und eine reale Einkommensumverteilung von den Privaten zugunsten des Staates bewirken (z. B. in Form der „kalten Progression). Ist die Inflation nicht antizipiert, so verstärken sich die genannten Effekte und weitere kommen hinzu. Die Lenkungs- und Signalfunktion des preislichen Koordinationsmechanismus wird eingeschränkt und die Privaten haben eine weniger verlässliche Kalkulationsgrundlage für ihre Wirtschaftspläne. Individuelle Fehldispositionen und gesamtwirtschaftlichen Fehlallokationen sind die unausweichliche Folge. Das Risiko höhere Inflationsraten führt zudem zu einem Anstieg der Inflationsrisikoprämien und damit einer verminderten Investitionstätigkeit mit negativen Wachstums- und Beschäftigungswirkungen. Während es bisher um die negativen Ergebnisse von Inflation ging, lassen sich aber auch Probleme der Deflation konstruieren. Ihre realen Kosten führen in Abhängigkeit von der Ausgangslage der Volkswirtschaft und der Reputation der geldpolitischen Akteure zu einer mehr oder weniger starken „Stabilisierungsrezession" während der Deflationsperiode.

### Zu Frage 2:

Das Glaubwürdigkeitsproblem der Geldpolitik leitet sich aus der Zeitinkonsistenz optimaler geldpolitischer Entscheidungen ab. Dabei wird davon ausgegangen, dass die politischen Entscheidungsträger aufgrund ihres Wiederwahlinteresses einen Anreiz haben, den kurzfristigen „trade off" der Phillipskurve auszunutzen und über inflationäre Impulse (temporäre) Beschäftigungsgewinne zu erzielen. Zu diesem Zweck kündigen sie zunächst die Verfolgung einer stabilitätsorientierten Geldpolitik an (um dadurch niedrige Inflationserwartungen zu erreichen, auf deren Grundlage die Privaten ihre Verträge abschließen), von der sie aber abweichen, sobald die Wirtschaftsakteure ihre Verträge abgeschlossen haben. Bilden die Wirtschaftsakteure rationale Erwartungen, dann werden sie keine systematischen Fehler machen und sich nicht systematisch täuschen lassen. In diesem Fall wird die Regierung eine in ihren Augen unerwünscht hohe Arbeitslosigkeit nur über eine einmalige Überraschungsinflation reduzieren können. Wenn die Wirtschaftsakteure nämlich den Anreiz zu zeitinkonsistentem Verhalten erkennen, werden sie in ihren Plänen das vermutete Fehlverhalten der Regierung berücksichtigen und ihrer Ankündigung nicht glauben, auch wenn sie sich stabilitätsorientiert verhalten will. Langfristig gelingt es damit der Regierung nicht, die tatsächliche Arbeitslosenrate unter die natürliche zu senken. Im Gegenteil, eine expansive Geldpolitik führt längerfristig zu nominellen Preis- und Lohnsteigerungen, nicht aber zu Produktions- und Beschäftigungsgewinnen. Grundsätzlich kann eine Regelbindung der Geldpolitik helfen, das Glaubwürdigkeitsproblem der Geldpolitik in den Griff zu bekommen, wobei ein Konflikt besteht zwischen glaubwürdiger und flexibler Regelbindung. Eine starre Regel, die keinen diskretionären Spielraum mehr offen lässt, ist unter Glaubwürdigkeitsaspekten sicherlich optimal. Mit Hilfe einer strikten Regel entgeht die Zentralbank dem möglichen Druck der Regierung, eine „Politik des billigen Geldes“ zu verfolgen. Der Erfolg der Geldpolitik ist dabei direkt am Ausmaß der Abweichung von der Regel zu erkennen. Die Öffentlichkeit kann direkt den Zielerreichungsgrad kontrollieren. Eine solche starre Regel hilft aber nur, wenn sich die Struktur des zugrundegelegten Wirtschaftsmodells nicht ändert. Treten indes zufällige Schocks auf, dann kann sich eine starre Regel als problematisch erweisen. In diesem Fall wäre eine zustandsabhängige Regel als „Regel zur Regelabweichung“ wünschenswert, die alle möglichen Abweichungen ex ante berücksichtigt. Infolge der Zufallsabhängigkeit der meisten Störungen ist diese Art der Regelbindung aber kaum durchführbar, da nur auf vergangene Ausnahmesituationen zurückgegriffen werden kann, während auf neue Schocks situativ reagiert werden muss. Zu komplex und kaum anwendbar eröffnen zustandsabhängige Regeln zudem einen großen Spielraum für diskretionäres Verhalten. Aus diesem Grund dürfte eine unabhängige Zentralbank die superiore Lösung in einer unvollkommenen Welt darstellen. Dieser institutionelle Rahmen ist notwendig aber nicht hinreichend, um eine wirksame Geldpolitik festzulegen und umzusetzen. Zum einen erfordert ein unabhängiges Arrangement eine transparente Ausgestaltung der Politik. Zum anderen muss selbst eine unabhängige Zentralbank in ihren Stabilitätsbemühungen von anderen Politikbereichen (vor allem Finanz-, Arbeitsmarkt- und Lohnpolitik) adäquat flankiert werden.

**Zu Frage 3:**

Das Konzept der EZB ist vor dem Hintergrund der beim Übergang zur Währungsunion bestehenden Unsicherheiten, insbesondere mit Blick auf strukturelle Brüche in bislang bekannten ökonomischen Beziehungen und verhaltensbedingte Änderungen, gewählt worden. Weder das Konzept der Geldmengesteuerung noch das der Inflationssteuerung schien geeignet, die einmaligen Umstände der Währungsunion angemessen in Rechnung zu stellen. Statt dessen wurde eine quantitative Definition von Preisstabilität festgelegt (Anstieg des allgemeinen Preisniveaus für den Euroraum mittelfristig unter 2% gegenüber dem Vorjahr) und eine neuartige Zwei-Säulen-Strategie konzipiert, die darauf abzielt, sich ein umfassendes Urteil über die künftige Preisentwicklung und mögliche Inflationsrisiken im Euroraum zu bilden. Ergänzt wird die geldpolitische Strategie der unabhängigen EZB von einer transparenten und effektiven Kommunikationspolitik. Neben den ständigen Fazilitäten und Offenmarktoperationen wurde die Mindestreserve eingeführt, um die Geldmarktsätze zu stabilisieren und eine strukturelle Liquiditätsknappheit am Geldmarkt herbeizuführen. Durch den niedrigen Mindestreservesatz und die vollumfängliche Verzinsung der Mindestreserveguthaben wird der mit der Mindestreserve verbundene Wettbewerbsnachteil erheblich gemindert.

## Zu: Gesundheitspolitik
### Zu Frage 1:

„Kostendämpfung" wurde als Reaktion auf den starken Anstieg der GKV-Ausgaben notwendig. Da der Preis für die erbrachten Leistungen administrativ fixiert ist, sich also im Preis keine Knappheits- und Leistungsdifferentiale ausdrücken können, besteht ein Anreiz für einkommensmaximierende Leistungserbringer, die Menge der Leistungen zu steigern und damit die Ausgaben der Krankenkassen zu erhöhen. Ursächlich ist also die Preisfixierung und die Ausweitung des Leistungskatalogs der GKV auf faktisch alle Gesundheitsleistungen. Nach der initialen Intervention beim Wettbewerbsparameter „Preis" wurde zur Kostendämpfung nun der Parameter „Menge" reguliert. Die Mengenkomponente wurde durch direkte Leistungsausschlüsse (z.B. bestimmte Arzneimittel) reguliert, aber auch durch die Beschränkungen des Marktzutritts neuer Leistungserbringer in der ambulanten Versorgung (Bedarfskontrolle bei der Niederlassung, Verlängerung der Ausbildungsdauer für Mediziner). Angesichts weiter steigender Ausgaben wurden neue Interventionen erforderlich: Nunmehr wurde in der ambulanten Versorgung Ausgaben direkt budgetiert und bestimmte Leistungen nur noch anteilig erstattet. Letzteres führte zu Vorzieheffekten („Blüm-Bauch") und damit zur Überzeichnung der ausgabensenkenden Wirkung der Maßnahme. Ersteres führte zur Verlagerung teurer diagnostischer und therapeutischer Maßnahmen in den stationären Bereich, was wiederum dort eine verstärkte Regulierung unerlässlich werden ließ. Nachdem die Budgetierung des gesamten Gesundheitswesens inzwischen weiter vorangetrieben wurde, können (oder könnten) die Leistungserbringer auf einen weiteren Wettbewerbsparameter ausweichen, indem sie angesichts einer faktischen Einkommensgrenze die Qualität der Leistung vermindern. Es ist deshalb die konsequente nächste Windung der Interventionsspirale, die Qualität der Leistungen zu regulieren – wie mit der Gesundheitsreform 2000 geschehen.

### Zu Frage 2:

Gesundheit weist zwar einige Besonderheiten auf (Interdependenz von Gesundheit als Ziel und als Mittel, Bestandteil des Humankapitals, Unsicherheit der Investitionsentscheidungen), die es zu berücksichtigen gilt. Doch verkennt der Sprachgebrauch, der Gesundheit als „höchstes Gut" *ex commercium* stellt und schlechterdings als „unbezahlbar" postuliert, dass die realen Knappheiten sich damit keineswegs einfach wegdefinieren lassen. Ein Großteil der Probleme im Gesundheitswesen lässt sich auf einen solchen Versuch zurückführen, wirtschaftliches Handeln per Dekret für überflüssig zu erklären.

Vor allem aber verkennt der schnelle Schluss von Gutscharakteristika auf einen umfassenden Ausnahmebereich von der wettbewerblichen Koordination, dass die Wahl zwischen Regulierung und Wettbewerb keine „alles-oder-nichts-Entscheidung" ist. Wenn die Funktionsfähigkeit des Wettbewerbs bezüglich bestimmter Dimensionen von „Gesundheit" plausiblerweise nicht erwartet werden kann, so besteht kein Anlass, diesen Koordinationsmechanismus und alle dabei wirksamen Anreize zu beseitigen. Die grundsätzliche Vereinbarkeit eines Wettbewerbssystems mit Regulierung stellt allerdings Anforderungen an das Design der Maßnahmen (vgl. Fragen 1 und 3).

**Zu Frage 3:**

Als Folge der weitgehenden Entökonomisierung des Gesundheitswesens bestehen weder auf Seiten der Leistungserbringer noch bei den Mitgliedern der Krankenkassen wirksame Anreize zu einer wirtschaftlichen Umgang mit knappen Ressourcen im Gesundheitswesen. Zwischen Arzt und Patient besteht eine Interessenparallelität zur Übernutzung des GKV-Systems: Der Patient hat durch das Sachleistungsprinzip einen Anreiz zur Inanspruchnahme möglichst vieler und teurer medizinischer Leistungen. Der Leistungserbringer wird – je nach Regulierungsintensität (vgl. Frage 1) – angereizt, die Menge der erbrachten Leistungen auszudehnen und/oder die Qualität der Leistungen zu vermindern. Im Verhältnis zwischen den Leistungserbringern wirkt sich dieser Anreiz als Mangel an effizienter Kooperation aus (Doppeluntersuchungen usw.). Managed Care hat das Ziel, die Effizienz und die Qualität im Gesundheitswesen zu sichern bzw. zu verbessern, indem Anreize zu wirtschaftlichem Verhalten gesetzt werden

Auf der Nachfrageseite geschieht dies mit verschiedenen Formen der Selbstbeteiligung (fixe oder prozentuale Selbstbeteiligung; zu zahlende Gebühr bei jeder Inanspruchnahme von Leistungen, Boni und Mali auf den Beitragssatz, fixe Erstattungen).

Auf der Anbieterseite muss das Vergütungssystem (Einzelleistungshonorar) verändert werden, was in der Form der Bündelung von Einzelleistungen (Sonderentgelte), Vergütung nach Fallpauschalen, nach Kopfpauschalen bis hin zum Festgehalt geschehen kann.

Einer verbesserten Kooperation zwischen Haus- und Fachärzten sowie zwischen niedergelassenen Ärzten und Krankenhäusern dienen Maßnahmen, die die Inanspruchnahme von Leistungen von Fachärzten oder Kliniken entweder vor oder während einer solchen Maßnahme überprüfen (eine nachträgliche Kontrolle ist ohnehin sinnvoll). Vor einer Inanspruchnahme ist entweder die Genehmigung des Kostenträgers erforderlich, eine medizinische Begutachtung in Zusammenarbeit mit dem Kostenträger wird vorgeschrieben oder eine unabhängige Zweitmeinung ist einzuholen. Allgemein lotsen also verschiedene gatekeeper den Patienten durch das Leistungsgeschehen. Während des Leistungsprozesses kann diese Begleitung fortgesetzt werden, entweder patientenbezogen (Case Management) oder bezogen auf ein bestimmtes Krankheitsbild (Disease Management).

Instrumente der Qualitätssicherung umfassen die drei für Dienstleitungen typischen Dimensionen: Die Güte der vorgehaltenen Leistungsbereitschaft (Strukturqualität), der *uno actu* erfolgenden Produktion der Dienstleistung (Prozessqualität) sowie die schwierige Outputevaluation (Ergebnisqualität). Mögliche Instrumente für diese drei Dimensionen sind beispielsweise obligatorische Fortbildungsmaßnahmen, Behandlungsrichtlinien und Qualitätszirkel/Peer Review.

## Zu: Innovationspolitik

### Zu Frage 1:

Unter einem nationalen Innovationssystem lässt sich die Gesamtheit der Institutionen verstehen, die einzeln oder zusammen zur Entstehung und Verbreitung neuer Technologien beitragen. Der Staat agiert mit seiner Innovationspolitik im Rahmen dieses nationalen Innovationssystems. Er muss daher auch wissen, wie die einzelnen Institutionen im nationalen Innovationssystem interagieren. Dies betrifft die interne Organisation von Firmen, die Beziehungen zwischen den Firmen, den Bankensektor, das Netz an beratenden Institutionen, Forschungseinrichtungen und das Rechtssystem.

Ein aus heutiger Sicht wichtiger Aspekt ist die Eigenschaft von Institutionen, Wissen zu akkumulieren. Dies ist mit Lernprozessen verbunden. Im Produktionsprozess vorhandenes Wissen wird als Technologie bezeichnet. Aufgrund der historischen Entwicklung unterscheiden sich die nationalen Innovationssysteme. Jedes System kann auf technologische Veränderungen unterschiedlich reagieren. Normalerweise wandeln sich nationale Innovationssystem im Zuge neuer Herausforderungen langsam und entwickeln neue Denkweisen, Normen, Arten der Kooperation und neue Organisationsformen.

### Zu Frage 2:

Ein erster Vorschlag ist der Aufbau eines Netzes aus Technologietransfer- und Beratungsstellen, das den Unternehmen bei der Beschaffung von Grundlagenwissen hilft. Dies ist vor allem dann sinnvoll, wenn noch keine Forschungsinfrastruktur existiert und Firmen über Beratung bei der Beschaffung technologischen Wissens geholfen werden kann. Allerdings ist es nicht immer möglich, „maßgeschneiderte" Lösungen für Betriebe zu entwickeln.

Ein zweiter Vorschlag ist die Verbesserung der Anreize für den Technologietransfer „über die Köpfe" und damit die engere Vernetzung zwischen Firmen und öffentlich finanzierter Forschung. Dazu zählen auch Förderprogramme, bei denen Partner aus der Industrie und der universitären/außeruniversitären Forschung zusammenarbeiten. Ein Vorteil eines solchen Vorschlags ist es, dass auf diese Weise eine Netzwerkbeziehung zwischen den geförderten Partnern initiiert werden kann.

### Zu Frage 3:

Die Bedeutung von wissensintensiven Innovationsdienstleistern ist in Deutschland noch als sehr gering einzustufen. Viele Dienstleistungsaktivitäten entstehen noch nicht oder verbleiben noch im Industriesektor und werden nicht ausgegliedert. Daher hat dieser Bereich noch keine Dynamik entwickelt. Hinzu kommt, dass das nationale Innovationssystem historisch bedingt gerade seine Stärken in der Grundlagenforschung besitzt. Daher gibt es in Deutschland noch kaum Überlappungen zwischen den Tätigkeiten wissensintensiver Dienstleistern und den Forschungseinrichtungen. Die Innovationspolitik sollte daher eher auf die Verbesserung der Anwendungsmöglichkeiten der Forschung in den Betrieben hinarbeiten und die Entstehung von wissensintensiven Dienstleistern fördern bzw. die Hemmnisse abbauen, die bisher ihr Entstehen gebremst haben.

## Zu: Rentenpolitik
### Zu Frage 1:

Die gesetzliche Rentenversicherung ist mit verschiedenen Problemen konfrontiert. Die Beitragssätze werden in den kommenden Jahrzehnten stark ansteigen. Noch deutlicher wird die steigende Belastung zukünftiger Beitragszahler allerdings, wenn man die Entwicklung der Rendite auf die geleisteten Beiträge betrachtet. Hier zeigt sich, dass die jetzt ins Erwerbsleben eintretenden Geburtsjahrgänge eine um etwa drei Prozentpunkte niedrigere reale Rendite auf ihre Beiträge in Kauf nehmen müssen als die um das Jahr 1935 Geborenen. Der gegenleistungslose Teil der Beiträge, der als Steuer angesehen werden kann, steigt damit stark an. Dies kann zu Ausweichreaktionen führen, die schließlich sogar den Fortbestand der umlagefinanzierten Rentenversicherung in ihrer jetzigen Form gefährden können. Zu nennen ist hier neben einer zunehmenden Verlagerung von Aktivitäten in die Schattenwirtschaft auch die Substitution von Freizeit für Arbeit.

Ein zweiter Problemkreis betrifft die intergenerative Verteilung. Bei isolierter Betrachtung der gesetzlichen Rentenversicherung werden jüngere und zukünftige Generationen durch den steigenden Steuercharakter der Beiträge wesentlich stärker belastet als die jetzigen Rentner und die rentennahen Jahrgänge. Allerdings ist zusätzlich zu berücksichtigen, dass die jeweils erwerbstätige Generation nicht nur die Rentner, sondern auch die Kinder zu versorgen haben. Im Sinne eines Drei-Generationen-Gedankens stellt die Versorgung der Rentner-Generation durch die Erwerbstätigen eine Rückzahlung von „Schulden" dar, die durch die Unterstützung entstanden ist, die sie in ihrer Kindheit erhalten hat. Ein Anspruch auf eine Versorgung durch die nachfolgende Generation erwerben die Erwerbstätigen danach nur durch die Erziehung von Kindern.

Zieht man die Kosten der Kindererziehung mit in Betracht, ergibt sich ein anderes Bild der intergenerativen Verteilung. Die vergleichsweise hohe Rendite der jetzigen Rentnergeneration korrespondiert mit einer relativ hohen Zahl von Kindern, die von ihr versorgt wurde. Die Gesamtbelastung liegt damit höher als die der geburtenstarken Jahrgänge der 60er Jahre, die zwar eine niedrigere Rendite auf ihre Rentenversicherungsbeiträge erzielen, aber gleichzeitig auf Grund der geringen Zahl der von ihnen erzogenen Kinder auch geringere Kindererziehungskosten zu tragen hat. Für spätere Generationen nimmt die Gesamtbelastung dann auch bei geringer Geburtenzahl deutlich zu, weil jeweils eine zahlenmäßig sehr starke Elterngeneration zu versorgen ist und damit hohe Beiträge an die gesetzliche Rentenversicherung zu entrichten sind.

Gedanklich in engem Zusammenhang mit dem intergenerativen Verteilungsproblem steht dasjenige der intragenerativen Distribution. Kinderlose haben nach Berücksichtigung von Rentenversicherungsbeiträgen und Kinderkosten ein wesentlich höheres Lebenseinkommen als Eltern.

Die Ursachen für diese Probleme liegen einerseits in der Ausgestaltung der umlagefinanzierten gesetzlichen Rentenversicherung als Zwei-Generationen-Vertrag und zum anderen in der demographischen Entwicklung.

Im Zwei-Generationen-Vertrag werden die Beiträge der erwerbstätigen Generation doppelt berücksichtigt. Sie dienen einerseits der Tilgung der „Schuld" gegenüber der Elterngeneration. Andererseits begründen sie rein rechtlich Ansprüche gegenüber der nachfolgenden Generation, obwohl sie vollständig an die Rentner ausgeschüttet werden. Der Anspruch auf die Unterstützung im Alter durch die nachfolgende Generation ist damit vergesellschaftet, die Kindererziehungskosten sind dagegen nach wie vor privat zu tragen. Während auf Grund dieser Ausgestaltung aus individueller Sicht der Steuercharakter der Leistungen an die Rentner-Generation im Vergleich zum Drei-Generationen-Vertrag gemindert wird, ist die Kindererziehung jetzt vollständig gegenleistungslos. Daher kommt es zu einer Begünstigung von Personen, die Beiträge zahlen und zu einer Benachteiligung von Kindererziehenden. Hat eine ganze Generation weniger Kinder als ihre Eltern, übertragen sich die intragenerativen Verteilungswirkungen auch auf die intergenerative Ebene. Während das intragenerative Verteilungsproblem also unabhängig von der Entwicklung der Geburtenzahlen besteht, ergibt sich eine intergenerative Umverteilung und damit zusammenhängend auch eine Änderung der Verzinsung auf die Rentenversicherungsbeiträge erst aus der Kombination von Zwei-Generationen-Vertrag mit demographischen Änderungen.

In umlagefinanzierten Rentenversicherungssystemen mit konstantem Rentenniveau hängt die Höhe der Beitragssätze und der auf sie erzielten Rendite von dem Rentnerquotienten ab, also von dem zahlenmäßigen Verhältnis von Rentnern zu Beitragszahlern. Dieses wiederum wird maßgeblich vom Altenquotienten, d.h. dem Verhältnis der über 59jährigen zu den 20 bis 59jährigen, bestimmt. (Abweichungen können sich beispielsweise auf Grund einer Änderung der Erwerbsbeteiligung oder des tatsächlichen Renteneintrittsalters ergeben). Die prognostizierte Verdoppelung des Altenquotienten hat bei konstantem relativen Rentenniveau und einer gleichbleibenden prozentualen Abdeckung der Ausgaben durch Bundeszuweisungen einen Anstieg des Beitragssatzes um etwa zwei Drittel zur Folge. Zurückzuführen ist die Zunahme des Altenquotienten sowohl auf einen Rückgang der Geburten als auch einen Anstieg der (weiteren) Lebenserwartung.

**Zu Frage 2:**

Zu den Problemfeldern der gesetzlichen Rentenversicherung vgl. die Antwort zu Frage 1.

Ausgangspunkt der Vorschläge zu einem teilweisen oder vollständigen Übergang vom Umlage- zum Kapitaldeckungsverfahren ist die Tatsache, dass die Verzinsung der Beiträge im Kapitaldeckungsverfahren höher ist als im Umlageverfahren. Dies gilt jedenfalls, wenn die Kapitalmarktrendite größer ist als die Summe aus der Wachstumsrate der durchschnittlichen beitragspflichtigen Bruttolöhne und der Wachstumsrate der Beitragszahler, was auf Grund der demographischen Entwicklung in den nächsten Jahrzehnten der Fall sein dürfte.

Zwar ist nach der Mackenroth-These aller Sozialaufwand immer aus dem laufenden Sozialprodukt zu finanzieren. Dies würde bedeuten, dass auch bei einem Kapitaldeckungsverfahren die Erwerbstätigen die Renten der gleichen Periode finanzieren müssen, indem sie den Rentnern ihre Kapitalanlagen abkaufen. Bei einem starken Anstieg des Altenquotienten würden die zunehmenden Verkaufswünsche der Rentner zu einem Fall der Vermögenspreise führen. Damit wäre auch die Rendite im Kapitaldeckungsverfahren von der demographischen Entwicklung abhängig. Allerdings wird bei dieser güterwirtschaftlichen Sicht nicht berücksichtigt, dass über die Anlage im Ausland und einer Begrenzung der Investitionen sehr wohl ein gewisser Einkommenstransfer in die Zukunft möglich ist.

Durch den Einkommenstransfer in die Zukunft durch eine (teilweise) Kapitaldeckung kann zwar die intergenerative Verteilung beeinflusst und somit eine gleichmäßigere und verursachungsgerechtere Belastung der Generationen erreicht werden als im Umlageverfahren. Allerdings lässt sich durch einen Übergang zu einer stärkeren Kapitalfundierung weder die intragenerative Verteilung noch die Rendite der Alterssicherung beeinflussen. Da die Kindererziehungskosten auch bei einer stärkeren Kapitaldeckung allein durch die Eltern gezahlt werden müssen und keinen Einfluss auf die Höhe der Rentenversicherungsbeiträge oder der späteren Rentenzahlungen haben, tragen Kinderlose nach wie vor eine geringere Gesamtbelastung.

Der Renditevorteil eines eingeführten Kapitaldeckungsverfahrens gegenüber einem Umlageverfahren wird vollständig durch die Übergangslast aufgezehrt, die dadurch entsteht, dass die unter dem Umlageverfahren erworbenen Ansprüche auch bei einem Systemwechsel noch bedient werden müssen. Diese Übergangslast kann entweder allein der erwerbstätigen Generation angelastet werden, indem sie neben dem Aufbau eines Kapitalstocks zur eigenen Alterssicherung weiter Beiträge entrichtet, mit denen die noch im Umlageverfahren erworbenen Anwartschaften gedeckt werden, oder durch die Schuldenfinanzierung dieser Anwartschaften auf alle nachfolgenden Generationen verteilt werden. In einer Barwertbetrachtung ergibt sich in jedem Fall, dass durch eine vermehrte Kapitaldeckung keine Generation bessergestellt werden kann, ohne eine andere schlechter zu stellen.

## Zu: Umweltpolitik
### Zu Frage 1:

Bei den Bestimmungen des Clean Air Act handelt es sich um Prozessregulierungen, mit deren Hilfe nationale Umweltqualitätsziele durchgesetzt werden sollen. In diesem Fall lassen sich Handelsmaßnahmen, wie sie in dem Gesetzesentwurf vorgesehen waren, ökonomisch nicht rechtfertigen (siehe die Ausführungen in Abschnitt 2.1.). Unterschiedliche Ausgangsbelastungen der Umwelt, Umweltpräferenzen der Bevölkerung und natürliche Assimilationskapazitäten von Umweltressourcen führen dazu, dass Umweltqualitätsziele zwischen Nationen differieren und auch ggf. identische Zielniveaus unterschiedlich strenge Auflagen oder Emissionssteuern erforderlich machen. Die USA haben daher einen komparativen Kostennachteil z.B. in der Stahlproduktion; die Beschränkung von Stahlimporten würde den internationalen Handel beeinträchtigen und zu Wohlfahrtseinbußen – auch unter Berücksichtigung der bei Freihandel möglicherweise höheren Umweltschäden im Ausland – führen. In den USA haben die zu erwartenden Kostensteigerungen für Stahl bspw. negative Auswirkungen für Abnehmerbranchen wie etwa die Automobilindustrie. Der sinkende Wettbewerbsdruck für die Unternehmen der Stahlindustrie verringert zudem den Anreiz, die Produktivität zu steigern, so dass langfristig die Kostennachteile gegenüber der ausländischen Konkurrenz eher zunehmen werden.

Für die Umweltqualität in den USA wären Importrestriktionen ebenfalls eher kontraproduktiv, da sie besonders umweltbelastende Produktionszweige unterstützen. In den Exportländern werden die Emissionen zwar sinken (wegen der zusätzlichen Vermeidungsanstrengungen und / oder Produktionsrückgängen), aber die damit verbundenen Wohlfahrtsgewinne wiegen die Nachteile (z.B. sinkende Exporterlöse) nicht auf.

Deutlich werden in diesem Fallbeispiel auch die Schwierigkeiten, „Öko–Dumping" zu operationalisieren. So ist der in dem Gesetz vorgesehene Maßstab, die „Kosten, welche der ausländische Hersteller aufzubringen hätte, wenn er dieselben Auflagen erfüllen müsste wie ein Produzent der gleichen Güter in den USA", völlig ungeeignet.

Bei der Umsetzung des Gesetzes könnten weitere Probleme auftreten: Interessengruppen, die wirtschaftlich von den Importbeschränkungen profitieren, werden versuchen, die Behörden, die die Dumping-Vorwürfe überprüfen, zu beeinflussen. Ihre Erfolgsaussichten sind nicht zuletzt deshalb gut, weil die Behörden z.T. auf Informationen der betroffenen Unternehmen angewiesen sind (z.B. über Umweltschutzkosten). Zudem weckt der einer Branche gewährte Schutz Begehrlichkeiten in anderen Industriezweigen – beispielsweise bei den benachteiligten weiterverarbeitenden Industrien – und es besteht die Gefahr, dass sich protektionistische Eingriffe immer weiter ausbreiten.

**Zu Frage 2:**

Im „Hormonfleisch–Streit“ geht es um eine produktbezogene Prozessregulierung (Anforderungen an die Rinderproduktion, um Hormonrückstände im Rindfleisch zu begrenzen), die wie eine Produktregulierung zu behandeln ist, weil sie auf die Kontrolle von Konsumexternalitäten abzielt (siehe Abschnitt 2.2.). Um zu verhindern, dass die gesundheitspolitischen Zielsetzungen der EU unterlaufen werden, kann grundsätzlich ein flankierender Einsatz von Handelsmaßnahmen – hier ein Importverbot für hormonbehandeltes Fleisch – erforderlich und aus ökonomischer Sicht legitim sein. Allerdings können Produktregulierungen beabsichtigt oder unbeabsichtigt als nicht-tarifäres Handelshemmnis wirken; daher ist einerseits zu prüfen, ob nur protektionistische Ziele oder berechtigte Verbraucherinteressen verfolgt werden und, falls letzteres der Fall ist, ob die Vorteile die Nachteile der handelsbeschränkenden Wirkungen übertreffen.

Das Prinzip der Inländergleichbehandlung verlangt, dass Produktregulierungen nicht-diskriminierend auf gleichartige in- und ausländische Waren angewendet werden; es soll einen offensichtlichen protektionistischen Missbrauch verhindern. Da die europäischen Landwirte genauso dem Hormonverbot unterliegen wie ausländische Produzenten, genügt die EU den Anforderungen dieses Prinzips und das Importverbot ist als zulässig anzusehen.

Schwieriger fällt die Entscheidung, wenn man einen Verhältnismäßigkeitstest anwendet. Hier wäre zu prüfen, ob die durch die handelshemmende Wirkung verursachten Kosten des Hormonverbotes in einem angemessenen Verhältnis zu den Nutzen – den möglicherweise geringeren gesundheitlichen Risiken – stehen. Diese Abwägung ist sehr schwierig und mit einem hohen Informationsbedarf (z.B. über die Risiken des Verzehrs von hormonbehandeltem Fleisch) verbunden. Die Empfehlungen der Codex Alimentarius–Kommission können ein Hinweis darauf sein, dass das vollständige Hormonverbot als unverhältnismäßig streng anzusehen ist; allerdings ist diese Schlussfolgerung keinesfalls zwingend.

Der Konflikt könnte grundsätzlich durch eine Kennzeichnungspflicht für hormonbehandeltes Rindfleisch gelöst werden. Besteht eine solche Kennzeichnungspflicht, so kann amerikanisches „Hormonfleisch“ in die EU eingeführt werden und die europäischen Konsumenten können eine bewusste Kaufentscheidung für oder gegen hormonbehandeltes Fleisch treffen. Allerdings muss die Kennzeichnung glaubwürdig und kontrollierbar sein; dies wird beispielsweise seitens verschiedener Verbraucherverbände, die sich für ein Importverbot aussprechen, bezweifelt. Amerikanische Rinderzüchter lehnen hingegen eine Kennzeichnungspflicht ab, weil sie den Hinweis auf mögliche Gesundheitsrisiken als irreführend ansehen; die Kennzeichnungspflicht wird in ihren Augen zu protektionistischen Zwecken missbraucht.

Die Harmonisierung oder die gegenseitige Anerkennung der jeweiligen Regulierungen kommt im „Hormonfleisch–Streit“ wohl nicht in Frage. An eine Harmonisierung ist angesichts der weit auseinander liegenden Positionen kaum zu denken, während eine gegenseitige Anerkennung von der EU offenbar abgelehnt werden muss, da sie gleichbedeutend mit einer Aufhebung des Importverbotes wäre.

**Zu Frage 3:**

Gegen derartige Handelsmaßnahmen kann eine Reihe von Argumenten ins Feld geführt werden (siehe die Ausführungen in Abschnitt 3.4.):

- Unilaterale Handelsmaßnahmen haben nur Aussicht auf Erfolg, wenn sie von wirtschaftlich mächtigen Industriestaaten eingesetzt werden.
- Die Kooperationsbereitschaft anderer Länder kann durch Handelsmaßnahmen negativ beeinflusst werden, insbesondere wenn ihnen keine ernsthaften Bemühungen zu einer Lösung des Problems vorausgegangen sind.
- Handelspolitische Maßnahmen können die Komplexität von Umweltproblemen nur unzureichend berücksichtigen. In der Praxis werden sie meist an die Einhaltung bestimmter (Vermeidungs-) Techniken gekoppelt, was wenig sinnvoll ist. Auch eine Ermittlung von Ausgleichszöllen z.B. anhand des „Verschmutzungsgehaltes" von Importen ist in der Regel nicht sinnvoll.
  - Es ist kaum möglich, die Einhaltung von Umweltschutzvorschriften im Ausland zu kontrollieren, insbesondere, wenn die Standards dem betreffenden Land praktisch aufgezwungen wurden und daher die Bereitschaft zur Mitarbeit gering ist.
  - Für Entwicklungsländer, die Hauptadressaten umweltpolitischer Handelsmaßnahmen, gibt es auch angesichts der Bevölkerungsentwicklung keine Alternative zu wirtschaftlichem Wachstum. Nur so können sie bspw. auch ihre oftmals gravierenden lokalen Umweltprobleme (z.B. Wasserknappheit, Smog etc.) in den Griff bekommen.
  - Zudem ist das Missbrauchspotenzial – gerade angesichts der politischen Attraktivität von (vordergründig) umweltpolitisch begründeten Handelsbeschränkungen – nicht zu unterschätzen. Industrieverbände und Gewerkschaften können versuchen, die Politik mit dem Verweis auf höhere Kosten für globale Umweltschutzziele zum Erlass von Handelsbeschränkungen zu bewegen, um sich dem internationalen Wettbewerbsdruck zu entziehen. Insbesondere besteht die Gefahr einer kaum kontrollierbaren Verbreitung solcher Ausgleichsmaßnahmen.

Unilaterale Handelsmaßnahmen sollten daher nur in Ausnahmefällen zulässig sein; eine „Umkehr der Beweislast" zugunsten der Handelsbeschränkungen ist nicht sinnvoll.

## Zu: Wettbewerbspolitik

### Zu Frage 1:

Private Wettbewerbsbeschränkungen lassen sich in drei Gruppen einteilen: 1. Kartelle und abgestimmte Verhaltensweisen, 2. Unternehmenskonzentration bzw. Fusionen, 3. Behinderung von Wettbewerbern.

1. Kartelle und abgestimmte Verhaltensweisen sind Vereinbarungen zwischen Unternehmen über den Einsatz ihrer Aktionsparameter, insbesondere zur Beschränkung des Wettbewerbs. Bei horizontalen Absprachen können bspw. Preis-, Quoten- und Gebietsaufteilungskartelle unterschieden werden, vertikale Absprachen können in Ausschließlichkeitsvereinbarungen bestehen. In Deutschland und Europa sind Kartelle und abgestimmte Verhaltensweisen gemäß § 1 GWB und Art. 81 (1) EGV verboten. Sowohl das deutsche Gesetz gegen Wettbewerbsbeschränkungen als auch das europäische Wettbewerbsrecht sehen aber umfangreiche Ausnahmeregelungen von diesem Verbot horizontaler und vertikaler Vereinbarungen vor.
2. Unternehmenszusammenschlüsse stellen nicht zwangsläufig ein wettbewerbspolitisches Problem dar, sondern nur dann, wenn aus der Unternehmenskonzentration marktbeherrschende Stellungen resultieren. Sind Unternehmen marktbeherrschend, so unterliegen sie einem speziellen Missbrauchsverbot (§ 19 (1) GWB, Art. 82 EGV), d.h. sie dürfen weder ihre Konkurrenten behindern noch unangemessen hohe Preise fordern (Behinderungsmissbrauch, Preismissbrauchsaufsicht). Zur Verhinderung der Entstehung von marktbeherrschenden Stellungen verfügen sowohl das deutsche GWB als auch das europäische Wettbewerbsrecht über eine Zusammenschlußkontrolle (§ 36 GWB, Fusionskontrollverordnung). In der europäischen Fusionskontrolle wird nach Abgrenzung der relevanten Märkte vor allem eine Anzahl von Marktstrukturkriterien (Marktanteile, potentieller Wettbewerb, Nachfragemacht etc.) herangezogen, um konkret abzuprüfen, ob durch eine Fusion eine marktbeherrschende Stellung entsteht oder verstärkt wird.
3. Behinderungen von Wettbewerbern stellen unfaire (oder unlautere) Wettbewerbshandlungen dar. Beispiele hierfür sind u.a. irreführende und unwahre Angaben, Verleumdung, Betriebsspionage, Bestechung von Mitarbeitern usw. Diese Handlungen sind in Deutschland nach dem Gesetz gegen unlauteren Wettbewerb (UWG) als Verstoß gegen die "guten Sitten" untersagt (§ 1 UWG). Darüber hinaus können auch Liefer- und Bezugsverweigerungen sowie ruinöse Preiskonkurrenz als behindernde Verhaltensweisen angeführt werden, die im Rahmen des Missbrauchsverbot für marktbeherrschende Unternehmen erfasst werden.

### Zu Frage 2:

Der Williamson-Trade off (zur zeichnerischen Darstellung siehe Kapitel 10, Abschnitt 3) verdeutlicht die Abwägung von Marktmachteffekten und Effizienzvorteilen einer Fusion. Eine Zunahme der Unternehmenskonzentration bewirkt damit eine

allokative Ineffizienz aufgrund von Marktmacht sowie eine Umschichtung von Konsumenten- in Produzentenrente. Dem entgegen stehen aber möglicherweise einzelwirtschaftliche oder technische Effizienzvorteile aufgrund steigender Skalenerträge, Verbundvorteile (economies of scope) und Synergieeffekte. Aus wohlfahrtsökonomischer Sicht ist die wettbewerbspolitische Beurteilung einer Fusion davon abhängig, ob die allokativen Effizienzverluste größer oder kleiner sind als die einzelwirtschaftlichen Effizienzvorteile, die wohlfahrtssteigernd wirken. Nicht berücksichtigt bleiben in dieser wohlfahrtsökonomischen Analyse allerdings die durch die Marktmacht ausgelösten Umverteilungen von Konsumentenrente in Marktmachtgewinne, da hier nur auf die Maximierung der Summe von Konsumenten- und Produzentenrente abgestellt wird. Ein weitgehend ungelöstes Problem stellt die Bestimmung der Größe der beiden einander entgegenlaufenden Effekte dar.
Nicht einbezogen werden bei dieser Analyse auch dynamische (evolutorische) Effekte der steigenden Unternehmenskonzentration, insbesondere auf das Innovationsverhalten. Hier kann es zu einem Trade off zwischen statischer und dynamischer Effizienz kommen. Allerdings ist auch die Frage nach den dynamischen Folgen von Fusionen nicht eindeutig, da nicht gezeigt werden konnte, daß eine bestimmte Unternehmensgröße oder ein bestimmter Konzentrationsgrad sich als besonders förderlich für Innovationen erwiesen hat. Darüber hinaus kommt der Vielfalt der Ideenproduktion eine besondere Bedeutung für den Innovationswettbewerb zu, was eher gegen positive dynamische (evolutorische) Effekte hochgradig konzentrierter Märkte spricht.

**Zu Frage 3:**

Ein Grund für die Zunahme internationaler Megafusionen liegt in dem Marktausweitungseffekt der Globalisierung der Märkte. Damit werden u.U. größere Unternehmensgrößen effizient und die Erschließung ausländischer Märkte ist durch externes Unternehmenswachstum möglicherweise schneller und kostengünstiger als durch internes Wachstum. So war bspw. die Marktstellung von Daimler-Benz und Chrysler nur auf jeweils einem kontinentalen Markt (Daimler: Europa, Chrysler: Amerika) stark, auf dem anderen jedoch eher schwach. Durch die Fusion zu DaimlerChrysler verfügt man nun über gute Marktpositionen auf beiden Kontinenten. Ein weiterer Grund ist in der Liberalisierung und Deregulierung bisher national abgeschotteter und damit verkrusteter Märkte zu sehen. Die internationale Restrukturierung der Telekommunikationsmärkte inklusive der durch Liberalisierung / Deregulierung ausgelösten, nachholenden Innovationswelle dürfte ein bestimmendes Element von Fusionen wie Vodafone Airtouch / Mannesmann oder MCI Worldcom / Sprint darstellen. Die Unternehmensstrategie der Konzentration auf die Kernkompetenzen bewirkt eine Reallokation von Unternehmensanteilen. So beinhaltet die Fusion Vodafone Airtouch / Mannesmann den Verkauf der traditionellen Sparten des Mannesmann-Konzerns (bspw. die Röhrenwerke) und auch Daimler-Benz hat sich vor und auch im Zuge der Fusion mit Chrysler von vielen Überresten der Fusion mit AEG in den 1980er Jahren getrennt.

Wettbewerbspolitische Konsequenzen bestehen in einer Berücksichtigung räumlich wachsender Märkte in der Fusionskontrolle und somit sinkenden Bedeutungen national hoher Marktanteile, ohne dass hierdurch globale Duopole à la Boeing / Airbus ausgeschlossen sind. Andererseits können die aus internationalen Megafusionen resultierenden Global Players über erhebliche politische Einflussmöglichkeiten (Lobbyismus) verfügen. Schließlich ist zu hinterfragen, inwieweit nationale Wettbewerbsbehörden in der Lage sind, internationale Unternehmenskonzentration adäquat zu kontrollieren.

# Zu: Finanzpolitik

## Zu Frage 1:

Bei der Lösung dieser Aufgabe ist zunächst mit einer Definition und Erläuterung des „Race-to-the-bottom"-Arguments zu beginnen. Die Antwort ist nach Arten öffentlich angebotener Güter zu differenzieren. Nur bei reinen öffentlichen Gütern und Clubgütern, deren Überfüllungsgrenzkosten im relevanten Bereich keine steigenden Skalenerträge aufweisen, wäre Steuerkonkurrenz ruinös, während eine dezentrale Bereitstellung privater und teilrivaler Clubgüter effizient sein kann. Ihre Antwort sollte auch das Dilemma problematisieren, dass in jenen Fällen, in denen ein nichtruinöser fiskalischer Wettbewerb möglich ist, aus wohlfahrtsökonomischer Sicht ein öffentliches Angebot unterbleiben sollte und selbst hier Steuerkonkurrenz im Vergleich zum privaten Angebot allenfalls eine zweitbeste Alternative sein kann.

## Zu Frage 2:

Anhand der im Text verwendeten Graphik zur Wirkung einer Kapitalsteuer lässt sich aufzeigen, inwiefern die Besteuerung des mobilen Produktionsfaktors den Anteil des immobilen Faktors am Produktionsergebnis (Fläche unterhalb der Kurve der Grenzproduktivität des mobilen Faktors) verringert. Wichtig ist die Einsicht, dass selbst ein vollkommen mobiler Produktionsfaktor nicht völlig unbesteuerbar ist, sondern der Anstieg der Grenzproduktivität des mobilen Faktors ein positives Steueraufkommen ermöglicht. Der Anteil am Inlandsprodukt, der dem immobilen Faktor durch die Besteuerung verloren geht, ist jedoch (um die Zusatzlast der Besteuerung) höher, als ihm durch die Bereitstellung öffentlicher Güter aus dem Steueraufkommen zuwächst.

## Zu Frage 3:

Beginnen Sie Ihre Antwort mit einer kurzen Erläuterung, wie und unter welchen Umständen der Steuerwettbewerb versagen kann. Darauf sollten Sie die Neigung neoklassischer Analysen zu „Nirwana-Ansätzen" problematisieren. In einem vergleichenden Institutionenansatz, in welchem nur realisierbare Politikalternativen gegenübergestellt werden, kann die Diagnose eines Versagens des Steuerwettbewerbs allenfalls eine notwendige Bedingung für ein koordiniertes Eingriffen der Politik sein. Dass eine hinreichende Rechtfertigung für einen Eingriff – die Überlegenheit der institutionellen Alternativen zum Steuerwettbewerb – nicht per se gegeben ist, sollte eine kritische Diskussion des Wohnsitzprinzips und der Harmonisierung der Quellensteuern aufzeigen. Ihre Antwort sollte darüber hinaus die Analogie dieses Problems zu jenem der Rechtfertigung von Staatseingriffen in der Standardtheorie des Marktversagens herausarbeiten, aber auch ihren zentralen Unterschied, der darin besteht, dass es im Steuerwettbewerb die Marktteilnehmer selbst und nicht übergeordnete Durchsetzungsinstanzen sind, welche eine mögliche Paretoverbesserung realisieren sollen.

## Zu: Handelspolitik

### Zu Frage 1:

In einer Welt ohne Politik gäbe es keine Interessengruppen mit Einfluss. Die „politischen" Entscheidungen würden so gefällt, dass die gesamtwirtschaftliche Wohlfahrt die höchstmögliche ist. In Bezug auf Handelspolitik wäre unilateraler Freihandel die erstbeste Politik. Die Realität sieht anders aus: Die Erklärung für ökonomisch irrationale Wirtschaftspolitik liegt in der politischen Rationalität derartiger Maßnahmen. Für die wirtschaftspolitischen Entscheidungsträger, die Politiker und die Bürokratie, kann es unter Umständen rational sein, Rent-Seeking Aktivitäten nachzugeben. Langfristig nimmt die Wirtschaftspolitik somit Wohlfahrtseinbußen in Kauf. Was ökonomisch rational ist, ist politisch irrational, nämlich eine einseitige Marktöffnung und deren Beibehaltung, auch und besonders im Angesicht des weltwirtschaftlichen Strukturwandels.

An dieser Stelle entfaltet ein internationales Abkommen über gegenseitigen Marktzugang (Reziprozität) seine positiven Wirkungen. Es ist für Regierungen, die gesamtwirtschaftliche Zielsetzungen wie hohe Beschäftigung und hohe Einkommen verfolgen, rational, sich in internationalen Verträgen zu binden. Diese Bindung dient dazu, die Schließung heimischer Märkte für ausländische Wettbewerber zu verhindern. Denn die Regierung kann die Rent-Seeking Aktivitäten der betroffenen Unternehmen bzw. Sektoren mit dem Hinweis auf den Vertrag abwehren. Außerdem kann die Öffnung bislang geschlossener heimischer Märkte damit gerechtfertigt werden, dass andere Länder ihre Märkte ebenfalls öffnen. Der internationale Vertrag zur Öffnung der Märkte macht ökonomisch sinnvolle Wirtschaftspolitik auch politisch rational. Das Prinzip der Reziprozität hat vor allem eine politökonomische Ratio, da sie den Eindruck vermittelt, der Marktzugang für Ausländer wird nicht umsonst gegeben. Vielmehr erhält das Inland die Öffnung ausländischer Märkte für Inländer im Gegenzug. Die Reziprozität sichert zusätzlich das einmal Erreichte, denn eine einseitige Erhöhung der Handelsbarrieren wird von den anderen Mitgliedsländern der WTO sicherlich nicht hingenommen werden. Das Reziprozitätsprinzip wird schließlich – hier schließt sich der Kreis – durch das Prinzip der Meistbegünstigung gestärkt: Reziprozität und Meistbegünstigung sichern, dass die eigene Liberalisierung zu einer Öffnung der Märkte in vielen anderen Ländern gleichzeitig führt.

### Zu Frage 2:

Zu nennen sind hier die Anti-Dumping Politik, die Zulassung regionaler Freihandels- oder Präferenzabkommen sowie die Schwächen bei der Durchsetzung der Regeln der Welthandelsordnung.

Die Anti-Dumping Regeln der WTO sind zum Einen eine Einladung zum wettbewerbswidrigen Verhalten der Unternehmen, zum Zweiten ein protektionistisches Einfallstor zur Verzögerung des Strukturwandels. Regionale

Freihandelsabkommen sind deshalb eine Gefahr für die multilaterale Handelsordnung, weil sie das Meistbegünstigungsprinzip aushöhlen. Andererseits kann man sie auch als einen Motor für die multilaterale Liberalisierung ansehen. Die Einschätzung darüber hängt von der konkreten Ausgestaltung des jeweiligen regionalen Abkommens ab. Was die Durchsetzung der Regeln anbelangt, so ist diese generell schwierig. Das Streitschlichtungsverfahren der WTO ist allerdings so ausgestaltet, dass es die Möglichkeiten gegenüber protektionistischem Verhalten anderer Mitglieder im Vergleich zur Regelung im GATT erhöht hat. Allerdings haben Sanktionen gegen Regelbrecher in Form von Handelsbarrieren in anderen Sektoren nicht nur für diesen negative Konsequenzen.

**Zu Frage 3:**

Hier gilt es, verschiedene Kontexte zu erkennen. Zum einen geht es darum, dass sowohl neue Entwicklungen auf den Märkten erfasst werden als auch dass Veränderungen politischer Entscheidungsstrukturen erkannt werden. Die WTO scheint nicht zu starr zu sein, sondern neuen Entwicklungen gegenüber offen. Zum Einen werden Entwicklungen auf den Gütermärkten genau beobachtet, wie sich am Beispiel elektronischer Handel zeigt. Die WTO hat eine Arbeitsgruppe gebildet.

Außerdem werden auch politische Veränderungen begleitet, und sei es, um das Schlimmste zu verhindern, z.B. die weitreichende Anwendung von Sozial- und Umweltklauseln durch die Industrieländer zur Behinderung der Wettbewerber aus Entwicklungsländern. Die WTO versucht hierauf einzugehen und die Zuständigkeiten für Sozial- und Umweltpolitik richtig zuzuordnen, ohne die eigene Verantwortung zu vernachlässigen. Das Tinbergen-Prinzip zeigt jedoch, dass die Verwirklichung wirtschaftspolitischer Ziele ein jeweils eigenes Mittel sowie einen eigenen Träger der Wirtschaftspolitik bedingt.

Die WTO sucht darüber hinaus den Dialog mit NGOs, um das weltweit gewachsene Verantwortungsbewusstsein sowie das Interesse an Bürgerbeteiligung zu berücksichtigen. Die Einbindung dieser stimmen in die Welthandelsordnung kann dazu dienen, dort die Bereitschaft zur Anerkennung ökonomischer Notwendigkeiten zu erhöhen.

**Zu Frage 4:**

a) WTO-Mitglieder sind verpflichtet, das gesamte Vertragswerk anzuerkennen. Es ist nicht statthaft, nur einzelne Teile (z.B. GATS) zu akzeptieren.
b) Ausländische Unternehmen/Produkte sind genauso zu behandeln wie inländische
c) Abkommen zum Schutz geistigen Eigentums.
d) Humankapitalintensiv produziertes Gut.
e) Regeln über die Herkunft von in Freihandelszonen eingeführte Güter; dienen der Festlegung des Zollsatzes.

f) Maß zur Bestimmung des Schutzes der eigentlichen Wertschöpfung eines Gutes mit Hilfe der Handelspolitik.
g) Dumping zur Erlangung einer marktbeherrschenden Stellung im Ausland mit Hilfe der eignen Regierung.
h) Die Wirtschaftspolitik sollte für jedes Ziel ein eigenständiges Mittel und einen eigenen Träger besitzen.
i) Festlegung der Umweltintensität von Produktionsprozessen im Vorhinein.
j) Zusammenschluss von Bürgern (verschiedener Nationen) zur Verfolgung individueller Ziele; der Begriff wird in der Regel nicht für sektorspezifische Interessengruppen verwendet.
k) Spezifische Interessengruppen benutzen die (in der Regeln nicht gewinnorientierte, bisweilen moralisierende) Argumentation von Nichtregierungsorganisationen zu eigenen (rentensuchenden) Zwecken.
l) Verträge innerhalb der WTO, der nicht alle WTO-Mitglieder zustimmen müssen (Abweichung vom 'Single Package' Ansatz).

# Quellenverzeichnis


*Adler, M. / B. Dumas* (1983), International Portfolio Choice and Corporation Finance: A Synthesis, Journal of Finance 38, S. 925-984.

*Adlung, R. / R. J. Langhammer / P. Klemmer* (1997), Wirtschaftspolitisches Forum, Umwelt- und Sozialdumping: Argumente gegen den freien Welthandel?, Zeitschrift für Wirtschaftspolitik 46, S. 167-192.

*Albers, M.* (1999), Kommentierung zu Art. 2 FKVO, in: H.v.d. Groeben / J. Thiesing / C.-D. Ehlermann (Hrsg.), Kommentar zum EU-/EG-Vertrag, Bd.2/II, Baden-Baden, S. 1162 - 1342.

*Albert, H.* (1977), Individuelles Handeln und soziale Steuerung: Die ökonomische Tradition und ihr Erkenntnisprogramm, in: H. Lenk (Hrsg.), Handlungstheorien interdisziplinär IV: Sozialwissenschaftliche Handlungstheorien und spezielle systemwissenschaftliche Ansätze, München, S. 177-225.

*Alesina, A. / L. Summers* (1993), Central bank independence and macroeconomic performance: Some comparative evidence, Journal of Money, Credit, and Banking 25, S. 151-162.

*Althammer, W.* (1998), Internationale Aspekte der Umweltpolitik, Tübingen.

*Andersen, T. M.* (1994), Shocks and the viability of a fixed exchange rate commitment, CEPR Discussion Paper Nr. 969, London.

*Angeloni, I. et al.* (1999), The monetary policy strategy of the ECB, in: D. Cobham / G. Zis (Hrsg.), From EMS to EMU: 1979 to 1999 and beyond, Basingstoke u.a., S. 3-38.

*Apolte, T.* (1995), Die Theorie der Clubgüter, Wirtschaftswissenschaftliches Studium 24, S. 610-616.

*Apolte, T.* (1999), Die ökonomische Konstitution eines föderalen Systems: Dezentrale Wirtschaftspolitik zwischen Kooperation und institutionellem Wettbewerb, Tübingen.

*Apolte, T.* (2000), How Tame will Leviathan become in Institutional Competition: Competition among Governments in the Provision of Public Goods, erscheint in: Public Choice.

*Archibugi, D. / J. Michie* (1997), Technology, Globalisation and Economic Performance, Cambridge.

*Archibugi, D. et al.* (1999), Innovation Policy in a Global Economy, Cambridge.

*Audretsch, D.B.* (1995), Innovation and Industry Evolution, Cambridge/Mass.

*BA* (2000), Geschäftsbericht 1999, Nürnberg.

*Baldwin, R.E.* (1994), The Effects of Trade and Foreign Direct Investment on Employment and Relative Wages, OECD Economic Studies 23, S. 7-54.

*Ball, L. / N. C. Mankiw* (1994), A sticky-price manifesto, NBER Working Paper Nr. 4677, Cambridge, MA.

*Baltensperger, E. / P. Kugler* (2000), Central bank independence and sacrifice ratios: Some further considerations, Open economies review 11, S. 111-125.

*Barrett, S.* (1994), Strategic Environmental Policy and International Trade, Journal of Public Economics 54, S. 325–338.

*Barro, R.* (1979), On the Determination of the Public Debt, Journal of Political Economy, S. 940-971.

*Barro, R. J.* (1996), Inflation and growth, Federal Reserve Bank of St. Louis Review 78.

*Barro, R. J.* (1997), Determinants of economic growth: A cross-country empirical study, Cambridge, MA u.a.

*Barro, R. J. / R. Gordon* (1983a), Rules, discretion and reputation in a model of monetary policy, Journal of Monetary Economics 12, S. 101-121.

*Barro, R. J. / R. Gordon* (1983b), A positive theory of monetary policy in a natural rate model, Journal of Political Economy 91, S. 589-610.

*Barth, A./Zika, G.* (1996), Volkswirtschaftliche Effekte einer Arbeitszeitverkürzung: Eine Simulationsstudie für Westdeutschland mit dem makroökonometrischen Modell SYSIFO, Mitteilungen aus der Arbeitsmarkt- und Berufsforschung 29, S. 179-202.

*Barth, S.*, W. Hain, H.-W.Müller (1994), Langfristige demographische Bestimmungsfaktoren der Rentenfinanzen: Eine Vorausberechnung mit dem neuen Rentenmodell 1993, Deutsche Rentenversicherung, S. 228-258.

*Basedow, J.* (1998), Weltkartellrecht: Ausgangslage und Ziele, Methoden und Grenzen der internationalen Vereinheitlichung des Rechts der Wettbewerbsbeschränkungen, Tübingen.

*Baumol, W. / W. E. Oates* (1988), The theory of environmental policy, Cambridge usw.

*Baumol, W. J. / J. Tobin* (1989), The optimal cash balance proposition: Maurice Allais' priority, Journal of Economic Literature 27, S. 1160-1162.

*Baumol, W.J. / J.C. Panzar / R.D. Willig* (1982), Contestable Markets and the Theory of Industry Structure, New York usw.

*Beck, U.* (1986), Risikogesellschaft: Auf dem Weg in eine andere Moderne, Frankfurt/M.

*Becker, G.* (1960), An Economic Analysis of Fertility, in: National Bureau of Economic Research (Hrsg.), Demographic and Economic Change in Developed Countries, Princeton, S. 35-49.

*Beise, M. / H. Stahl* (1999), Public research and industrial innovations in Germany, Research Policy 28, S. 397-422.

*Bender, D* (1999), Außenhandel, in: D. Bender et al. (Hrsg): Vahlens Kompendium der Wirtschaftstheorie und Wirtschaftspolitik, München.

*Berg, H.* (1999a), Grenzüberschreitende Krankenversicherungsleistungen in der EU: Auswirkungen der Urteile EuGH – Kohll und EuGH – Decker auf das deutsche Gesundheitswesen, in: Europäische Zeitschrift für Wirtschaftsrecht 10, S. 587-591.

*Berg, H.* (1999b), Wettbewerbspolitik, in: D. Bender et al. (Hrsg.), Vahlens Kompendium der Wirtschaftstheorie und Wirtschaftspolitik, Bd.2, München, S. 299 - 362.

*Berglas, E.* (1976), On the Theory of Clubs, American Economic Review 66, S. 116-121.

*Berglas, E.* (1981), The Market Provision of Club Goods Once Again, Journal of Public Economics 15, S. 389-393.

*Berglas, E.* (1984), Quantities, Qualities and Multiple Public Services in the Tiebout Model, Journal of Public Economics 25, S. 299-321

*Berglas, E. / D. Pines* (1980), Clubs as a Case of Competitive Industry with Goods of Variable Quality, Economic Letters 5, S. 363-366.

*Bergmann, M.* (1999), Steuerharmonisierung, Steuerwettbewerb und effektive Besteuerung in der Europäischen Union, in: M. Kübbeler / C. Langer (Hrsg.), Wirtschafts- und Finanzpolitik nach ordoliberalen Prinzipien: Ausgewählte Beiträge zur theoretischen Fundierung und praktischen Umsetzung, Berlin, S. 3-17.

*Bergstrom, T. C. / R. P. Goodman* (1973), Private Demand for Public Goods, American Economic Review 63, S. 280-296.

*Berthold, N / R. Fehn* (2000), Arbeitsmarktpolitik in der Europäischen Währungsunion, erscheint in: Perspektiven der Wirtschaftspolitik.

*Berthold, N.* (2000), Das Bündnis für Arbeit: Ein Weg aus der institutionellen Verflechtungsfalle, Vortrag auf der Jahrestagung des Vereins für Socialpolitik „Beschäftigung im vereinten Deutschland", 19.-22. September, Berlin.

*Bewley, T. F.* (1981), A Critique of Tiebout's Theory of Local Public Expenditures, Econometrica 49, S. 713-740.

*Bhagwati, J.* (1996), The Demands to Reduce Domestic Diversity among Trading Nations, in: J. Bhagwati / R. E. Hudec (Hrsg.): Fair Trade and Harmonization: prerequisites for free trade?, 1, Cambridge / Mass., London, S. 9–40.

*Bhagwati, J. / T. N Srinivasan* (1996), Trade and the Environment: Does Environmental Diversity Detract from the Case for Free Trade?, in: J. Bhagwati / R. E. Hudec (Hrsg.): Fair Trade and Harmonization: prerequisites for free trade?, 1, Cambridge / Mass., London, S. 159–223.

*Blackburn M. / M. Christensen* (1989), Monetary policy and policy credibility: Theories and evidence, Journal of Economic Literature 27, S. 1-45.

*Blankart, C. B.* (2000), The Process of Government Centralization: A Constitutional View, Constitutional Political Economy 11, S. 27-39.

*Blankart, C. B. / R. Borck* (2000), Local Public Finance, Humboldt Universität Berlin, Discussion Paper No. 154.

*Blinder, A.* (2000), Critical issues for modern major central bankers, in: EZB und Zentrum für Kapitalmarktforschung (Hrsg.), Monetary policy-making under uncertainty. Conference organised jointly by the ECB and the Center for Financial Studies of the University of Frankfurt on 3 December 1999, Frankfurt/M., S. 64-74.

*BMBF* (2000), Zur technologischen Leistungsfähigkeit Deutschlands, Zusammenfassender Endbericht 1999, Bonn.

*Bonin, H. / B. Raffelhüschen / J. Walliser* (1997), Can Immigration Alleviate the Demographic Burden?, Diskussionsbeiträge des Instituts für Finanzwissenschaft der Universität Freiburg 58, Freiburg.

*Borcherding, T. E. / R. T. Deacon* (1972), The Demand for the Services of Non-Federal Governments, American Economic Review 62, S. 891-901.

*Borchert, J.* (1989), Innenweltzerstörung, Frankfurt/M.

*Borchert, J.* (1992), Renten vor dem Absturz, Frankfurt/M.

*Bordo, M.D. et al.* (2000), Is Globalization Today Really Different Than Globalization a Hundred Years Ago? Wirtschaftspolitische Blätter 47(2), S. 121-129.

*Borio, C. E. V.* (1997), The implementation of monetary policy in industrial countries: A survey, BIS Economic Papers Nr. 47.

*Bork, R.H.* (1978): The Antitrust Paradox. A Policy at War with Itself, New York.

*Börsch-Supan, A.* (1994), Migration, Social Security Systems, and Public Finance, in: H. Siebert (Hrsg.), Migration: A Challenge for Europe, S. 119-147.

*Bosch, G.* (1996), Flexibilisierung der Arbeitszeit und Umverteilung von Arbeit, WSI-Mitteilungen 7, S. 423-432.

*Boskin, M.* (1996), Toward a more accurate measure of the cost of living: Final report to the U.S. Senate Finance Committee, Advisory Commission to Study the Consumer Price Index, Washington D.C.

*Braczyk, H.-J. et al.* (1998), Regional innovation systems: the role of governances in a globalized world, London.

*Branscomb, L. M. / J.H. Keller* (1998), Towards a Research and Innovation Policy, in: Dies. (Hrsg.), Investing in Innovation: Creating a Research and Innovation Policy That Works, Cambridge 1998.

*Brennan, H. G. / J. M. Buchanan* (1988), Besteuerung und Staatsgewalt: Analytische Grundlagen einer Finanzverfassung, Hamburg.

*Breyer, F. / P. Zweifel* (1999), Gesundheitsökonomie, Berlin usw.

*Breyer, F.* (1990), Das Äquivalenzprinzip in der Rentenversicherung aus wohlfahrtsökonomischer Sicht, Finanzarchiv, S. 127-142.

*Breyer, F.* (1992), Die Zukunft umlagefinanzierter Alterssicherungssysteme bei schrumpfender Bevölkerung, Wirtschaftswissenschaftliches Studium 3, S. 106-112.

*Brown, K. (1998),* Downsizing science: will the United States pay a price? Washington.

*Brueckner, J. K.* (1981), Congested Public Goods: The Case of Fire Protection, Journal of Public Economics 15, S. 45-58.

*Buchanan, J. M.* (1965), An Economic Theory of Clubs, Economica 32, S. 1-14.

*Buchanan, J. M. / C. J. Goetz* (1972), Efficiency Limits of Fiscal Mobility: An Assessment of the Tiebout Model, Journal of Public Economics 1, S. 25-43.

*Bundesministerium für Gesundheit* (Hrsg.) (1999), Daten des Gesundheitswesens: Ausgabe 1999, Baden-Baden.

*Bundesregierung* (1995), Rentenversicherungsbericht 1995, Bundes-Drucksache 13/7130, Bonn.

*Campbell, D.* (2000), Forschungspolitische Trends in wissensbasierten Gesellschaften, Wirtschaftspolitische Blätter 47(2), S. 130-143.

*Campbell, N. / M.J. Trebilcock* (1997), Interjurisdictional Conflict in Merger Review, in: L. Waverman / W.S. Comanor / A. Goto (Hrsg.), Competition Policy in the Global Economy, London, S. 89 - 126.

*Cantner, U.* (1998), Evolutorische Ökonomik: Konzeption und Analytik, Vortrag gehalten am ifo Institut für Wirtschaftsforschung, München, Manuskript.

*Cantner, U. / A. Pyka* (1999), Classifying Technology Policy from an Evolutionary Perspective, Augsburg.

*Cantwell, J.* (1999), Innovation as the principal source of growth in the global economy, in: D. Archibugi et al. (Hrsg.), Innovation Policy in a Global Economy, Cambridge.

*Cigno, A., F. Rosati* (1996), Jointly determined saving and fertility behaviour: Theory, and estimates for Germany, Italy, UK and USA, European Economic Review 40, S. 1561-1589.

*Clapham, R.* (1981), Das wettbewerbspolitische Konzept der Wettbewerbsfreiheit, in: Cox, H. / U. Jens / K. Markert (Hrsg.), Handbuch des Wettbewerbs, München, S. 131 - 145.

*Clarida, R. H.* (1996), Dumping: In Theory, in Policy, and in Practice, J. Bhagwati / R. E. Hudec (Hrsg.): Fair Trade and Harmonization: prerequisites for free trade?, 1, Cambridge / Mass., London, S. 357–389.

*Clark, J.M.* (1940), Toward a Concept of Workable Competition, American Economic Review 30, S. 241 - 256.

*Coenen, G. / J.-L. Vega* (1999), The demand for M3 in the euro area, ECB Working Paper Nr. 6.

*Cohen, J. / Sabel, C. F.* (1997), Directly-Deliberative Polyarchy, European Law Journal 3, S. 313-342.

*Cook, C.J. / C.S. Kerse* (1996), EEC Merger Control Regulation 4064/89, London.

*Cukierman, A.* (1992), Central bank strategy, credibility and independence: Theory and evidence, Cambridge, MA usw.

*Darby, M. et al.* (2000), Program Design Effects in the Advanced Technology Program: Joint Venture/Single Participant and University Role in Firm Success, Report prepared for the Economic Assessment Office (EAO), Advanced Technology Program (ATP), National Institute of Standards and Technology (NIST), U.S. Department of Commerce (DOC).

*Demsetz, H.* (1969), Information and Efficiency, Journal of Law and Economics 12, S. 1-22.

*Demsetz, H.* (1982), Barriers to Entry, American Economic Review 72, S. 47 - 57.

*Denzau, A. / North D. C.* (1994), Shared Mental Models, Ideologies and Institutions, Kyklos, 47, S. 3-31.

*Deutsche Bundesbank* (1998), Geldpolitische Strategien in den Ländern der Europäischen Union, Monatsbericht Januar, S. 33-47.

*Deutsche Bundesbank* (2000), Transparenz in der Geldpolitik, Monatsbericht März, S. 15-30.

*Dixit, A.* (1996), The Making of Economic Policy: A Transaction-Cost Politics Perspective, Cambridge.

*Döhler, M.* (1988), Historische und gesundheitspolitische Aspekte im Verhältnis zwischen medizinischer Profession und integrierten Versorgungssystemen in Deutschland, in: H. Hauser / J.-M. v. d. Schulenburg (Hrsg.), Health Maintenance Organizations: Eine Reformkonzeption für die Gesetzliche Krankenversicherung in Deutschland?, Gerlingen, S. 39-73.

*Dolado, J. et al.* (1999), A cost-benefit analysis of going from low inflation to price stability in Spain, in: M. Feldstein (Hrsg.), The costs and benefits of price stability, Chicago usw., S. 95-132.

*Donges, J. B.* (1995), Nach der Uruguay–Runde: Alte und neue Bedrohungen für den freien Handel, Zeitschrift für Wirtschaftspolitik 44, S. 209–230.

*Donges, J.B.* (1975), Zur Theorie der effektiven Protektion, Zeitschrift für die Gesamte Staatswissenschaft 131, S.231-254.

*Dorf, M.C. / Sabel, C. F.* (1998), A Constitution of Democratic Experimentalism, in: Columbia Law Review 98, S. 267-473.

*Dosi, G.* (1988), Sources, Procedures and Microeconomic Effects of Innovation, Journal of Economic Literature 26, S. 1120 - 1171.

*Dowding, K., P. John / S. Biggs* (1994), Tiebout: A Survey of the Empirical Literatur, Urban Studies 31, S. 767-797.

*Edey, M.* (1994), Costs and benefits of moving from low inflation to price stability, OECD Economic Studies Nr. 23, S. 109-130.

*Edwards, J. / M. Keen* (1996), Tax Competition and Leviathan, European Economic Review 40, S. 113-134.

*Eitenmüller, St.* (1996): Die Rentabilität der gesetzlichen Rentenversicherung – Kapitalmarktanaloge Renditeberechnungen für die nahe und ferne Zukunft, Deutsche Rentenversicherung 12, S. 784-798.

*Elßer, S.* (1993), Innovationswettbewerb: Determinanten und Unternehmensverhalten, Frankfurt/M.

*Emmerich, V.* (1999), Kartellrecht, München.

*Enquête-Kommission* (1990), : Endbericht der Enquête-Kommission des 11. Deutschen Bundestags „Strukturreform der gesetzlichen Krankenversicherung“, Bd. 2., Bonn.

*Epple, D. / A. Zelenitz* (1981), The Implications of Competition among Jurisdictions: Does Tiebout Need Politics? Journal of Political Economy 89, S. 1197-1217.

*Ergas, H.* (1986), Does Technology Policy Matter? CEPS Papers Nr. 29, Brüssel.

*Esty, D. C.* (1994), Greening the GATT: Trade, Environment and the Future, Washington.

*Eucken, W.* (1952), Grundsätze der Wirtschaftspolitik, Tübingen.

*Eucken, W.* (1975): Grundsätze der Wirtschaftspolitik, Tübingen.

*Eucken, W.* (1990), Grundsätze der Wirtschaftspolitik, Tübingen.

*EuGH* (1998a), Rechtssache C-120/95, Nicolas Decker / Caisse de maladie des employés privés, in: Sammlung der Rechtsprechung des Gerichtshofs und des Gerichts erster Instanz, Teil I, S. 1831-1887.

*EuGH* (1998b), Rechtssache C-158/96, Raymond Kohll / Union des caisses de maladie, in: Sammlung der Rechtsprechung des Gerichtshofs und des Gerichts erster Instanz, Teil I, S. 1931-1952.

*Europäische Kommission* (1994), Wettbewerb und Integration. Die Fusionskontrollpolitik der Gemeinschaft, Europäische Wirtschaft, Nr.57, S. 1 - 385.

*Europäische Kommission* (1997), Five-Year Assessment of the European Community RTD Framework Programmes, Report of the independent expert panel chaired by Viscount E. Davignon and the Commission's Comment on the Panel's Recommendations, Brüssel.

*Europäischer Rat in Luxembourg* (1997), Tagung der Staats- und Regierungschefs der Europäischen Union am 12. und 13. Dezember, Presse- und Informationsamt der Bundesregierung, Bulletin Nr.12.

*Europäischer Rat von Amsterdam* (1997), Presidency Conclusions, 16 und 17. Juni.

*EZB* (1998a), A stability-oriented monetary policy strategy for the European System of Central Banks, Pressemitteilung vom 13. Oktober.

*EZB* (1998b), Die einheitliche Geldpolitik in Stufe 3: Allgemeine Regelungen für die geldpolitischen Instrumente und Verfahren des ESZB, September 1998.

*EZB* (1998c), The use of a minimum reserve system by the European System of Central Banks in Stage Three: Final specification, Pressemitteilung vom 13. Oktober.

*EZB* (1999a), Die internationale Rolle des Euro, Monatsbericht August, S. 35-58.

*EZB* (1999b): Die stabilitätsorientierte geldpolitische Strategie des Eurosystems, Monatsbericht Januar, S. 43-56.

*EZB* (1999c), Auf Preisstabilität ausgerichtete Politik und die Entwicklung der langfristigen Realzinsen in den neunziger Jahren, Monatsbericht November, S. 37-47.

*EZB* (1999d): Der institutionelle Rahmen des Europäischen Systems der Zentralbanken, Monatsbericht Juli, S. 59-67.

*EZB* (1999e): Die Rolle kurzfristiger Konjunkturindikatoren bei der Analyse der Preisentwicklung im Euro-Währungsgebiet, Monatsbericht April, S. 31-45.

*EZB* (1999f), Inflationsunterschiede in einer Währungsunion, Monatsbericht Oktober, S. 39-50.

*EZB* (1999g), Monetäre Aggregate im Euro-Währungsgebiet und ihre Rolle in der geldpolitischen Strategie des Eurosystems, Monatsbericht Februar, S. 29-41.

*EZB* (2000a): Das Eurosystem und die EU-Erweiterung, Monatsbericht Februar, S. 41-54.

*EZB* (2000b): Geldpolitische Transmission im Euro-Währungsgebiet, Monatsbericht Juli 2000, S. 45-62.

*EZB* (2000c), Preis- und Kostenindikatoren für das Euro-Währungsgebiet: ein Überblick, Monatsbericht August, S. 35-53.

*EZB* (2000d), Das Euro-Währungsgebiet ein Jahr nach der Einführung des Euro. Wesentliche Merkmale und Veränderungen in der Finanzstruktur, Monatsbericht Januar, S. 37-54.

*EZB* (2000d), Die Umstellung auf Zinstender bei den Hauptrefinanzierungsgeschäften, Monatsbericht Juli, S. 39-44.

*Fagerberg, J.* (1999), The Economic Challenge for Europe: Adapting to Innovation-Based Growth, Working Paper Nr. 2, Centre for Technology, Innovation and Culture, University of Oslo.

*Fagerberg, J.* (2000), Technological Progress, Structural Change and Productivity Growth: A Comparative Study, Working Paper Nr. 5, Centre for Technology, Innovation and Culture, University of Oslo.

*Farina C. / B. Preissl* (2000), Research and technology organisations in national systems of innovation, DIW-Diskussionspapier Nr. 221, Berlin.

*Farrell, J. / Shapiro, C.* (1990), Horizontal Mergers – An Equilibrium Analysis, American Economic Review 80, S. 107 – 126.

*Faust, K. et al.* (1999), Strukturberichterstattung 1996-1998: Neue Informations- und Kommunikationstechnologien und Globalisierung – Herausforderungen für den Strukturwandel: Tertiarisierung und neue Informations- und Kommunikationstechnologien, Gutachten im Auftrag des Bundeswirtschaftsministerium, ifo Institut, München.

*Feess, E.* (1996), Umwelt und strategische Handelspolitik, in: European Business School (Hrsg.): Erfahrung – Bewegung – Strategie, Wiesbaden, S. 293–316.

*Feess, E.* (1998), Umweltökonomie und Umweltpolitik, München.

*Feld, L. P.* (1997), Exit, Voice and Income Taxes: The Loyality of Voters, European Journal of Political Economy 13, S. 455-478.

*Feld, L. P.* (2000a), Steuerwettbewerb und seine Auswirkungen auf Allokation und Distribution: Ein Überblick und eine empirische Analyse für die Schweiz, Tübingen.

*Feld, L. P.* (2000b), Fiskalischer Wettbewerb und Einkommensumverteilung, Wirtschaftspolitische Perspektiven 1, S. 181-198.

*Feld, L. P. / G. Kirchgässner* (1995), Fiskalischer Wettbewerb in der EU: Wird der Wohlfahrtsstaat zusammenbrechen? Wirtschaftsdienst 75, S. 562-568.

*Feld, L. P. / G. Kirchgässner* (1998), Fiskalischer Föderalismus, Wirtschaftswissenschaftliches Studium 27, S. 65-70.

*Feldstein, M. S. / C. Horioka* (1980), Domestic Saving and International Capital Flows, Economic Journal 90, S. 314-329.

*Feldstein, M., Ch. Horioka* (1980), Domestic Savings and International Capital Flows, Economic Journal 90, S. 314-329.

*Feldstein, M.S.* (1995), The costs and benefits of going from low inflation to price stability, NBER Working Paper 5469, Cambridge, MA.

*Feldstein, M.S.* (1999), Capital income taxes and the benefit of price stability, ders. (Hrsg.), Costs and benefits of price stability, Chicago usw., S. 9-40.

*Fenge, R.* (1997), Effizienz der Alterssicherung, Heidelberg.

*Ferguson, P.R. / G.J. Ferguson* (1994), Industrial Economics, Houndsmill / London.

*Fikentscher, W. / A. Heinemann* (1994), Der "Draft International Antitrust Code" - Initiative für ein Weltkartellrecht im Rahmen des GATT, Wirtschaft und Wettbewerb, S. 97 ff.

*Flood, R.P. / P. Isard* (1989), Collapsing exchange-rate regimes: Some linear examples, Journal of International Economics 17, S. 1-13.

*Franz, W.* (1997), Wettbewerbsfähige Beschäftigung schaffen statt Arbeitslosigkeit umverteilen, Gütersloh.

*Franz, W.* (1998), Der Euro als Jobmaschine? Zu den Auswirkungen des Euro auf den Deutschen Arbeitsmarkt, IZA Discussion Paper, Nr. 9, Juni 1998.

*Franz, W.* (1999), Arbeitsmarktökonomik, Berlin usw.

*Fredebeul-Krein, M.* (2000), Die Regulierungspolitik auf dem Markt für Telekommunikationsdienste: Nationale und internationale Regeln, Untersuchungen zur Wirtschaftspolitik, Nr. 117, Köln.

*Fredebeul-Krein, M. / A. Freytag* (1997) Telecommunications and WTO Discipline: An Assessment of the WTO Agreement in Telecommunication Services, Telecommunications Policy 21, S. 477-491.

*Freeman, C.* (1987), Technology Policy and Economic Performance, London.

*Freeman, C.* (1994), Innovation and Growth, in: M. Dodgson / R. Rothwell (Hrsg.), The Handbook of Industrial Innovation, Aldershot.

*French, K. R. / J. M. Poterba* (1990), Japanese and U.S. Cross-border Common Stock Investments, Journal of the Japanese and International Economies 4, S. 476-493.

*Frenkel, J. A. / A. Razin / E. Sadka* (1991), International Taxation in an Integrated World, Cambridge (Mass.) / London.

*Frey, B. S.* (1997), Ein neuer Föderalismus für Europa: Die Idee der FOCJ, Tübingen.

*Freytag A. / C.P. Meier / P. Weiß* (1998), Globalisierung in verschiedenen Facetten', in: J.B. Donges and A. Freytag (Hrsg.) Die Rolle des Staates in einer globalisierten Wirtschaft, Stuttgart, S. 9-36.

*Freytag A. / R. Zimmermann* (1998), Muß die internationale Handelsordnung um eine Wettbewerbsordnung erweitert werden?, Rabels Zeitschrift für ausländisches und internationale Privatrecht 62, S. 38-58.

*Friedman, M.* (1970), Die optimale Geldmenge und andere Essays, München.

*Fuest, C.* (1995a), Eine Fiskalverfassung für die Europäische Union, Köln.

*Fuest, C.* (1995b), Interjurisdictional Competition and Public Expenditure: Is Tax Coordination Counterproductive? Finanzarchiv 52, S. 478-496.

*Fuest, C.* (2000), The Political Economy of Tax Coordination as a Bargaining Game between Bureaucrats and Politicians, Public Choice 103, S. 357-382.

*Fuest, C. / B. Huber* (1999), Tax Coordination and Unemployment, International Tax and Public Finance 6, S. 7-26.

*Garfinkel, M. R.* (1989): What is an „acceptable" rate of inflation? A review of the issues, Federal Reserve Bank of St. Louis Review 71, S. 3-15.

*Garfinkel, M. R. / S. Oh* (1989), Strategic discipline in monetary policy with private information: Optimal targeting horizons, American Economic Review 83, S. 99-117.

*GATT* (1992), Trade and the Environment (Advance Copy), World Trade Materials 4, S. 41–86.

*Gerber, D. J.* (1998), Law and Competition in Twentieth Century Europe: Protecting Prometheus, Oxford.

*Gerybadze, A. / G. Reger* (1999), Globalization of R&D: recent changes in the management of innovation in transnational corporations, Research Policy 28, S. 251-274.

*Ghosh, A. / S. Phillips* (1998), Warning: Inflation may be harmful to your growth, International Monetary Fund Staff Papers 45, S. 672-710.

*Gick, W.* (1997), On Incentives in Technology Policymaking, CES Working Paper Nr. 7.7, Center for European Studies, Harvard University, Cambridge.

*Giersch, H. (1986),* Wie Wissen und Wirtschaft wachsen, in H. Giersch: Gegen Europessimismus, Kritische Beiträge 1977-1985, Stuttgart, S. 40-62.

*Glismann, H. H. / D. Spinanger* (2000), Handelsliberalisierung in der Millenium-Runde. Strategien und ihre Auswirkungen für Deutschland, Tübingen.

*Glismann, H., E.-J. Horn* (1998): Renditen in der deutschen gesetzlichen Alterssicherung, Wirtschaftsdienst 8, S. 474-482.

*Gordon, R. H.* (1986), Taxation of Investment and Savings in a World Economy, American Economic Review 76, S. 1086-1102.

*Gordon, R. H. / A. L. Bovenberg* (1996), Why is Capital so Immobile Interationally? Possible Explanations and Implications for Capital Income Taxation, American Economic Review 86, S. 1057-1075.

*Grimwade, N.* (1996), Anti–Dumping Policy after the Uruguay Round – An Appraisal: National Institute economic review, S. 98–105.

*Haid, A. / M.T. Münter* (1999), Neuere Entwicklungen in der industrieökonomischen Forschung und die aktuelle Berichterstattung über die technologische Leistungsfähigkeit Deutschlands, DIW-Diskussionspapier Nr. 188, Berlin.

*Hajen, L. / H. Paetow / H. Schumacher* (2000), Gesundheitsökonomie: Strukturen, Methoden, Praxisbeispiele, Stuttgart / Berlin / Köln.

*Hanusch, H. / U. Cantner* (1997), Ansätze zu einer Schumpeterianischen Wachstumspolitik, ifo Studien 43(2).

*Haubrock, M. / H. Hagmann / T. Nerlinger* (2000), Managed Care: Integrierte Versorgungsformen, Bern usw.

*Hauser, H.* (2000), Die WTO auf dem Prüfstand: Zur Notwendigkeit einer Millenium Runde, Zeitschrift für Wirtschaftspolitik 49, S. 59-69.

*Hauser, H. / K.-U. Schanz* (1995), Das neue GATT. Die Welthandelsordnung nach Abschluß der Uruguay-Runde, München / Wien.

*Hauser, H. / R.E. Schoene,* (1994) Is there A Need for International Competition Rules, Aussenwirtschaft 49, S. 205-222.

*Hayek, F. A. v.* (1969), Wettbewerb als Entdeckungsverfahren, in: F. A. v. Hayek, Freiburger Studien: Gesammelte Aufsätze, Tübingen, S. 249-265.

*Hayek, F.A. v.* (1968), Der Wettbewerb als Entdeckungsverfahren, Kiel.

*Heister, J.* (1997), Der internationale CO2–Vertrag. Strategien zur Stabilisierung multilateraler Kooperation zwischen souveränen Staaten, Tübingen.

*Helm, C.* (1995), Sind Freihandel und Umweltschutz vereinbar? Ökologischer Reformbedarf des GATT / WTO–Regimes, Berlin.

*Herdzina, K.* (1999), Wettbewerbspolitik, Stuttgart usw.

*Hesse, G.* (1979), Staatsaufgaben: Zur Theorie der Legitimation und Identifikation staatlicher Aufgaben, Baden-Baden.

*Heuss, E.* (1965), Allgemeine Markttheorie, Tübingen.

*Heuß, E.* (1980), Lemma „Wettbewerb“, in: Handwörterbuch der Wirtschaftswissenschaft, hrsg. von W. Albers et al., Stuttgart usw., S. 679-697.

*Hiemenz, U.* (2000) Developing Countries and a New Trade Round, Zeitschrift für Wirtschaftspolitik 49, S. 70-81.

*Hindley, B.* (2000) Is the Millenium Round Worth Reviving?, Zeitschrift für Wirtschaftspolitik 49, S. 52-58.

*Hinrichs, K.* (1992), Zur Zukunft der Arbeitszeitflexibilisierung, Soziale Welt 3, S. 313-328.

*Hirschman, A. O.* (1974), Abwanderung und Widerspruch, Tübingen.

*Hoekman, B. / P.C. Mavroidis* (1994), Competition, Competition Policy and the GATT, The World Economy 17, S. 121-150.

*Hoffman, J.* (1998), Probleme der Inflationsmessung in Deutschland, Deutsche Bundesbank, Diskussionspapier der Volkswirtschaftlichen Forschungsgruppe 01/98.

*Holcombe, R. G. / R. S. Sobel* (1995), Empirical Evidence on the Publicness of State Legislative Activities, Public Choice 83, S. 47-58.

*Homburg, S.* (1988), Theorie der Alterssicherung, Berlin.

*Homburg, S.* (2000), Allgemeine Steuerlehre, München.

*Homburg, S. / C. Gräff* (1988), Zur ökonomischen Begründbarkeit eines Familienlastenausgleichs, in: B. Felderer (Hrsg.), Familienlastenausgleich und demographische Entwicklung, Berlin, S. 13-28.

*Hoppmann, E.* (1967), Wettbewerb als Norm der Wettbewerbspolitik, ORDO, S. 77 - 94.

*Hoppmann, E.* (1977), Marktmacht und Wettbewerb, Tübingen.

*Hörning, K. H. /A. Gerhard / M. Michailow* (1990), Zeitpioniere: Flexible Arbeitszeiten – neuer Lebensstil, Frankfurt/M.

*Huber, B.* (1999), Tax Competition and Tax Coordination in an Optimum Income Tax Model, Journal of Public Economics 71, S. 441-458.

*Imrohoroglu, A.* (1992): The welfare cost of inflation under imperfect insurance, Journal of Economic Dynamics and Control 16, S. 79-91.

*Inman, R. P. / D. L. Rubinfeld* (1996), Designing Tax Policy in Federalist Economies: An Overview, Journal of Public Economics 60, S. 307-334.

*International Lobour Organization* (2000), Homepage der International Labour Organization: www.ilo.org, Abfrage vom 11. August 2000.

*International Monetary Fund* (2000), World Economic Outlook, Washington D.C.

*Irwin, D. A.* (1995), The Gatt in Historical Perspective, The American Economic Review 85, S. 323-328.

*Irwin, D. A.* (1996), Against the Tide. An Intellectual History of Free Trade, Princeton University Press, Princeton, New Jersey.

*Issing, O.* (1996), Einführung in die Geldpolitik, München.

*Issing, O.* (1998), Einführung in die Geldtheorie, München.

*Issing, O.* (1999a), The Eurosystem: Transparent and Accountable or 'Willem in Euroland', Journal of Common Market Studies 37, S. 503-519.

*Issing, O.* (1999b), Geldpolitik und Inflationsrate: Informationsprobleme, in: A. Maussner (Hrsg.), Ökonomie und Ökologie: Festschrift für Joachim Klaus zum 65. Geburtstag, Berlin, S. 139-159.

*Issing, O.* (2000a), Walter Eucken: Vom Primat der Währungspolitik, Vortrag vor dem Walter-Eucken-Institut, 17. März, Freiburg i.Br.

*Issing, O.* (2000b): How to promote growth in the euro area: The contribution of monetary policy, Vortrag auf der Konferenz der Belgischen Nationalbank, 12. Mai, Brüssel.

*Jacquemin, A.* (1995), Towards an Internationalisation of Competition Policy, The World Economy 18, S. 781 - 789.

*Kantzenbach, E.* (1967), Die Funktionsfähigkeit des Wettbewerbs, Göttingen.

*Kantzenbach, E. / E. Kottmann, E. / R. Krüger* (1996), Kollektive Marktbeherrschung: Neue Industrieökonomik und Erfahrungen aus der Europäischen Fusionskontrolle, Baden-Baden.

*Kantzenbach, E. / H.H. Kallfass* (1981), Das Konzept des funktionsfähigen Wettbewerbs - workable competition, in: Cox, H., U. Jens, K. Markert (Hrsg.), Handbuch des Wettbewerbs, München, S.105 - 122.

*Karl, H.* (1998), Umweltpolitik, P. Klemmer (Hrsg.): Handbuch Europäische Wirtschaftspolitik, München, S. 1001–1149.

*Karl, H. / O. Ranné* (1997), Öko–Dumping – Ein stichhaltiges Argument für ökologische Ausgleichszölle?, Wirtschaftswissenschaftliches Studium (WiSt), S. 284–289.

*Kath, D.* (1985), Sozialpolitik, in: D. Bender et al. (Hrsg.), Vahlens Kompendium der Wirtschaftstheorie und Wirtschaftspolitik, Bd. 2, München, S. 401-450.

*Kerber, W.* (2000), Europäische Fusionskontrolle: Entwicklungslinien und Perspektiven, in: P. Oberender (Hrsg.), Die Europäische Fusionskontrolle, Berlin, S. 69 - 97.

*Kerber, W.* (1994), Die Europäische Fusionskontrollpraxis und die Wettbewerbskonzeption der EG, Bayreuth.

*Kerber, W.* (1997), Wettbewerb als Hypothesentest: eine evolutorische Konzeption wissenschaffenden Wettbewerbs, in: K.v. Delhaes / U. Fehl (Hrsg.), Dimensionen des Wettbewerbs, Stuttgart et al., S. 29 - 78.

*Kerber, W.* (1998a), Erfordern Globalisierung und Standortwettbewerb einen Paradigmenwechsel in der Theorie der Wirtschaftspolitik? ORDO Jahrbuch für die Ordnung von Wirtschaft und Gesellschaft 49, S. 253-268.

*Kerber, W.* (1998b), Zum Problem einer Wettbewerbsordnung für den Systemwettbewerb, Jahrbuch für Neue Politische Ökonomie 17, S. 199-230.

*Kerber, W.* (1999), Wettbewerbspolitik als nationale und internationale Aufgabe, in: T. Apolte / R. Caspers / P. J. J. Welfens (Hrsg.), Standortwettbewerb: Wirtschaftspolitische Rationalität und internationale Ordnungspolitik, Baden-Baden, S. 241 - 269.

*Kerber, W.* (2000), Wettbewerbsordnung für den interjurisdiktionellen Wettbewerb, Wirtschaftswissenschaftliches Studium 29, S. 368-374.

*Kerber, W.* (2001), Wettbewerbspolitik – Vom Umgang mit wachsender Unternehmenskonzentration, in diesem Band.

*Kerber, W. / V. Vanberg* (1995), Competition among Institutions: Evolution within Constraints, in: L. Gerken (Hrsg.), Competition among Institutions, London, S. 35-64.

*Kirchgässner, G. / W. W. Pommerehne* (1996), Tax Harmonization and Tax Competition in the European Union: Lessons from Switzerland, Journal of Public Economics 60, S. 351-371.

*Kirzner, I.M.* (1997), Entrepreneurial Discovery and the Competitive Market Process: An Austrian Approach, Journal of Economic Literature 35, S. 60 - 85.

*Kleinert, J. und Klodt, H.* (2000), Megafusionen: Trends, Ursachen und Implikationen, Tübingen.

*Klenner, C.* (1997), Läßt sich mit Zeitkontenmodellen mehr Zeitsouveränität verwirklichen?, WSI-Mitteilungen 4, S. 254-264.

*Klette J. et al.* (2000), Do subsidies to commercial R & D reduce market failures? Microeconometric evaluation studies, Research Policy 29, S. 271-495.

*Klodt, H.* (2000), Conflicts and Conflict Resolution in International Antitrust, Kieler Arbeitspapiere, Nr. 979, Kiel.

*Knight, J. / Johnson, J.* (1996), Political Consequences of Pragmatism, in: Political Theory 24, S. 68-96.

*Koch, L. T.* (1996), Evolutorische Wirtschaftspolitik. Eine elementare Analyse mit entwicklungspolitischen Beispielen, Tübingen.

*Ködding, G.* (1997), Lösungsansätze für grenzüberschreitende Umweltprobleme bei internationaler Handelsverflechtung, Frankfurt/M. usw.

*Krugman, P. R.* (1986), Strategic Trade Policy and the New International Economics, Cambridge, Mass.

*Krutilla, K.* (1991), Environmental Regulation in an Open Economy: Journal of Environmental Economics and Management, 20, S. 127–142.

*Kuhlmann, S.* (1998), Politikmoderation: Evaluationsverfahren in der Forschungs- und Technologiepolitik, Baden-Baden.

*Kulessa, M. E.* (1995), Umweltpolitik in einer offenen Volkswirtschaft: Zum Spannungsverhältnis von Freihandel und Umweltschutz, Baden–Baden.

*Kydland, F.E. / E.C. Prescott* (1977), Rules rather than discretion: The inconsistency of optimal plans, Journal of Political Economy 85, S. 473-491.

*Lampert, H.* (1998), Lehrbuch der Sozialpolitik, Berlin usw.

*Läufer, T.* (Hrsg.), Vertrag von Amsterdam: Texte des EU Vertrages und des EG-Vertrages mit den deutschen Begleittexten, Bonn.

*Leipold, H.* (1997), Institutionelle Ursachen der wirtschaftlichen Unterentwicklung in Schwarzafrika, in: S. Paraskewopoulos (Hrsg.), Wirtschaftsordnung und wirtschaftliche Entwicklung, Stuttgart, S. 415-445.

*Lerner, J.* (1999), The Government as Venture Capitalist: The Long-Run Impact of the SBIR Program, Journal of Business, 73(3), S. 285-318.

*Levine P. / J. Pearlman* (1994), Labour market structure, conservative bankers and the feasibility of monetary union, CEPR Discussion Paper Nr. 903, London.

*List, F.* (1841/1959), Das nationale System der politischen Oekonomie, Tübingen.

*Lohmann, S.* (1992), Optimal commitment in monetary policy: Credibility versus flexibility, American Economic Review 82, S. 273-286.

*Lösch, A.* (1938), Wo gilt das Theorem der komparativen Kosten, Weltwirtschaftliches Archiv 48, S. 45-64.

*Lundvall, B.-Å.* (1992), National Systems of Innovation: Towards a Theory of Innovation and Interactive Learning, London.

*Mackenroth, G.* (1952), die Reform der Sozialpolitik durch einen deutschen Sozialplan, in: G. Albrecht (Hrsg.), Verhandlungen auf der Sondertagung des Vereins für Sozialpolitik in Berlin, Berlin, S. 39-76.

*Mackenzie, G. / P. Gerson / A. Cuevas* (1997): Pension Regimes and Saving, IMF Occasional Paper No 153, Washington D.C.

*Manna, M. et al* (2000), The Eurosystem's operational framework in the context of its monetary policy strategy, Konferenzpapier zur EZB Tagung „The Operational Framework of the Eurosystem and Financial Markets", 5.-6. Mai, Frankfurt/M.

*Mantzavinos, C.* (1994), Wettbewerbstheorie, Berlin.

*Manzke, B.* (1997), Kinderlastenausgleich versus verstärkte Einwanderung: Alternative Ansätze zur langfristigen Sicherung der Gesetzlichen Rentenversicherung, Frankfurt/M. usw.

*Markusen J. R. /J. R. Melvin / W. H. Kaempfer / K. E. Maskus* (1995), International Trade, Theory and Evidence, New York, St. Louis usw.

*Markusen, J. R. et al.* (1995), International Trade, New York usw.

*Martin, S. / J.T. Scott* (2000), The nature of innovation market failure and the design of public support for private information, Research Policy 29, S. 437-447.

*Martin, S.* (1993), Advanced Industrial Economics, Cambridge.

*Mayntz, R. / U. Schimank* (1998), Linking Theory and Practice: Introduction, Research Policy 27, S. 747-755.

*McCallum, B.T.* (1987), The case for rules in the conduct of monetary policy: A concrete example, Weltwirtschaftliches Archiv 123, S. 415-429.

*McGuire, M.* (1974), Group Segregation and Optimal Jurisdictions, Journal of Political Economy 82, S. 112-132.

*McLure, C. E.* (1986), Tax Competition: Is What's Good for the Private Goose also Good for the Public Gander? National Tax Journal 34, S. 341-348.

*Mertens, D. / Kühl, J.* (1977), Art. „Arbeitsmarkt I: Arbeitsmarktpolitik", Handwörterbuch der Wirtschaftswissenschaften (HDWW), Bd. 1, S. 279-292.

*Messerlin, P. A. / G. Reed* (1995), Antidumping Policies in the United States and the European Community, The Economic Journal 105, S. 1565–1575.

*Messerlin, P. A.* (1994), Should Antidunoing Rules Be Replaced by National or International Competition Rules, Aussenwirtschaft 49, S. 351-373.

*Messerlin, P. A.* (1990), Anti-Dumping-Regulations or Pro-Cartel Laws? The EC Chemical Cases, The World Economy 13, S. 465-492.

*Metcalfe, J. S.* (1989), Evolution and Economic Change, in: A. Silberston (Hrsg.), Technology and Economic Progress, Houndsmill, S. 544 - 585.

*Metcalfe, J. S.* (1998), Evolutionary Economics and Creative Destruction, London und New York.

*Meyer, D.* (1993), Technischer Fortschritt im Gesundheitswesen: Eine Analyse der Anreizstrukturen aus ordnungstheoretischer Sicht, Tübingen.

*Meyer-Krahmer, F.* (1993), Innovationsökonomie und Technologiepolitik: Forschungsansätze und politische Konsequenzen, Heidelberg.

*Meyer-Krahmer, F. / G. Reger* (1999), New perspectives on the innovation strategies of multinational enterprises: lessons for technology policy in Europe, Research Policy 28, S. 751-776.

*Monopolkommission* (1998), Marktöffnung umfassend verwirklichen, Hauptgutachten 1996/1997, Baden-Baden.

*Mowery, D.* (1998), The changing structure of the US national innovation system: implications for international conflict and cooperation in R&D policy, Research Policy 27, S. 639-654.

*Mueller, D. C.* (1996), Antimerger Policy in the United States: History and Lessons, Empirica 23, S. 229 - 253.

*Müller, C. / M. Tietzel* (1998), Allmende-Allokationen, in: M. Tietzel (Hrsg.), Ökonomische Theorie der Rationierung, München, S. 163-201.

*Musgrave, P. / R. A. Musgrave* (1990), Fiscal Coordination and Competition in an International Setting, in: The Influence of Tax Differentials on International Competitiveness, Proceedings of the 8th Munich Symposium on International Taxation, Deventer, S. 59-86.

*Narula, R.* (2000), Choosing between Internal and Non-Internal R&D Activities: Some Technological and Economic Factors, Working Paper Nr. 4, Centre for Technology, Innovation and Culture, University of Oslo.

*Narula, R. / J.H. Dunning* (1998), Explaining international R&D alliances and the role of governments, International Business Review 7, S. 377-397.

*Nechyba, T. J.* (1997), Local Property and State Income Taxes: The Role of Interjurisdictional Competition and Collusion, Journal of Political Economy 105, S. 351-384.

*Nell-Breuning, O. v.* (1978), Vertrag zwischen drei Generationen, Wirtschaftswoche 32, S. 77-80.

*Nelson, R. R.* (1993), National Innovation Systems: A Comparative Analysis, New York.

*Nelson, R. R.* (1994), The Coevolution of Technologies and Institutions in: R.W. England (Hrsg.), Evolutionary Concepts in Economics, Ann Arbor.

*Nelson, R. R. / S. G. Winter* (1982), An Evolutionary Theory of Economic Change, Cambridge.

*Neumann, M.* (1984), Arbeitszeitverkürzung gegen Arbeitslosigkeit?, Berlin.

*Neumann, M.* (2000), Wettbewerbspolitik, Wiesbaden.

*Neumann, M. J. M.* (1998), Geldwertstabilität: Bedrohung und Bewährung, Deutsche Bundesbank (Hrsg.), Fünfzig Jahre Deutsche Mark: Notenbank und Währung in Deutschland seit 1948, München, S. 309-346.

*Nordhaus, W.* (1975), The political business cycle, Review of Economic Studies 42, S. 169-190.

*North, D. C.* (1992), Institutionen, institutioneller Wandel und Wirtschaftsleistung, Tübingen.

*North, D. C.* (1997), Transaction Costs Through Time, in: C. Ménard (Hrsg.), Transaction Cost Economics, Cheltenham / Northampton, S. 149-160.

*o.V.* (1999) Peking will die Wirtschaft fit machen, Handelsblatt vom 23. November 1999, S. 11.

*o.V.* (2000), Auch Davos Lässt die Fragen von Seattle unbeantwortet, Handelsblatt vom 21. März 2000, S. 10.

*Oates, W. E.* (1968), The Theory of Public Finance in a Federal System, Canadian Journal of Economics 1, S. 37-54.

*Oates, W. E.* (1999), An Essay on Fiscal Federalism, Journal of Economic Literature 378, S. 1120-1149.

*Oates, W. E. / R. M. Schwab* (1988), Economic Competition among Jurisdictions: Efficiency Enhancing or Distortion Inducing? Journal of Public Economics 35, S. 333-354.

*Oberender, P. / A. Hebborn* (1994), Wachstumsmarkt Gesundheit: Therapie des Kosteninfarkts, Frankfurt/M.

*Oberender, P. / S. Okruch* (1997), Die Entwicklung der Sozialpolitik aus ordnungspolitischer Sicht, ORDO Jahrbuch für die Ordnung von Wirtschaft und Gesellschaft 48, S. 465-479.

*Oberender, P. / S. Okruch* (1998), Bevölkerungsentwicklung, Solidarität und Subsidiarität: Reformnotwendigkeit des sozialen Sicherungssystems zwischen individueller und kollektiver Daseinsvorsorge, in: D. Cassel (Hrsg.), 50 Jahre Soziale Marktwirtschaft, Stuttgart, S. 535-550.

*Oberender, P. / T. Ecker* (1997), „Managed Care" und Wettbewerb im Gesundheitswesen: Voraussetzungen und mögliche Auswirkungen, in: E. Knappe (Hrsg.), Reformstrategie Managed Care, Baden-Baden, S. 11-29.

*Obstfeld, M.* (1994), The logic of currency crises, NBER Working Paper Nr. 4640, Cambridge, MA.

*OECD* (1997), Policy Evaluation in Innovation and Technology, Towards Best Practices, OECD-Proceedings, Paris.

*OECD* (1998), Science, Technology and Industry Outlook, Paris.

*OECD* (1999a), A Caring World: The New Social Policy Agenda, Paris.

*OECD* (1999b), Globalization of Industrial R&D: Policy Issues, Paris.

*Olsen, M.* (1994), The Logic of Collective Action. Public Goods and The Theory of Groups, Cambridge, MA., London.

*Ott, A. E.* (1979), Arbeitszeitverkürzung als Mittel zur Bekämpfung der Arbeitslosigkeit?, in: G. Bombach / B. Gahlen / A. E. Ott (Hrsg.), Neuere Entwicklungen in der Beschäftigungstheorie und -politik, Tübingen, S. 383-394.

*Pavitt, K.* (1998), The inevitable limits of EU R&D funding, Research Policy 27, S. 559-568.

*Phlips, L.* (1995), Competition Policy: A Game-Theoretic Perspective, Cambridge.

*Pommerehne, W. W. / B. S. Frey* (1976), Two Approaches to Estimating Public Expenditures, Public Finance Quarterly 4, S. 395-407.

*Posner, R.A.* (1979), The Chicago School of Antitrust Analysis, University of Pennsylvania Law Review, S. 925 - 948.

*Prognos* (1987) (Hrsg.), Zur langfristigen Entwicklung der gesetzlichen Rentenversicherung, DRV-Schriften, Basel.

*Prognos* (1998) (Hrsg.), Prognos-Gutachten 1998, DRV-Schriften 9, Basel.

*Rachold, U.* (2000), Neue Versorgungsformen und Managed Care: Ökonomische Steuerungsmaßnahmen der Gesundheitsversorgung, Stuttgart / Berlin / Köln.

*Raffelhüschen, B.* (1998), Interne Renditen gemäß der Generationenbilanz, in: Deutsches Institut für Altersvorsorge (Hrsg.), Renditen der gesetzlichen Rentenversicherung im Vergleich zu alternativen Anlageformen, Frankfurt/M., S. 36-49.

*Ranné, O.* (1999), More Leeway for Unilateral Trade Measures? The Report of the Appellate Body in the Shrimp–Turtle Case, Intereconomics 34, S. 72–83.

*Rat der EG* (1971), Verordnung (EWG) Nr. 1408/71 vom 14.6.1971, ABlEG Nr. L 149 v. 5.7.1971.

*Rauscher, M.* (1996), Interjurisdictional Competition and the Efficiency of the Public Sector: The Triumph of the Market over the State? Kieler Arbeitspapiere, Nr. 732, Institut für Weltwirtschaft, Kiel.

*Ricardo, D.* (1817), Principles of Political Economy and Taxation, London.

*Riege, F.* (1993), Gesundheitspolitik in Deutschland: Aktuelle Bilanz und Ausblick, Berlin.

*Rogoff, K.* (1985), The optimal degree of commitment to an intermediate monetary target, Quarterly Journal of Economics 100, S. 1169-1189.

*Romer, P.* (1990), Endogenous Technical Change, Journal of Political Economy 95(5), S 71-S 102.

*Romer, P.* (1994), The Origins of Endogenous Growth, Journal of Economic Perspectives, 8(1), S. 3-22.

*Röpke, J.* (1977), Die Strategie der Innovation, Tübingen.

*Rosen, H. / R. Windisch* (1992), Finanzwissenschaft I, München, Wien.

*Sabel, C. F.* (1997), Constitutional Orders: Trust Building and Response to Change, in: J. R. Hollingsworth / R. Boyer (Hrsg.), Contemporary Capitalism: The Embeddedness of Institutions, Cambridge, S. 154-188.

*Sachs, J.D. / F. Larrain B.* (1993), Macroeconomics in the global economy, New Jersey 1993.

*Sachverständigenrat* (2000), Jahresgutachten 1999 / 2000: Wirtschaftspolitik unter Reformdruck.

*Sally, R.* (2000), Looking Askance at Global Governance, in: Kirton, J., J. Danicls und A. Freytag (Hrsg.) Guiding Global Order: G8 Governance in the Twenty First Century, Aldershot et al, erscheint in Kürze.

*Samuelson, P. A.* (1954), Pure Theory of Public Expenditure, Review of Economics and Statistics 40, S. 332-338.

*Sandler, T. M. / J. Tschirhart* (1980), The Economic Theory of Clubs: An Evaluative Survey, Journal of Economic Literature 18, S. 1481-1521.

*Sandler, T. M. / J. Tschirhart* (1997), Club Theory: Thirty Years Later, Public Choice 93, S. 335-355.

*Sauernheimer, K.* (1992), Nationale Umweltschutzpolitik bei internationalem Wettbewerb auf Güter- und Faktormärkten, G. R. Wagner (Hrsg.): Ökonomische Risiken und Umweltschutz, München, S. 263–278.

*Sautter, H.* (2000), Steuerung des Globalisierungsprozesses durch Menschenrechte und Menschenrechtsstandards, Jahrbuch für Neue Politischen Ökonomie 19, erscheint in Kürze.

*Scherer, F. M. / D. Ross* (1990), Industrial Market Structure and Economic Performance, Boston.

*Scherer, F.M.* (1994), Competition Policies for an Integrated World Economy, Washington, D.C.

*Schmalensee, R.* (1989), Inter-Industry Studies of Structure and Performance, in: R. Schmalensee / R.D. Willig (Hrsg.), Handbook of Industrial Organization, Bd.2, Amsterdam, S. 951 - 1009.

*Schmidt, A.* (1999), Europäische Wettbewerbspolitik zwischen Prozeß- und Ergebnisorientierung: Zur Notwendigkeit institutioneller Reformen in der europäischen Wettbewerbspolitik, Jahrbücher für Nationalökonomie und Statistik, S. 433 - 452.

*Schmidt, I.* (1999), Wettbewerbspolitik und Kartellrecht, 6.Aufl., Stuttgart et al.

*Schmidt, I. / A. Schmidt* (1997), Europäische Wettbewerbspolitik, München.

*Schmidt, I. / J.B. Rittaler* (1986), Die Chicago School of Antitrust Analysis: wettbewerbstheoretische und -politische Analyse eines Credos, Baden-Baden.

*Schnabel, R.* (1998), Rates of return of the German pay-as-you-go pension system, Finanzarchiv 55, S. 374-399.

*Schuberth, K.* (1999), Arbeitsmarkt- und Beschäftigungspolitik: Eine Einführung, Bayreuth.

*Schulenburg, J.-M. v. d. / W. Greiner* (2000), Gesundheitsökonomik, Tübingen.

*Schumpeter, J. A.* (1952), Theorie der wirtschaftlichen Entwicklung, 5.Aufl., Berlin.

*Schweizer, U.* (1993), Politische Regeln als unvollständige Verträge - Ursache von Staatsversagen, Jahrbuch für Neue Politische Ökonomie 12, S. 221 ff.

*Shepherd, W.G.* (1997), The Economics of Industrial Organization, 4.Aufl., Upper Saddle River.

*Sibert, A. / E. Weinert* (1988), Maintaining central bank credibility, Federal Reserve Bank of Kansas City, Economic review, 73, S. 3-15.

*Siebert, H.* (1998), Economics of the environment. Theory and policy, Berlin usw.

*Siebert, H. / M. J. Koop* (1993), Institutional Competition versus Centralization: Quo Vadis Europe? Oxford Review of Economic Policy, 9, S. 15-30.

*Siegwart, H. / G. Neugebauer* (1998) (Hrsg.), Mega-Fusionen – Analysen, Kontroversen, Perspektiven, Bern.

*Sinn, H.-W.* (1990), Tax Harmonization and Tax Competition in Europe, European Economic Review 34, S. 489-504.

*Sinn, H.-W.* (1994), How Much Europe? Subsidiarity, Centralizaton and Fiscal Competition, Scottish Journal of Political Economy 41, S. 85-107.

*Sinn, H.-W.* (1997), The Selection Principle and Market Failure in Systems Competition, Journal of Public Economics 66, S. 247-274.

*Sinn, H.-W. / M. Werding* (2000), Rentenniveausenkung und Teilkapitaldeckung – ifo Empfehlungen zur Konsolidierung des Umlageverfahrens, ifo Schnelldienst 18, S. 12-25.

*Sinn, S.* (1992), The Taming of Leviathan. Competition among Government, Constitutional Political Economy 3, S. 177-196.

*Söllner, F.* (1999), Die Geschichte des ökonomischen Denkens, Berlin usw.

*Solow, R.* (1957), Technical Change and the Aggregate Production Function, Review of Economics and Statistics 39(3), S. 312-320.

*Solow, R. (2000),* Umweltpolitik und internationaler Handel, Otto-von-Guericke Vorlesung, gehalten am 24. Mai 2000 an der Otto-von-Guericke-Universität Magdeburg.

*Sozialbeirat* (1999), Gutachten des Sozialbeirats zum Rentenversicherungsbericht 1999, Bundesdrucksache 14/2116.

*Staiger, R.W.* (1995) International Rules and Institutions for Trade Policy, in: Grossman, G. und K. Rogoff (Hrsg.), Handbook of International Economics, Amsterdam, S. 1495-1551.

*Statistisches Bundesamt* (2000), Bevölkerungsentwicklung Deutschlands bis zum Jahr 2050: Ergebnisse der 9. koordinierten Bevölkerungsvorausberechnung, www.statistik-bund.de/presse/deutsch/bev_voraus_2050.htm, Abruf am 15.8. 2000.

*Stegemann, K.* (1988), Wirtschaftspolitische Rivalität zwischen Industriestaaten: Neue Erkenntnisse durch Modelle strategischer Handelspolitik?, in: M. E. Streit (Hrsg.), Wirtschaftspolitik zwischen politischer und ökonomischer Rationalität, Wiesbaden, S. 3–25.

*Stiglitz, J. E.* (1986), The Theory of Local Public Goods, in: M. S. Feldstein und R. P. Inman (Hrsg.), The Economics of Public Services, Houndsmill, S. 274-333.

*Stillfried, D. v.* (1996), Gesundheitssysteme im Wandel: Das Dilemma zwischen Bedarfskonzept und Eigenverantwortung: medizinische Grundsicherung als Reformperspektive? Eine evolutorische Analyse, Bayreuth.

*Stobbe, A.* (1987), Volkswirtschaftslehre III: Makroökonomik, Berlin usw.

*Stobbe, A.* (1992), Mikroökonomik, Berlin usw.

*Straubhaar, T.* (1995), Ein Europa des funktionalen Föderalismus: Mehr als ein Denkmodell?, in: ORDO Jahrbuch für die Ordnung von Wirtschaft und Gesellschaft 46, S. 185-202.

*Suzumura, K. / A. Goto* (1997), Collaborative R&D and Competition Policy, Economic Analysis in the Light of Japanese Experience", in: Waverman, L. et al. (Hrsg.), Competition Policy in the Global Economy: Modalities for Cooperation, London, S. 197-223.

*Taylor, J.* (1993), Discretion versus policy rules in practice, Carnegie-Rochester Conference Series on Public Policy 39, S. 195-214.

*Teece, D.J.* (1986), Profiting from technological innovation: implications for integration, collaboration licensing and public policy, Research Policy 20, S. 345-361.

*Teubal, M.* (1997), A catalytic and evolutionary approach to horizontal technology policies (HTPs), Research Policy 25, S. 1161-1188.

*Teubal, M. et al.* (1996), Technological Infrastructure Policy, An International Perspective, Dordrecht.

*Theuringer, M.* (1999), Das Scheitern der Agenda-Verhandlungen in Seattle, www.uni-koeln.de/wiso-fak/iwp/index.htm, Abruf am 9. Dezember 1999.

*Theuringer, M.* (2000), Das Verhältnis zwischen Antidumpingpoilitik und Wettbewerbspolitik: Konflikte und Lösungsansätze, Zeitschrift für Wirtschaftspolitik, 49 erscheint in Kürze.

*Thiele, R.* (1996), Wirtschaftspolitische Optionen zum Schutz tropischer Wälder. Eine quantitative Analyse für Indonesien, Tübingen.

*Thursby, J.G. / M. C. Thursby* (2000), Who is selling the ivory tower? Sources of growth in university licensing, NBER Working Paper Nr. 7718, Cambridge.

*Tinbergen J.* (1952), On the Theory of Economic Policy, Amsterdam.

*Tirole, J.* (1990), The Theory of Industrial Organization, Cambridge / London.

*Toedter, K.-H. / G. Ziebarth* (1999), Price stability versus low inflation in Germany: An analysis of costs and benefits, M. Feldstein (Hrsg.), The costs and benefits of price stability, Chicago, S. 47-94.

*Trachtman, J. P.* (1998), Trade and ... Problems, Cost-benefit Analysis and Subsidiarity, European journal of international law 9, S. 32–85.

*Tsoukalis, L.* (1996) The New European Economy - The Politics and Economics of Integration, Oxford.

*Ulph, A.* (1997), International Trade and the Environment: A Survey of recent Economic Analysis, in: H. Folmer / T. Tietenberg (Hrsg.), The International Yearbook of Environmental and Resource Economics 1997/98, Cheltenham, S. 205–242.

*Vanberg, V.* (2000), Globalization, Democracy, and Citizens‘ Sovereignty: Can Competition Among Governments Enhance Democracy?, Constitutional Political Economy 11, S. 87-112.

*Vanberg, V. / J. M. Buchanan* (1991), Constitutional Choice, Rational Ignorance and the Limits of Reason, Jahrbuch für Neue Politische Ökonomie 10, S. 61-78.

*VanGrasstek, C.* (1992), The Political Economy of Trade and the Environment in the United States, P. Low (Hrsg.), International Trade and the Environment, World Bank Discussion Papers 159, Washington, S. 227–244.

*Varian, H. R.* (1994), Mikroökonomie, München / Wien.

*Vaubel, R.* (1999), Enforcing Competition Among Governments: Theory and Application to the European Union, Constitutional Political Economy 10, S. 327-338.

*Verband Deutscher Rentenversicherungsträger* (2000) (Hrsg.), Rentenversicherung in Zeitreihen, DRV-Schriften 22, Frankfurt/M.

*Viner, J.* (1950), The Customs Union Issue, New York.

*Walsh, C.E.* (1995), Optimal contracts for central bankers, American Economic Review 85, S. 150-165.

*Wegner, G.* (1996), Wirtschaftspolitik zwischen Selbst- und Fremdsteuerung – ein neuer Ansatz, Baden-Baden.

*Weizsäcker, C.C. v.* (1998): Transnationale Fusionen aus der Sicht des Wettbewerbspolitikers, Wirtschaftsdienst, S. 386 - 389.

*Welfens, P. et al.* (1998), Technological competition, employment and innovation policies in OECD countries, Berlin.

*Wellisch, D.* (1995), Dezentrale Finanzpolitik bei hoher Mobilität, Tübingen.

*Wenger, E.* (1999), Opportunistic Shareholders, Opportunistic Managers and Opportunistic Judges, Journal of Institutional and Theoretical Economics 155, S. 128 - 135.

*Wenger, E.* (2000), Fusionitis und Globalisierung, Zeitschrift für Wirtschaftspolitik 49, S. 177 - 181.

*Werner H. / D. Willms* (1984), Zollstruktur und Effektivzölle nach der Tokio-Runde. Die Auswirkungen der Tokio-Runde auf die Tarifeskalation und die Effektivzölle der Bundesrepublik Deutschland und der EG, Untersuchungen zur Wirtschaftspolitik, Nr. 63, Köln.

*Wiesenthal, H. et al.* (1984), Arbeitszeitflexibilisierung und gewerkschaftliche Interessenvertretung. Regelungsprobleme und Risiken individualisierter Arbeitszeiten, in: C. Offe (Hrsg.), „Arbeitsgesellschaft“: Strukturprobleme und Zukunftsperspektiven, Frankfurt/M. / New York, S. 205-226.

*Wildasin, D. E.* (1989), Interjurisdictional Capital Mobility: Fiscal Externality and a Corrective Subsidy, Journal of Urban Economics 25, S. 193-212.

*Williamson, O.E.* (1968), Economies as an Antitrust Defense: The Welfare Tradeoffs, American Economic Review 58, S. 18 - 36.

*Williamson, O.E.* (1989), Transaction Costs Economics, in: R. Schmalensee / R.D. Willig (Hrsg.), Handbook of Industrial Organization, Bd.1, S. 135 - 182.

*Wilson, J. D.* (1986), A Theory of Interregional Tax Competition, Journal of Urban Economics 19, S. 296-315.

*Windisch, R.* (1999), Globalisierung, Systemwettbewerb und Steuerpolitik, in: N. Andel (Hrsg.), Probleme der Besteuerung II, Berlin, S. 127-174.

*Winkler, B.* (2000), Which kind of transparency? On the need for clarity in monetary-policy making, ECB Working Paper Nr.26.

*Wins, H.* (2000), Eine internationale Wettbewerbsordnung als Ergänzung zum GATT, Baden-Baden.

*Witt, U.* (1992), The Endogenous Public Choice Theorist, in: Public Choice, 73, S. 117-129.

*World Trade Organization* (1995), The Results of the Uruguay Round of Multilateral Trade Negotiations. The Legal Texts, Genf.

*World Trade Organization* (1999), Annual Report 1999, Genf.

*World Trade Organization* (2000a),Regional Trade Agreements Notified – November 1999, www.wto.org, Abfrage vom 8. August 2000.

*World Trade Organization* (2000b), Trading into the Future – Beyond the Agreements – Environment, www.wto.org, Abfrage vom 11. August 2000.

*World Trade Organization* (2000c), Non Governmenta Organizations (NGOs) – WTo and NGOs, www.wto.org, Abfrage vom 11. August 2000.

*Zacher, H.* (1984), Der gebeutelte Sozialstaat in der wirtschaftlichen Krise, in: Sozialer Fortschritt: Unabhängige Zeitschrift für Sozialpolitik 33, S. 1-12.

*Zimmermann, K. F.* (1999), Meinung: Niedriglohnsektor: einen Versuch Wert, IZA COMPACT – Die Zukunft der Arbeit denken, Nov. 1999, S. 14.

*Zimmermann, R.* (1999), Regionale Integration und multilaterale Handelsordnung, Untersuchungen zur Wirtschaftspolitik 115, Köln.

*Zodrow, G. R. / P. Mieszkowski* (1986), Pigou, Tiebout, Property Taxation, and the Underrovision of Local Public Goods, Journal of Urban Economics 19, S. 356-370.

*Zucker, L . et al.* (1996), Social Networks, Learning, and Flexibility: Sourcing Scientific Knowledge in New Biotechnology Firms, Organizational Science 7(1).

# Zu den Autoren

**Budzinski, Oliver**

Dr. Oliver Budzinski, Jahrgang 1970, Studium der Wirtschaftswissenschaften an der Universität Hannover, 1995 Diplom-Ökonom, 1999 Promotion (Dr. rer. pol.) mit einer Dissertation zum Thema Wirtschaftspolitische Implikationen evolutorischer Ordnungsökonomik, ist nach Lehrtätigkeiten in Hannover, Hildesheim, Göttingen und Braunschweig derzeit Verwalter der Professur für „Volkswirtschaftslehre, Wirtschaftspolitik, Wirtschaft und Gesellschaft Osteuropas“ an der University of Applied Science / Fachhochschule Osnabrück. Seine Forschungsschwerpunkte sind: Internationale Wettbewerbspolitik, evolutorische Ordnungs- und Institutionenökonomik, ökologische Ökonomik sowie Geldpolitik.

**Frambach, Hans**

Privatdozent Dr. Hans Frambach, geboren 1961, studierte an der Universität Dortmund (Abschluss: Dipl.-Volkswirt, 1988). An der Bergischen Universität-GH Wuppertal promovierte er 1992 zum Dr. rer. Oec., um sich anschließend ebendort zu habilitieren. Die Lehrbefugnis für das Fach Volkswirtschaftslehre wurde ihm 1999 erteilt. Seine Arbeitsschwerpunkte lauten wie folgt: Geschichte der ökonomischen Theorie, Arbeitsmärkte, Unternehmenstheorie sowie Institutionenökonomik.

**Freytag, Andreas**

Privatdozent Dr. Andreas Freytag arbeitet seit langem an Fragestellungen zu internationalen Wirtschaftsbeziehungen. Im Rahmen der Diskussion handelspolitischer Themen hat er sich mit der transatlantischen Integration, der Öffnung der Telekommunikationsmärkte, internationaler Wettbewerbspolitik, der politischen Ökonomik der Außenhandelsprotektion sowie der Geschichte der Globalisierung befasst. Neben der Handelspolitik gehört auch die internationale Währungspolitik zu seinen Schwerpunkten. Freytag ist Geschäftsführer des Instituts für Wirtschaftspolitik an der Universität zu Köln.

**Gick, Wolfgang**

Dr. Wolfgang Gick, geboren 1961, ist Gastwissenschaftler am Center for European Studies der Harvard Universität, Cambridge, USA und wissenschaftlicher Mitarbeiter am Lehrstuhl für Wirtschaftspolitik II der Friedrich-Schiller-Universität Jena. Nach dem Studium der Volkswirtschaftslehre an den Universitäten Bamberg und Innsbruck und Promotion an der Universität Innsbruck im Jahre 1991 befaßte er sich im Rahmen der Policy-Forschung an einem politischen Think Tank mit Fragen der Technologiepolitik. Nach seinem ersten Aufenthalt als Gastwissenschaftler in Harvard im Jahre 1997 war er als wissenschaftlicher Mitarbeiter am ifo Institut für Wirtschaftsforschung mit empirischen Fragestellungen zur Innovationsentwicklung in Ostdeutschland sowie zum Strukturwandel in Deutschland vor dem Hintergrund der Informationstechnologien beschäftigt. Seine derzeitige Forschungstätigkeit bezieht sich auf die institutionenökonomischen Hintergründe der Innovations- und Umweltpolitik.

**Kerber, Wolfgang**

Prof. Dr. Wolfgang Kerber, geboren 1958, Studium der Volkswirtschaftslehre an der Universität Erlangen-Nürnberg, 1982 Diplom-Volkswirt, 1988 Promotion („Evolutionäre Marktprozesse und Nachfragemacht"), 1995 Habilitation („Evolutorischer Wettbewerb: Zu den theoretischen und institutionellen Grundlagen der Wettbewerbsordnung") lehrte zunächst an den Universitäten Erlangen-Nürnberg, Bayreuth sowie Jena und forschte an der George Mason University, Fairfax (USA) sowie der University of Illinois (Urbana Champaign, USA). Von 1995 – 1997 hatte er eine Professur für Volkswirtschaftspolitik an der Universität Bochum inne und ist seit 1997 Professor für Volkswirtschaftslehre, insbes. Wirtschaftspolitik an der Philipps-Universität Marburg. Seine bevorzugten Forschungsgebiete sind: Wettbewerbstheorie, Wettbewerbspolitik, Institutionenökonomik, Innovationsökonomik sowie Europäische Integration.

**Koch, Lambert T.**

Prof. Dr. Lambert T. Koch, geb. 1965 in Hering / Darmstadt, hat in Mainz und Würzburg Volkswirtschaftslehre studiert. Nach seiner Promotion zum Thema „Evolutorische Wirtschaftspolitik" habilitierte er sich an der Friedrich-Schiller-Universität Jena über ein Thema aus dem Bereich der International Economics. Heute hat Koch den Lehrstuhl für „Wirtschaftswissenschaft, insbes. Unternehmensgründung und Wirtschaftsentwicklung" an der Bergischen Universität-GH Wuppertal inne. Dort gilt sein Interesse unter anderem den Bereichen Gründungs-, Innovations- und Technologiemanagement (mit bes. Betonung der evolutorischen Perspektive), Fragen und Problemen der (wirtschaftspolitisch initiierten) Gründungsförderung sowie der Unternehmensinternationalisierung und internationalen Wirtschaftsentwicklung.

**Manzke, Bernhard**

Dr. Bernhard Manzke wurde 1966 in Lübeck geboren. Von 1987 bis 1992 studierte er Volkswirtschaftslehre an der Universität Göttingen und an der University of California, Los Angeles. Anschließend war er bis 1996 als wissenschaftlicher Mitarbeiter am Lehrstuhl für Volkswirtschaftslehre / Finanzwissenschaft der Universität Jena tätig. Im Rahmen dieser Tätigkeit promovierte er mit einer Dissertation über demographische Ansätze zur Stabilisierung der gesetzlichen Rentenversicherung. Seither arbeitet er in der Volkswirtschaftlichen Hauptabteilung der Deutschen Bundesbank. Neben finanzpolitischen Aspekten der Währungsunion und der Finanzpolitik im Ausland beschäftigt er sich dabei immer wieder auch mit Problemen, die aus der demographischen Alterung für die Tragfähigkeit der staatlichen Alterssicherungssysteme und die öffentlichen Finanzen insgesamt entstehen.

**Modery, Wolfgang**

Dr. Wolfgang Modery wurde 1965 in Würzburg geboren. Er studierte von 1985 bis 1990 Volkswirtschaftslehre in Würzburg. Nach dem Abschluss zum Diplom-Volkswirt war er wissenschaftlicher Mitarbeiter am Volkswirtschaftlichen Institut der Universität Würzburg, Lehrstuhl Prof. Dr. N. Berthold. Bevorzugte Forschungsgebiete: Geld- und Währungspolitik, Europäische Integration und internationale Wirtschaftsbeziehungen. Promotion 1995. Von 1995 bis 1998 Mitarbeiter der Deutschen Bundesbank. 1996 nebenberuflicher Dozent für Geldtheorie und -politik an der Hochschule für Bankwirtschaft in Frankfurt. Seit 1998 ist er bei der Europäischen Zentralbank beschäftigt. Schwerpunkt seiner Tätigkeit sind internationale Wirtschafts- und Währungsfragen

**Müller, Christian**

Dr. Christian Müller, Diplom-Kaufmann (1993), schloss seine Promotion 1999 ab. Er arbeitet als wissenschaftlicher Assistent an der Gerhard-Mercator-Universität Duisburg auf dem Gebiet „Finanzwissenschaft und ökonomische Methodenlehre". Studienaufenthalte absolvierte er u.a. an der Kansas University Lawrence und der Kansas State University Manhattan als Stipendiat der Rotary Foundation International (1997). 1999 erhielt er den Haniel-Preis für Wirtschaftswissenschaften für seine Dissertation „Das vertragstheoretische Argument in der Ökonomik" (Berlin: Duncker & Humblot). Seine Forschungsgebiete sind: Wirtschafts- und Finanzpolitik / insbesondere institutioneller Wettbewerb, Konstitutionenökonomik, Institutionenökonomik, Public Choice, ökonomische Theoriegeschichte und ökonomische Methodenlehre.

**Mummert, Uwe**

Professor Dr. Uwe Mummert war nach seiner Promotion an der Universität Göttingen von 1994 bis 2000 wissenschaftlicher Mitarbeiter am Max-Planck-Institut zur Erforschung von Wirtschaftssystemen in Jena. Heute ist er Professor für Volkswirtschaftslehre an der Georg-Simon-Ohm-Fachhochschule in Nürnberg. Sein wissenschaftlicher Schwerpunkt liegt auf der Anwendung institutionenökonomischer Analysen auf entwicklungs- und transformationspolitische Fragestellungen. Zu diesem Thema veröffentlichte er vielfältige Beiträge in Sammelbänden und Zeitschriften. Er ist Autor, Mitautor oder Herausgeber verschiedener Monographien. Zusätzlich arbeitet er als externer Gutachter für das Bundesministerium für wirtschaftliche Zusammenarbeit und Entwicklung

**Okruch, Stefan**

Dr. Stefan Okruch, Jahrgang 1965, studierte von 1987-92 Betriebs- und Volkswirtschaftslehre an der Universität Bayreuth. Ab 1992 war er wissenschaftlicher Mitarbeiter bei Prof. Dr. Peter Oberender (Lehrstuhl für Wirtschaftstheorie / Forschungsstelle für Sozialrecht und Gesundheitsökonomie) und schloss dort 1997 seine Promotion ab. Seit 1997 ist Okruch wissenschaftlicher Referent bei der interdisziplinären Projektgruppe „Recht der Gemeinschaftsgüter" der Max-Planck-Gesellschaft in Bonn, wo er auch an seiner Habilitation arbeitet. Seine Forschungen bewegen sich an der Schnittstelle zwischen Rechts- und Wirtschaftswissenschaft. Okruch ist Träger des Walter-Eucken-Preises (1998) für Forschungen auf dem Gebiet der Ordnungstheorie und -politik.

**Ranné, Omar**

Dr. Omar Ranné, geboren 1968, ist Referent für „Energie und Umwelt" der Forschungsgruppe „Energiewirtschaft" des Rheinisch-Westfälischen Instituts für Wirtschaftsforschung in Essen. Er studierte Wirtschaftswissenschaft an der Ruhr-Universität Bochum und war wissenschaftlicher Mitarbeiter an der Rheinischen Friedrich-Wilhelms Universität Bonn und der Friedrich-Schiller-Universität Jena. Er beschäftigt sich überwiegend mit umweltökonomischen und -politischen Fragestellungen, zu denen er verschiedene Beiträge in Zeitschriften und Sammelwerken veröffentlicht hat.

www.ingramcontent.com/pod-product-compliance
Lightning Source LLC
LaVergne TN
LVHW010551300926
849162LV00002B/302